第二版

second edition

结果无价值论的实践性展开

The Practical Development of Result-oriented Theory

李 勇／著

法律出版社 LAW PRESS · CHINA

作者简介

李　勇

江苏省南京市建邺区人民检察院副检察长，东南大学法学院博士研究生（师从刘艳红教授），全国检察业务专家、第五届江苏省优秀青年法学家、全国检察理论研究人才，国家检察官学院检察教官、江苏省检察官学院兼职教师，南京大学法学院、东南大学法学院、南京财经大学法学院兼职硕士生导师，微信公号“悄悄法律人”创立人（中央政法委“四个一百”优秀微信公号、全国检察自媒体二十强）。

致力于刑事实体法与刑事程序法、理论与实践的交叉研究，先后在《法律科学》《中国刑事法杂志》《国家检察官学院学报》《河北法学》《法制日报》《检察日报》等刊物发表文章百余篇，多篇被人大报刊复印资料转载，代表性论文有《结果无价值初论》《互殴与防卫关系之检讨》《检察视角下中国刑事合规之构建》《〈监察法〉与〈刑事诉讼法〉衔接问题研究—“程序二元证据一体”理论模型之提出》《证据能力三要件》等。代表著作有：独著《结果无价值论的实践性展开（第一版）》（中国民主法制出版社，获得首届董必武青年法学成果提名奖，江苏省哲学社会科学成果三等奖、南京市哲学社会科学成果二等奖)；独著《刑事证据审查三步法则》（法律出版社，江苏省哲学社会科学成果三等奖，南京市哲学社会科学成果二等奖）；主编《审查起诉的原理与方法》（法律出版社）、主编《刑事证据法规宝典》（法律出版社）；副主编《公诉人出庭的方法与技巧》（法律出版社）等。主持国家级课题多项，主讲多个课程被评为全国检察教育培训精品课程。

第二版前言

这本书是幸运的，在实务界和学术界获得“双重”不错口碑，让我受宠若惊。在实务界，一些办案部门甚至人手一册，大概是因为喜好我这种“穿梭于理论与实践之第三条道路”① 的务实研究方法和通俗易懂的语言风格；在学术界，一些刑法学者向研究生推荐此书，大概是好奇我如何从实践的角度探究这样一个刑法学基础命题。这本书还获得了一些奖项：刚出版没多久就获得了首届董必武青年法学成果奖提名奖，一年后又相继获得了南京市哲学社会科学优秀成果二等奖、江苏省哲学社会科学优秀成果三等奖。市面上早已无货，偶见某网购平台上高价出售影印本。很多网友催促我再版，在2020年我终于决定再版了。

结果无价值论与行为无价值论到底在争论什么？其意义特别是实践意义何在？为方便读者阅读，笔者有必要在第二版前言中再做个简单的交代。结果无价值论与行为无价值论之争的核心是违法性的本质问题。结果无价值论的基本立场是违法性的本质在于侵害法益，行为无价值论的基本立场是违法性的本质在于违反规范（今天的二元的行为无价值论所说的规范已经清洗掉伦理因素成为行为规范），并由此辐射到几乎所有的刑法学问题。对于司法实践来说，

① 这一研究方法直接受陈瑞华教授影响，早年读过陈教授关于第三条道路的演讲稿。后来陈教授出版了这方面的专著《论法学研究方法》（法律出版社2017年版），特此对陈瑞华教授表示感谢。

这个立场之争的价值不可估量。事实上，近年来出现的一系列奇葩案件均与此有关。例如，王力军无证收购玉米非法经营案，从结果无价值论的角度来说，违法性的本质是侵害法益，收购玉米有利于粮食流通，有利于解决农民卖粮难的问题，有利于提高农民的收入，无法找出其所侵害的法益，不具有实质违法性，也就不可能构成犯罪；从行为无价值论的角度来说，违法性的本质是违反规范，可能会认为王力军无证经营的行为违反了《粮食流通管理条例》等规范，属于非法经营，很容易得出非法经营罪的结论。再如，行为人自己饲养的鹦鹉孵化出多只小鹦鹉，出售给他人。从结果无价值论的角度看，这种行为促进了动物的繁衍，法益侵害的实质违法性无从体现，以出售珍贵野生动物罪定罪并处以重刑是值得商榷的；但是从行为无价值论的角度来说，刑法及相关野生动物保护法规均规定不得出售珍贵野生动物（司法解释规定人工饲养二级保护以上的动物属于珍贵野生动物），行为人的出售行为违反了规范，很容易得出出售珍贵野生动物罪的结论（尽管行为无价值论者可能不会同意这个结论，但这个结论却是符合行为无价值论之理论逻辑的）。因此，结果无价值论与行为无价值论之争绝非仅仅是一个刑法教义学问题，更是一个实践性问题，它们实实在在地影响着司法实践。

与前几年的结果无价值论与行为无价值论之争的热烈场面相比，这两年论战的温度似乎有所降低，甚至一些学者怀疑这一学派之争的价值。这种论调是严重错误的。日本学者井田良（行为无价值论者）指出，“我们如今经常听到有人说，结果不法与行为不法的争议已经是过去式，而不是现在式了。我的看法恰好相反……探究刑事不法的本质，就是在探究国家刑罚的理据。那是刑法最根本的问题，在任何时代都不会过时，认为这个问题已经被解决而没有讨论价值的人，是犯了严重的错误。”[①] 不法（违法）与责任是犯罪论乃至整个刑法学两大核心问题。不法（违法）讨论的是国家刑罚权发动的理由；责任则是划定非难可能性的限度，即只有具有非难可能性的人，才值得给予刑罚处罚。“不法是发动刑罚的引擎，罪责则是它的刹车。不法是在创设国家的刑罚，罪责则是在限制它，想要买汽车的人，主要关心的是引擎”，所以就可以理解为什么不法（违法）论问题会成为刑法释义学上最重要的争论了。结果无价值论与行为无价值论“这两种立场彼此没有妥协余地，双方意见的对立，至今仍然将日本的刑法学者分为两大阵营”。[②] 我国的不法（违法）论领域有太多的问题远未解决，结果无价值论与行为无价值论之争还很不深入，刚刚破土而出的立场意识萌芽需要用心呵护，刚刚燃起的学派之争火苗需要用力助燃。可以说，只要承认不法（违法）论是刑法学的核心领域，结果无价值论与行为无价值论之争就不会过时！正如有学者所指出的，结果无价值论与行为无价值论之争，“似乎应从宏观的理念和立场层面，回归到更为技术性、操作性的实际问题之上”。[③] 本书立足实践，讨论的主要是技术性和可操作性问题，主要为实践人士提供解决问题的方法和路径，顺便向学界呈现实践需求。

实践性依然是本书的最大特色。刑法学中，从来就没有纯理论的东西，也从来就没有纯实务的问题。从来就没有只需实务技巧而无须法学理论来解决的案件，也从来就不需要只知法条而对法学理论一窍不通的法律人才。靠会背几个法条就能办案的时代一去不复

---

① 参见［日］井田良：《刑法上行为非价与结果非价之未解争议》，薛智仁译，载《月旦法学杂志》2018 年第 6 期。

② 参见［日］井田良：《刑法上行为非价与结果非价之未解争议》，薛智仁译，载《月旦法学杂志》2018 年第 6 期。

③ 陈璇：《结果无价值论与二元论之争的共识、误区与发展方向》，载《中外法学》2016 年第 3 期。

还；靠谙熟几个司法解释就能把案件办好的时代一去不复还；靠纯粹理论推演而丝毫不顾实践需求就能研究出经世致用法学成果的时代一去不复还。我国刑法学研究的历史轨迹是这样的：移植苏俄—借鉴德日—转向实践。我们已经走过了前两个阶段，现在已经站在第三个阶段“转向实践”的十字路口。当今中国，社会各领域、综合国力正在与大国形象相匹配，刑法学作为一国法治和文化的软实力，应该到了与大国形象相匹配的时候，需要“用世界的眼光，解决中国的问题”，到了回归本土、回归实践的时候！回归本土向何处找寻学术资源？那就只能是判例和司法实践。这也是法学研究具有实践品格的应有之义。①

本书第二版仍然坚持“理论与实践相结合的第三条道路”，突出实践性，研究方法不变，体系结构和基本内容不变，立场观点不变，行文风格不变。修订的主要内容包括以下几个方面：(1) 增加结果无价值论与行为无价值论学派之争的最新进展。(2) 修改了部分涉及刑法修改及司法解释变化的内容。(3) 增加一些热点案件分析，如昆山反杀案、非法经营玉米案、陆勇案、e租宝案等。(4) 增加了部分新类型案件的内容，如在共同犯罪一章中增加了电信网络诈骗犯罪认定的内容；在财产犯罪一章中增加了第五节，分析了网络支付型侵财犯罪的行为类型及罪名适用；在公共秩序犯罪一章中，结合新型冠状病毒疫情防控，增加了妨害传染病防治罪的司法认定；在职务犯罪一章中增加了第五节，结合《刑法修正案（九)》和2016年4月18日最高人民法院、最高人民检察院联合发布的《关于办理贪污贿赂刑事案件适用法律若干问题的解释》，详细分析了行贿受贿犯罪中“特殊情节”的理解与认定。(5) 增加了第十一章“结果无价值论之于经济犯罪”，对非法经营罪、食品药品犯

① 参见李勇：《挖掘刑法学研究的判例资源》，载《法制日报》2014年5月21日，第10版。

罪、互联网金融犯罪的认定方法、行政犯认定方法与理念等进行了阐述。

在当下，用心经营一本专著是不容易的，因为学术考核机制倒逼学者们忙于在各种C刊上拼命发表文章。在这种背景下，花多年时间去写一本专著似乎有点“傻”。所以，在当下法学界，论文集易见，专著难得。为了追求C刊论文的“GDP”，同一作者的不同文章之间立场相互矛盾、观点相互龃龉，屡见不鲜。这些似乎不太正常，但又无力扭转，唯有做好自己的事。“理论与实践相结合、实体与程序相结合”是我一直坚守的研究方法，当年写完《结果无价值论的实践性展开》一书后，又写了程序法专著《刑事证据审查三步法则》，接下来的目标是再写一本真正的实体法与程序法高度融合、自成体系的著作。在此过程中，为了紧跟“时代脉搏”，对前两本书在必要时进行修订是用心“经营”专著的必然要求。

修订这本书的过程中，我正在恩师刘艳红教授门下攻读刑法学博士研究生，追随刘老师的实质刑法观。正如本书第一版所论述的，实质刑法观与结果无价值论具有一体两面的关系，本书的再版依然体现了实质刑法观的思想，特别是刘老师近年来一直倡导的“实质出罪”的思想，在此特别向恩师表达谢意！

对本书第一版出版后给予鼓励、指正的家人、师友、读者们表达诚挚的谢意！

李　勇

2020年1月7日定稿于金陵

序

李勇写成了他的第一本个人专著《结果无价值论的实践性展开》，将由中国民主法制出版社出版，当我得知这个消息的时候，喜悦之情溢于言表；当这本书稿放在我面前请我写序的时候，欣然之情流于笔端。

一

这本书凝结着李勇的汗水和努力，他在紧张的办案和工作之余，利用业余时间，完成了这样一本著作，实属不易。李勇的勤奋和努力，他身边的同事都是知道的，这本书也是见证；李勇的理论功底和业务水平，检察同行也是知道的，这本书也是证明。

李勇于2006年进入建邺区检察院开始从事公诉工作，在短短的几年时间里快速成长，先后办理了一批在本地区有影响的职务犯罪案件，以及在全国有重大影响的“瘦肉精”系列案、溧水新河污染案等，先后获得全国优秀审查报告、全省岗位练兵先进个人、南京市十佳公诉人、长三角地区公诉人辩论赛优秀奖、南京市首届公诉人与律师辩论赛最佳专业知识奖等。

检察实践离不开理论研究，理论研究也不能脱离检察实践，二者相辅相成。这个道理在李勇身上得到了很好的体现。曾有媒体报道称李勇是“能写善战的两栖法律人”，能辩，会写。他在执法办案中善于思考、学习和总结，善于用研究的方法来寻求解决问题的路径，再用研究的成果来指导办案实践和机制创新。2006年至今他先后在《人民检察》《河北法学》《刑法论丛》《法制日报》《检察日报》等报刊上发表论文近七十篇，其中有的获国家、省、市级奖励，有的转化为工作机制。功夫不负有心人，李勇也因此先后被评为全国检察理论研究人才、全省检察业务专门人才、全市十佳调研人才等，2011 年被评为正义网十大影响力博主。

二

李勇在读研究生期间是学刑法学专业的，这本书也是刑法学方面的专著，刑法学也是与他所从事的公诉工作最为契合的。他抓住结果无价值论这个小切口（这个切口也是刑法学的前沿和热点理论），将自己执法办案的体验、感知、领悟融入其中。我个人觉得，这本书有以下几个特点。

一是实践性。这本书最大的特色就是贯穿全书的案例。我注意到全书共计五十多个案例，几乎所有的问题都以案例为切入点进行展开。将艰深晦涩的刑法学理论，以案例的形式呈献给读者，易于理解，易于掌握，这种论述方式是值得肯定的。作者观点的得出，也主要基于作者本人对于司法实践的现实体验，对于司法实践具有一定的参考意义。当然，有些观点和主张还不成熟，甚至还值得商榷，但是可以看出作者在努力使自己的观点切合司法实践。

二是理论性。应该说这本书的理论性还是很强的，这可能与结果无价值论这个理论性较强的主题有关。我第一眼看到这个书名时，觉得一个基层的检察官写这样一个理论性很强的题目，一定是很困难的。从这本书中，我们也可以看出李勇很强的理论水平和较高的理论驾驭能力。这也向我们说明，检察官并非都是“工匠”式专才。

三是本土化。近年来，国外的法学理论大量引入国内，经众多学者的推动和努力，也实实在在地影响着司法实践。无论是公诉人还是辩护人，在办案中、在法庭上都运用着这些理论，比如最典型的就是盗窃罪与诈骗罪的区别问题。在引入国外先进的、科学的理论成果时，也要结合本国实际进行本土化。在这本书中，很多观点都试图立足于国内的实际情况和目前的司法现状，力求本土化。

三

南京市、区两级检察机关，一直都非常重视队伍建设和人才培养，学习、研究、思考的氛围较好，拥有一支素质高、能力强的队伍，先后涌现出一些在全国有影响的全国十佳公诉人、全国检察业务专家、全国检察理论研究人才等，李勇是这支队伍中的一员。这本书既是李勇个人检察生涯的一件喜事，也是建邺区检察院、南京市检察机关的一件好事。写这个序言，一方面表达祝贺，祝贺李勇的第一本个人专著即将出版；另一方面寄托希望，希望李勇能够继续保持学习思考的劲头，探索钻研的精神，为检察事业增光添彩。

葛晓燕*

江苏省南京市人民检察院检察长

2012 年 12 月于南京

* 葛晓燕：现为江西省高级人民法院院长。

前　言

“今天，在不法中，区分行为无价值与结果无价值已经是很寻常的事了。”① 甚至可以说，“唯一能和旧派（客观主义）和新派（主观主义）之间的交锋即所谓‘学派之争’相比肩的，只有行为无价值论和结果无价值论之间的论争”②。立足于规范评价的行为无价值论与奠基于法益判断的结果无价值论的对立及其争执，在以德、日为代表的大陆法系刑法理论中不仅关系着违法性的判断及其评价，而且对犯罪论体系的建构亦具有基础性价值，甚至已然超越了违法性领域，进而直接影响着刑法解释论的立场，嵌入到整个刑法体系。结果无价值论与行为无价值论问题绝非仅仅是一个刑法教义学问题，更是一个实践性问题，结果无价值论与行为无价值论实实在在地影响着司法实践。正如张明楷教授所言，结果无价值论与行为无价值论之争，对于促进我国刑法理论的完善具有重要意义，“至于行为无价值论与结果无价值论之争的实践意义，则更不可低估”③。

近年来，结果无价值论、行为无价值论渐次引入中国刑法，形成了以张明楷、黎宏、刘艳红等为代表的结果无价值论阵营和以陈

---

① ［德］克劳斯·罗克辛：《德国刑法学总论》，王世洲译，法律出版社 2005 年版，第 210 页。

② 黎宏：《结果无价值论之展开》，载《法学研究》2008 年第 5 期。

③ 张明楷：《行为无价值论的疑问——兼与周光权教授商榷》，载《中国社会科学》2009 年第 1 期。

兴良、周光权、邓子滨等为代表的行为无价值论阵营。学派之争的景象已经来临，与此相关的文献也难以胜数，这是值得庆幸的。但是争论的内容大多限于理论层面，对于司法实践关注不够；参与论战的主体也多是学院派，其对司法实践的影响甚微。司法实践者似乎并没有从这场争论中受益，学者们生产、制造的“商品”摆放在“超市”中，而作为“消费者”的法官、检察官们面对摆放得满满当当的“货架”却难以挑中一件称心实用的“商品”，这不能不说是一种遗憾。一方面，与法治相契合的结果无价值论停留在理论层面，无法深入司法人员的办案实践中；另一方面，司法者有意无意地过于关注行为无价值因素，过于关注行为对道德或规范的违反性而忽略法益保护，使很多案件的处理背离法治。

很长一段时期以来，司法实践的需求在我国刑法学研究中被冷落了。一方面学者抱怨司法者法学素养不高，另一方面司法人员对学者不食人间烟火的研究之无用性而望洋兴叹。甚至一些人认为司法实践者就只需要办理案件，掺和法学研究是“不务正业”。岂不知，“任何一事没有不在学术研究之内的。作学问固当研究他，即作事亦要先研究他才行……没有充分之学术研究，恐怕事情作不好，而在从事之中，亦可能于学理或技术有发明贡献。即事即学，即学即事”①。司法乃是一种解释法律和适用法律的专门性活动，这就要求司法人员对法律知识必须具有精深的理解；而法学研究具有超越其他社会科学的实践性。一个没有深厚法学知识的司法官不可能真正将案件办好，正如学者季卫东所言，“一名好的司法官其娴熟的法律专业知识和能力应建立在深厚的学识基础上，而不能满足于使用技巧的工匠型专才”。② 一个不关注司法实践的法学者不可能对法学研究作出真正的贡献。理想的景象应该是，司法者加强

① 梁漱溟：《我的努力与反省》，漓江出版社 1987 年版，第 297 ~ 298 页。

② 季卫东：《法律秩序的建构》，中国政法大学出版社 1997 年版，第 198 页。

法学研习力求做专家型司法官，学者放下身段力求做有实践品格的法律人。笔者作为一名公诉检察官，力求做一名“穿梭于刑事司法与理论研究的两栖法律人”①。当然，这并不代表我已经做到或能做到，但至少“我把它挂在高处仰望，让我有羞愧的可能”②。

笔者正是基于对学界中人的研究缺乏实践品格、实践人士的研究缺乏理论品质的双重忧虑，才略显狂妄地尝试写一本能够兼顾理论与实践、同具理论品质和实践品格的专著。本书以一名司法实践者的亲身办案经历来审视结果无价值论与行为无价值论之争，并由此辐射到刑法学的诸多问题。全书分成上、下两篇，共计十一章。上篇主要针对刑法总论，计六章，除第一章概论外，其余五章从结果无价值论的视角，结合司法实践和案例，分别对犯罪构成、客观归责、违法阻却事由、犯罪形态、共同犯罪等问题进行检视；下篇主要针对刑法分论，计五章，分别从结果无价值论的视角，结合司法实践和案例，对性犯罪、财产犯罪、公共秩序犯罪、职务犯罪、经济犯罪等问题进行探讨。本书不可能对刑法学中的所有问题面面俱到，特别是下篇对刑法分则的研究，只是选取了一些典型的罪名和典型的问题。选取的标准有二：一是结果无价值论与行为无价值论存有争点，对于没有争点或争点不明显的内容，不再涉及；二是结果无价值论与行为无价值论争点在司法实践中表现较为突出和典型。比如，对于伪证罪中的“虚假陈述”中“虚假”的含义，历来是结果无价值论与行为无价值论争论的传统战场，但司法实践中几乎没有发生过类似的案例，因此，本书没有就这个问题进行展开。有些问题，日本刑法学的结果无价值论与行为无价值论已达成共识，但在中国刑法学中却存有争议，本书也会进行探讨。比如，

---

① 笔者在个人博客“悄悄法律人”的签名中一直使用这句话，载 http://liyong5556.fyfz.cn。

② 林东茂：《一个知识论上的刑法学思考》，中国人民大学出版社 2009 年版，“自序”第 9 页。

故意毁坏财物罪中的“毁坏”的含义，日本的行为无价值论和结果无价值论一般都赞同效用损害说，但在我国，结果无价值论与行为无价值论却存在巨大争议，因此本书进行了阐述。

笔者对于这些问题的论述，显然是不那么深刻的，也未必是完全正确的，但可能是适合当下中国社会现实和司法实际的。笔者深知以自身肤浅的刑法学知识和学养，是难以将如此深邃的刑法学问题表达清楚的，但是笔者仍然愿意以管中窥豹的方式揭示司法实践需要什么样的刑法理论、刑法立场和刑法学研究成果，以期能够引起学界对刑事司法实践诉求的一点点直观的、粗线条的感受和关注。

写文章和办案一样，“都必须铁面无私，直指对错……不论是非的文章，不穷究论点对错的论述，不可能有实用价值”，正直的司法官和正直的作者“所具有的共通的特质，就是对专业忠诚。专业建立在知识上面，对知识忠诚，才可能有专业忠诚。对专业忠诚，也就不可收买，不会任意动摇；对专业忠诚，才可能精益求精”。[①] 本书的论题注定了这是一个争论激烈的刑法学问题，笔者会秉承“铁面无私论是非”，坚守“忠诚专业解问题”的原则进行论述。在这个价值多元的社会，是非的标准在很大程度上因人而异，但是对专业的忠诚却是一致的。笔者是个结果无价值论者，这个立场的奠定，除了与本人的成长经历、阅读范围、正义感觉有关之外，更与本人对专业的忠诚、对司法实践需求的亲身体验有关。笔者所有观点的得出均立足于对司法实践的体验，实践性是本书的最大特色，也正因如此，本书的书名设定为《结果无价值论的实践

① 许玉秀、陈志辉编：《不移不惑献身法与正义——许迺曼教授刑事法论文选辑》，台北，新学林出版股份有限公司2006年版，“序”第1页。

性展开》。在此书中，读者诸君会目睹一系列真实案例贯穿始终[①]；会闻到弥漫全书的来自司法实践底层的泥土气息，这或许是这本书的与众不同之处，也是这本书的“命根子”，也是作者办案、治学的“命根子”和“地气”。

李　勇

2012年11月24日改定于南京

---

① 书中引入的五十余个案例，多数是笔者本人亲自主办或参与办理的案件，少数来自《刑事审判参考》《人民法院报》等报刊。除个别案例因其他原因不便注明判决书文号外，大多数案件注明了判决书的文号。

目 录

上 篇

下　篇

上　篇

结果无价值论与行为无价值论之争最初集中体现在违法性领域，但很快就越出违法性领域而遍布整个犯罪论，进而在刑法总论诸多问题上形成对立格局。由于结果无价值论与行为无价值论对犯罪的本质与刑法目的的认识不同，从而在刑法解释论方面也发生了重大影响，进而影响到刑法分则的解释。可以说，结果无价值论与行为无价值论之争已经辐射到刑法总论和刑法分论。当然，刑法总论特别是犯罪论，一直是结果无价值论与行为无价值论争论的传统战场，也是学者们热衷讨论的领域。

本书的上篇部分，主要围绕刑法总论展开，结合司法实践和具体案例，从结果无价值论的视角对刑法总论中的犯罪构成、客观归责、违法阻却事由、犯罪形态、共同犯罪等问题展开论述。

第一章 概 论

行为无价值论与结果无价值之争，源于德国，在日本得到了深入发展，近年来传入我国。两大学派在刑法诸多问题上尖锐对立，形成两种不同的刑法观。两派学说影响力的此消彼长，都有一个发生发展的过程，也是一个适应本国现实与传统的过程。如今，无论是二元行为无价值论与结果无价值论平分秋色的日本，还是二元行为无价值论占据主流的德国，都是由各自的社会传统和现实需要所决定的。我国的现实需要和社会传统决定了需要坚持结果无价值论的立场。本章将对这些问题进行概述。

第一节 结果无价值论与行为无价值论概说

一、结果无价值论与行为无价值论的基本内涵

结果无价值与行为无价值是相对立的概念，结果无价值是指对行为法益侵害或威胁的结果所作的否定评价，以此作为违法的本质；而行为无价值是指对行为本身的反伦理性或反规范性所作的否定评价，并以此作为违法的本质。主张行为无价值的理论或观点是行为无价值论，而主张结果无价值的理论或观点是结果无价值论。换言之，所谓行为无价值论，是指将违法性的本质求诸行为的规范违反性的见解，也称人的违法观；所谓结果无价值论，是指将违法

性的本质求诸侵害法益的结果的见解，也称物的违法观。[①] 行为无价值论从违法就是违反规范的立场（规范违反说）出发，而结果无价值论认为违法的实质就是侵害、威胁法益（法益侵害说）[②]。因此，结果无价值论、行为无价值论又与法益侵害说、规范违反说相关联，法益侵害说一般认为违法性的根据在于结果无价值，而规范违反说一般认为违法性的根据在于行为无价值。

二、结果无价值论与行为无价值论的发生与发展

（一）结果无价值论的发生与发展

结果无价值论对违法性本质的认识，最初源于费尔巴哈的权利侵害说，并曾一度占据了大陆法系刑法理论之通说地位。但由于此说所具有的明显缺陷，取而代之的是“财产侵害说”和“法益侵害说”。现今处于通说地位的法益侵害说认为，刑法的目的是保护法益，犯罪的本质、违法性的本质就是侵害或威胁法益。无法益保护，就无刑法，倘无法益受到侵害或危险，则无刑罚的必要性。[③] 这种将违法性的本质求之于对法益的侵害或威胁，因而着眼于行为所引起的对法益的侵害或危险的结果而予以否认的价值判断，被韦尔策尔称为“结果无价值”。易言之，结果无价值以法益侵害或威胁的事实为基础来考虑违法性。行为无价值的要素应该还原为法益的侵害乃至威胁，“不能还原为法益侵害概念的行为动机、目的之类的，和客观事实不对应的纯粹主观的内心要素，倒不是法律客观

① 参见［日］大谷实：《刑法总论》，黎宏译，法律出版社 2003 年版，第 181～182 页。

② 参见［日］曾根威彦：《刑法学基础》，黎宏译，法律出版社 2005 年版，第 86～87 页。

③ 参见陈志龙：《法益与刑事立法》，台湾大学丛书编辑委员会 1992 年版，第 13 页。

地判断行为违法时，所应当考虑的事情”。[①] 因此，在违法性的判断中具有决定意义的是结果无价值，违法性的根据在于行为的法益侵害或威胁的结果而不是行为本身的反伦理性或反规范性以及行为人的危险性格，唯有法益侵害或威胁的结果的恶才能被作为违法性的实在根据。

简言之，“所谓结果无价值论，系将违法性之实质求诸法益之侵害与侵害之危险（法益侵害说），而故意一般非属违法要素，乃属责任要素之学说”。[②]

（二）行为无价值论的发生与发展

行为无价值论发轫于韦尔策尔的“人的不法概念”，并在他那里取得了自己的古典的表达方式：“不是那种由行为人的人身在内容上可以被接替的结果性发生（法益的损害）在详细说明不法，而是仅仅作为一个不确定行为人成果的行为才是违法的，他为客观构成行为有目的地提供了什么目标设定，他出于什么态度来实施这个目标设定，他在这里承担了什么义务，所有这些都与可能的法益损害一起，决定性地确定了这个构成行为的不法。违法性总是反对一种与确定的行为人有关的构成行为的。不法是与行为人有关的‘人格的’行为的不法。”[③] 换言之，不法不只是法益侵害，行为中的目的、心情、义务，所有这些与可能产生的法益侵害一起决定着行为的不法。不法是关系着行为人的“人的”行为的不法。法益的侵害乃至威胁只不过是人的违法的行为的部分要素，仅用法益侵害绝不能充分说明行为的不法。韦尔策尔把法益侵害或威胁的结果无价

---

① ［日］曾根威彦：《刑法学基础》，黎宏译，法律出版社 2005 年版，第 94 页。

② ［日］曾根威彦：《日本刑法解释论上的重要问题》，载［日］西原春夫主编：《日本刑事法的形成与特色》，李海东等译，法律出版社、成文堂联合出版 1997 年版，第 24 页。

③ ［德］克劳斯·罗克辛：《德国刑法学总论》，王世洲译，法律出版社 2005 年版，第 211 页。

值作为行为无价值的判断资料，脱离行为无价值的法益侵害并不具有刑法意义；“纵无法益侵害或其危险，只存在‘行为无价值’亦可处罚”。[①] 在韦尔策尔看来，刑法的“中心任务”不在于保护法益，而在保障“正面的社会道德”的行为无价值，如尊重他人的生命、自由、财产等，“刑法的首要任务”不是现实的法益保护；更重要的是对遵从“符合法律的态度所具有的行动价值的”保障，他同时也看到，“个人法益的保护”就“包含”在对基本的态度价值的优先保护之中。[②] 他主张，“法益的侵害或者威胁这种结果的无价值，对大部分犯罪来说是本质性的东西，但是，它是人的违法行为的部分要素，仅仅用法益的侵害绝不可能充分地说明行为不法的特征，只有在人的违法行为即行为的无价值之中，才具有刑法的意义”。[③] 随着德国刑法学者的研究和论争逐步深入，在行为无价值论阵营内部形成了不同的流派，上述韦尔策尔的观点被称为本体论的行为无价值论；韦尔策尔的思想被其弟子们忠实地继承并向前推进到“极端和不能被接受的地步”。根据阿明·考夫曼（Armin Kaufmann）和齐林斯基（Iielinski）的观点，“对于人的不法概念而言，仅行为非价具有重要意义，而破坏法益的结果只被视为客观的可处罚性的条件”。这种目的主义的观念是在“向刑法的社会伦理的根据推进，刑法的社会伦理根据存在于对违法性的个人观点、对其意志决定的正确性负责的要素和作为刑罚的伦理意义的清偿思想

① ［日］川端博：《刑法总论二十五讲》，甘添贵等译，中国政法大学出版社2003年版，第158页。

② ［德］克劳斯·罗克辛：《德国刑法学总论》，王世洲译，法律出版社2005年版，第25页。

③ 转引自［日］大塚仁：《刑法概说（总论）》（第三版），冯军译，中国人民大学出版社2003年版，第311页。

的再发现之中”。[1] 这就是以阿明·考夫曼和齐林斯基为代表的波恩学派的行为无价值论；还有客观的行为无价值论和真正的人的不法论，前者将无价值的标准理解为刑法规范所赋予的客观注意义务，违反客观注意义务即成立行为无价值，主观上只要求该行为具有有意性即可，不需要“目的性”；后者主张，人的不法内容不在于行为的目的性，而在于联系人与人之间关系的共同价值，社会伦理是刑法最深层次的价值内容，不法是对这种社会伦理的破坏，而不是侵害法益，结果无价值在真正的人的不法论中就不可能有任何存在的空间。[2] 此外，还有目前占通说地位的以行为无价值为基础，同时考虑结果无价值的二元的行为无价值论。

日本的行为无价值理论虽然来自德国，但是在日本得到了深入的发展，内部观点较为一致。在日本，行为无价值论主要有一元的行为无价值论和二元的行为无价值论，而日本的一元的行为无价值论相当于德国的真正的人的不法论。一元的行为无价值论“彻底贯彻了规范违反说的见解，认为只有行为无价值决定违法性”，“从刑法的任务是维持社会伦理或者道义的立场出发，认为违法的本质是违反伦理、道义，从违反规范（社会伦理）中寻求违法性的本质”。[3] 如一元的行为无价值论者团藤重光认为，违法是“实质地违反法秩序基底的社会伦理规范”，[4] 即对违法本质的认识着眼于

---

① ［德］汉斯·海因里希·耶赛克、托马斯·魏根特：《德国刑法教科书（总论）》，徐久生译，中国法制出版社 2001 年版，第 264 页、第 259～260 页。这里的“行为非价”就是行为无价值，只是翻译问题。有学者认为将“Handlungsunwert”“Erfolgsunwert”翻译行为非价或行为反价值、结果非价或结果反价值更合适，但是由于约定俗成的缘故，本书仍然使用行为无价值、结果无价值。

② 参见王安异：《刑法中的行为无价值与结果无价值研究》，中国人民公安大学出版社 2005 年版，第 4～5 页、第 40 页。

③ ［日］曾根威彦：《刑法学基础》，黎宏译，法律出版社 2005 年版，第 87 页、第 93 页。

④ 参见［日］大塚仁：《刑法概说（总论）》（第三版），冯军译，中国人民大学出版社 2003 年版，第 302 页。

行为的反伦理性而予以否定的价值判断。需要指出的是，目前，这种一元的行为无价值论在日本事实上并不存在。二元的行为无价值论认为，结果无价值和行为无价值同时都对违法性有影响，是以结果无价值为基础，同时导入行为无价值（人的违法观）的内容，是一种折中的违法论，因此又称二元说或违法二元论。[①] 与德国以行为无价值为基础的二元论不同的是，日本的二元论声称是以结果无价值为基础的。可见，违法的二元论源于对结果无价值和行为无价值的折中与调和，从而将违法性的实体首先立足于对法益的侵害或威胁，脱离这种意义的结果无价值确定违法性内容是不允许的，但是想仅仅用结果无价值确定违法性的内容也是不妥的。只有通过一并考虑结果的无价值和行为的无价值，才能正确地评价违法性[②]，即必须将社会伦理规范和法益侵害相互融合的形式来理解违法性的实质[③]。对于二元的违法性论与行为无价值论之关系，日本学者川端博指出，“日本重视行为无价值之见解，带有行为无价值和结果无价值合并考虑之‘折中色彩’，故不能称为行为无价值‘论’。”[④] 大谷实教授也明确指出，“本文意义上的行为无价值论，在我国并不存在。法益侵害说的学者，在‘结果无价值论—法益保护—刑法的无伦理化’、‘行为无价值论—维护社会伦理—刑法的伦理化’的模式下，将我国的违法二元论的立场称为行为无价值论，这种称呼并不正确”。[⑤] 尽管如此，人们仍然习惯地称这种二元的行为无

---

① 参见［日］大谷实：《刑法总论》，黎宏译，法律出版社 2003 年版，第 182 页；［日］曾根威彦：《刑法学基础》，黎宏译，法律出版社 2005 年版，第 88 页。

② 参见［日］大塚仁：《刑法概说（总论）》（第三版），冯军译，中国人民大学出版社 2003 年版，第 313 页。

③ 参见［日］大谷实：《刑法总论》，黎宏译，法律出版社 2003 年版，第 177 页。

④ ［日］川端博：《刑法总论二十五讲》，甘添贵等译，中国政法大学出版社 2003 年版，第 158 页。

⑤ ［日］大谷实：《刑法总论》，黎宏译，法律出版社 2003 年版，第 182 页“注 2”。

价值论为“行为无价值论”。我国大陆及台湾地区学者所理解的行为无价值论与日本相同。近年来，国内有人主张“二元的结果无价值论”，主张以结果无价值论为核心，同时考量行为无价值，并且认为这里的行为无价值是指侵害法益的危险。① 笔者认为，这种观点是值得商榷的，一方面，如果同时考量结果无价值和行为无价值，那就是二元的行为无价值论；另一方面，法益侵害原本就包含法益侵害及其危险，把行为无价值界定为法益侵害危险，其实还是结果无价值论。

现在还出现了一种行为无价值论的变种——基于规范论的行为无价值论。“现在，最有影响力的二元论者所称的行为无价值是指行为具有规范违反性；其中的规范是指与伦理道德无关的保护法益所需要遵守的行为规范、规则。”② 即“世俗化的行为规范理论”。③ 以德国学者雅科布斯为典型代表，他认为“对于一个相当复杂的社会所进行的国家管理来说，制定反对法益侵害的规范是不够的。某些行为方式，它在支流性评价中被一些市民认定是无害的，却被主流明文宣称为危险的或者认定为针对规范的违反行为，这往往是必要的”，“刑法保护的不是法益，而规范的有效性”④，“犯罪因此是一种规范的否定或者，回到犯罪的人上来说，是被已经证实的缺乏对法律的忠诚”⑤。在日本，以井田良为代表，他认为：“行为是否违反刑法取决于行为是否违反了为保护法益所必须遵守的规则，法

---

① 参见杜宣：《二元结果无价值论》，法律出版社 2018 年版，第 296 页以下。

② 张明楷：《行为功利主义刑法观》，载《中国法学》2011 年第 5 期。

③ ［日］井田良：《刑法上行为非价与结果非价之未解争议》，薛智仁译，载《月旦法学杂志》2018 年第 6 期。

④ ［德］雅科布斯：《行为 责任 刑法——机能性描述》，冯军译，中国政法大学出版社 1997 年版，第 119 页、“中文本序” 第 1 页。

⑤ ［德］雅科布斯：《刑法保护什么：法益还是规范效力?》，王世洲译，载中国法制出版社主编：《刑法论文选萃》，中国法制出版社 2004 年版，第 48 页。

益侵害结果只是限制处罚范围的一种附加要素。”[①] 在井田良看来，违法论的意义在于明示行为时的违法与合法的界限，违法论的机能就是提示和告知行为规范，刑法的任务就是通过处罚违反规范的行为来维持规范的效力，从而引导人们去遵守规范。[②] 可以看出，井田良的行为无价值论有两个特色：一是剥离了伦理和道德规范；二是通过规范来实现一般预防，将行为规范作为违法论的本质，这与日本传统的二元的行为无价值论不同。

三、结果无价值论与行为无价值论的学术影响力

在德国，自20世纪30年代目的主义刑法大师韦尔策尔挑起行为无价值论与结果无价值论之争后，就引发了一场长达三十多年的极其激烈的论战。韦尔策尔的弟子阿明·考夫曼（Armin Kaufmann）和齐林斯基（Zielinski）都是典型的行为无价值论者，另外，还有齐配鲁斯（Zipplius）和穆茨贝格（Munzberg）、奥托（Otto）等。结果无价值论是韦尔策尔给法益侵害说贴上的标签，因此，可以说麦兹格等是结果无价值论者，而加拉斯（Gallas）和斯特拉腾维特（Stratenwerth）等学者更是系统地论证了违法本质认定上的结果无价值论。时至今日，二元的行为无价值论在德国占据了主导地位。“在今天的德国刑法理论界，占统治地位的是以行为无价值为中心并承认结果无价值的不法意义的‘人格的不法理论’。”[③]

在日本，从20世纪50年代中期开始，在客观主义刑法学的内

① 转引自张明楷：《行为功利主义刑法观》，载《中国法学》2011年第5期。

② 参见［日］山口厚：《日本刑法学中的行为无价值论与结果无价值论》，金光旭译，载《中外法学》2008年第4期。

③ 李海东：《社会危害性与危险性：中、德、日刑法学的一个比较——以法益实害未发生时的可罚根据为切入点》，载陈兴良主编：《刑事法评论》（第4卷），中国政法大学出版社1999年版，第45页。

部，受韦尔策尔目的行为论影响的行为无价值论渐被展开，进入20世纪60年代之后，与行为无价值论相抗衡的结果无价值论亦自觉展开，而至最近，行为无价值论者之反驳与再批评，复极力被尝试提出。[①] 值得关注的是，日本的行为无价值论与结果无价值论虽然源自德国，但是其争论的激烈程度甚至超越了德国。日本早期的一元的行为无价值论阵营中的代表学者有团藤重光、小野清一郎等，近来二元的行为无价值论以大塚仁、大谷实、川端博、井田良等为后代表；结果无价值论以平野龙一、曾根威彦、前田雅英、山口厚、西田典之等为代表。近年来，日本的行为无价值论与结果无价值论由平分秋色逐步转变为结果无价值论占据主导地位。时至今日，结果无价值论甚至成为日本的通说。[②]

近年来，结果无价值论、行为无价值论也渐次引入中国，引起学界广泛关注，也逐渐形成两大派别，前者以张明楷、黎宏等为代表，后者以陈兴良[③]、周光权等为代表，两派难分伯仲。

第二节 结果无价值论与行为无价值论争点概要

行为无价值论与结果无价值论的对立已经遍布刑法学的各个角落，作为概论部分，仅作概要式阐述（具体阐述见本书除概论外的各章节）。

---

① 参见［日］曾根威彦：《日本刑法解释论上的重要问题》，载［日］西原春夫主编：《日本刑事法的形成与特色》，李海东等译，法律出版社、成文堂联合出版1997年版，第24页。

② 参见周光权：《行为无价值与结果无价值的关系》，载《政治与法律》2015年第1期。

③ 尽管陈兴良教授并不太认为自己属于行为无价值论的阵营，但是其具体学术观点更多地体现了行为无价值论。参见陈兴良：《刑法教义学的发展脉络——纪念1997年刑法颁布二十周年》，载《政治与法律》2017年第3期。

一、结果无价值论与行为无价值论的主要争点

日本学者前田雅英对结果无价值论与行为无价值论的对立点进行了图表式的概括，如下表[①]：

	行为无价值论	结果无价值论
保护之对象	道德·伦理	生活利益
违法评价之基准	客观的	客观的
违法评价之静的对象	主观面之因素	客观面之因素
违法评价之动的对象	行为中心	结果中心
违法评价之时点	行为时	结果发生时
刑罚法规之机能	行为规范	裁判规范

曾根威彦认为，二者最大的不同在于两点：首先，在违法的本质方面，（1）行为无价值论从违法就是违反法规范的立场（规范违反说）出发，认为侵害、威胁法益难以概括违法性的所有内容，应当将不能还原为侵害、威胁法益的违法要素看作行为无价值，而（2）结果无价值论认为，违法的实质就是侵害、威胁法益（法益侵害说），行为无价值可以还原为对法益的侵害和威胁，行为无价值中不存在不能还原为侵害、威胁法益的独立意义。其次，关于故意在犯罪论中的地位，（1）行为无价值论将其作为违法要素（以及构成要件要素），而（2）结果无价值论认为将故意作为违法要素存在问题，主张将故意作为责任要素（以及构成要件要素）。[②] 也有学者将中国和日本关于结果无价值论与二元行为无价值论的对立

---

① 参见［日］前田雅英：《刑法总论讲义》（第3版），东京大学出版会1999年版，第74页。

② 参见［日］曾根威彦：《刑法学基础》，黎宏译，法律出版社2005年版，第86～87页。

点概况为以下四个方面：一是不法的哲学基础是行为功利主义还是规则功利主义；二是不法的本质是法益侵害还是规范违反；三是不法的判断应站在事前还是事后；四是不法的成立是否需要考虑故意、过失等主观要素。[①] 其实，“行为无价值论与结果无价值论对立的原点是对实质违法性（违法的本质）有不同的理解”[②]，其他对立之点均源于此。同时，行为无价值论与结果无价值论的对立亦非仅限于违法性领域，已经远远超越了违法性领域而波及整个刑法理论。例如，结果无价值论认为刑法的机能在于保护法益，而行为无价值论认为在保护法益的同时维持社会伦理秩序或规范效力；结果无价值论用法益衡量或利益优越来解释正当化事由，而行为无价值论则用社会相当性理论来解说；结果无价值论原则上否认主观的违法要素，而行为无价值对此极力强调；结果无价值论一般主张旧过失论，而行为无价值论一般主张新过失论；对于未遂的危险的判断，结果无价值论采客观的危险说，而行为无价值论主张具体的危险说；关于不能犯，结果无价值论采客观的危险说，行为无价值论则主张主观说、抽象危险说；在分则解释上，结果无价值注重法益侵害的实质解释（实质解释论），行为无价值注重规范有效性的形式解释（形式解释论）。对于行为无价值论和结果无价值论两种评价模式来说，最重要的意义在于处罚范围的不同，如不能犯问题、偶然防卫问题、防卫意思、假想防卫等这些“真正的对立点”。[③] 这种对立甚至会影响刑罚的具体适用，请看下面的案例。

---

① 参见陈璇：《结果无价值论与二元论之争的共识、误区与发展方向》，载《中外法学》2016 年第 3 期。

② ［日］曾根威彦：《刑法学基础》，黎宏译，法律出版社 2005 年版，第 93 页。

③ 参见［日］前田雅英：《現代社会と実質的犯罪論》，东京大学出版会 1992 年，第 92 页。

◎案例1　时某非法持有毒品案

被告人时某曾因犯贩卖毒品罪，于2009年被南京市白下区人民法院判处有期徒刑8个月，罚金人民币2000元，2009年10月25日刑满释放；曾因吸食毒品，于2010年被南京市公安局鼓楼分局罚款人民币500元。2011年9月1日22时许，南京市公安局建邺分局民警因掌握吸毒线索，在南京市鼓楼区江东北路辰龙广场路边抓获被告人时某，时某供述了司法机关尚未掌握的持有毒品的事实，后民警对时某的住处进行了搜查，在其房间茶几边上发现香烟盒一只，内有白色晶体一小包；在茶几电脑屏幕边上发现白色晶体两小包；在茶几电脑鼠标旁发现一透明塑料袋，内有红色药丸。上述物质均经鉴定为甲基苯丙胺，共净重12.682克。2012年1月11日，南京市建邺区人民法院判决认定被告人时某构成非法持有毒品罪，情节严重，系累犯、毒品再犯，判处有期徒刑2年8个月，并处罚金1万元。[①]

上述案例中，被告人时某的行为构成非法持有毒品罪，这是没有问题的。问题的关键在以下几个方面：（1）非法持有毒品罪“情节严重”的认定。2011年4月13日出台的《江苏省高级人民法院、江苏省人民检察院、江苏省公安厅关于办理毒品犯罪案件适用法律若干问题的指导意见》（苏高发〔2011〕175号）第29条规定，曾因毒品违法活动被行政处罚两次以上又持有毒品的，认定为刑法第348条规定的“情节严重”。上述案例中，被告人时某曾因毒品问题被判处刑罚、行政处罚各一次。判处刑罚的严重性显然高于行政处罚，既然两次以上行政处罚都要认定为“情节严重”，那么一次判处刑罚加一次行政处罚当然更应该认定为“情节严重”。（2）累犯的认定。由于被告人时某曾因贩卖毒品罪被判处有期徒刑，在刑

① 江苏省南京市建邺区人民法院刑事判决书（2012）建刑初字第9号。

罚执行完毕后五年内又犯可能判处有期徒刑以上刑罚之罪，因此构成累犯。尽管在前面的“情节严重”认定中已经将该累犯情节作为法定刑升格条件进行了一次评价，但是累犯从重处罚还要再进行一次评价。这一点在盗窃罪中也是同样的。1998 年施行的《最高人民法院关于审理盗窃案件具体应用法律若干问题的解释》[①] 中曾经规定，盗窃数额达到“数额较大”或者“数额巨大”的起点，并且有累犯情形的，可以分别认定为“其他严重情节”或者“其他特别严重情节”。2013 年“两高”《关于办理盗窃刑事案件适用法律若干问题的解释》删除了上述规定，而是将“曾因盗窃受过刑事处罚的”作为“数额较大”减半（50%）计算的依据之一。(3) 刑法第 365 条规定了毒品再犯，即曾经因为贩卖毒品等犯罪而被判过刑，无论经过多少年，又再次犯贩卖毒品等犯罪的，从重处罚。问题是行为人在符合再犯条件的同时也符合累犯的条件，如何处理？司法实践中曾经一度对此争论不休。2000 年 1 月，最高人民法院发布的《全国法院审理毒品犯罪案件工作座谈会纪要》明确规定，累犯和再犯同时适用。前述案例的判决正是遵循了上述观点，认定被告人时某非法持有毒品属情节严重，同时认定了累犯和再犯。

上述案例极端地体现了行为无价值论对司法实践的负面影响。其一，两次以上行政处罚作为非法持有毒品罪“情节严重”的条件（法定刑升格条件），这是极为不妥的。一方面，行政处罚已经执行完毕，又作为刑事加重处罚的依据，并非预防犯罪的良策；另一方面，从结果无价值论的角度来说，彼时曾经受到过的行政处罚对此时犯罪的法益侵害性并无影响，显然不能作为法定刑升格的条件。司法实践中之所以将这种行政处罚作为法定刑升格条件，究其原因，乃是认为行为人曾因毒品违法行为被行政处罚过

---

① 该司法解释已失效。被 2013 年 4 月 4 日起施行的《最高人民法院、最高人民检察院关于办理盗窃刑事案件适用法律若干问题的解释》所取代。

又实施毒品犯罪，表明了其行为严重的规范违反性，对规范的不忠诚、不敬畏，主观恶性较大，这集中体现了行为无价值论的因素。

其二，同时适用累犯和再犯是不合适的。累犯制度也是新派在刑罚论中留下的遗产。严格地从以行为为中心的古典学派、客观主义刑法来说，量刑的基本原则是罪责原则。按照罪责原则，犯多大罪就承受多大的刑罚。累犯加重处罚无非是基于其人身危险性，企图实现特殊预防和社会防卫。德国现行刑法没有累犯的规定，累犯在 1986 年被废止是因“德国刑法实务以重罚对付累犯的经验，基本上是挫败的，既无法斩绝累犯的犯罪生涯，又不能有效保护潜在的被害人”[①]。废除之后累犯只是量刑的一项参考因素而已。[②] 从我国的司法实践来看，累犯从重处罚也不能有效预防“三进宫”“四进宫”问题。这是从预防效果方面来说的。从理论上来说，累犯制度将曾经被执行徒刑的记录当成加重处罚的条件，其理由本身就很可疑，其理论根基只能是实现特别预防和社会防卫的目的，正如德国刑法学者许迺曼所言，“这种再次犯罪的推测的基础相当可疑，因此，无论如何可以提出一个命题，那就是累犯加重处罚仅能限于严格界限范围之内”。[③] 基于此，毒品累犯、再犯同时适用实在不妥，这甚至已经超越了行为无价值论而步入主观主义刑法的毒流之中，这是由于行为无价值论与主观主义具有天然的亲近性所决定的。

---

① 参见林东茂：《刑法综览》（第七版），台北，一品文化出版社 2012 年版，第 1 ~ 36 页。

② 当然德国对于多次犯罪的累犯、再犯有相应的保安处分措施，但是这与加重刑罚处罚是两回事。

③ ［德］许迺曼：《从德国观点看事实上的量刑、法定刑及正义与预防期待》，载许玉秀、陈志辉编：《不移不惑献身法与正义——许迺曼教授刑事法论文选辑》，台北，新学林出版股份有限公司 2006 年版，第 690 页。

二、结果无价值论与行为无价值论对刑法观念的影响

（一）实质刑法观和形式刑法观[①]

我国刑法学界关于实质刑法观与形式刑法观之争，肇始于张明楷教授和陈兴良教授。张明楷基于结果无价值论的立场提出实质刑法观并且主张实质的刑法解释；而陈兴良教授则基于行为无价值论的立场主张形式刑法观并且主张形式的刑法解释。2009 年刘艳红教授的《实质刑法观》与邓子滨教授的《中国实质刑法观批判》两本著作的出版[②]，以及 2010 年张明楷教授的《实质解释论的再提倡》与陈兴良教授的《形式解释论的再宣示》两篇论文的发表[③]，标志着国内实质刑法观与形式刑法观之间的论战走向系统化和深刻化。

实质刑法观对各种刑法现象、刑法范畴给予实质的价值判断和

---

① 我国的实质刑法观与形式刑法观之争与日本刑法学中的实质犯罪论与形式犯罪论之争相似。在日本，实质犯罪论、形式犯罪论分别以结果无价值论者前田雅英、行为无价值论者大谷实为代表。有意思的是，主张形式犯罪论的并非都是行为无价值论者，也有结果无价值论者如曾根威彦主张形式犯罪论。但是，从实质犯罪论、形式犯罪论的本质观点来看又是另一番景象：实质犯罪论认为“刑法的目的在于保护个人的生命或财产这种生活利益或法益，刑罚只有在能够保护该种法益的限度之内，才具有意义”，刑法规范主要是裁判规范；形式犯罪论认为“刑法的作用不仅在于保护法益，通过保护法益来维持社会秩序才是刑法的目的之所在”，刑法规范首先应当是行为规范（参见［日］大谷实：《刑法总论》，黎宏译，法律出版社 2003 年版，“新版序”、第 73 页）。可见，实质犯罪论和形式犯罪论在保护法益还是维持秩序、裁判规范还是行为规范问题上的对立，恰恰与结果无价值论和行为无价值论的对立是相同的。曾根威彦也不得不承认“形式犯罪论在意图按照社会一般观念维持社会秩序的时候，其规范论的研究方法，使其丧失了相对于实质犯罪论的独自性。这样说来，只有形式和实质相互制约的‘犯罪论体系’才是最为理想的”（参见［日］曾根威彦：《刑法学基础》，黎宏译，法律出版社 2005 年版，第 182 页）。因此，从本质意义上来说，“结果无价值论—实质犯罪论、行为无价值论—形式犯罪论”大体上是可以成立的。

② 刘艳红：《实质刑法观》，中国人民大学出版社 2009 年版；邓子滨：《中国实质刑法观批判》，法律出版社 2009 年版。

③ 张明楷：《实质解释论的再提倡》，载《中国法学》2010 年第 4 期；陈兴良：《形式解释论的再宣示》，载《中国法学》2010 年第 4 期。

价值解读，其主要内容包括采用实质的犯罪概念、实质的刑法解释、实质的犯罪构成论、实质的罪刑法定原则等，实质主义刑法观的核心理论是法益侵害，以结果无价值论为基本立场。在违法论领域，这是决定处罚范围的标准之一，既然如此，在形式上讨论有无“违反法律规范”或“违反法律秩序”都是没有意义的。最终要确定的是需要刑罚这一严厉制裁的程度的违法性存在与否。[①] 形式刑法观主张对各种刑法现象、刑法范畴的解释以形式的解释、规范的判断作为首要选择，采用形式的犯罪概念、形式的刑法解释、形式的犯罪构成以及形式的罪刑法定等，形式刑法观的核心理论是规范违反，以行为无价值论为基本立场。

就司法实践而言，虽然两种刑法观在多数情况下得出的结论是一致的，但是有些案件则会得出截然相反的结论。实质刑法观主张在解释刑法时应当根据不同生活中的事实，依据事物的本质，不断对法律作出不同的（但符合事物本质的）解释，以求得最合理的解释，即不仅要从形式的角度来解释刑法，更要从实质的角度来解释刑法。这种解释论更加关注行为的效果，是一种行为（效果）功利主义的价值观念。形式刑法观主张在解释刑法时首先要进行形式解释，只有在符合形式解释的情况下，才需要进一步作实质的判断。这种解释论更加关注刑法规范用语的字面含义，在哲学上是一种规则功利主义的价值观念。例如，故意毁坏财物罪中“毁坏”一词释义学的解释。实质刑法观认为，“毁坏”应当坚持“效用侵害说”，即故意毁坏财物罪中“毁坏”并不仅限于财物物理意义上的损坏，还包括财物持有人丧失了对物的效用或者贬损财物价值的各种行为。例如，将人家的戒指扔到大海，从物理意义上看，虽然行为人并没有损坏戒指，但是仍然使持有人或者所有人丧失了对戒指的所

---

① 参见［日］前田雅英：《現代社会と実質的犯罪論》，东京大学出版会 1992 年，第 4 页。

有权。打开鸟笼、让小鸟飞回大自然等诸如此类的案件，可以认定为故意毁坏财物罪。相反，形式刑法观则坚持“有形侵害说”，认为故意毁坏财物罪中的“毁坏”首先应该是一种物理性的损毁，如果不是对物采取一种有形力量的毁损，哪怕造成了财物整体效用的丧失，也不属于“毁坏”。在此，故意毁坏财物罪中“毁坏”不仅要重视财物效用的丧失，更要强调造成财物效用丧失的行为方式。

笔者基于结果无价值论的立场，当然主张实质刑法观。但是，需要强调的是，实质刑法观主张的实质解释，并非是漫无边际地扩大解释，而是在坚守罪刑法定原则的前提下，考虑处罚的必要性和兼顾处罚的公平性。结合我国司法实践的情况，由于司法官整体素质不高，如果片面强调形式解释论，会导致司法者僵化机械地理解法条，过度依赖司法解释，甚至对司法解释的再度机械解释，会导致因机械执法而出现不公平的现象。以下面这个案例为例来说明。

◎案例 2　杨某受贿案

被告人杨某系某国有公司药材供应站站长；王某系药材采购中介公司，代办药品采购的开票业务；李某系某药品供应商。药品采购流程是李某将药材推销给各国有医院，医院将用药情况报给药材供应站，通过药材供应站支付货款给李某，再由王某的中介公司开出发票。王某为了揽更多的业务，请托被告人杨某出面让更多的药品供应商选择王某的中介公司开票，并承诺会将开票返点 7% 中的 2% 作为好处费给杨某。被告人杨某与王某商量，将杨某的妹妹杨某花安排到王某的中介公司担任会计（王某每个月给杨某花工资 1300 元），每一笔开票业务完成后，王某便将 2% 的返点打给杨某花。被告人杨某利用其支付货款的职务便利，要求李某到王某的中介公司开票。至案发前，王某共计获得 83 万元。

本案涉及两个问题：首先，被告人杨某的行为是否符合受贿罪的构成要件。被告人杨某利用其支付货款的职务便利，通过药品供应商李某为请托人中介公司的王某谋取了利益。中间经过了一个环节，从形式解释的角度看，被告人杨某只是为中介公司王某介绍业务，然后接受王某给予的回扣。被告人杨某利用了支付货款的职务便利，但是并没有收受该职务直接对应的对象——药品供应商李某——的财物。所以，司法实践中有人认为被告人杨某的行为属于违纪，而不构成受贿罪。这种形式解释的观点是不能令人接受的。从实质解释的观点出发，受贿罪的实质是侵犯了职务行为的不可收买性，其本质特征是权钱交易。本案中被告人杨某利用其支付货款的职务便利，为中介公司王某谋取了利益，至于中间经过了怎样的环节并不影响权钱交易的本质，收受了王某的好处，权钱交易的行为已然完成，符合受贿罪的犯罪构成。

其次，关于特定关系人受贿问题。2007 年 7 月出台了《最高人民法院、最高人民检察院关于办理受贿刑事案件适用法律若干问题的意见》（法发〔2007〕22 号），该文件第 7 条规定："国家工作人员利用职务上的便利为请托人谋取利益，授意请托人以本意见所列形式，将有关财物给予特定关系人的，以受贿论处。"面对这个司法解释，形式解释论又遇到了难题，那就是，该司法解释将授意特定关系人受贿的行为方式限定为"授意请托人以本意见所列形式"，而"本意见"列举的形式根据前述司法解释只包括以交易形式收受贿赂，收受干股，以开办公司等合作投资名义收受贿赂，以委托请托人投资证券、期货或者其他委托理财的名义收受贿赂，以赌博形式收受贿赂，特定关系人"挂名"领取薪酬等几种特定的形式，不包括直接收受现金。本案中王某给予杨某的 2% 的好处费不属于上述任何一种行为，形式刑法观会基于上述考虑而认为不构成犯罪。但是在实质刑法观看来，上述观点是荒谬的。因为授意请托人以司法解释中列举的更加隐蔽的方式将财物给特定关系人尚且构成犯罪，那么以更加直接的方式给予返点或者现金就更应该构成犯罪。

换言之，本案中如果请托人王某不是给予2%的返点，而是与被告人杨某商定直接将83万元现金给予其妹妹杨某花，反而就不构成犯罪了吗？答案显然是否定的。因为，从实质解释论的角度看，司法解释中列举的几种形式只是授意特定关系人收受财物的几种常见形式，不能将常见等同于全部。①

行文至此，或许有人会认为实质刑法观会导致扩大处罚范围，将不应该处罚的行为给予刑罚处罚，甚至违背罪刑法定原则。事实上，实质刑法观主张的扩大解释，是在遵循罪刑法定原则的前提下，以处罚的必要性和国民的预测可能性为最后边界，不会逾越罪刑法定原则。结合下面一个案例进行论述。

◎案例3　华某强制猥亵妇女案

被告人华某于2008年6月的一天12时许，开车途经南京市应天大街江苏广播电视大学门口时，看见一个二十多岁女子在路边行走，华某就开车追上去，将车停在该女子前面的马路边，待该女子走近时，掏出阴茎面对该女子，该女子惊叫一声说："你发神经啊！"然后迅速离开。2008年7月的一天中午在南京市紫金广场路口，2009年1月的一天中午在南京市建邺区奥体中心东大门附近，华某采取同样的方式对两名女子露阴。

上述案件公安机关以强制猥亵、侮辱妇女罪②移送检察机关审查起诉。华某先后多次对不特定的年轻女性实施露阴行为，从实质上来看，其行为的社会危害性不可谓不大。从立法的角度来说，这种行为应当规定为公然猥亵罪。但是由于我国刑法没有规定公然猥亵罪，实质解释论者并不会将这种行为扩大解释为强制猥亵、侮辱

---

① 当然，该司法解释使用了"特定关系人"这一带有强烈伦理道德色彩的用语，也是值得批判的。参见本书第十章。

② 《刑法修正案（九）》已将此罪名改为强制猥亵、侮辱罪。

妇女罪，更不会将行为人突然掏出生殖器导致被害人来不及躲避解释为“强制”。检察机关最终认为华某的行为不构成犯罪，作出不起诉决定。值得注意的是，2000年10月11日发布的《江苏省高级人民法院、江苏人民检察院、江苏省公安厅关于办理聚众斗殴等几类犯罪案件适用法律若干问题的讨论纪要》（苏公厅字〔2000〕399号）认为，强制猥亵、侮辱妇女罪中的强制侮辱妇女是指“故意采用向妇女显露生殖器或者以生殖器顶擦妇女身体，追逐、堵截妇女，偷剪妇女发辫、衣服，向妇女身上泼洒腐蚀物、污物等手段，侮辱妇女的行为”，这显然是将没有强制性的单纯露阴行为界定为强制猥亵、侮辱妇女罪，其理由无非是该行为侵害了社会伦理秩序、违反公序良俗，这反而是一种行为无价值论的立场，违反了罪刑法定原则，应予以批判。

（二）风险刑法观

自从德国学者乌尔里希·贝克提出“风险社会”的概念后，德国刑法学界以乌尔斯·金德霍伊泽尔、乌尔里希·齐白等为代表的学者提出了风险刑法（安全刑法）的概念。近年来，德国的相关研究成果传入我国，很快风靡中国刑法学界，成为刑法学界的热点，众多学人追随之。在笔者看来，风险刑法观的基本立场是行为无价值论，甚至还带有主观主义刑法的残迹，与结果无价值论水火难容。

一般认为风险刑法是为应对风险社会而产生的一种刑法观念，它是对所谓风险犯予以规制的刑法，也有学者称为象征刑法、功能刑法或安全刑法，受到众多学者的追捧。风险刑法认为，犯罪“不是以导致什么样的具体损害作为实施制裁的前提条件，而是以没有促使安全状态的形成或者这类犯罪的不法来表述的，它不是一个具体的损害，而是一种慌乱不安”。而对于“慌乱不安”如何进行判断，乌尔斯·金德霍伊泽尔教授告诉我们，“这种慌乱不安的不法更多地被理解为在主观上具有罪恶的意图或者客观上对所有生活领域的安全条件造成损害的行为”。[①] 可见，风险刑法是从行为人的主观罪恶意图和社会安全防卫作为支柱来理解犯罪本质的。这与行为人刑法、主观主义刑法是何其相似！这已经不单单是极端的行为无价值论的立场了，而是与主观主义刑法的直接勾连。在风险刑法那里，法益侵害的犯罪本质论被淡化了甚至是被抹去了。乌尔斯·金德霍伊泽尔露骨地指出，法益侵害不再是犯罪必备构成要件，危险状态的出现是对这个行为惩罚的必备的构成要件，行为方式本身似乎是可罚的，而不是行为所引起结果被认为是可罚的。[②] 风险刑法理论以抵御社会风险为己任，以追求人类安全为目标，对于危害社会安全的行为即使没有出现法益侵害的结果，也主张动用刑罚处罚。这与新派的社会防卫论如出一辙。更可怕的是，风险刑法主张过失危险犯、严格责任等，放弃了罪责原则。风险刑法的最终走向不会止于行为无价值论的立场，其在某种程度上就是主观主义刑法的复活，而这与刑事法治是背道而驰的，更是中国刑事法治初创阶段所应该警惕的。

在风险刑法观看来，由于高速交通、科技、医疗、食品卫生、恐怖主义等风险无处不在，传统刑法已疲于应付，等到风险已经实现、出现危害结果时才启动刑法已经不能实现社会的保护了，有必要实行法益保护的早期化和抽象化。微观层面的典型表现就是立法上大量增设抽象危险犯，甚至是增设过失危险犯，司法层面实行严格责任等。近年来我国刑法频繁修改，特别是增设危险驾驶罪，以及将部分生产、销售伪劣产品的犯罪由结果犯改为危险犯，由具体危险犯修改为抽象危险犯。不少学者据此认为，立法上在践行着风

---

① ［德］乌尔斯·金德霍伊泽尔：《安全刑法：风险社会的刑法危险》，刘国良译，载《马克思主义与现实》2005年第3期。

② 参见薛晓源、刘国良：《法治时代的危险、风险与和谐：德国著名法学家、波恩大学法学院院长乌·金德霍伊泽尔教授访谈录》，载《马克思主义与现实》2005年第3期。

险刑法观。风险刑法的赞成者一般在论述“风险社会”的刑法规制时基本上都倾向于扩大处罚范围，亦即建议将刑法的防卫线前置。

笔者认为，所谓我国近来的刑法立法是在践行着风险刑法观可能只是一种假象。仅以增设危险驾驶罪、将部分食品犯罪由具体危险犯修改为抽象危险犯，就认为我国的刑法立法是在印证着风险刑法的理念，过于武断。其一，我国刑法本身法网不严密，与国外相比，我国的犯罪圈是小了，而不是大了，所以在立法上总体呈现犯罪化的趋势，这是正常现象。以危险驾驶罪为例，世界上多数国家均规定了这一罪名，而我国一直没有，立法上填补这个漏洞并非风险刑法的直接后果。其二，抽象危险犯是刑法立法和刑法学理中一直存在的，并不是有了风险社会之后才有抽象危险犯，因此，从逻辑上并不能认为增设抽象危险犯就是风险社会、风险刑法的产物。其三，我国近年来的刑法修改是增加了抽象危险犯，但是相比之下，增加的实害犯显然要多于危险犯。

值得警惕的是，行为无价值论鼓吹风险刑法观，对司法实践可能造成严重的负面影响。一方面，如前所述，风险刑法观在某种程度上是主观主义刑法的复活，对刑事法治不利；另一方面，我国的司法实践“政策主导”的传统积重难返，学界对风险刑法的稍微鼓动，司法实践中会走得更远，甚至成为“严打”“舆论杀人”的工具，其中最为典型的就是以危险方法危害公共安全罪的大量使用。下面这个案例就是其体现。

◎案例4　孙某以危险方法危害公共安全案

2008年12月14日中午，某公司员工孙某无证驾驶自己的轿车前往酒楼聚餐，席间大量饮酒。餐毕，孙某驾车返回自己家中，途中因与一辆轿车发生追尾，孙某迅速驾车逃逸。车行至某路段时，孙某驾车越过黄色双实线，先后撞向对面正常行驶的4辆轿车，直到其驾驶的轿车不能动弹。该事故造成4人死亡和1人重伤、公私财产损失共计5万余元的严重后果。孙某被以危险方法危害公共安全罪定罪。

笔者认为，此案以危险方法危害公共安全罪定罪不妥。醉酒的人应该负刑事责任，属于刑法理论上的原因自由行为。原因自由行为应当负刑事责任，不得以实施结果行为时心神耗弱而减轻或免除处罚，但是负故意犯罪的刑事责任还是过失犯罪的刑事责任，则应当结合案件的实际情况，按照主客观相一致的原则进行分别处理。德、日刑法理论通说认为，原因自由行为分为故意的场合和过失的场合。认定故意犯的原因自由行为，除了对原因行为有认识外，在原因行为时还必须具有犯罪行为的故意。另外，由于刑法评价的对象是结果行为，因此结果行为必须符合客观要件的同时，还要求行为人对该结果行为具有故意。认定过失犯的原因自由行为，要在原因行为的当时能够预见自己在心神消耗的状态下可能引起犯罪结果，而没有预见或者预见了但轻信能够避免。

根据上述基本理论，孙某在设定原因行为时，即喝酒时，并没有以危险方法危害公共安全的故意，而是应当预见到酒后驾车或无证驾车可能会导致危害他人生命财产安全的结果，或者已经预见但是轻信自己技术好而且以前经常无证开车或酒后开车也没有出过事，应当属于过失。

如果按照“明知必须经过相关培训并通过国家有关机关考试取得驾驶执照后才能驾驶机动车辆，但却无视公共安全，长期无证驾车并多次违反交通法规”，那么所有被查到的无证驾驶行为，尽管没有造成任何结果，都应该按照以危险方法危害公共安全罪论处，因为此罪是危险犯；同样所有酒后驾车的人，即便没有任何结果，也该以危险方法危害公共安全罪论处。本案中描述说：“孙某明知越过道路中心黄色双实线会发生与对面车辆相撞乃至造成车上人员死伤的严重后果，仍放任危害结果的发生，其主观故意非常明显。”

这显然是将轻信过失随意解释为间接故意。若真如此，交通肇事罪这个罪名就没有存在的空间了，因为大多交通肇事罪案件存在驾驶员闯红灯、越黄线、观察不仔细、刹车措施不及时等情况。

孙某最终被以危险方法危害公共安全罪处罚显然是在考虑舆论的同时，自觉不自觉地映射出风险刑法的立场。此外，还有“瘦肉精”案件、“毒奶粉”案件也被以危险方法危害公共安全罪定罪处罚，这一新刑法实施后一直不太常用的新罪名被“激活”了，从公共交通领域到食品安全领域。这种口袋效应在司法中的膨胀和放大，其背后正是风险刑法观的影响，值得反思。因此，需要倡导结果无价值论进行纠偏。

第三节
中国刑法应采取的立场

在行为无价值论与结果无价值论之间如何抉择？这将事关整个刑法理论及其体系的未来走向及其价值定位。本书的观点是中国刑法应该采取结果无价值论的立场。

一、一元的行为无价值论与法治的背离

首先，韦尔策尔的目的行为观念深受哈特曼伦理学说的影响，认为违法性即该行为为社会伦理所不能容忍者，行为无价值论的核心就是社会伦理判断，“行为无价值，究其极乃违反社会伦理秩序，以社会伦理为其判断的基准”①。然而，刑法与伦理虽然密切相关，但却有着原则性的区别，“惩罚虽能使人顺从，但却不会使人变得

① 陈朴生：《刑法专题研究》，台北，三民书局1989年版，第11页。

善良”[①]。社会伦理的内涵如此模糊且变幻不定，以至于在现代社会价值观念日益呈现多元化态势、中国又正处于社会转型期的大背景之下，各种价值观念的冲突融合又使社会伦理的模糊变幻进一步加剧。就此而言，一元的行为无价值论将行为的反伦理道德性作为违法性的根据，容易把违反伦理道德的行为作为犯罪处理，这无异于将摩天大厦奠基于泥沙之上，有损于刑法的安定性和国民的预测可能性，从而与刑事法治的根本旨趣背道而驰。因为，“对道德的、宗教的，或者信念的规范的保护，不仅在这些规范遭到违反时，不能产生社会影响，而且也完全不属于民主的法治国家的任务，这种任务要求在相反的情况下，也应当保护和确认少数人的不同观点”。“单纯的违反道德行为所侵害的也不是法益，并且因此必须是保持不受刑事惩罚的。”[②] 换言之，对道德伦理的保护不是法治国家刑法的任务，同时民主法治国家也应当允许在道德、宗教和信念上的思想自由，允许不同的人有不同的观点。

其次，一元的行为无价值论把违法性的本质求之于社会伦理规范，这就必然侧重于刑法的伦理秩序维持机能，进而认为法益保护只有在伦理保护的范围内才有意义，甚至主张法益保护只是刑法的间接使命。正如我国台湾地区学者陈朴生先生所说的那样：韦尔策尔认为刑法之使命，“系在于具有积极的、社会伦理的性质……形成国民之社会伦理的判断，强化国民应忠实于法之心情，强调刑法理论之基本思想，在刑法之社会伦理的机能。刑法之任务，其本质在确保具有法的心情之作用价值之实现的效力。法益之保护，包括于保护基本的社会伦理的心情（行为）诸价值之中”。[③] 小野清一

① ［德］尼采：《论道德的谱系·善恶之彼岸》，谢地坤等译，漓江出版社2001年版，第60页。

② ［德］克劳斯·罗克辛：《德国刑法学总论》，王世洲译，法律出版社2005年版，第21~22页、第15页。

③ 陈朴生：《刑法专题研究》，台北，三民书局1989年版，第10页。

郎也说："刑法并不是一种单纯的法益保护体系。它有保护法益的目的，然而是站在伦理的立场上去保护法益的。"[①] 由此可见，一元的行为无价值论所持之伦理保护观念与纳粹意思刑法仅一步之遥，这显然为刑事法治所不能容忍。

最后，一元的行为无价值论的基本刑法观存在整体主义和社会本位之倾向。在倡导法治的今天，个人本位主义无疑应该是主流的理念，正如德国学者乌尔弗瑞德·诺伊曼所指出的："作为带有历史和文化印迹的问题，个体出发点或者集体出发点的优先性这一问题不是用普遍约束性的要求能够决定的。如果人们询问今天的决定性发展倾向，那么，在国际上不断强调人权的时代，可以认为个体的出发点广为流传。"[②] 而一元的行为无价值论者则反其道而行之，采取了不合时宜的观点。这并非我们的主观臆测，而是一元的行为无价值论者的自我表述，在违法性本质上，无论是木村龟二主张的"实质的违法性，是从法的全体即全体法秩序的观点来看，行为违反被国家所承认的社会生活目的"，还是小野清一郎支持的"违反国家法秩序的精神、目的"，抑或团藤重光赞赏的"实质地违反作为全体的法秩序"或者"违反成为法秩序基底的社会伦理性规范"[③]，从中都能看出其明显的刑法全体主义倾向。小野刑法学的最大特色之一就是：刑法的本质是伦理，故违法性的本质是违反国家法秩序的精神，责任便是道义的非难。[④] 小野清一郎从1930年代后期公然宣扬国家主义和权威主义，并于1942年、1944年先后发表《日本法理的自觉展开》和《大东亚法秩序的基本构造》等文

① ［日］小野清一郎：《犯罪构成要件理论》，王泰译，中国人民公安大学出版社2004年版，第83页。

② ［德］乌尔弗瑞德·诺伊曼：《国家刑罚的法哲学问题》，载中国法制出版社主编：《刑法论文选萃》，中国法制出版社2004年版，第522页。

③ 参见［日］大塚仁：《刑法概说（总论）》（第三版），冯军译，中国人民大学出版社2003年版，第302页。

④ 参见张明楷：《刑法的基本立场》，中国法制出版社2002年版，第32页。

章为法西斯涂脂抹粉，也从一个侧面映射着一元的行为无价值论与全体主义的亲和及其与法治的背离。对此，我国学者黎宏明确指出，和“一元论”（指结果无价值论——引者注）相比，“二元论”（指二元的行为无价值论——引者注）带有明显的国家主义、集权主义色彩，但这并不是说其完全没有自由主义的一面……概言之，可以说二元论是以国家自由主义的意识形态为基础的违法观。① 其实，行为无价值论的这种既带有全体主义的一面又具有自由主义的一面的双重性源自后期旧派固有的传统。虽然说“过去的学派之争和现在的行为无价值论和结果无价值论的对立之间，并不是单纯的一一对应的关系”，但是，“如果一定要用公式来表示的话，可以说，结果无价值论和前期古典学派之间的关系深厚；相反地，行为无价值论具有后期古典学派和近代学派双方的影子”。② 刑法界一般认为，行为无价值论与后期旧派接近，而结果无价值论与前期旧派渊源深厚。众所周知，后期旧派带有明显的国家主义和权威主义的倾向，其典型的例证就是宾丁的刑法思想。正如我国台湾地区学者郑善印所指出的，后期旧派虽然没有表现出反个人主义、反自由主义的立场，甚至相当和谐地主张个人主义与自由主义，但因为其偏重“社会伦理（规范）”概念，导致其基本价值观实质上多少倾向于社会本位。因为社会伦理等概念，毕竟只有在全体主义与社会连带思想下才容易被人接受。而且由于重视社会伦理等概念，便容易要求国家介入社会伦理生活，即存在违反社会伦理行为时，国家应尽可能动用刑法以维护社会伦理秩序，这正是后期旧派将法律与

---

① 参见黎宏：《行为无价值论与结果无价值论的现状和展望》，载［日］曾根威彦：《刑法学基础》，黎宏译，法律出版社 2005 年版，“译者序”第 12 页。

② ［日］曾根威彦：《刑法学基础》，黎宏译，法律出版社 2005 年版，第 86 页。

伦理视为同一的意旨所在。[1] 可见，一元的行为无价值论存在全体主义和社会本位倾向是不争的事实，这与法治理念中的自由主义和个人本位是相抵牾的。

这里需要说明的是，有学者认为，将行为无价值论的内容理解为“反伦理”的、将规范违反说理解为违反伦理规范，并以此展开对行为无价值论的批判，这是一种误解。因为这只是行为无价值论阵营中的一部分的观点，具体地说是真正的人的不法论的观点。[2] 对此，笔者有不同看法。

首先，日本刑法界和我国大陆及台湾地区的刑法界早期所说的行为无价值论和二元的行为无价值论都是指将违法性的本质要么完全求之伦理规范的违反，要么同时考虑法益侵害和伦理规范违反的见解，并非只有结果无价值论这么认为。行为无价值论虽然起源于德国，但是在日本得到了深入的发展，能有力地与结果无价值论相抗衡的也正是基于上述意义上的二元的行为无价值论，对结果无价值论的冲击力也主要来自这种意义上的行为无价值论。井田良等主张的“世俗化的行为规范理论”是后来才出现的。所以，将批判的矛头指向这种以反伦理性为内容的行为无价值论是必要的，而不是误解。其实，日本学者又何尝不知道德国的行为无价值论有不同的流派呢？只不过这些流派的观点缺陷明显，也不适应现实需要而被淘汰，剩下的就只有这种将违法性本质求诸伦理规范的行为无价值论了。这一点从大塚仁先生的论述中可以看出：“在西德比威尔采尔（韦尔策尔——引者注）更超前的观点是，出现了一系列强调行为无价值的学说。根据这种观点，结果无价值对于不法来说没有任何意义……但是，这种观点是违反现行刑法典（指日本刑法典——

① 参见郑善印：《刑法的目的只有法益保护吗?》，载《现代刑事法与刑事责任》，台北，财团法人刑事法杂志社基金会1997年版，第652页。

② 参见王安异：《刑法中的行为无价值与结果无价值研究》，中国人民公安大学出版社2005年版，第5页、第63页。

引者注）的立场的，也是不符合社会现实的。因此，西德这类主张行为无价值的学说是错误的。”①

其次，在违法性本质问题上考虑伦理规范因素的并非只有“真正的人的不法论”，事实上，行为无价值论的鼻祖韦尔策尔从一开始就在违法的本质上侧重了伦理因素的考虑，这一点从德国学者罗克辛的下面述说中可以清楚看到：“韦尔策尔代表的观点是这样的，刑法的‘中心任务’不在于保护法益，而在于保障‘正面的社会道德的行为无价值，例如尊重他人的生命、健康、自由、财产等等’。刑法的首要任务‘不是现实的法益保护’；更重要的是对遵从‘符合法律的态度所具有的行为价值’的保障。他同时也看到，‘个人法益的保护’就‘包含’在对基本的态度价值的优先保护之中了。”② 另外，以阿明·考夫曼和齐林斯基为代表的波恩学派在违法的本质问题上也采取了伦理违反性的观点，这从耶赛克的下面论述中可以看出，他指出，阿明·考夫曼和齐林斯基的目的主义观念是在“向刑法的社会伦理的根据推进，刑法的社会伦理根据存在于对违法性的个人观点，对其意志决定的正确性负责的要素和作为刑罚的伦理主义的清偿思想再发现之中”。③ 德国行为无价值论阵营中其他流派的观点的缺陷极为明显，比如，客观的行为无价值论认为违法性是违反了客观的义务，而义务违反说早已被现代刑法理论所抛弃。真正对德国通说地位的二元的行为无价值论产生重要影响的也主要还是韦尔策尔的本体论的行为无价值和“真正的人的不法论”。

---

① ［日］大塚仁：《人格刑法学的构想》（下），载《政法论坛》2004 年第 3 期。

② ［德］克劳斯·罗克辛：《德国刑法学总论》，王世洲译，法律出版社 2005 年版，第 25 页。

③ ［德］汉斯·海因里希·耶赛克、托马斯·魏根特：《德国刑法教科书（总论）》，徐久生译，中国法制出版社 2001 年版，第 264 页。

最后，日本和我国台湾地区学者对规范违反说的理解并不是误解，而恰恰是对规范违反说真意的准确概括。规范违反说的代表者宾丁认为，犯罪是违反作为刑法法规前提的规范，这种规范是从刑法条文中推理出来的不成文的规范，是在“作为现行全体的法律秩序”的精神或者内含于该整体法秩序中的“国家的规范意思”。所谓违法，不是指行为违反具体条文中个别的规范，而是指违反作为普遍的一般规范，即“社会的正常性”。但是如何判定什么样的行为违反了“全体法秩序的精神”和“社会正常性”，这不得不说“伦理规范为这种判定提供了准则和标准”。而麦耶（M. E. Mayer）的文化规范违反说所指的规范就是作为一切法规范的前提或者渊源的前实定的社会规范，即在人类历史社会生活中自然发生和成立的，内在于现代所有成人意识中、从内部指导其社会行动的道德、宗教、习俗等文化规范。他也认为，要回答宾丁所说的“作为全体的法秩序”的精神或“社会正常性”是什么，只能依靠社会的一般观念、条理、道德、习俗等前实定法的文化规范。[①] 麦耶的观点更加清楚地表明了规范违反说在根本上是主张违法的本质在于违反伦理或道德规范。

二、二元的行为无价值论调和的失败

二元的行为无价值论一方面感到完全置法益侵害于不顾缺乏说服力，另一方面又对社会伦理情有独钟，于是试图对法益侵害与伦理背反的违法本质进行折中与调和。但事实表明，这种调和与折中的努力由于其无法也不愿摆脱社会伦理的纠缠，最终被淹没在社会伦理的泥沼之中而难以自拔，以至于在实际问题的处理上不得不归宿于一元的行为无价值论。

首先，二元的行为无价值论把违法性的实质解释为违反社会伦

---

① 参见张明楷：《法益初论》，中国政法大学出版社2003年版，第66~76页。

理规范和对法益的侵害或威胁。日本的二元论认为，“违法性的实体首先在于对法益的侵害或威胁”，“脱离这种意义的结果的无价值，仅仅以单纯的行为无价值为问题，是不应允许的”。[①] 近来，我国学者周光权教授提出的新行为无价值论，其实仍然是一种二元的行为无价值论[②]，与大谷实、大塚仁的二元行为无价值论并无差别，也无新意。值得注意的是，作为我国行为无价值论的旗手，周光权教授对行为无价值论的立场一直处于不断变化之中，从最早的社会伦理规范违反说，到后来的行为规范违反说，再到目前的行为规范违反与法益侵害的综合说。[③] 这个变化过程的特点可以归纳为：不断清洗伦理因素与不断融入法益侵害，其实是不断向结果无价值论的立场靠拢。但在具体进行违法性判断的时候又自觉不自觉地以社会伦理规范作为判断的基础，如大塚仁声称“社会伦理规范应该是违法性判断的基础”[④]，这无疑又复归到一元的行为无价值论的老路上去了。其实，认真思考一下，大塚仁的这一表述并非偶然，而是二元的行为无价值论的必然命运。因为二元的行为无价值论者都主张实质的违法性就是脱离或者偏离了社会相当性的侵害或威胁法益的行为，二元论者无一能够也不愿摆脱与社会相当性的勾连。然而，何谓社会相当性？二元论者都没有突破韦尔策尔的经典定义，即“所谓社会的相当行为，是指在社会生活中，历史上所形成的社会伦理性的秩序范围里，由这种秩序所允许的行为”[⑤]。只是

---

① ［日］大塚仁：《刑法概说（总论）》（第三版），冯军译，中国人民大学出版社 2003 年版，第 312～313 页。

② 周光权：《新行为无价值论的中国展开》，载《中国法学》2012 年第 1 期。

③ 参见周光权：《行为无价值论之提倡》，载《比较法研究》2003 年第 5 期；《新行为无价值论的中国展开》，载《中国法学》2012 年第 1 期；《行为无价值与结果无价值的关系》，载《政治与法律》2015 年第 1 期。

④ ［日］大塚仁：《刑法概说（总论）》（第三版），冯军译，中国人民大学出版社 2003 年版，第 303 页。

⑤ ［日］木村龟二主编：《刑法学词典》，顾肖荣等译，上海翻译出版公司 1991 年版，第 177 页。

大塚仁先生在社会伦理规范前面加了“国家”一词，强调这种社会伦理规范需要国家的认可，需要从国家的立场和观点对其进行规制。其实，这种基于国家立场的规制，除了徒增人们指责其具有国家权威主义之虞外，无任何新意。正如曾根威彦所指出的，“在使用‘社会相当性’一词取代‘伦理’一词的时候，如果说社会相当性具有和法益侵害性不同的独立意义的话，为了将其与立足于侵害原理的法益侵害性区别开来，就不得不用道德主义（或者家长主义）的概念。”① 就此而言，二元论者所谓的社会相当性无非是一个社会伦理规范问题，其对违法性本质的认识复辟了行为无价值的论点也就不难理解了。加之社会相当性观念本由目的主义大师韦尔策尔倡导，二元的行为无价值论也就无法摆脱其与法治理念相背离的命运。德国的以行为无价值为基础的二元论与韦尔策尔的观点仅一步之遥，同样也没有摆脱社会相当性的纠缠。

其次，二元的行为无价值论用社会相当性理论来解释刑法中的正当化事由也存在严重的缺陷。第一，如前所述，日本的二元论承认违法性的实体首先在于对法益的侵害或威胁，因此坚持以结果无价值为基础；但是在正当化事由的解释上却认为，正当化事由符合了历史地形成的（国家）社会伦理规范，即使伴有法益侵害也必须认为是法所允许的，这显然又把社会伦理规范作为首要的实体和基础，因此，存在自身体系上的矛盾。第二，二元的行为无价值论认为，现代社会由于矿山、大工厂等的经营，汽车、飞机等高速运输工具的运用，存在越来越多的高度危险的行为。如果对其禁止社会就会停止不前，因此，必须基于社会相当性的考虑而承认其为法所允许的存在。略加思考就可以发现，这种见解是相当牵强的。事实上，普通民众看到的这些危险行为仍然为法所允许，其存在的背后

① ［日］曾根威彦：《刑法学基础》，黎宏译，法律出版社 2005 年版，第 93 ~ 94 页。

不是伦理而是利益。作为社会的理性人，人的一切活动都是基于利益的驱动，法律也是为人的利益而制定的，这些危险行为之所以被允许存在，就是因为其有潜在的危险的同时也给人类带来了巨大的利益。与“现实”的利益相比，这些“潜在”的危险毕竟只是一种可能和偶然，这恰恰体现着结果无价值的法益衡量或利益优越。虽然二元论指责结果无价值论的法益衡量或利益优越无法解释法益相等时的紧急避险的正当性，其实这对结果无价值论来说并非难题。因为在两个同等法益只能保存其一的情况下，从整体上来看法益并未受到侵害，因此，不能将其评价为违法。正如意大利学者帕多瓦尼教授所言，“拯救的利益和牺牲的利益具有同等价值，由于两个利益中必然要损失一个（甚至可能二者皆失），保留其中一个，不是一个‘负面的’事实，在法律的账簿上，至少可以说是‘收支平衡’”。[①] 第三，“社会相当性”是一个模糊、不明确的概念，普通民众也难以理解，而不像“利益”那样具有具体性、直接性和现实性。我们不得不承认“社会相当性的概念过于概括、抽象、多义，内容不明确”[②]。如前所述，社会相当性说到底还是一个伦理规范问题，这不免会受到指责。

再次，二元的行为无价值论认为刑法之所以区分规定故意杀人与过失致人死亡以及区分规定盗窃、诈骗、侵占等罪名，是基于行为无价值的考虑。我们认为，这是武断的、不能成立的。正如前述，一切法律包括刑法都是为了人的利益而存在的，刑法之所以规定某一行为是犯罪，就是因为其侵害或威胁了法益，而罪刑法定主义要求刑法规范必须尽可能地明确描述犯罪的构成要件以区分不同的罪名，并实现刑法的可预测性。就此而言，刑法之所以区分规定

---

① ［意］杜里奥·帕多瓦尼：《意大利刑法学原理》，陈忠林译，法律出版社1998年版，第172页。

② ［日］曾根威彦：《刑法学基础》，黎宏译，法律出版社2005年版，第96页。

故意杀人与过失致人死亡以及盗窃、诈骗、侵占等罪名，是为了让公民合理地预测：何谓故意杀人，什么样的行为可能构成盗窃罪和诈骗罪，什么样的行为是非法侵占，什么样的行为是合法占有。否则就有可能使公民无所适从，甚至会造成连购买一件正在促销活动期间打折的商品也会担心自己占了便宜而触犯了财产性犯罪。显然，刑法规范的上述不同规定并非基于行为无价值的考虑，而是因为行为的手段方式能够影响法益侵害的程度，从而可以还原为法益侵害。对此，日本学者佐伯千仞和平野龙一早有论述：“此等样态，仍不失其侵害占有自由或信赖关系之法益，并非径行考虑其反伦理性，行为无价值。”①

复次，二元的行为无价值论还有一个致命的缺点。根据二元论，行为无价值与结果无价值同时都对违法性有影响，根据这样的观点，本来只有在行为无价值和结果无价值相结合时才能确定违法性，那么，对于那些侵害法益而不违反伦理的行为以及只违反伦理而不侵害法益的行为到底是否具有实质违法性，这是二元论者无法圆满解答的。对此，结果无价值论能够圆满地予以破解：刑法中完全可能存在只侵害法益而不违反伦理的犯罪，如大量的行政犯；但却不存在只违反伦理而不侵害法益的犯罪，如成人之间的通奸以及乱伦行为，尽管严重违反伦理秩序却不应认为是犯罪。

最后，基于规范论的二元行为无价值论缺陷更加明显。新近的二元行为无价值论，为了摆脱关于伦理色彩的批判，试图将伦理规范替换为行为规范或规范。刑法到底是保护规范本身的效力还是保护法益？规范论的二元行为无价值论认为刑法的目的是保护规范，可是规范的背后还是利益，一切立法的目的都是保护人的利益。正如德国学者许迺曼所言：“因为规范在这里只是达到维护法益这一

① 陈朴生：《刑法专题研究》，台北，三民书局1989年版，第17～18页。

目的的工具。”[①] “Jakobs 规范论与功能论的方法，如同任何一种规范论一样，由于形成了徒具外表的循环推证，所以要以做出决断来进行填补。”[②] 雅科布斯规范论的立场甚至发展出过于激进的“敌人刑法”主张，对处于法治初创阶段的中国刑法来说，是最不该引入中国刑法之中的。

三、结果无价值论适应了中国现实的需要

首先，中国目前已经确立了法治的目标并正在向其迈进。一般而言，法治是形式侧面和实质侧面的统一，前者要求法律至上，政府依法行政，任何人都不得凌驾于法律之上；后者强调良法之治，法律本身之善。正如亚里士多德所言，“已成立的法律必须获得普遍的服从，而大家服从的法律又应该本身是制定的良好的法律”。[③] 同时，良法必须是民意的体现，权力的行使必须基于民意的委托，超出此限便是滥用权力。然而，“由于一切有权力的人都容易滥用权力，这是一条万古不易的经验。”[④] 法治的精义因此就在于限制公权力，因而刑法的犯罪设定与刑罚发动需要受到限制，从这个意义上讲，刑法的规制对象恰恰不是人民而是国家，国家没有刑法而要科以刑罚照样可行。从这一点说刑法是无用的，“是一种为不处

---

① ［德］许迺曼：《敌人刑法？——对刑事司法现实中令人无法忍受的侵蚀趋向及其在理论上的过分膨胀的批判》，载冯军主编：《比较刑法研究》，中国人民大学出版社 2007 年版，第 268 页。

② ［德］许迺曼：《批判德国刑法学思潮》，载许玉秀、陈志辉编：《不移不惑献身法与正义——许迺曼教授刑事法论文选辑》，台北，新学林出版股份有限公司 2006 年版，第 82 页。

③ ［古希腊］亚里士多德：《政治学》，吴寿彭译，商务印书馆 1981 年版，第 199 页。

④ ［法］孟德斯鸠：《论法的精神》（上），张雁深译，商务印书馆 1961 年版，第 154 页。

罚人而设立的规范”。[1] 结果无价值论以法益概念为核心，而法益概念从产生之初就是为了限定犯罪概念的扩张的。“在理念上系以法益为限定犯罪概念，防止其过分扩张，并使其暧昧之观念臻于明确起见，乃将法益概念导入刑法理论之中。”[2] 曾根威彦更加明确地指出，“法益概念，是为了防止不当扩大犯罪概念，确保一定的市民自由不受国家干涉而引进到刑法学当中来的，从这种历史经过来看，其从一开始，就具有自由主义的特征”。[3] 在结果无价值论看来，只有侵害或威胁法益的行为才是违法，刑法的目的仅在于保护法益，从而严格区分法律与道德，严格限定犯罪的成立范围。由此可见，结果无价值论之自由主义和个人主义基底与法治一脉相承，与限制刑罚权之民主刑法相趋一致，结果无价值论与法治理念具有天然的亲和性。

然而，有的论者基于中国的法治背景却得出了“行为无价值论之提倡”的观点，这不能不令人吃惊。该论者指出，中国的法治不完善，“在刑法领域，如果要坚持一种法治观念，就必须注重公共秩序的维持、重视‘规则之治’（法治）下规范的意义”。[4] 笔者认为，这一见解存在三个重大误区：其一，在中国，一直以来刑法被视为维护阶级统治的工具，被形象地喻为“刀把子”，片面地强调刑法的维护秩序机能而不利于发挥刑法的人权保障机能。显然，在强调和呼吁刑法的人权保障机能态势之下，一味强调“注重公共秩序的维持”，的确值得反思。其二，结果无价值论所强调的违法性的实质在于法益的侵害或威胁，绝非置公共秩序于不顾，秩序本身能够满足人们的某种需要，因而也是一种利益，秩序无疑也是法益

---

① 参见［日］西原春夫：《刑法的根基与哲学》，顾肖荣等译，法律出版社 2004 年版，第 45 ~ 46 页。

② 陈朴生：《刑法专题研究》，台北，三民书局 1989 年版，第 61 页。

③ ［日］曾根威彦：《刑法学基础》，黎宏译，法律出版社 2005 年版，第 6 页。

④ 参见周光权：《行为无价值论之提倡》，载《比较法研究》2003 年第 5 期。

的一项重要内容。正如德国学者罗克辛指出，“违反秩序行为也侵害法益，因为它给个人带来了损害（扰乱安宁的嘈声!）或者对公共福利（并且由此间接地对于公民）是有害的”。[①] 其三，在法治进程中，片面强调刑法的“规则之治”即法治的形式侧面，是对法治内涵的误读。正如前文所言，法治的核心在于限制公权而非私权，这对中国法治的实现而言尤为重要和关键。如果仅仅强调法治的形式侧面而无视其实质侧面，必将对中国的法治进程造成极大的冲击。

其次，中国正处于社会转型期，加之转型时期的全球化扩张及其影响，各种不同的价值观念冲突与融合，旧的价值观念不断得以更新或退出，新的价值观念不断涌现，这在一定程度上决定了中国社会的伦理价值观念更具有多元性、多变性、复杂性、多层次性和不确定性。在这样的伦理道德环境之下，旨在把违法性的判断与社会伦理勾连在一起的行为无价值论或二元的行为无价值论导入中国刑法理论，显然是不合时宜的。“在现今社会，何之伦理为正当，每属相对的。对于不同价值观之本身，社会应予宽容。法仅系保障具有不同价值观之人之共存以维护国家的道义，社会伦理为刑法之任务，非仅对于刑法为过分之要求，且难免以自己之价值观，本法之名，强制他人。”[②] 对于处于转型期的中国而言，严格区别伦理道德与法律规范尤为重要。对此，二元的行为无价值论的倡导者似乎也有认识，也承认传统的价值观念崩溃，是非善恶的基础发生动摇，但却基于法规范意识的培养得出了提倡二元的行为无价值论的结论，以至于将刑法的判断奠基于“崩溃的”“动摇的”伦理规范基础之上从而有损于法的安定性。该论者甚至明确指责法益概念具有不确定性和涵括力有限之虞。该论者还指出，“随着社会生活的

---

① ［德］克劳斯·罗克辛：《德国刑法学总论》，王世洲译，法律出版社2005年版，第16页。

② 陈朴生：《刑法专题研究》，台北，三民书局1989年版，第67页。

复杂化多样化，如果刑法不发挥其积极作用，只在等到有法益侵害或危险事实的发生时才去实施消极救济，日常生活就无法进行”为根据指责结果无价值论的不足。[①] 这就令人费解了：法益与社会伦理相比，何者更不确定呢？法益是人的生活利益，具有现实性、具体性，而社会伦理，由于每个人都有自己不同的价值观念，不同的时代也具有不同的价值观念。例如，青年男女在公共场合接吻，有的人会认为是不道德的，而有的人会认为是正常的；很早以前甚至会被认为属于公然猥亵，但今天不会有人认为是公然猥亵。按该论者的意思：似乎刑法应该是积极主动地介入社会生活，而并非作为迫不得已之最后手段。如以此论，刑法就应该在没有发生法益侵害或危险的情况下提前积极介入，果真如此，刑法的谦抑性何在？“刑法从一开始就具有不完全的特征。刑法的‘最终手段’功能是由宪法确保的合比例原则所决定，而后者又是法治国原则的组成部分。”[②] 因此，在今日倡导法治的今天不会有多少人赞同这种观点。

最后，中国的传统法律文化决定了中国刑法急需引入结果无价值论。众所周知，漫长而悠久的封建社会使儒家思想自两汉以来一直居于正统地位，法律呈现出儒家化的倾向。[③] 而“儒教，同佛教一样仅仅是伦理……”[④] 中国古代法律文化的特色就在于是以道德理想主义为基础的。中国古代也非常重视制度建设，但是这种制度建设的基础不是国家的制定法而是儒家的“礼”，强调“为国以礼”，而“礼”的首要内容就是“君君、臣臣、父父、子子”的宗法伦理秩序。儒家思想这种以人伦纲常为核心的贵贱、尊卑、亲疏

---

① 参见周光权：《行为无价值论之提倡》，载《比较法研究》2003 年第 5 期。

② ［德］托马斯·李旭特：《德国犯罪理论体系概述》，赵阳译，载《政法论坛》2004 年第 4 期。

③ 参见瞿同祖：《瞿同祖法学论著集》，中国政法大学出版社 1998 年版，第 361 页以下。

④ ［德］马克斯·韦伯：《儒教与道教》，王容芬译，商务印书馆 1995 年版，第 203 页。

等伦理秩序的传统根深蒂固，一直影响着中国法治发展的过去、现在以及未来，刑法立法及其司法总表现出强烈而浓厚的泛道德主义倾向。这种泛道德主义集中体现在刑法理论和实践中是行为无价值论的大行其道（只不过此前我们没有冠之以行为无价值之名）。比如，着手问题上，我国刑法通说理论采取了形式的客观说；不能犯问题上通说理论主张主观说；通说还认为偶然防卫成立犯罪既遂；通说理论对于许多故意犯罪，在刑法没有明文规定主观的超过要素的情况下，动辄加上“以……为目的（或动机）”等主观要素，典型的是强制猥亵、侮辱罪。

◎案例 5 王某强制猥亵、侮辱妇女案

2009 年 7 月 14 日 2 时许，被告人王某与薛某（另案处理）与被害人李某回到位于江苏省南京市建邺区电站村的暂住处。因李某欲摆脱两人控制，不想从事“坐台女”工作，薛某即对李进行殴打。被告人王某用电话招来林某、鲁某（另案处理）。林、鲁回到电站村住处后，王某、林某、鲁某即对李某以打耳光、脚踹、拽头发等方式进行殴打，并扒光李某的衣服。由林、鲁按住反抗的被害人李某，王某用手机对赤裸的李某进行拍照，并威胁将裸照发送到网上。直至 7 月 14 日 6 时许，李某趁机逃脱并报警。2009 年 10 月 29 日，南京市鼓楼区人民法院以王某犯强制猥亵、侮辱妇女罪判处有期徒刑一年六个月。[①]

该案是否构成强制猥亵、侮辱妇女罪[②]曾经引起很大争议，最终检察机关抛弃通说，基于结果无价值论的立场坚持起诉，最终法院采纳了这一意见，判决强制猥亵、侮辱妇女罪成立。

---

① 江苏省南京市鼓楼区人民法院刑事判决书（2009）鼓刑初字第 379 号。

② 《刑法修正案（九）》已将该罪名改为强制猥亵、侮辱罪。

对财产性犯罪和经济型犯罪的犯罪数额的计算强调行为人获利的数额这种“利己”的行为无价值；对自然人和单位确立不同的犯罪构成标准，如1998年12月17日《最高人民法院关于审理非法出版物刑事案件具体应用法律若干问题的解释》对侵犯著作权罪中的违法所得数额较大的解释：个人为5万元以上，单位为20万元以上。这样的司法解释背后隐藏的理念是认为个人犯本罪是为了一己之私的不道德性，而单位犯本罪毕竟是为了单位之公利，二者的行为无价值程度不同。有学者因此指出，“不知道能不能称中国社会是一个泛道德主义的社会，但是至少在刑法理论中这种倾向是十分明显并且理直气壮的”。[①] 而刑法中的泛道德主义无疑模糊了刑法与道德的界限，大有借法律之手强制推行道德之虞。刑法的泛道德主义“有时候可能是与法制国家的宪法与刑法本身的任务与功能不相符的……借助于道德判断的论理形式，不仅违背规范学的目的，同时也在否定法规范自身的正义价值”。[②] 在法治中国扬弃法律文化的征程中，行为无价值论和二元的行为无价值论无异于复活并且加剧着这种泛道德主义倾向，为此，结果无价值论就成为扭转这一倾向的理性选择。

然而，令人大惑不解的是，有的学者一方面批评有人盲目推崇结果无价值论是回避了中国的社会现实，另一方面却又对中国社会重伦理的传统和中国刑法的泛道德主义倾向视而不见、避而不谈，并且基于中国没有刑事法治的传统、国民缺乏法规范意识这一事实以及刑法作为行为规范的意义，强调要确立国民的法规范意识，要强调法规范的意义就必须坚持行为无价值论。[③] 这一论断值得商榷。

---

① 李海东：《刑法原理入门——犯罪论基础》，法律出版社1998年版，“我们这个时代的人与刑法理论——代自序”第13页。

② 李海东：《刑法原理入门——犯罪论基础》，法律出版社1998年版，“我们这个时代的人与刑法理论——代自序”第14～15页。

③ 参见周光权：《行为无价值论之提倡》，载《比较法研究》2003年第5期。

其一，中国社会确实缺乏刑事法治的传统，正因如此，才需要提倡实实在在的结果无价值论而不是空洞无物的行为无价值论来启蒙和培养人们的法治意识和“法益”观念。其二，该论者认为，培养和强化人们对法规范的信赖和规范意识，就必须提倡行为无价值论。这就模糊了形式违法性和实质违法性的各自内涵——前者指的是违反国家法规范的命令或禁止，也即违反实定法的规定，后者指的是违反法规范背后的实体内容是社会伦理还是法益。所以，认为要培养法规范意识就一定要提倡行为无价值论的论断，是缺少坚实理论根基的。相反，结果无价值论重视人们对法的信仰，不支持重视伦理规范，这在重人情轻法律、德主刑辅的传统社会转型过程中，正好需要结果无价值论的提倡来加以扭转。

四、行为无价值论在德、日的地位不能成为其引入中国的理由

提倡结果无价值论还是行为无价值论，必须立足于本国的现实和需要。如前所述，中国刑法泛道德主义倾向和中国社会重伦理轻法律这一现实，以及中国目前法治的创建和实现需要，决定了我们必须更加关注结果无价值论。诚然，目前日本的二元的行为无价值论与结果无价值论可以说是平分秋色、不相上下，而德国二元的行为无价值论占据了通说地位，但我们不能以此为由主张中国刑法需要提倡行为无价值论。近来，结果无价值论甚至有成为通说之势。日本学者山口厚还为此指出，“在这一点上，日本刑法学和把行为无价值论作为当然的理论前提的德国相比，具有根本的不同。也可以说，这是日本刑法学在学习德国刑法学的过程中形成的自己的特色”。[1] 综观德、日的刑法都有一个适应本国现实和发展需要的过程。

---

① ［日］山口厚：《日本刑法学中的行为无价值论与结果无价值论》，金光旭译，载《中外法学》2008 年第 4 期。

先来看日本的情况。从学术传承上看，在“二战”前，主观主义的牧野刑法占据了主导地位，牧野英一的刑法思想具有强烈的权威主义和伦理色彩，但在战后随着新宪法的颁布实施和新的国家体制的建立，牧野刑法已经没有什么支持者了；在战后初期客观主义的小野刑法备受推崇，虽然小野清一郎的刑法思想属于客观主义，但是具有极其强烈的伦理色彩，他甚至宣称：“伦理规范是国家法律的根底。所谓法，实际上就是由国家认可、限定、组织和形成的伦理。法的实质是伦理，不，法本身就是伦理。”① 小野被停职逐出东京大学之后，其弟子团藤重光的刑法学说迅速得到了广泛认同，团藤刑法定下了战后日本刑法学的客观主义基调。但是，团藤或多或少地继承了其老师小野的伦理规范方面的思想。如前所述，团藤刑法认为违法的实质是违反法秩序基底的社会伦理规范，团藤刑法学违法论的基石仍然是行为无价值。而团藤的刑法理论又被其弟子大塚仁发挥到了淋漓尽致的地步，大塚仁力主二元的行为无价值论，并得到了一些学者的支持。因此，这种学术传承使伦理规范思想一直留存着。这种二元的行为无价值论是以结果无价值为基础同时考虑行为无价值（这一点与德国目前占通说地位的“人格的不法理论”以行为无价值为基础不同，如后文所述，这也是两国不同的现实需要决定的）。从社会背景上看，战后的日本新宪法是完全在美国主导下以人权、自由、民主思想为指导制定的，并且成为“国民意识中信奉的金科玉律”，这一点与德国不同。“战后德意志的目标是指向‘社会的法制国家思想’，与此相反，日本战后重视的是‘基本的人权思想’。”② 这种对战败的不同处理方法加大了战后日本与德国法律思想的差异，这也使日本的结果无价值思想比德

---

① ［日］小野清一郎：《犯罪构成要件理论》，王泰译，中国人民公安大学出版社 2004 年版，第 30 页。

② ［日］西原春夫：《日本与德意志刑法和刑法学——现状与未来的展望》，林亚刚译，载《法学评论》2001 年第 1 期。

国更为活跃，即使是日本的二元论者也不得不以结果无价值为首要的实体，认为德国的一系列过于强调行为无价值的学说违反了日本刑法典的立场，也不符合日本的社会现实。[①] 另外，日本的行为无价值因素之所以没有被完全抛弃，还一个原因就是其融合了国家主义和自由主义，这对后进资本主义国家赶超先进资本主义国家必须重视国家的作用是有利的。自 20 世纪 80 年代以来，团藤刑法受到严重的理论挑战，“日呈步步后退之势”，“少年时代经历了战争或战后凄凉与价值观震撼的一批刑法学者成长起来”，他们更具有反叛精神和比较法学的功底，尤其在德国刑法理论中长时期的行为无价值论与结果无价值论之争“传染”到日本刑法理论界之后，以前田雅英、曾根威彦等为代表的战后第二代刑法学者力倡不法论中的结果无价值论，纷纷聚集到平野龙一的旗下。平野刑法增添了普通法尤其是美国法的特色，比团藤刑法更具有个人自由主义的色彩。[②] 就这样，日本刑法学者在战后面对着来自学术传承和美国主导制定的新宪法精神的双重压力下，出现了秉承伦理规范传统又不完全背离自由主义的二元的行为无价值论和充满对传统的批判及对自由主义推崇的结果无价值论的并驾齐驱的局面。可见，日本之所以出现结果无价值论与二元行为无价值论平分秋色的局面，是与其传统与现实需要相关联的。

再来看德国的情况。在韦尔策尔提出行为无价值论之前，被后来称为结果无价值论的古典不法论占据主导地位，后来经过长达三十多年的论战，“在今天的德国刑法理论界，占统治地位的是以行

---

① 参见［日］大塚仁：《人格刑法学构想》（下），张凌译，载《政法论坛》2004 年第 3 期。

② 李海东：《社会危害性与危险性：中、德、日刑法学的一个比较——以法益实害未发生时的可罚根据为切入点》，载陈兴良主编：《刑事法评论》（第 4 卷），中国政法大学出版社 1999 年版，第 71 ~ 72 页。

为无价值为中心并承认结果无价值的不法意义的‘人格的不法理论’”[①]。赫尔希感叹道：人格不法论“对于今天的刑法理论界来说已经成为一种理所当然的认识，在所有的教科书和刑法著作中也相应地把它作为一个确证的理论结论来加以展开和论述的。但它是在经过了一场漫长的、异乎寻常地激烈的理论论战之后才获得了今天的这一地位的”。[②] 德国刑法学自客观违法论战胜主观违法论而取得理论上的支配地位以后，历经了结果无价值论的盛行、行为无价值概念的引入、一元的行为无价值论的闪现以及折中的二元行为无价值论最终成为通说的过程。[③] 在今天的德国，人格不法论（实际上就是以行为无价值为基础的二元的行为无价值论）之所以会成为占主导地位的学说，这同样是由德国的现实和传统决定的。德国刑法主观主义色彩较浓和重视行为无价值倾向是一个不争的事实。在1992 年 9 月的德国与东亚国际刑法研讨会上，日本学者曾向德国学者提出：为什么以个人主义和自由主义为基点的德国刑法学具有某种主观主义刑法理论的色彩，而以集体主义和合作主义为基点的日本刑法学反而具有强烈的客观主义色彩?[④] 这其中的原因就在于德国刑法理论认为，目前德国社会是一个充满危险的社会，强调法益保护的早期化。对此，学者金尚均有深入的分析：因为德国刑法理论认为，现代社会的危险现象越来越普遍和严重，除了传统的危险（初期资本主义社会就存在的企业、自然探险家、医疗、航海的危

---

① 李海东：《社会危害性与危险性：中、德、日刑法学的一个比较——以法益实害未发生时的可罚根据为切入点》，载陈兴良主编：《刑事法评论》（第 4 卷），中国政法大学出版社 1999 年版，第 45 页。

② 李海东：《刑法原理入门——犯罪论基础》，法律出版社 1998 年版，第 47 ~ 48 页。

③ 参见陈璇：《德国刑法学中结果无价值与行为无价值的流变、现状与趋势》，载《中外法学》2011 年第 2 期。

④ 参见李海东：《社会危害性与危险性：中、德、日刑法学的一个比较——以法益实害未发生时的可罚根据为切入点》，载陈兴良主编：《刑事法评论》（第 4 卷），中国政法大学出版社 1999 年版，第 62 页。

险等职业上的危险)、福利国家的危险(不是由个人或特定人的团体导致的危险,而是社会化的危险)外,还有新的危险(臭氧层的破坏、森林的毁灭、大气污染等危险)。正因为危险无处不在,故德国刑法学者称现代社会为“危险社会”。在公民面临诸多危险而丧失了安全感的情况下,德国刑法立法与刑法理论所采取的对策之一,就是实行法益保护的早期化。[①] 正因如此,在德国,风险社会理论盛行,风险刑法观畅销。[②] 而行为无价值论的一个重要结论就是在没有法益侵害这一结果无价值的情况下,只要具有行为无价值也要予以处罚,若要在法益侵害结果已发生的情况下再处罚,就为时已晚。因此,行为无价值论正好适应了德国社会的这种需求。这一点也可以从机能主义刑法学者雅科布斯的思想中清楚地看到。在雅科布斯看来,“对于一个相当复杂的社会所进行的国家管理来说,制定反对法益侵害的规范是不够的。某些行为方式,它在支流性评价中(dezentraler Beurteilung)被一些市民认定是无害的,却被主流(zentral)明文宣称为危险的或者认定为针对规范的违反行为,这往往是必要的”,“刑法保护的不是法益,而是规范的有效性”[③],“犯罪因此是一种规范的否定,或者回到犯罪的人上来说,是被已经证实的缺乏对法律的忠诚”。[④] 日本学者西原春夫对德、日刑法学这种在违法性理论上的不同作出过深入的分析,他指出,“关于认识违法性的理论,在德意志强调考虑行为人的主观要素,不仅将犯罪结果,而且将犯罪行为的反价值性作为问题。与此相反,在日

---

① 转引自张明楷:《法益初论》,中国政法大学出版社 2003 年版,第 332 ~ 333 页。

② 参见[德]乌尔斯·金德霍伊泽尔:《安全刑法:风险社会的刑法危险》,刘国良译,载《马克思主义与现实》2005 年第 3 期。

③ [德]雅科布斯:《行为 责任 刑法——机能性描述》,冯军译,中国政法大学出版社 1997 年版,第 119 页、“中文本序”第 1 页。

④ [德]雅科布斯:《刑法保护什么:法益还是规范效力?》,王世洲译,载中国法制出版社主编:《刑法论文选萃》,中国法制出版社 2004 年版,第 48 页。

本尽可能排除将行为人主观方面作为判断的基础，客观结果的意义是违法性根据的见解占据了主流地位……像这种日本刑法通说与德意志刑法通说的对立，可以认为是从宪法基本原理的不同而派生出来的”，前者将对国民基本人权的保护作为最重要的课题，后者虽然也重视基本人权的保护，但也强调权利与权利、自由与自由之间关系的协调。[①] 可见，德国以行为无价值为基础的二元论的地位也是与其社会传统和现实需要相适应的。

以德、日刑法的不同来反观中国刑法，如前所述，长期以来中国刑法的泛道德主义倾向和浓重的伦理思想，一味地强调刑法的打击犯罪而忽视保障人权功能，表现出强烈的权威主义色彩，可以说是权威主义强烈而自由主义微弱；行为无价值严重过剩（只不过此前我们没有冠之以行为无价值之名罢了）而结果无价值严重不足。就目前形势而论，盲目提倡行为无价值论是缺乏理智的，这只会使中国刑法重打击轻保护、重扩张轻谦抑的状况雪上加霜。中国刑法急需引入的是结果无价值论！

---

① 参见［日］西原春夫：《日本与德意志刑法和刑法学——现状与未来的展望》，林亚刚译，载《法学评论》2001 年第 1 期。

第二章　结果无价值论之于犯罪构成

行为无价值论与结果无价值论对立的原点在于违法性，而在德、日等大陆法系刑法中，违法性是犯罪的成立条件（构成要件符合性、违法性、有责性）之一，然而我国传统犯罪构成（犯罪成立的全部条件，不同于大陆法系的作为犯罪成立条件之一的构成要件符合性）中却没有“违法性”，那么如何将结果无价值论在我国的犯罪构成中进行定位和展开呢？坚持传统四要件固然不可取，因为传统四要件缺乏实质违法性的判断机制且矛盾丛生；直接移植德、日的三阶层也非明智，因为三阶层本身也面临着危机。笔者下面的论述将表明，结果无价值论在中国刑法犯罪构成中能够定位且有展开的余地。以结果无价值论的视角研究犯罪构成是一个全新领域的开拓，能够为顺利解决传统四要件犯罪构成和以此为基础的犯罪论体系的一系列困惑已久的矛盾和难题提供全新的思考角度。

第一节
传统四要件的困境

众所周知，我国犯罪构成理论及其结构要素来源于苏联，苏联则又借鉴自德国。正如学者张明楷所说的那样，四要件的元素其实均来自三阶层，将德国刑法理论中的构成要件“改变”为犯罪客观方面或犯罪客观要件；把违法性“改造”为犯罪客体；把有责性或责任“分解”为犯罪的主观方面和犯罪主体[①]，并把犯罪客体重新解释为更具有政治色彩的“（社会主义的）社会关系”（更具体地说，是犯罪所侵害的而为刑法所保护的社会关系）。这样就形成了犯罪客体、客观方面、犯罪主体和主观方面四个方面要件有机统一的四要件犯罪构成。然而，传统的四要件存在诸多的矛盾和困境，这也成为近年来学界关注的焦点。传统四要件至少存在以下难以克服的矛盾。

其一，将客体的内容界定为“社会关系”这一非规范术语，其政治色彩有余而法律色彩不足，具有诸多缺陷，近年来也遭到学界的广泛批判。(1) 通说观点认为，“所谓社会关系，主要是指在生产过程中结成的人与人之间的关系，即生产关系，以及由此决定的政治关系、思想关系等”。[②] 可见，社会关系无非就是一种人与人的关系，但显然忽略了人与自然的关系，如破坏自然资源环境犯罪侵害的是人与自然关系，很难说是侵害了社会关系。(2) 社会关系概念是一个具有抽象性、模糊性、任意性和不确性的概念，就连通说论者也不得不承认犯罪客体“非直观所能认定，必须通过理性认识和分析，才能加以把握”，通说观点没有也无法对什么是社会关系作任何实质上的解说，普通民众如坠云里雾里，也不利于司法认定。比如，一个杀人案件发生，明明是被害人的生命权被剥夺，侵害的客体摆在人们面前——生命权益。按照该说则非要探究一下该杀人行为到底侵害了什么社会关系，这不免让人感到几分莫名其妙。事实上任何犯罪侵害的社会关系都是通过对法益的侵害体现出来的，社会关系本身是不可能受到侵害的。侵害法益是直接的、具体的，而对社会关系的侵害是间接的、抽象的、不完整的。(3) 从实定法上看，我国刑法总则第 2 条、第 13 条关于刑法的任务和犯

---

① 参见张明楷：《刑法的基本立场》，中国法制出版社 2002 年版，第 108 页。

② 高铭暄主编：《刑法学》，法律出版社 1983 年版，第 106 页。

罪概念的规定，都使用的是安全、财产、权利、秩序等术语；刑法分则中没有一个章节使用“社会关系”作为犯罪客体的内容，相反大量使用了利益、权利、财产等。

其二，传统四要件无法容纳正当化事由（违法性阻却事由，我国传统理论称为排除社会危害性事由或排除犯罪性事由）。按照传统四要件理论，犯罪构成是犯罪成立的全部要件和负刑事责任的唯一根据，那么正当防卫、紧急避险等正当化事由与犯罪构成之间到底是怎样的关系？其在犯罪论体系中的位置又是怎样的？这是我国传统四要件所无法解决的。通说观点要么认为“排除社会危害性事由，是指外表上符合某种犯罪构成，实质上不具有社会危害性的行为”；要么认为“在排除社会危害性的情况下，所实施的行为，在刑法上本来是作为犯罪规定的，但是，由于是在特定的条件下为了保护合法利益而实施的，从而就排除了其行为原有的社会危害性”；[①] 要么认为是指“形式上似乎符合某种犯罪构成，但在实质上不具备社会危害性和刑事违法性”[②]。通说观点表述为“外表上符合犯罪构成”“形式上似乎符合犯罪构成”，我们不禁要问：到底有没有符合犯罪构成？传统观点根本无法回答这样的问题。在传统的犯罪构成和以此为基础的犯罪论体系中，正当化事由只能像幽灵一样游离于犯罪构成之外而无法找到自己的归宿。

其三，传统四要件也解决不了犯罪构成和我国刑法第 13 条但书之间的矛盾。刑法第 13 条但书规定的行为到底是否符合犯罪构成呢？通说观点认为，“这种行为表面上可能符合刑法分则条文的规定，但因情节显著轻微，危害不大，实际上不构成该条文所规定

---

① 参见高铭暄主编：《中国刑法学》，中国人民大学出版社 1989 年版，第 145 页。

② 参见高铭暄、马克昌主编：《刑法学》（上），中国法制出版社 1999 年版，第 230 页；赵秉志、吴振兴主编：《刑法学通论》，高等教育出版社 1993 年版，第 266 页。

的犯罪”。[①] 这里的“表面上可能符合”到底有没有符合？“实际上不构成该条文规定的犯罪”又是以什么为标准？按照传统四要件，犯罪构成是犯罪的成立标准，那么某一行为要么符合某罪的犯罪构成从而成立犯罪，要么不符合某罪的犯罪构成从而不成立犯罪，不存在什么“可能”“表面”“似乎”的问题。既然一行为符合犯罪构成，又怎能在符合犯罪构成之后又以情节显著轻微、危害不大为由主张无罪呢？如此“出尔反尔”，还要犯罪构成做什么用呢？果真如此，则犯罪构成的罪刑法定机能将不复存在。

其四，传统的四要件将客体放在犯罪构成的首位，并不符合司法过程的逻辑。事实上，当一个案件发生以后，显现在司法机关面前的首先是犯罪的客观方面而不是先入为主地判定作为客体的社会关系或法益是否受到侵犯。否则，如果先进行“客体”的判断，就必须根据某一行为是否侵害法益从而得出无罪或者有罪的结论，这样就使犯罪构成的定罪机能丧失殆尽，犯罪构成也就成为可有可无的东西，这是很危险的。

其五，传统四要件将三阶层中的责任分解为犯罪主体和犯罪主观方面而分别作为独立的构成要件，通说还认为犯罪主体可以进一步划分为主体本身、身份、责任能力和责任年龄。但是这种分解是存在问题的，因为从理论上说，犯罪主体本身和身份属于客观的事实要素，责任能力和责任年龄则属于主观的罪过要素。

第二节
德、日三阶层的危机

构成要件来源于日文对德文“tatbestand”的翻译，据考证，它来源于意大利纠问程序中的“corpus delicti”一词，克来因（Klein）

① 参见马克昌主编：《犯罪通论》，武汉大学出版社 1999 年版，第 30 页。

在《普通德国刑法纲要》中最先将 corpus delicti 翻译成德文 tatbestand，至此其仍是诉讼意义上的概念，直到施就别尔（Stubel）和费尔巴哈才把它用在实体法意义上。真正的构成要件理论是从贝林格（Beling）开始，由麦耶大体完成。[①] 贝林格认为构成要件是与法的价值判断相分离的，纯粹形式的、记述的、价值中立无色的行为类型；不包含主观的、规范的要素，是作为犯罪"客观类型的轮廓"，"构成要件相符性与违法性和责任完全没有关系。一件事符合构成要件，而它是否违法或是否有责任，则完全是另外的问题。规范的违法性和主观的责任问题，应与构成要件相符性分别审查。构成要件充其量不过是记叙性的、客观的东西"。[②] 但是这种中性无色的行为的客观轮廓遭到很多批评，于是贝林格晚年又修正了自己的观点，把作为行为的客观轮廓的构成要件与犯罪类型加以区分。认为作为犯罪类型既有纯客观的要素，又有纯主观的要素。但是作为犯罪类型内容的各种主客观要素，在逻辑上先经由一观念的形象的指导，加以整合后才能成为犯罪类型，这个观念形象就是构成要件。换言之，"构成要件是从各本条的犯罪类型中抽象出来的、逻辑上先于各本条的犯罪类型，而且是对其加以规制的观念上的指导形象（Leitbild）"。[③] 犯罪类型中的主观要素仅仅是附加性的，是附随着构成要件一起组成犯罪类型的，因而它不属于构成要件。

但是，这种极端抽象的"观念形象"并不能令人满意，麦耶对此大胆修正，他虽然也在整体上坚持了构成要件是记叙性的、客观的，但是他意识到了规范性要素。麦耶认为，刑法规范是立法者根据社会生活的要求而设定的禁止与命令规范，在构成要件中有规范

---

① 参见张明楷：《外国刑法纲要》，清华大学出版社 1999 年版，第 71 页。

② ［日］小野清一郎：《犯罪构成要件理论》，王泰译，中国人民公安大学出版社 2004 年版，第 22 页。

③ ［日］大塚仁：《刑法概说（总论）》（第三版），冯军译，中国人民大学出版社 2003 年版，第 111 页。

性的要素，如盗窃罪中的“他人的财物”、伪证罪中的“虚伪的事实”等均需要规范性的评价才能确定，所以有别于中性无色的构成要件要素。但是他认为这些规范要素是非真正的（不纯正的）的构成要件要素，而是真正的（纯正的）违法性要素。这样规范性要素就具有了双重地位，“可以比喻为一个一头夹着法定的行为构成，另一头夹着违法性的大夹子”[①]。构成要件是违法性的认识根据，二者如烟与火的关系。麦耶首次提出的“规范性要素”使贝林格关于构成要件中性无色的观点受到严重冲击。

麦兹格（Mezger）进一步发展了构成要件论，即违法类型说。该理论将构成要件与违法性作为一体来把握。符合构成要件的话原则上就具有违法性，二者之间不仅仅是“认识根据”的关系而完全是“存在根据”的关系，符合构成要件的行为只要没有阻却违法事由就具有违法性。麦兹格指出：“法定的构成要件，业已于立法过程中，含有直接对违法性的说明，亦即对于确立特别类型化不法的揭明。立法者乃借由构成要件的形式，揭露出特别的违法性。因此构成要件该当的行为，并非仅仅是违法性的佐证要件而已，而系违法性的内质要素，构成要件该当的行为，在无正当性事由存在的情况下，乃使得该行为成为违法性的行为。”[②] 在他看来，构成要件本身就包含有对于构成要件该当行为违法性的直接评价在内，“不法”观念中已经包含了一体化的构成要件该当性和违法性，从而一改麦耶的“构成要件该当性—违法性—有责性”之体系而成为“行为—不法—责任”的体系。麦兹格构成要件理论的重大特色在于，继麦耶发现规范性要素之后而发现了主观的构成要件要素。他认为构成要件不能排除主观要素，如果欠缺行为人的主观成分将使判断行为是否符合构成要件成为问题，如目的犯中的目的、倾向犯

---

① ［德］克劳斯·罗克辛：《德国刑法学总论》，王世洲译，法律出版社 2005 年版，第 184 页。

② 柯耀程：《变动中的刑法思想》，中国政法大学出版社 2003 年版，第 16 页。

中的主观性倾向、表现犯中的心理态度等。而“真正将主观要件重新定位在构成要件中，最有力者，当推目的行为论者，目的行为论者将实现整体客观构成要件的故意，从罪责内涵中分解出来，完全置于构成要件之中，而确立了主观构成要件概念”，从而故意与过失也属于构成要件要素。“主观构成要件要素的论点自 1930 年以后，得到学理及实务上的支持，迄今仍为不争的事实。”①

然而，三阶层理论的发展并未到此为止，小野清一郎的违法有责类型说使构成要件与违法性、有责性的界限更加模糊。小野认为，“所谓构成要件，是指将违法并有道义责任的行为予以类型化的观念形象（定型）”，“构成要件在将行为的违法性加以类型化的同时，也要将行为人的道义责任类型化”，构成要件是违法并有道义责任的行为类型。刑法各本条规定的特殊的类型的违法、有责的行为类型即是构成要件，“出现在前面的是构成要件，站在它背后的，是具有实体意义的违法性及道义责任”。② 这样使构成要件与违法性和有责性的关系更加密切。

从上述构成要件的发展历程可以看出，从贝林格建立的客观、中性无色的构成要件之后，麦耶和麦兹格相继发现了“规范要素”和“主观要素”，从而使构成要件与违法性的界限几乎消失甚至合二为一，构成要件几至成为无所不能的“怪物”。这就使三阶层面临以下难题：

其一，构成要件与违法性的界限模糊。由于构成要件的形态，已非如贝林格所认定的完全不含价值判断的色彩，系含有规范的要素。构成要件中也因此含有评价的要素存在，“原本评价系在违法性阶段才加以判断，现今构成要件已具有不法判断的特性，而使构

---

① 柯耀程：《变动中的刑法思想》，中国政法大学出版社 2003 年版，第 14 页注〔41〕。

② ［日］小野清一郎：《犯罪构成要件理论》，王泰译，中国人民公安大学出版社 2004 年版，第 17 页、第 28 页、第 29 页。

成要件与违法性间的界限变得模糊”。① 西原春夫先生也指出，“作为本来价值是自由来把握的构成要件，包含着越来越多的价值，更多地包含着主观和规范的两要素。因此，原本具有与违法性相独立机能的构成要件，与违法性的关系越来越深，最终淹没在违法性之中”。② 我国也有学者指出，“构成要件”随着理论的发展其范围可谓越来越大，“构成要件该当性”作为犯罪成立的第一要件，实际上已经包揽了绝大部分要素，反而失去了其分析犯罪成立要素的作用。③

其二，三阶层也面临着正当化事由的定位难题。在贝林格的模式中，构成要件是中性无色的，行为的规范评价是在违法性阶段进行的，因此，正当化事由在违法性阶段认定自当没有问题，“但违法性内容的改变，使得构成要件中，已经含有评价的要素，且已能完全评价，则正当性事由的定位在违法性阶段，乃成问题。究竟正当性事由应置于构成要件中？抑或放在违法性阶段，始加以审查？如系置于构成要件中，则究系于构成要件该当性后，再行判断？抑或是在构成要件该当与否时，即应一起判断？”此种正当性事由的定位问题，事实上已经形成对三阶层的强烈冲击。④ 也正因如此，德国产生了“否定性行为构成特征的理论”，这个理论的一个重要成果，即正当化根据不是仅仅排除违法性，而且还排除了行为构成，行为构成和违法性融为一个不法性的总的行为构成，它完整地

---

① 柯耀程：《变动中的刑法思想》，中国政法大学出版社 2003 年版，第 17 页。

② ［日］西原春夫：《构成要件的价值性特征》，丁相顺译，载于志刚主编：《刑法的问题与争鸣》（第 7 辑），中国方正出版社 2003 年版，第 292 页。

③ 参见肖中华：《犯罪构成及其关系论》，中国人民大学出版社 2000 年版，第 60 页。

④ 参见柯耀程：《变动中的刑法思想》，中国政法大学出版社 2003 年版，第 18 ~ 19 页。

包括了对不法判断有重要意义的全部特征。[①]

其三，故意、过失的定位难题。在贝林格的模式中，构成要件是客观的，故意、过失属于责任的要素，但是自从麦兹格发现主观的构成要件要素之后，加之目的行为论的进一步推动，主观的构成要件要素随即得到广泛认同。这样一来，构成要件故意成为构成要件主观部分在犯罪判断的架构上已经得到确立，贝林格所认为的构成要件客观性的说法完全消失。然而，这一变动不仅是构成要件本身的变动，它同时牵动整个三阶层的判断架构的变化，最大的问题是："行为主观要素如何从罪责中移转至构成要件之中，其提升至构成要件中的实质内容为何，而何种主观要素尚留在罪责的内涵之中?"[②] 学界对此争论不休，通行的主张是：对构成要件客观事实的认识，是作为构成要件要素的故意，即构成要件性故意；对于违法性事实的认识、违法性认识的可能性及期待可能性，是作为责任要素的故意，即责任的故意。这样就赋予故意、过失双重地位。但是这种划分是否合理、明确，并非没有疑问，正如有学者指出的，"在刑法学理上乃将故意、过失视为跨越构成要件及罪责的行为主观要素，而赋予其'双重地位'，然而，此种见解却使行为的主观要素在定位上更加游移与混淆，更使得行为主观要素的整体性横遭分割。"[③]

德、日大陆法系的三阶层面临上述三重危机，我国很多学者所理解的三阶层只是基于贝林格式的古典模式，而没有细究三阶层的发展历史和态势。正如我国台湾地区学者柯耀程指出的，"现行适用的架构虽与贝林的架构在形式上完全一致，但其实质内涵已生相

---

① 参见［德］克劳斯·罗克辛：《德国刑法学总论》，王世洲译，法律出版社2005年版，第185页。

② 柯耀程：《变动中的刑法思想》，中国政法大学出版社2003年版，第35页。

③ 柯耀程：《变动中的刑法思想》，中国政法大学出版社2003年版，第35～36页。

当大的改变。此种改变是否能维持对犯罪行为完整判断，不无问题”，“吾人不得不怀疑，形式上的三段评价的架构是否仍能维持？”① 西原春夫先生也曾发出了既非杞人忧天亦非危言耸听的担忧：“必须注意到，构成要件论发展的历史实际上也正是构成要件论崩溃的历史。”② 德国学者许迺曼同样对目的行为论将主观要素前置到不法构成要件中以及出于预防的观点而扩充刑法上的罪责概念表示批评，这样对不法与罪责而言，就再也无法找出一套明确的区分标准，甚至不无忧虑地表示“总括上述的主张，这将恐怕导致了刑法体系的崩解”。③

第三节
结果无价值论视角下的重构

如前所述，我国的传统四要件困境重重、矛盾丛生，如何重构我国的犯罪构成成为一个急迫而重要的课题，一度成为研究的热点，各种专著和论文的数量可观，对此一一评述并非本书的任务。这些研究都有一些值得肯定之处，但是又不免让人感到遗憾：学者们要么是对传统四要件猛烈抨击欲“诛之而后快”，却又不能提出可行的方案进行重构，岂不知构建一种理论远比颠覆一种理论要艰难得多；要么是对传统四要件的排列顺序不痛不痒地颠过来倒过去，使原本充满矛盾的四要件更加混乱；要么是仅仅基于贝林格式的古典模式来理解德、日的三阶层，不顾现实与成本而盲目地直接

---

① 柯耀程：《变动中的刑法思想》，中国政法大学出版社2003年版，第32页、第17页。

② ［日］西原春夫：《构成要件的价值性特征》，丁相顺译，载于志刚主编：《刑法的问题与争鸣》（第7辑），中国方正出版社2003年版，第292页。

③ ［德］许迺曼：《区分不法与罪责的功能》，载许玉秀、陈志辉编：《不移不惑献身法与正义——许迺曼教授刑事法论文选辑》，台北，新学林出版股份有限公司2006年版，第419页。

移植大陆法系的三阶层，没有细究三阶层的发展历史和态势，更没有考究三阶层本身所面临的严重危机。

以结果无价值为视角，综合考量传统四要件和德、日三阶层，是一个新领域的开拓，能够为顺利解决传统四要件的一系列矛盾和困惑，以及巧妙回避三阶层的危机，提供全新的思考角度和空间。在德国、日本，行为无价值论者与结果无价值论者基本上都采取阶层式犯罪成立要件理论，区别在于故意、过失是违法要素还是责任要素。德国近些年来将故意、过失作为违法要素，但这种做法基本上导致了违法性的判断成为可罚性的判断，所以有德国学者认为，"德国刑法体系的最新发展又失去了区分不法与罪责所产生的好处"。[①] 从结果无价值论的角度来说，故意和过失应该是责任要素，应该明确不法与罪责的界限。

一、客体内容的重新界定

这里首先需要澄清一个语词上的问题。笔者在这里之所以使用"客体"而不使用我国刑法学通用的"犯罪客体"一词，是为了避免人们将犯罪客体与犯罪对象混淆。事实上，我国学者在使用"犯罪客体"的时候，对其所指内容的认识并不统一，通说认为犯罪客体指刑法所保护的而为犯罪行为所侵害的社会关系，但也有不少学者认为犯罪客体就是犯罪对象。[②] 其实，这是一个翻译的问题。德语中"犯罪客体"与"犯罪对象"都是"Das Objekt"一词，而日本学者和过去的中国学者有时译为犯罪客体有时译为犯罪对象。如果一定要在含义上对中国刑法学中的"犯罪客体"与"犯罪对象"

---

① ［德］许迺曼：《区分不法与罪责的功能》，载许玉秀、陈志辉编：《不移不惑献身法与正义——许迺曼教授刑事法论文选辑》，台北，新学林出版股份有限公司2006年版，第419页。

② 参见刘荣生：《犯罪构成原理》，法律出版社1997年版，第117页；杨兴培：《犯罪构成原论》，中国检察出版社2004年版，第124页。

和德、日刑法学中的有关术语作一个对应的比较，那么，与中国刑法学中“犯罪对象”同义的表述在德、日刑法学中应当是“行为客体（Tat－/Handlungsobjekt）”；与中国刑法中“犯罪客体”相似的表述在德、日刑法学中应当是“保护客体（Schutzobjekt）”或称“法益（Rechtsgut）”。[①]这一点也可以从大陆法系刑法理论对行为客体与保护客体的划分中可以看出，“行为的客体是行为所指向的有形的人或物；而保护的客体（法益）则是法律依据构成要件进行保护的利益或价值”。[②] 为了区别起见，本书使用“客体”一词，相当于德、日刑法学中的“保护客体”（法益）。

那么客体的内容是什么呢？苏联的通说认为犯罪客体是“犯罪行为所侵害的社会主义的社会关系”[③]，我国的通说理论直接照搬了这一学说，20 世纪 90 年代以前的刑法学教科书基本上都认为“犯罪客体是指刑法所保护而为犯罪行为所侵害的社会主义社会关系”，[④] 后来将“社会主义”去掉而将犯罪客体重新表述为“我国刑法所保护的，为犯罪行为所侵害的社会关系”[⑤]。但是，如前述“社会关系”是一个非规范的术语，具有诸多的缺陷，近年来已成为众矢之的。大陆法系刑法理论将客体分为行为客体和保护客体，大体上分别相当于我国刑法理论通说的犯罪对象与犯罪客体，而在大陆法系刑法学中保护客体与保护法益是同等的概念，易言之，保护客体的内容就是法益。正如泷川幸辰所说：“被法律上所保护的

---

① 参见李海东：《社会危害性与危险性：中、德、日刑法学的一个比较——以法益实害未发生时的可罚根据为切入点》，载陈兴良主编：《刑事法评论》（第 4 卷），中国政法大学出版社 1999 年版，第 9 页注［1］。

② ［日］大塚仁、福田平编：《日本刑法总论讲义》，李乔等译，辽宁人民出版社 1986 年版，第 47 页。

③ ［苏］H. A. 别里亚耶夫等主编：《苏维埃刑法总论》，马改秀等译，群众出版社 1987 年版，第 92 页。

④ 高铭暄主编：《刑法学》，法律出版社 1983 年版，第 106 页。

⑤ 参见高铭暄、马克昌主编：《刑法学》（上），中国法制出版社 1999 年版，第 108 页。

利益就是法益，带有法律所考虑的标准性利益的意思。法益是法律保护的客体。”[①] 与社会关系相比，（1）法益是大陆法系刑法学中的一个基础性的概念，具有规范性，是一个严谨的规范术语。（2）法益指向的是一种生活利益，具有明确性、具体性和可操作性。尽管在法益论的发展历史中出现过精神化的现象，但是在今天，法益是一种生活利益的观念已经深入人心。特别是现今民主宪政体制下，学者们从宪法的角度来界定法益的概念，更使其具有明确性、科学性。如德国学者罗克辛认为，应“从宪法中引导出法益概念”，“一个在刑事政策上有拘束力的法益概念，只能产生于我们在基本法中载明的建立在个人自由基础之上的法治国家的任务。这个任务就是对国家刑罚权规定界限”，法益“先于立法者的事先规定，但不是位于宪法之前”。[②] 日本学者内藤谦也认为，法益就是法所保护的生活利益，“这一定义是个形式的定义，而且过于抽象和宽泛”，从而主张法益是指从“宪法的基本原理与构造来看值得由刑法法规来保护的生活利益”。[③] 我国学者张明楷也认为，“法益是指根据宪法的基本原则，由法所保护的、客观上可能受到侵害或者威胁的人的生活利益”。[④] （3）将客体的内容界定为法益，能够涵盖所有的犯罪类型，因为法律是为人而设立的，是为人的利益服务的。从实定法的规定来看，无论是刑法总则对刑法的任务、犯罪概念的表述，还是分则类罪的具体规定上看，都使用了安全、利益、秩序、权利等词语，这些都是法益的表现形式。

如前所述，结果无价值的核心概念就在于“法益”，为了使犯

---

① ［日］泷川幸辰：《犯罪论序说》，王泰译，载高铭暄、赵秉志编：《刑法论丛》（第3卷），法律出版社1999年版，第204页。

② 参见［德］克劳斯·罗克辛：《德国刑法学总论》，王世洲译，法律出版社2005年版，第15页。

③ 参见李海东主编：《日本刑事法学者》（上），法律出版社、成文堂联合出版1995年版，第334页。

④ 参见张明楷：《法益初论》，中国政法大学出版社2003年版，第167页。

罪构成真正成为犯罪成立意义上的“构成”，有必要舍弃对犯罪客体进行“社会关系”的空洞概括，代之以具体、科学的“法益”。这样也就顺利解决了传统四要件前面所说的第一个矛盾和困惑。

二、客体要件的重新定位

关于客体的定位，近年来在刑法学界引起极大的争论，通说一般认为客体是犯罪构成要件之一；否定说认为客体不是犯罪构成的要件，理由各不相同。[①] 笔者不打算对各种观点逐一评析，只是从结果无价值论的角度进行审视。

首先有必要澄清一个问题，即否定论者之所以认为客体不是我国犯罪构成的要件之一的一个重要原因，就是其有意无意中将我国的“犯罪构成”与德、日大陆法系刑法学中的作为犯罪成立条件之一的“构成要件”相混淆。张明楷教授认为，犯罪客体不是犯罪构成的要件，它属于犯罪概念的内容，并指出“外国刑法将法益视为十分重要的概念，但没有任何人认为刑法保护的法益是构成要件”。[②] 不错，保护客体（法益）确实不是外国刑法中“构成要件”的内容，作为三阶层之一的构成要件要素怎么可能会包括保护客体呢？因为，很明显“成为构成要件要素的，只是侵害或者威胁法益这种事态的事实方面，规范性的侵害或者威胁法益行为，则是直接被作为了违法论的问题”[③]。换言之，“法益概念在犯罪论中并不直

① 参见童伟华：《犯罪客体研究——违法性的中国语境分析》，武汉大学出版社 2005 年版，第 77 页以下。笔者也曾赞同客体不是犯罪构成要件的观点（参见钊作俊、李勇：《结果无价值初论》，载《法律科学》2005 年第 6 期），但是当时一方面是因为考虑的不太成熟，另一方面是考虑与钊老师的观点保持一致。

② 参见张明楷：《刑法学》，法律出版社 2003 年版，第 134 页。

③ ［日］曾根威彦：《刑法学基础》，黎宏译，法律出版社 2005 年版，第 198 页。

接与犯罪构成要件论发生联系，而主要构成违法论的内容”。[①] 可是，与我国刑法中的“犯罪构成”相对应的是外国刑法中犯罪成立的全部条件而不是“构成要件”。而法益无疑是外国刑法中三阶层之一违法性的重要内容，所以，法益或保护客体是外国刑法中犯罪成立条件（注意：是犯罪的成立条件而不是构成要件）的重要内容。这样一来，我国的犯罪成立条件中（我国刑法理论常称的犯罪构成）有客体的一席之地就不是什么异端了。

为了进一步澄清认识，有必要回顾一下造成这种误解的原因。中国的“犯罪构成”理论来自苏联，而苏联的“犯罪构成”理论又来自德国，然而在这一辗转过程中既有移植更有误读。以特拉依宁为代表的苏联刑法学者将 Tatbestand 误译为“犯罪构成”，从而将作为犯罪成立条件之一的“构成要件”与犯罪的全部成立条件即他们话语中的“犯罪构成”相混淆，这从特拉依宁的论述可以明显地看到。他说：“A. 费尔巴哈并没有忽略责任的主观根据——罪过——的意义。可是，根据他所下的定义，罪过却处在犯罪构成的范围之外”，他进一步指出，施就别尔（Stubel）“也只把客观因素列入犯罪构成……无论是 A. 费尔巴哈或者是施就别尔，都不容许在没有罪过的情况下负刑事责任，但同时又都把罪过置于犯罪构成的范围之外”。[②] 在这里特拉依宁显然是在用“犯罪构成”的概念来偷换费尔巴哈等所说的“构成要件”。他所说的“犯罪构成”是指“苏维埃刑事立法用以说明一定的行为为犯罪，也即为危害苏维埃制度基础或社会主义法律秩序的行为的诸特征的总和”，这些特征的总和就是后来的犯罪客体、客观方面、犯罪主体和主观方面。

① 李海东：《社会危害性与危险性：中、德、日刑法学的一个比较——以法益实害未发生时的可罚根据为切入点》，载陈兴良主编：《刑事法评论》（第 4 卷），中国政法大学出版社 1999 年版，第 10 页。

② ［苏］特拉依宁：《犯罪构成的一般学说》，中国人民大学出版社 1958 年版，第 15 页。

而我国的犯罪构成是直接照搬苏联的，同样以“犯罪构成”来理解三阶层的“构成要件”也就不足为奇了。严格地说，大陆法系刑法理论中并没有“犯罪构成”这一概念，而只有“构成要件”和犯罪的成立条件（或者说犯罪的成立要件）。对于犯罪的成立条件（或犯罪的成立要件）与构成要件的区别，我国台湾地区学者黄村力作了明确的解说：所谓犯罪之成立要件，系指刑法总则上之问题，涵盖有构成要件该当性、违法性、责任性三大类别；而所谓犯罪构成要件，又称特别构成要件，系规定于刑法分则或其他特别刑法之各本条内，乃是立法者将各种不同类型之犯罪行为的具体构成事实加以抽象化与条文化而成为可罚行为之前提要件。[①] 我国的通说理论把“犯罪构成”等同于“构成要件”，如果说这对我国的四要件而言还无伤大雅，那么如果以此来论及大陆法系的构成要件理论将是大错特错。因此，为了避免误会和利于中外理论的沟通和语境上的转换，必须严格区分两个概念，我国刑法学中的“犯罪构成”实际上是指犯罪成立的全部条件，而德、日刑法学中的“构成要件”是指犯罪成立的条件之一的构成要件符合性。

澄清了上述认识，客体在我国犯罪构成中的定位问题也就迎刃而解了。在大陆法系的犯罪成立条件中，违法性是三阶层（构成要件的符合性、违法性和有责性）之一。结果无价值论的原点在于违法性，所谓结果无价值就是指对行为法益侵害或威胁的结果所作的否定评价，以此作为违法的实质。可见，法益乃“违法性之中心”[②]。同时，“法益概念最重要的功能，即它是当代刑法学中的核心内容——实质的违法论的基石。可以这样说，没有法益概念，实质的违法论或不法论的建立在理论上是不可能的；构成要件论与违

① 参见黄村力：《刑法总则比较研究——欧陆法比较》，台北，三民书局 1995 年版，第 55 ~ 56 页。

② 参见陈朴生：《刑法专题研究》，台北，三民书局 1989 年版，第 69 页。

法论也就不可能加以区分；实质的犯罪论也就无从谈起”。[1] 在大陆法系中，正当化事由即违法阻却事由的判断及其在犯罪论体系中的定位，恰恰是在违法性阶段解决的。由此足见法益在大陆法系犯罪成立条件中的地位，而大陆法系刑法中的犯罪的成立条件（构成要件符合性、违法性和有责性之三阶层）是与我国刑法中的犯罪构成的四要件相对应的，“犯罪客体”的概念正是来自德、日三阶层中违法性的改造，苏联刑法学家“从正面借鉴大陆法系国家刑法理论中关于违法性的见解，演绎出‘犯罪客体’的范畴，把它作为犯罪构成的要件之一或表明构成因素的一个方面”[2]。因此，要想给我国刑法中的正当防卫、紧急避险等正当化事由不构成犯罪的原因作一个合理的解说；要想让我国刑法中的正当化事由在犯罪论体系中真正定位；要想以实质的犯罪论合理解说刑法第 13 条但书的问题，就必须将结果无价值也即实质的违法性引入我国的犯罪构成，而实质违法性的核心就是保护客体（法益），要想建立起实质违法性，就必须将法益（保护客体）纳入犯罪的成立条件。这样看来，将客体排除在我国的犯罪构成之外并非明智之举，这也恰恰是否定论者无法定位正当化事由的根本原因。

因此，笔者主张客体不能排除在我国的犯罪构成之外。当然，这并不是说法益本身作为犯罪构成的要件，而是说对客体造成侵害性即法益侵害性是犯罪成立的条件之一，这正如大陆法系刑法中，没有将法益直接作为三阶层之一，而是将法益侵害性（这里的法益侵害性包括对法益的现实侵害或侵害的危险性即威胁，下同）即实质违法性作为犯罪成立条件之一。笔者将这种对客体的侵害性或法

---

① 李海东：《社会危害性与危险性：中、德、日刑法学的一个比较——以法益实害未发生时的可罚根据为切入点》，载陈兴良主编：《刑事法评论》（第 4 卷），中国政法大学出版社 1999 年版，第 10 ~ 11 页。

② 肖中华：《犯罪构成及其关系论》，中国人民大学出版社 2000 年版，第 35 ~ 36 页。

益侵害性称为“客体要件”，也即只有符合对客体造成侵害性这一要件的行为，才有可能构成犯罪。反之，对于正当防卫、紧急避险等行为，根据法益衡量说并不具有法益侵害性或客体侵害性，也即缺乏结果无价值性，因而不符合“客体要件”，从而也就不符合犯罪构成，因而不是犯罪。这样也顺利解决了传统四要件一直以来无法解释正当化事由的正当根据，无法在犯罪构成中判断正当化事由以及正当化事由在犯罪论体系中的定位等困惑已久的问题。刑法第13条但书的问题在这里也得到令人满意的解决，因为“客体要件”的实质内容就是法益侵害性，从而为实质的犯罪论垫下了坚实的基础。刑法具有谦抑性，不能将任何违反法律的行为都认定为具有刑法上的实质违法性，实质违法性（这里的客体侵害性）或者说结果无价值性的判断是质和量的统一。所谓“质”的判断，即行为有无法益侵害或者侵害的危险，这种侵害或者侵害的危险有必要从法的见地看是否有值得被刑法保护的生活利益，而不是伦理道德，因为宗教的、伦理的以及其他价值观本身不是法益。如果基于这种“质”的判断，认定为没有法益侵害或侵害的危险如正当防卫等，即可得出无罪的结论。所谓“量”的标准，指的就是法益侵害是否达到需要以刑法来保护的程度。[①] 德国学者罗克辛也主张在区分犯罪行为与一般违反秩序的行为时，“应当在内容的界限上，该更好地讨论一种质量与数量相结合的思考方式”[②]。对于刑法第13条规定的情节显著轻微，危害不大的行为，是因为在量上没有达到刑法所要求的法益侵害性的程度，也即从量上判断，这种行为缺乏结果无价值性，因此，这种行为不符合“客体要件”，从而根本就不符合犯罪构成，不存在什么“表面上符合不符合”的问题，所以不是

---

① 关于结果无价值的判断问题，参见钊作俊、李勇：《结果无价值初论》，载《法律科学》2005年第6期。

② ［德］克劳斯·罗克辛：《德国刑法学总论》，王世洲译，法律出版社2005年版，第15页。

犯罪行为。“正如从他人的院子里摘取一朵花的行为一样”，被害法益极为轻微（结果轻微性），从而不符合犯罪构成。[①] 最后需要指出的是，虽然笔者主张将“客体要件”作为我国犯罪成立的条件之一，但是并不主张像传统四要件那样将客体判断放在第一位。如前所述，这样使实质的判断过于提前而有损于犯罪构成的罪刑法定机能。笔者主张将客体要件放在客观要件之后。这样一来，传统四要件的前述第二、三、四种矛盾和困惑也顺利解决了。客体要件是确保违法与责任区分的关键要素，也是彻底的结果无价值论所应当坚守的。

三、主体要件的重新整合

我国的传统四要件来自苏联对德国刑法学中的三阶层的改造，将三阶层中的责任分解为犯罪主体和犯罪主观方面而分别作为独立的构成要件，但是这种分解并非没有问题。我国刑法理论通说认为，四要件可以进行不同层次的划分：第一层次就是客观要件和主观要件两大类；而犯罪客体和犯罪的客观方面属于客观要件，犯罪主体和犯罪的主观方面属于主观要件，这是第二层次；在第二层次之下还可以划分出若干成分，其中犯罪主体可以划分出刑事责任能力、刑事责任年龄、犯罪主体本身的自然人和单位、主体的身份，而犯罪的主观方面可以划分出犯罪的故意、过失、犯罪目的等。[②] 但是，从德、日等大陆法系刑法学来看，客观的构成要件要素包括行为的客观方面（行为人实施的一定的身体动静，广义上还包括结果）、行为主体（实施行为的人本身和身份）、行为的客体（行为指向的对象）、行为的状况（时间、地点等等）；责任能力（包含

① 参见［日］曾根威彦：《刑法学基础》，黎宏译，法律出版社2005年版，第237页。

② 参见马克昌主编：《犯罪通论》，武汉大学出版社1999年版，第88页。

责任年龄）和责任故意、过失和期待可能性等都属于责任的要素。[①] 可见，主体本身和主体的身份属于客观的要素，而责任能力与责任年龄则属于主观的要素。然而，传统四要件一方面将本属于客观要素的主体本身和主体的身份划归“犯罪主体”并且属于第一层次的主观要件；另一方面又没有把本属于主观罪责内容的责任能力、责任年龄划归于“犯罪的主观方面”。这里还涉及一个更为重要的问题，就是客观要件要素具有规制主观故意内容的作用，因为故意的成立必须对属于犯罪构成客观要件的事实具有认识，但是不要求对主观要件的事实具有认识。正如我国台湾地区学者林山田所说的，“行为人主观上必须对于构成要件之一切客观行为情状全部有所认识，始具备故意之认知要素。易言之，行为人必须对于不法构成要件所描述之行为主体、行为客体、行为时之特别情状、行为结果等，均有认识，始具备故意之认知要素，而有成立故意之可能性。”[②] 如果按照传统四要件，一方面，主体本身和主体的身份归入“犯罪主体”并且属于第一层次的主观要件，那么就意味着主体的要素不是故意的认识内容，但是这显然不符合事实，比如，身份肯定是故意的认识内容；另一方面，责任能力和责任年龄作为罪过的前提，显然是罪过性要素，理当归入“犯罪的主观方面”。根据彻底结果无价值论的观点，不存在主观的构成要件要素，因此，笔者主张对传统四要件的“犯罪主体”重新进行整合，即将主体本身和主体的身份归入客观要件；而将责任年龄和责任能力归入主观要件。这样就解决了传统四要件的前述第五个矛盾。

根据上述，笔者重构的新的犯罪成立模式就是“客观要件—客体要件—主观要件”。（1）客观要件的要素包括行为主体本身、身

① 参见［日］大塚仁：《刑法概说（总论）》（第三版），冯军译，中国人民大学出版社 2003 年版，第 119 ~ 131 页、第 382 ~ 400 页。

② 林山田：《刑法通论》（上册）（增订十版），北京大学出版社 2012 年版，第 176 ~ 177 页。

份、行为对象、结果以及行为的特别情状（时间、地点等）。（2）客体要件的内容就是法益的侵害性，具有法益侵害性的行为（也就具有结果无价值性）就符合客体要件，则可能构成犯罪（在符合客观要件和主观要件的情况下必然构成犯罪）；反之，不具有法益侵害性行为（缺乏结果无价值性）就不符合客体要件，从而排除犯罪性。可见，客体要件的一个重要功能就在于进行实质违法性的评价，从而起到出罪的机能。（3）主观要件的要素包括故意、过失、责任能力、责任年龄、期待可能性等。另外，还有两点需要说明：一是这里没有像传统四要件那样在各要件前加上“犯罪”二字，这是为了避免有罪推定之嫌。因为只有符合犯罪成立各要件之后才有犯罪可言，西方的三阶层也没有在每一要件前加上“犯罪”二字。二是称为客观要件、客体要件、主观要件而没有像传统四要件那样称为客观方面、客体、主观方面，这是因为客观方面指行为、结果等本身，客体是法益本身，主观方面是故意和过失本身；而客观要件、客体要件和主观要件是指在客观上、客体上和主观上所应具备的必要条件即“要件”。传统观点在称谓上混淆了主体本身与主体要件、犯罪构成要件与犯罪构成要件要素。

这样，笔者所主张的新三要件如下表所示：

新三要件	犯罪成立条件	各要件的具体要素
	客观要件	行为主体、身份、行为对象、结果、行为的特别情状等
	客体要件	法益的侵害性
	主观要件	故意、过失、责任能力、责任年龄、期待可能性等

从上表可以看出，客观要件是按照彻底的结果无价值论的要求进行设计的，也即客观要件中不包含故意和过失等主观要素；故意、过失等主观要素是放在主观要件中的，这样就与行为无价值论

划清了界限，因为行为无价值论是将故意和过失作为构成要件要素的。

下面结合一个案例对几种构成要件的优劣进行比较。

◎案例6　张某过失致人死亡案

2009年7月10日21时许，被告人张某骑电动自行车带着其怀孕的妻子，在南京市建邺区水西门大街159号五洋大市场门口非机动车道上行驶，与对面酒后摇摇晃晃骑自行车的被害人王某发生碰擦，被害人王某追上来打被告人张某，两人相互推搡，王某用脚踢了张某怀孕的妻子后，张某用拳头推被害人王某，王某晃了两下倒地，后脑勺着地，口吐白沫，三四分钟后死亡。根据尸体检验，王某枕部右侧头皮有挫擦伤，对应部位颅骨见粉碎性骨折，符合摔跌枕部右侧着地致严重颅脑损伤而死亡。被害人王某血样乙醇含量为112.5mg/100mL。2010年1月27日，南京市建邺区人民法院以张某犯过失致人死亡罪判处有期徒刑3年，缓刑3年。[①]

此案在办理过程中有三种意见：一种意见认为被告人张某的行为构成故意伤害罪（致人死亡），另一种意见认为构成过失致人死亡罪，还有一种意见认为是故意伤害罪（致人死亡），同时具有防卫过当情节。传统的四要件同时考察主、客观要件，没有先后梯次，行为人主观上到底是故意还是过失首先就进入司法人员的视野中，从而难以甚至无法确定本案到底是故意伤害致人死亡还是过失致人死亡。德、日三阶层先考察行为是否符合构成要件，然后考察违法性和有责性，相对较为合理。就本案而言，先是判断被告人张某的行为是否符合故意伤害或过失致人死亡的构成要件，然后再判断是否具有违法性，是否具有正当防卫的情节，最后判断

① 江苏省南京市建邺区人民法院刑事判决书（2010）建刑初字第19号。

其责任是故意还是过失。但是由于行为无价值论将故意、过失纳入违法要素，甚至成为构成要件要素，于是将故意杀人、故意伤害致死与过失致人死亡视为性质不同的行为。在构成要件符合性阶段就追问行为性质是什么？答案只能是行为的性质取决于行为人主观内容是故意还是过失，因为故意伤害致人死亡与过失致人死亡的客观内容完全相同。这与传统四要件在处理此案时是定故意伤害罪还是过失致人死亡罪的困惑是一样的。

按照结果无价值论及笔者新三要件的观点，客观要件（相当于三阶层的构成要件符合性）不包括主观要素，而且对客观要件中的行为进行实质判断，行为人轻轻拍打被害人身体的某个部位、推搡被害人、打人耳光在实质上不属于故意伤害行为；在客体要件（相当三阶层的违法性）上，被害人醉酒走路摇晃，踢了被告人妻子后，已不具有再次实施侵害的可能性，不具备正当防卫的条件；在主观要件上（相当于三阶层的有责性），被告人并没有故意造成被害人轻伤以上后果的故意，对于死亡的后果具有过失，只能认定为过失致人死亡罪。

这里对新三要件进行初步评价。（1）也许会有人说，这里的客观要件与大陆法系三阶层中的构成要件符合性相当、客体要件与大陆法系三阶层的违法性相当、主观要件与大陆法系三阶层的有责性相当，在某种程度上是对贝林格古典模式的回归。诚然，笔者构建的新三要件（以下文中出现的“新三要件”均指笔者所重构的犯罪构成模式）吸收了大陆法系刑法三阶层的一些元素，但是与大陆法系的三阶层又根本不同。在大陆法系的犯罪成立模式中构成要件符合性、违法性和有责性是层层递进的关系，构成要件是犯罪类型化的模式、是犯罪的轮廓，因此，必须具有区分罪与罪的功能。但是，要想使构成要件真正成为犯罪类型化的模式，就不得不承认主观的构成要件要素和规范的构成要件要素（这也成为德、日结果无价值论者的一个难题），从而导致构成要件负载太多的价值要素，最终淹没在价值性之中，从而导致前面所说的三大危机。尽管前田雅英先生提出的“客观的构成要件、正当化事由、责任”模式在某种意义试图回归贝林格的古典模式①，但是，要想让“构成要件”真正成为犯罪的类型化，就不能真正做到构成要件的纯客观化。而笔者构建的新三要件中的客观要件并非犯罪类型化的模式，准确来说，三个成立条件合在一起才是犯罪的类型化模式，这三个条件既有主观面的要素，也有客观面的要素，还有规范性的价值判断要素，从而巧妙地规避了大陆法系刑法学三阶层的危机。可见新三要件不是对贝林格古典模式的简单回归，而是有原则性的不同。（2）新三要件在某种程度上也借鉴了传统四要件的一些成分，但是与传统四要件在本质上不同，而且解决了传统四要件以及以此为基础的犯罪论体系困惑已久的难题。如前所述，在传统四要件中作为客体内容的社会关系存在的诸多缺陷、实质违法性的判断机制缺乏、正当化事由无法定位、第 13 条但书与犯罪构成的关系、实质判断过于前置以及犯罪主体要素混乱等难题，在新三要件中，在结果无价值论视角的指引下通过以法益代替社会关系，将客体要件置于客观要件之后并将其内容设定为法益侵害性而起到实质违法性的判断作用，以及重新整合主体要件的方式，都得到了顺利解决，它不单纯是传统四要件形式的变化，更是实质上的蜕变。（3）西方三阶层确实具有自己的优点，但是也存在一定的危机，而且对司法者的理论素养要求较高，我国传统四要件“平铺直叙”易于司法者掌握，而且这么多年来在理论和实践上一直居于通说地位，但是又存在难以克服的矛盾。因此，直接引进西方三要件成本过高。新三要件既吸收了德、日三阶层的合理的成分，又顾及了传统四要件在中国刑法理论特别是司法实践中根深蒂固的现实，易于推行，易于被

---

① 参见［日］前田雅英：《刑法总论讲义》（第四版），东京大学出版会 2006 年版，第 36 页以下。

司法实践接受。（4）新三要件立足于我国司法实践现状，同时兼顾了违法与责任的区分，坚守了以违法和责任作为犯罪构成和犯罪论体系两大支柱的原则。

第三章　结果无价值论之于客观归责

20 世纪 70 年代，德国刑法学家罗克辛提出了客观归责理论，明确区分归因与归责，为研究因果关系开创了一条全新的思路。“客观归责理论不仅是最近 20 年来德国刑法学，同时也是欧洲刑法学被讨论得最频繁和最热烈的学理问题。”① 近年来，在我国刑法理论界也引起广泛讨论，但大多停留于理论层面而脱离司法实践，研究其理论基础者多，研究其实践操作者少；研究其体系定位者多，研究其司法办案实用者少。从表面上看，客观归责理论原本与结果无价值论、行为无价值论并无直接的对应关系；换言之，结果无价值论者可能反对客观归责理论，也可能赞成客观归责理论；行为无价值论者可能赞成客观归责理论，也可能反对客观归责理论。② 但是习以为常的表象可能掩盖了其背后的对应关系。

---

① ［德］许迺曼：《关于客观归责》，陈志辉译，载许玉秀、陈志辉编：《不移不惑献身法与正义——许迺曼教授刑事法论文选辑》，台北，新学林出版股份有限公司 2006 年版，第 542 页。

② 如国内结果无价值论者张明楷教授并不主张引入客观归责理论，参见张明楷：《刑法学》（第五版），法律出版社 2016 年版，第 181 ~ 183 页。同样，结果无价值论者刘艳红坚持相当因果关系，参见刘艳红：《客观归责理论：质疑与反思》，载《中外法学》2011 年第 6 期。而行为无价值论者陈兴良则极力推崇客观归责理论，参见陈兴良：《从归因到归责：客观归责理论研究》，载《法学研究》2006 年第 2 期。

第一节 结果无价值论与客观归责理论的关系

事实上，客观归责理论与结果无价值论、实质刑法观具有天然的契合性，结果无价值论者主张客观归责理论顺理成章；而相当因果关系理论则与行为无价值论关系亲近。

一、客观归责理论与实质违法论具有一致性

受19世纪实证主义哲学的影响，法律实证主义盛行，它试图将价值考虑排除在法学研究之外，将法学的任务限定在分析和剖析实在法范围内，着重分析实在法的结构和概念。贝林格—李斯特式的古典犯罪论体系正是这个背景下的产物，将自然的因果法则运用到行为和结果的判断中；将行为理解为一种自然的因果现象；认为构成要件是客观的、中性的、无价值色彩的，等等。自20世纪以来，受新康德主义哲学思想的影响，德国刑法学思潮呈现实质化倾向。流行于19世纪末20世纪初的新康德主义哲学，以价值和事实的严格区分为前提，强调哲学的首要问题不是存在问题，而是应有问题即价值问题，注重价值、规范的视角，以扭转实证主义风潮，使古典犯罪论体系受到冲击，目的行为论、不法构成要件、实质违法论、实质的罪刑法定等兴起，整体上呈现形式主义向实质主义发展的趋势。兴起于20世纪70年代德国刑法学界的客观归责理论，实际上正是刑法学实质化思潮的表现，也是刑法学实质化思潮的结果，归责理论的复兴，其背后隐含的是刑法实质化思潮的演进。

二、客观归责是一种实质的构成要件理论

客观归责包含三个判断规则，即制造不被允许的风险、实现不被允许的风险和构成要件的效力范围。客观归责的一个核心的根本

性的概念是“创设风险”，如在暴风雨就要来时，故意派人到森林里去，希望他会被雷劈死，结果果然被雷劈死。这种情况下，尽管根据条件说具有因果关系，但是派人去森林并没有创设一种在法律意义上重大的威胁法律所保护的法益的行为，因此，不能归责于行为人，没有该当于构成要件性行为。可见，客观归责理论是用“制造法所不容许的风险”将构成要件实质化，这与实质构成要件论用“对法益的侵害或威胁”将构成要件实质化具有相同的旨趣。所以“客观归责理论和实质违法性理论，同属于21世纪以来刑法学思潮，乃至法学思潮实质化运动的一环”。[①] 换言之，是否制造了风险，实际上就是是否侵害和威胁了法益；风险是否被允许，实际上就是按照法益侵害的比例原则进行判断。正如我国台湾地区学者黄荣坚所言，“客观归责概念内容的性质也就是不成文的构成或阻却不法的要件，那么决定客观归责的标准和其他任何成文的构成或阻却不法要件没有两样，都是在法益保护的基本需求下去思考如何限缩非必要的自由限制，具体而言，也就是比例原则的问题”[②]，这与结果无价值论的法益衡量原则如出一辙。张明楷教授也认为，采取客观归责理论，反而是以法益保护为导向的，与结果无价值论的立场并行不悖。[③] 对此，德国学者罗克辛教授也指出：从法益保护原则出发经过一定的必然发展衍生出了客观归责理论……因为如果刑法希望保护法益免受人为的侵害，恰恰只有借此理论方能实现：刑法禁止威胁法益存在的不允许危险的制造，并且将以法益侵害的形式违反禁止规定的实现该种危险的情形评价为刑事不法。因此，

---

① 许玉秀：《主观与客观之间——主观理论与客观归责》，法律出版社2008年版，第208页。

② 黄荣坚：《刑罚的极限》，台北，元照出版有限公司1999年版，第149～150页。

③ 张明楷：《结果无价值论的法益观——与周光权教授商榷》，载《中外法学》2012年第1期。

构成要件行为始终都是以实现人为制造的不允许危险的形式存在的法益侵害行为。①

从这个意义上说，客观归责理论也是一种实质的构成要件理论②，与实质刑法观、结果无价值论具有天然的契合性。

三、相当因果关系与行为无价值论具有天然的亲近性

相当因果关系说认为，就刑法上的因果关系而言，只有行为和结果之间的事实因果关系是不够的，必须以条件说为前提，在引起结果的各种条件之中，根据我们社会生活上的经验，认为该行为是发生结果的原因时才具有刑法上的因果关系。相当因果关系要求行为人对根据社会生活一般经验可能发生的结果负责，对于偶然发生的结果则不负责。可见相当因果关系的核心要素是根据社会一般经验来判断相当性，这里“相当性”的判断行为无价值色彩浓厚，这与行为无价值论在违法性问题上所主张的“脱离或者偏离了社会相当性的侵害或威胁法益的行为”何其相似？何为“一般社会生活经验的相当性”？似乎还是逃脱不了韦尔策尔的经典定义“是指在社会生活中，历史上所形成的社会伦理性的秩序”③。

第二节
传统因果关系理论之批判

如前所述，客观归责理论与结果无价值论具有天然的契合性，

---

① 转引自张明楷：《结果无价值论的法益观——与周光权教授商榷》，载《中外法学》2012 年第 1 期。

② 参见许玉秀：《主观与客观之间——主观理论与客观归责》，法律出版社 2008 年版，第 206 页。

③ ［日］木村龟二主编：《刑法学词典》，顾肖荣等译，上海翻译出版公司 1991 年版，第 177 页。

但是这并非笔者极力主张在中国刑法中引入客观归责理论的全部理由，更为重要的是，从司法实践以及疑难案例的角度看，客观归责理论提供了一把精确而又具有可操作性的尺子。

一、我国传统因果关系理论之缺陷

传统因果关系理论的最大问题在于试图将事实判断上有无因果关联与价值判断上是否需要追究责任毕其功于一役；将存在论与规范论合二为一。正因如此，传统因果关系理论始终未能给因果关系的认定提供可操作的手段与标准。

关于因果关系问题，我国传统刑法理论一直存在必然因果关系与偶然因果关系的争论。具体存在以下几种学说：一是必然因果关系说，认为当危害行为中包含着危害结果产生的根据，并合乎规律地产生了危害结果时，危害行为与危害结果之间就是必然因果关系，只有这种必然因果关系，才是刑法上的因果关系。① 二是偶然因果关系说，认为刑法因果关系不仅存在必然因果关系，也同时存在偶然因果关系。具体来说，当某种危害行为对危害结果的发生起了决定作用，该行为合乎规律地产生了该结果，则该行为与该结果之间存在必然因果关系；当危害行为造成某种危害结果，这一结果在发展中又与另外的危害行为或事件竞合，合乎规律地产生了另一种危害结果，先前的危害行为不是最后结果的决定性原因，最后的结果对于先前的危害行为来说，可能出现，也可能不出现，可能这样出现，也可能那样出现，他们之间是偶然因果关系。②

笔者认为，上述观点从必然性和偶然性的角度来论证刑法中的因果关系是不妥当的。首先，存在理论基础的缺陷。原因与结果、必然性与偶然性是两对相互独立的哲学范畴。刑法中的因果关系是

---

① 参见高铭暄：《刑法学》（第二版），法律出版社 1984 年版，第 129 页以下。

② 参见高铭暄主编：《刑法专论》（第二版），高等教育出版社 2006 年版，第 190 页以下。

实行行为和构成要件的结果即法益侵害或危险之间的原因和结果关系。[①] 刑法中的因果关系一经从因果链条中抽离出来，原因和结果就相对独立、固定和静止，不能再相互转化。换言之，危害结果一经出现，导致这一结果合乎规律发生的实行行为就是其原因，不存在必然与偶然的问题。比如，滥用职权罪或玩忽职守罪中的“重大损失”这一结果一经出现，引起这一结果的原因即滥用职权行为或玩忽职守行为就是特定的，不存在必然和偶然问题。必然性和偶然性是事物发展的趋势，是一种动态的过程，事物正是在必然性和偶然性的相互转化之中向前发展的，它不可能从事物发展的过程中“抽出来”进行绝对的、孤立的考察。刑法中因果关系只是认识犯罪的一种逻辑工具，其任务在于确认构成要件结果是由某人的实行行为引起的，从而为刑事责任提供客观依据，具有客观性。“至于因果联系的必然性和偶然性问题，不是因果关系是否存在的决定因素。所以把因果关系说成是必然的和偶然的，违背了事物发展的必然性和偶然性对立统一的原理。”[②] 同时，也混淆了原因与结果、必然和偶然这两对哲学范畴。其次，在操作层面上也存在问题。在具体案件中，人们很难判断什么样的行为是合乎规律地导致了结果的发生，更难以判断具体哪个行为具有必然性，哪个行为具有偶然性。就因果关系的存否而言，并不因介入他人的行为而有所改变，也不存在所谓的偶然性和必然性问题。

这种必然因果关系与偶然因果关系的理论，其理论基础来源于马克思主义哲学观，但是“这样的讨论无助于因果关系的问题，而只是一种以更为哲学化的语言进行一种极为抽象的工作，忽视了因果关系问题最终要用来解决司法活动中的归责问题，因而是一个富

---

① 参见［日］木村龟二主编：《刑法学词典》，顾肖荣等译，上海翻译出版公司 1991 年版，第 144 页。

② 马克昌主编：《犯罪通论》，武汉大学出版社 1999 年版，第 221 ~ 222 页。

有实践性的问题”①，甚至我们可以认为，这种理论对具体案件的认定不仅没能提供有效的理论工具，反而制造了一系列混乱。请看下面的案例。

◎案例7　包某滥用职权案

被告人包某系南京市劳动局原局长。南京正大金泰企业集团有限公司（以下简称正大公司）系南京市劳动局的下属控股企业，正大公司为解决资金周转困难，经与南京市计时器厂、南京钟表厂、南京长乐玻璃厂协商借款3700万元，因为企业间拆借资金违反财经纪律，便以假“联营”形式拆借。出借方为了保证资金安全，要求正大公司出具劳动局签证的签证书，否则不予借款。被告人包某利用其担任南京市劳动局局长的职权，未经集体研究，擅自决定以南京市劳动局名义为正大公司出具签证书，内容为“我局将督促正大金泰公司切实履行协议中的各项条款，如其违约，我局将负责追究其经济责任，并确保其补偿其一切损失”。后正大公司因经营不善破产，造成3家企业损失3440余万元，后经南京市人民政府协调，由南京市劳动局陆续“借”上述三家企业共计1700余万元。②

此案中包某具有滥用职权的行为，这是没有争议的，争议的焦点在于包某的滥用职权行为与3440余万元的损失后果之间是否存在因果关系。一审判决认为包某滥用职权的行为与3440余万元损失之间具有因果关系，成立滥用职权；而二审认为包某的行为与企业破产损失之间没有必然因果关系，因此不成立滥用职权罪。此案的因果链条是这样的：包某如果不滥用职权出具鉴证书，三家企业

---

① 周光权：《刑法中的因果关系和客观归责论》，载《江海学刊》2005年第3期。

② 参见中华人民共和国最高人民法院刑事审判第一庭、第二庭编：《刑事审判参考》（总第41集），法律出版社2005年版。

就不会借款，不借款这三家企业就不会遭受损失，这前后相继的因果关系，到底哪个是必然的？哪个是偶然的？靠什么来区分？这是根本无法说清的问题，也正因如此，才会出现一、二审之间判决的截然不同。这个案例充分说明了必然、偶然因果关系面对多因一果案件的无奈。

二、大陆法系传统因果关系理论的弊端

（一）条件说

关于因果关系的理论，在大陆法系，历来有条件说、原因说、相当因果关系说等。条件说认为，在实行行为和结果之间只要存在"如果没有前者就没有后者"的条件关系，就存在刑法上的因果关系，可谓所有的条件都具有等价性，都是原因。这未免失之宽泛。原因说试图克服条件说的弊端，在诸条件中根据某种标准找出应该成为原因的东西，只在这种原因和结果之间承认有刑法上的因果关系，其标准有最终条件说、最有利条件说、优势条件说、异常行为原因说等等，学者提出的各种标准都试图从诸条件中分离出原因来以此来认定责任承担的范围，但事实表明此种做法不仅极其困难，也不切实际。①

条件说难以解决这样的情况：发生了危害结果，但该因果进程中介入了其他原因时，如何确定因果关系？例如，甲轻伤乙，乙住院治疗时，医院发生火灾，乙死亡，甲是否要对乙死亡结果负责。这在多因一果案件中体现得更为明显。因此产生了因果关系中断理论，由于其以条件说为基础，也属于条件说的范畴。所谓中断理论，是指在刑法因果关系发展过程中，由于某种因素的介入，导致了原来因果联系的方向发生不同程度的变化，致使因果关系中断，

---

① 参见林钰雄：《刑法与刑诉之交错适用》，中国人民大学出版社 2009 年版，第 14 页。

介入因素过于异常的，实行行为和危害结果之间的因果关系不存在，反之则因果关系存在。但是，首先，中断理论本身在理论上不能自洽。刑法上所说的因果关系，本来是就其存在或者不存在而言的，认为原本存在的因果关系，在其发展过程中出现中断，在理论上无法自圆其说。正如日本学者大塚仁所言，“中断论以条件说为基础，却在承认条件关系的情形中否定因果关系，也就自己放弃了条件说，陷入自我矛盾”。[①] 所以，因果关系中断论不可能推导出刑法上妥当的因果关系，因果关系中断论现在受到否定。[②] 其次，从实践的情况来看，用中断理论来对多因一果案件的因果关系加以判断并不合适，原因在于它不能适应司法实践的发展需要。中断理论的原本目的是企图制约不适当地扩大因果关系范围，以保障公民权利，然而在实践中该理论反而为放纵犯罪起到了推波助澜的作用。例如，在玩忽职守型渎职犯罪案件中，介入因素在绝大多数的个罪（如国家机关工作人员签订、履行合同失职罪，失职致使在押人员脱逃罪等）中都是导致最终结果发生的直接原因，动辄以介入因素导致因果关系中断为由，而不追究相关责任人的刑事责任，无异于放纵犯罪，为不对官员问责提供口实。因此，从因果关系的发展进程上来看，中断理论在判断过失渎职犯罪中不利于司法人员正确认识刑法上的因果关系。上述缺陷可以通过下面这个案例来说明。

◎案例 8　陈某商检失职案

陈某作为某市出入境检验检疫局港口办事处材料科科长，于2006 年 12 月 26 日在办理由某报关有限公司代理的，以宁波某进出

---

① ［日］大塚仁：《刑法概说（总论）》（第三版），冯军译，中国人民大学出版社 2003 年版，第 161 页。

② 参见［日］大谷实：《刑法总论》，黎宏译，法律出版社 2003 年版，第 160 页。

口有限公司购买某钢材实业有限公司一批钢管并出口至意大利为名报检的检验业务中，在未见到报检货物的情况下，严重不负责任。《市场采购出口商品检验基本要求（试行）》规定，对于市场采购商品出口，应实施批批检验检疫，现场核查其品种、规格、数量和包装以及检查货证是否相符。而陈某不检验、不进行现场核查，为不存在的钢管出具了检验结果，导致某市出入境检验检疫局据此出具了出境货物换证凭条。上海某国际货物运输代理有限公司宁波分公司（已按逃避商检罪判刑）利用该换证凭条将一批无法出口的转基因米糕食品冒充钢管出口至意大利，被欧盟有关机构查出转基因成分。

就此案来看，最终导致米糕冒充钢管顺利出口，固然有陈某不认真检验的原因，也有逃避商检的行为的原因，还有装卸工人、船舶运输人员不认真查验等行为的原因，从条件说意义上来说，这些都与结果具有因果关系。此案办理过程中，也有观点从中断因果关系角度，认为陈某的行为，因介入了他人逃避商检的行为，因果关系中断，因此不成立玩忽职守罪。但是这种观点是不妥当的，我们可以认为此案情节、后果较轻，可以不起诉，但不能否定因果关系的存在。根据条件说，上述这些原因中哪些原因行为需要对后果承担责任，哪些行为不需要对后果承担责任，条件说无法给出令人满意的答案。

（二）相当因果关系说

相当因果关系说，即按照我们社会生活上的经验，通常认为从某种行为中发生某结果是一般的、相当的时候，就承认有刑法上的因果关系，至于相当性的判断基础又有主观说、客观说和折中说。[①]

---

① 参见［日］大塚仁：《刑法概说（总论）》（第三版），冯军译，中国人民大学出版社 2003 年版，第 163～164 页。

目前相当因果关系说在大陆法系刑法理论中占有重要地位，在日本及我国台湾地区占据通说地位。相当因果关系理论除了其与行为无价值论具有太多勾连而为笔者所不采外，还有更为重要的原因。

首先，相当因果关系一个重要的理论缺陷是，相当因果关系对于刑法上的结果归责只是一个必要条件，而非充分条件。对此，德国学者许迺曼举例指出，事故受害人的家属在获知事故时；受到有损健康甚至有时会导致死亡的惊吓；因事故受重伤的伤患减低寿命，并且随后因为事故的后遗症而提早死亡，这些都是先前侵害所造成的完全“相当”的结果，但是这些后续发展的后果都超乎原先加害人的影响范围，显然不能将这些结果归责于原先加害人。[①]

其次，相当因果关系所谓的根据一般社会生活上的经验来判断相当性，是抽象和空洞的，缺乏可操作性，司法实践中哪种原因具有相当性，哪种不具有相当性，是个见仁见智的问题。相当性的判断或许在理论上可以进行长篇大论，但是在具体的案例面前顿时变得手足无措，比如下面这个案例。

◎案例9　迟某重大责任事故案

2008年9月1日10时许，被告人迟某作为江苏省宜兴市某地基工程有限公司的安装桩机现场负责人（带班），在位于南京市建邺区兴隆路六十号进行桩机安装作业时，违反技术操作规程安装桩机设备；迟某在开机操作提升动力头机器时，没有制止陈某、王某违章乘坐该动力头随机器登上井架。在动力头上升至10余米时，动力头突然坠落，致使乘坐动力头的陈某、王某摔落至地面，其中陈某经抢救无效于当日死亡。南京市建邺区人民法院以被告人迟某

① 参见［德］许迺曼：《关于客观归责》，陈志辉译，载许玉秀、陈志辉编：《不移不惑献身法与正义——许迺曼教授刑事法论文选辑》，台北，新学林出版股份有限公司2006年版，第542页。

犯重大责任事故罪，判处有期徒刑六个月，缓刑一年。①

此案在审理过程中产生争议，被害人死亡的结果是由多种原因综合导致的，谁需要对结果负刑事责任？此案的一份重要证据是南京市安全生产监督管理局出具的《9·1兴隆大街六十号工地陈某高处坠落死亡事故调查报告》，该报告认定陈某违章站立在动力头上并随其提升，由于动力头在提升过程中发生故障突然下坠，导致陈某坠落地面，造成死亡，是事故发生的直接原因。事故的间接原因是机械故障导致动力头坠落，而作为间接原因的动力头坠落的原因又包括以下几个方面：（1）事故桩机为SJB－Ⅱ型深层搅拌桩机，事故发生前正处于安装调试阶段，该机械主卷扬机的手动制动系统与控制开关（倒顺开关）难以同步，操作过程中易发生冲突，导致主卷扬机卷筒与驱动齿轮间连接的6颗螺栓松动。受力状况由受拉为主变为纯受剪，在动力头运行过程中，拉力不足，产生下滑，因惯性形成的冲击将纯受剪的连接螺栓剪断，最终导致动力头突然下坠。（2）根据《建筑机械使用安全技术规程》，“安装钻杆时，应从动力头开始，逐节往下安装。不得将所需钻杆长度在地面上全部接好后一次起吊安装。动力头安装前，应先拆下滑轮组，将钢丝绳绕好”。迟某在安装搅拌桩机过程中违反安全技术规程的规定，未按照安装程序作业，采取了先安装动力头，后穿绕钢丝绳的反向方法。（3）迟某违章操作，在提升动力头过程中，放任工人陈某、王某站立动力头，并通过动力头运送2人上井架。（4）宜兴市某地基工程公司现场安全管理不到位，未及时发现工人违章行为，未教育和督促从业人员严格执行安全生产规章制度和安全操作规程。

关于此案的因果关系问题，一种观点认为，被害人掉下来的主要原因是动力头装置螺栓断裂，如果螺栓不断裂，被害人即使爬上

① 江苏省南京市建邺区人民法院刑事判决书（2009）建刑初字第202号。

去也不会掉下来，而螺栓断裂具有偶然性，不具有一般社会观念上的相当性，迟某不应该承担重大责任事故罪的责任。另一种观点认为，如果被告人迟某不违章作业，即使螺栓断裂，只要被害人不随机器一起上去，也不会死亡，具有相当因果关系。案件审理过程中，就因果关系问题笔者作为公诉人与辩护人在法庭上进行了激烈辩论。从这个案例中，可以看出，相当性的判断是个说不清道不明的问题。

同样，前述包某滥用职权案的因果关系，如果从相当因果关系角度，也是一个说不清道不明的问题。学者陈兴良以相当因果关系理论为出发点认为，包某的行为构成滥用职权罪，应当根据当时的情况，即社会一般观念，是否能够预见到非法拆借的风险以及出具鉴证书所应当承担的责任。但是陈教授并没用给出令人信服的理由来论证为什么存在相当性。① 这并非陈教授本人的问题，而是相当因果关系理论本身的空洞、无用所导致的。我国台湾地区学者许玉秀毫不客气地指出，“其实，相当因果关系说，什么也没说，什么是经验法则？还不是得就个案，个别地认定，若要个别地、具体地说明认定理由，经验法则和相当可能性根本帮不上忙”。②

第三节
客观归责理论之提倡

一、客观归责的理论优势

首先，明确区分归因（事实判断）与归责（价值判断）。客观归责的缘起与因果关系理论的发展有着密切关系，甚至可以说客观

---

① 陈兴良：《判例刑法学》（下卷），中国人民大学出版社 2009 年版，第 630 页。

② 许玉秀：《主观与客观之间——主观理论与客观归责》，法律出版社 2008 年版，第 235 页。

归责理论直接来源于相当因果关系。[①] 相当因果关系理论的出发点是为了给条件说设定限制，以控制条件说“若无前者即无后者”的判断公式可能导致的扩大打击面。相当因果关系理论认为，只有那些在通常情况下根据一般人的社会生活经验，某种行为产生某种结果被认为是相当的场合，才是刑法上的因果关系。在客观归责论看来，相当因果关系理论这一思路是将原因问题与归责问题混淆，试图将因果关系的判断与归责判断毕其功于一役，所以“条件理论之发展史上最为不幸的事，莫过于其曾经同时担负结果原因与结果归责判断的双重任务，因而裂解了其本来算是简明的运用公式”。[②] 事实上，行为与结果之间是否具有因果关系，只是一个事实的、形式的判断，在符合条件关系时，即具有因果关系（条件说意义上的因果关系，此说是德国的通说），至于这种具有因果关系的结果是否要归责于行为人，则是一个价值的、实质的判断。客观归责以行为与结果之间存在条件关系为前提，当该行为产生不被法律所容许的风险，并且该风险实现了符合构成要件的结果时，才被承认。换言之，由条件说进行第一次过滤后留下的因果关联，再经过客观归责的第二次过滤，前者是形式意义上的事实判断，后者是实质意义上的价值判断。“客观归责理论帮助我们重新体认因果关系其实就是一个物理的关系，揭穿了相当理论所设下长达一个世纪的骗局。”[③] 因此，客观归责理论的重大理论贡献是明确区分归因与归责，也是其首要的理论优势。

其次，判断什么样的行为需要对危害结果负责更加具有可操作

---

① 需要说明的是，客观归责理论并非因果关系理论，而是客观构成要件的重要理论，但是客观归责与因果关系的密切关联，一般在论述客观归责时都会涉及因果关系问题。

② 林钰雄：《刑法与刑诉之交错适用》，中国人民大学出版社 2009 年版，第 14 页。

③ 许玉秀：《当代刑法思潮》，中国民主法制出版社 2005 年版，第 457 页。

性。由于区分因果与归责，这样因果的判断就从价值判断中解脱出来，只剩下自然意义上的因果关系判断，借助于条件说的公式进行判断，就非常简单明了。至于归责的价值判断，客观归责理论构建出一整套的理论框架和下位规则，避免了相当因果关系的空洞无物。客观归责理论的领军人物罗克辛教授认为，客观归责中的根本归责要素是客观目的性，即如果引起结果的样态和方式，不可能是符合法律目的的行为对象，则该结果不能归责于行为人。客观目的性取决于两个彼此互相决定的要素——规范保护目的和行为的风险制造能力。如果行为具有风险制造能力，而且在规范保护目的的范围内，则行为就具有了客观目的性，是客观构成要件中的行为。根据这两个要素，客观归责原则包含三个判断规则，即制造不被法规范允许的风险、实现不被允许的风险和构成要件的效力范围，这是客观归责的基本理论框架。① 借助于法规范所作的不容许风险的判断，与相当性的判断相比更加具有可操作性。因为相当性的判断方法有主观说、客观说、折中说之争，但是客观归责“是在考虑所有绝对可加以解释的情况下，经事后审查而得出，如果在考虑所有事后得知的事实之下，所被侵犯的注意规范，仍然必须被当作在刑事政策上是防止结果发生的理性措施的话，就可肯定客观归责。这些事实对于行为人而言，是否知悉或可加以辨认根本不重要……实现不被容许的风险是否应该事前还是事后判断，也就是说应该从行为人的观点还是从理想旁观者的观点来判断，这个在德国学理［同样也在我国学理上］无可救药的争议问题因此就圆满解决”②。所谓制造不被容许的风险，从结果无价值论的见地看，是指行为人的行

① 参见［德］克劳斯·罗克辛：《德国刑法学总论》，王世洲译，法律出版社2005年版，第246～273页。

② ［德］许迺曼：《关于客观归责》，陈志辉译，载许玉秀、陈志辉编：《不移不惑献身法与正义——许迺曼教授刑事法论文选辑》，台北，新学林出版股份有限公司2006年版，第558页。

为制造了足以引起构成要件上法益侵害结果的法律上重要的风险。借助于“法益侵害”这一规范概念来判断不被容许的风险，要比相当因果关系的“社会相当性”更加明确，更加可操作。我们不得不承认，“客观归责理论在学理上是一个精确的命题”。[①]

二、客观归责之实务优势

客观归责区别了因果与归责两个层次，在因果层次以条件说为判断标准；在归责层次有一系列的下位规则，更加易于操作。下面来详细阐述。

（一）因果层次

客观归责理论的重大理论贡献是明确区分归因与归责，先是因果层次的问题，即归因问题，这是真正的因果关系判断，是个事实判断；然后才是归责层次的问题，即具有条件意义上的因果关系并不必然能将该结果归责于行为人，还需要借助客观归责理论进行价值判断。这样就将因果关系的判断从复杂的价值判断中解脱出来，变得清晰而明确。换言之，因果关系的判断仅需要根据条件说判断经验上有无因果关系，若无此条件，具体结果就不会发生，亦即按照“若无前者，即无后者”的公式进行判断即可。这样就还原了刑法因果关系的本来任务，解除了其判断结果归责的任务，“因为结果原因本质上是自然因果律的认定”[②]。以此观察前述案例7中包某越权出具鉴证书的行为、三家企业拆借行为、正大公司的经营不善，他们都是导致三家企业损失3440余万元这一结果的原因。

---

① ［德］许迺曼：《关于客观归责》，陈志辉译，载许玉秀、陈志辉编：《不移不惑献身法与正义——许迺曼教授刑事法论文选辑》，台北，新学林出版股份有限公司2006年版，第554～555页。

② 林钰雄：《刑法与刑诉之交错适用》，中国人民大学出版社2009年版，第43页。

（二）客观归责层次

客观归责的基本判断方法是，只有在行为人的行为违反行为规范，对行为客体制造了不被容许的风险，而这个风险在具体的结果中实现，且结果存在于构成要件的效力范围内时，由这个行为所引起的结果，才可以算是行为人的结果，归责给行为人。①

1. 制造不被容许的风险

这是客观归责判断的第一阶段规则。在判断行为人是否制造法所不容许之风险时，可以引用相关的法律规定，或者相关职业领域内之操作规则。如果行为人违反某规范所课以的义务，则可认定制造了法所不容许风险。下列情况下排除归责：（1）没有制造风险。如果行为人并没有制造法所不允许的风险，则尽管存在因果关系，也不能将危害结果归责于此行为人。（2）被容许的风险。如果行为人制造了具有法律上重要的风险，但是该风险是被允许的，则不可归责。例如，只要遵守了相关规则，仍不可避免的医疗风险、交通风险、体育竞技风险等。（3）风险降低行为视为没有制造风险，也不能进行归责。例如，甲看到一块石头将砸中X头部，甲出手挡石头，使石头落下砸中X脚部，属于降低风险。X所受到之损害虽然是甲的行为所造成，但甲的行为降低了一个正在发生的高度风险（他人所造成的风险）。案例8陈某商检失职案，根据操作规程，应当批批检验，而陈某连现场都没有去，违反了操作规程这一注意规范，这一行为会导致不符合出口规定的物品出境的风险产生，所以陈某创设了不被法规范允许的风险。②

2. 实现风险

在判断行为人制造法所不容许的风险之后，接下来的第二阶段

---

① 参见张丽卿：《新刑法探索》，台北，元照出版有限公司2006年版，第122页。

② 这里还涉及假定的因果过程，一般认为假定的因果过程不排除归责。参见［德］克劳斯·罗克辛：《德国刑法学总论》，王世洲译，法律出版社2005年版，第249～250页。

规则就是判断是否实现了风险。行为与结果之间存在因果关系，且行为人制造了法所不允许的风险，需要实现该不法风险，才能归责。反之，若结果虽然发生，但是并非该风险所导致的，则不能将该结果归责于此行为人。具体由未实现风险（重大偏移）、注意规范的保护目的、危险升高和合法替代行为等下位规则组成。（1）所谓重大偏移主要是考虑风险与行为实现是否符合正常的因果流程，如果发生重大偏移，则视为没有实现风险。比如，甲殴打乙，乙住院，医院失火导致乙死亡，则不能认为该死亡结果是由甲殴打所创设风险的实现。（2）注意规范的保护目的，主要意思是尽管行为人违反注意规范而制造了风险，且最后结果也发生了，但还不足以认为该风险已实现，还必须要求该结果在注意规范的保护目的范围之内。换言之，该结果的发生，必须是行为人所违反的规范所排斥的。简言之，一是结果的发生，必须是行为人所制造的风险的实现；① 二是行为人所制造的风险，必须正是法律本身所要排斥的风险。②（3）合法的替代行为与风险升高，即如果行为人在违反注意规范的情况下结果发生了，但是即使行为人不违反注意规范，结果仍然难免发生，此即合法的替代行为，则行为人是否可归责？这是存在争议的。罗克辛对此种情况创造了“风险升高”理论。但是目前支持或反对风险升高理论的主张旗鼓相当。③ 就我国目前的司法实践看，这种合法替代行为一般不能免于归责。

案例8陈某商检失职案，陈某创设了风险，该风险也实现了，

---

① 例如，某工厂违法排污形成污水坑，一男童不慎掉入水坑溺亡。即使环境执法人员玩忽职守不认真履行查处职责而导致工厂长期违法排污，也不能将男童死亡后果归责于环境执法人员。因为法律规定环境执法人员查处违法排污的规范目的是防止污染环境，而男童并非因环境污染而死亡，而是溺亡，超出了规范保护目的。

② 参见张丽卿：《新刑法探索》，台北，元照出版有限公司2006年版，第129页。

③ 参见许玉秀：《当代刑法思潮》，中国民主法制出版社2005年版，第400页。

且该风险在规范的保护目的范围之内，因为法规及操作规程规定批批检验、现场核查的目的就是防止违反规定的物品出境。而前述案例 7 包某越权出具鉴证书案中，包某创设了风险，但是并不符合注意规范的保护目的，不能认为实现了风险。因为法律规范禁止国有企业出具签证书或担保的保护目的，并不是防止其他企业破产，而是国有企业的信誉和国有资产本身的安全，本案中后来的借款不能归还并非其风险行为所造成的。因此，包某不构成滥用职权罪，二审的结论是正确的，但是论证的思路却是值得商榷的。

3. 构成要件效力范围（风险管辖或支配范围）

对于有些案例，行为人所创设的风险实现，还要考虑是否在构成要件效力的范围之内；如果不是构成要件的效力所包括的范畴，则不能归责于该行为人，这是客观归责的第三个判断规则。主要包括以下规则：（1）被害人自我负责。如果被害人自己有意投入风险实现，那么虽然行为人的行为与被害人的损害有关，基于自我负责原则，结果就不在构成要件效力范围内，风险实现的结果超出了行为人的管辖或支配范围。例如，暴风雨夜，船夫警告有极大危险，被害人执意要求船夫出海，结果翻船丧命。（2）第三人负责领域，主要限定为消防、警务等专门职业上的专属领域。如张三家失火，消防员因救火而丧生，该死亡结果不能归责于张三，因为这属于消防人员专属的责任。

我国台湾地区学者林钰雄认为，客观归责的第三段构成要件效力范围“有无存在价值，是表象问题而已”①。在笔者看来，“构成要件效力范围”本身的适用范围是极为有限的，多数可以由被害人承诺来解决，而第三人专属负责领域由于涉及特定行业，比较容易判断。但该规则引入我国还是具有积极意义的，请看下面的案例。

---

① 林钰雄：《刑法与刑诉之交错适用》，中国人民大学出版社 2009 年版，第 43 页。

◎案例10 徐某、韩某滥用职权案

被告人徐某、韩某，系新疆水利水电建设工程局保卫科工作人员。1994年3月26日，被告人徐某受库车县公安局的委托，与被告韩某一起查找嫌犯，途中追赶一盗窃犯罪嫌疑人阿不拉，阿不拉被追得无路可逃，便脱下衣服，跳入河中。两被告人试图救助，终因河水湍急致阿不拉溺水死亡。新疆维吾尔自治区拜城县人民法院以玩忽职守罪分别判处被告人徐某和韩某有期徒刑一年缓刑一年六个月、拘役六个月缓刑六个月。阿觉苏地区中级人民法院二审认为上诉人徐某、韩某身为保卫人员，在执行公务中发现盗窃犯罪嫌疑人即进行抓获，属正当履行职务的行为。犯罪嫌疑人在逃跑中溺死，属意外事件，宣告上诉人徐某、韩某无罪。犯罪嫌疑人在逃跑中溺死，属意外事件，两上诉人对此后果无法预见，不应承担刑事责任。①

该案一、二审出现两种截然不同的判决结果也反映了传统因果关系理论的弊端。二审的判决结果是正确的，但仅以意外事件为由显然是缺乏说服力的。事实上，该案件用客观归责理论就能清晰而准确地解决。在因果层次上，徐某、韩某是导致阿不拉溺水死亡的原因，这一点毋庸置疑，因为徐某、韩某不追赶，阿不拉就不会跳河，不跳河就不会被淹死。在客观归责层次上，一方面公安人员追捕犯罪嫌疑人是正当履职行为，所创设的风险是能够被容许的风险；另一方面阿不拉知道自己跳入水中会有危险，后果应当属于被害人自我负责。事实上，类似的警察追小偷发生车祸而丧生等案件也屡有发生，国内理论和实践对此争论不休，客观归责理论的引入可以平息这种无谓的争论。对于这类案件，小偷可因警察的执行职务，对自己的死亡自负其责，而不应当归责于执行公务的警察。②

---

① 杨善明：《一起不构成玩忽职守罪的案例》，载《新疆人大》（汉文）1997年第4期。

② 参见许玉秀：《当代刑法思潮》，中国民主法制出版社2005年版，第403页。

综上所述，从表面上看，客观归责理论，使“判断客观构成要件合致性，多增加一个判断标准，多增加一道手续，实际上，透过这个要素把原需切实证明的因果流程简化了，透过‘危险’的概念，使得证明更加容易”①。尽管国内刑法学界对客观归责理论还抱有怀疑②，但是对于法学而言，一个理论的生命力在很大程度上取决于其实践有用性，法学研究的终极目的是为司法实践提供解决问题的方案和路径。前述立足于司法实践、通过几个案例的检验表明，尽管客观归责理论因其新颖性而变得高深莫测，但是揭开其神秘面纱之后却发现，原来其不仅在理论上解决了长期以来因果关系认定与责任归咎的混同问题，更为司法实践提供了明确的、可操作的、简易的工具，说客观归责是“解决无数现代争议案例的唯一锁钥”③，并非夸大之词。为便于实务人员掌握，可以把因果关系的判断图示如下：

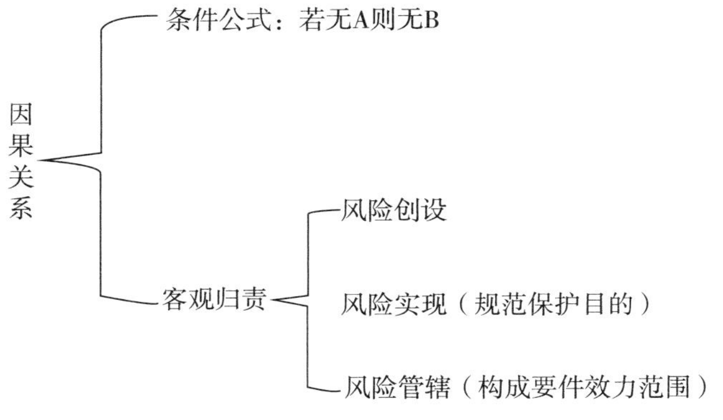

① 许玉秀：《主观与客观之间——主观理论与客观归责》，法律出版社2008年版，第243页。

② 参见刘艳红：《客观归责理论：质疑与反思》，载《中外法学》2011年第6期。

③ ［德］许迺曼：《关于客观归责》，陈志辉译，载许玉秀、陈志辉编：《不移不惑献身法与正义——许迺曼教授刑事法论文选辑》，台北，新学林出版股份有限公司2006年版，第565页。

第四章　结果无价值论之于违法阻却事由

符合构成要件的行为通常是违法的，但是在有特殊事由的情况下，行为即使符合构成要件，也排除（阻却）其违法性。这就是违法阻却事由问题。关于违法阻却事由问题，结果无价值论与行为无价值论历来争论激烈，争论的焦点主要集中在阻却违法的本质根据、防卫意图和防卫限度等问题上。下面结合一起案例具体展开。

◎案例11　何强等聚众斗殴案

2010年11月至12月，江苏省常熟市忠发投资咨询有限公司（以下简称忠发公司）法定代表人徐建忠经他人介绍多次至澳门赌博，欠下曾勇（另案处理）等人为其提供的巨额赌资。后曾勇亲自或指使杨佳、龚军、朱刚（均另案处理）等人多次向徐建忠讨要该笔赌债。2011年4月2日上午，被告人何强受徐建忠指派与张胜、陈强等人至常熟市枫林路来雅咖啡店与杨佳等人就如何归还该笔赌债谈判未果。其间，李毅夫（另案处理）携带菜刀与他人在咖啡店外等候，在杨佳等人离开咖啡店时进行跟踪。其后何强等人返回公司，何强向徐建忠报告相关情况后，其他人返回暂住地。当日中午，被告人何强与杨佳手机通话过程中，双方发生言语冲突，后被告人何强主动打电话给从未联系过的曾勇，双方恶语相向，互有挑衅。被告人何强随即三次打电话给被告人张胜，要求被告人张胜带人至忠发公司。被告人张胜随即纠集了陈强、张人礼、龙云中及李毅夫至忠发公司，并在该公司内准备菜刀等工具，待人员就位、工具准备完毕后，被告人何强再次主动拨打曾勇电话，通话中言语刺激、互相挑衅，致使矛盾升级。曾勇便纠集杨佳、龚军、胡炜等人，持刀赶至忠发公司，当何强等人通过监控看到有多人下车持刀上楼时，何强等人在徐建忠办公室持刀以待。当曾勇等人进入徐建忠办公室后，被告人何强、张胜、陈强、张人礼及李毅夫与曾勇等人相互持械斗殴，龙云中持电脑等物品参与斗殴，造成被告人何强及龚军、胡炜受轻微伤，忠发公司内部分物品毁损。2012 年 4 月 12 日，常熟市人民法院判决被告人何强等聚众斗殴罪名成立，不属于“正当防卫”。[①]

此案宣判以后立即引起网络炒作，引发社会各界广泛关注，特别是在法律界引起巨大争议，成为 2012 年最热点的刑事案件之一。此案争议的焦点在于何强一方是否属于正当防卫？如此普通的案件为何能引起如此大的争议？撇开炒作等因素不谈，从刑法学角度来看，我国刑法释义学或者说刑法解释学的落后也是一个重要的原因。传统观点认为，“互殴行为中没有正当防卫”“正当防卫需要保护正当利益的目的”“需要有正当防卫的意图”，但是并没有揭示为什么以及在什么情况下的互殴行为不存在正当防卫？正当防卫排除违法性的实质根据是什么？防卫意图是不是必备要件？下面笔者从结果无价值论的角度，结合上述案例进行探究。

第一节
违法阻却事由的本质

违法阻却事由的本质问题，即一个行为既然符合了构成要件，为什么因特定事由的出现而阻却违法？其根据和标准是什么？“关

① 参见江苏省常熟市人民法院刑事判决书（2011）熟刑初字第 0785 号。

于这一问题，行为无价值论从规范违反说的角度出发进行考察，而结果无价值论则从法益侵害说的立场出发进行考察。”①

一、基于行为无价值论的目的说、社会相当性说

从行为无价值论的观点出发，主要有两种学说：一种学说认为，所谓阻却违法事由是指为了达成被国家所承认的共同生活的目的而需要的适当的手段（目的说）。② 另一种学说认为，行为最终被国家、社会的伦理规范所允许，乃是统一地把握所有违法性阻却事由的原理（社会的相当性说）。③

目的说是行为无价值论最初所主张的学说，由于目的说具有明显的缺陷，现在很少被主张。目前在二元的行为无价值论中有力的学说是具有综合目的说和优越利益说倾向的社会相当性说。社会相当性概念是由韦尔策尔首倡的，“所谓社会的相当行为，是指在社会生活中，历史上所形成的社会伦理性的秩序范围里，由这种秩序所允许的行为”。④ 所谓的社会相当性，无非就是以一般人为基准，判断该行为在日常生活中是否具有通常性，这种通常性的判断是模糊的、多义的、概括的，而且这种所谓的通常性的判断最终还可能落入伦理判断的窠臼。正如西田典之所批判的，“该说将判断过程置于黑匣子之中，而仅仅发布结论”。⑤ 不仅如此，行为无价值论用社会相当性解释违法阻却事由在理论逻辑上也不能实现自洽。日

---

① ［日］曾根威彦：《刑法学基础》，黎宏译，法律出版社 2005 年版，第 95 页。

② 转引自［日］西田典之：《日本刑法总论》，刘明祥、王昭武译，中国人民大学出版社 2007 年版，第 103 页。

③ 参见［日］大塚仁：《刑法概说（总论）》（第三版），冯军译，中国人民大学出版社 2003 年版，第 320 页。

④ ［日］木村龟二主编：《刑法学词典》，顾肖荣等译，上海翻译出版公司 1991 年版，第 177 页。

⑤ ［日］西田典之：《日本刑法总论》，刘明祥、王昭武译，中国人民大学出版社 2007 年版，第 103 页。

本的二元论承认违法性的实体首先在于对法益的侵害或威胁，因此，坚持以结果无价值为基础，但是在正当化事由的解释上却认为，正当化事由符合了历史地形成的（国家）社会伦理规范，即使伴有法益侵害也必须认为是法所允许的，这显然又把社会伦理规范作为首要的实体和基础，因此，存在自身体系上的矛盾。另外，行为无价值论所主张的违法阻却一般原理中，还有“被允许的危险”理论，是指随着科学技术的发展，社会生活中不可避免地存在具有侵害法益的危险行为，基于其对社会的有用性，即使发生了法益侵害结果，也应当在一定范围内允许。

二、基于结果无价值论的法益衡量说

从结果无价值的观点出发的学说认为，当应予保护的利益发生对立的场合，应当首先对优越利益予以保护，即根据优越利益的原则或者法益衡量来进行论述。[①] 法益衡量说包括两个判断原理：一是利益阙如原理，二是优越利益原理。前者是指缺乏法益保护必要性时，排除违法；后者是指损害某一法益是保护另一法益所必需的手段，所保护的法益优于或等于所侵害的法益时，阻却违法。“拯救的利益和牺牲的利益具有同等价值：由于两个利益中必然要损失一个（甚至可能二者皆失），保留其中一个，不是一个‘负面的’事实，在法律的账簿上，至少可以说是‘收支平衡’。”[②]

三、法益衡量说的提倡与运用

笔者认为，以结果无价值论为出发点的法益衡量说是妥当的。下面结合前文案例 11 何强等聚众斗殴案进行分析。

---

① 参见［日］野村稔：《刑法总论》，全理其等译，法律出版社 2001 年版，第 221 页注①。

② ［意］杜里奥·帕多瓦尼：《意大利刑法学原理》，陈忠林译，法律出版社 1998 年版，第 172 页。

其一，结果无价值论以法益侵害原理为基础，认为违法性的实质在于对法益的侵害或威胁。结果无价值的判断是质和量的统一，并没有将所有的侵害或威胁法益的行为都评价为实质的违法。“他人即便实施了侵害法益的行为，在该行为所引起的法益侵害不高于所保护的利益或者使自己或者第三人的法益得以保存的时候，应当说，该行为是合法行为（法益衡量说）（优越利益说）。”[①] 无论是权利还是利益，其彼此的冲突是难以避免的。正如博登海默所说，“如果一个社会为发挥个人的积极性和自我肯定留有空间（也许有人会怀疑，历史上是否有过这样一种社会，即它能够很长时期内完全压在人们的这些自然冲动），那么在相互矛盾的个人利益之间肯定会有冲突和碰撞”。[②] 一旦发生冲突，为重建和平状态，或者一种权利必须向另一种权利（或有关的利益）让步，或者两者在某一程度上必须各自让步。法益衡量说适应了这样的社会现实。

其二，因为阻却违法事由理论在本质上是为解决现实生活中利益冲突问题，既然如此，法益衡量说在逻辑上就是顺理成章的。日本的行为无价值论者井田良也不得不承认：“优越的利益说，采用保全利益的优越性与应受保护的利益的阙如的两个原理，进行二元的说明，具有相当的实质内容。目的说、社会伦理说、社会相当性说，容易忽视作为刑法的存在理由的法益保护（而且导致法与伦理的混同），因而可能受到批判。”[③]

对法益衡量说最主要的批评是，对于一个具体的个案，如何进行衡量，衡量的标准何在？诚然，我们不可能通过像数学计算一

---

① ［日］曾根威彦：《刑法学基础》，黎宏译，法律出版社 2005 年版，第 95 页。

② ［美］E. 博登海默：《法理学——法律哲学与法律方法》，邓正来译，中国政法大学出版社 1999 年版，第 398 页。

③ 转引自张明楷：《行为无价值论与结果无价值论》，北京大学出版社 2012 年版，第 152 ~ 153 页。

样，排列出法益价值大小的阶梯图表。即便如此，也不是说法益衡量是不可能的，正如德国学者拉伦茨指出的，“‘衡量’也好，‘称量’也罢，这些都是形象化后的说法；于此涉及的并非数学上可得测量的大小，毋宁是评价行为的结果”，当然，法益衡量也“并非单纯的法感”，也“不是一种无法作合理掌握的过程，在某种程度上其仍须遵守若干可具体指称的原则，在此程度上，它是可审查的”。[①] 拉伦茨为我们提供了以下可操作的原则：首先，取决于基本法（宪法）的价值秩序——于此涉及的是一种法益较他种法益是否有明显的价值优越性，比如，根据宪法的精神，人的生命和尊严显然高于其他法益（尤其是财产性的利益）。其次，在大多数案件中，或者是涉及位阶相同的权利（如同种人格权）间的冲突，或者是涉及的权利无法作抽象的比较，此种情况，一方面取决于应受保护法益被影响的程度，另一方面取决于假使某种利益必须让步时，其受害程度如何。最后，运用比例原则、最轻微侵害手段或尽可能微小限制的原则。根据后果，为保护某种较为优越的法价值须侵及一种法益时，不得逾达此目的所必要的程度。比例原则是一种“实质的——指导法官具体化法规范的——法原则”。[②]

结合前述何强等聚众斗殴案来看，判决书中认定的事实已经清楚地表明，双方相互挑衅、纠集人马、准备工具，双方的互殴故意和行为是明确的，不属于以“以正对不正”或者“法不必向不正让步”；而是一种“不正对不正”（通俗地说属于“狗咬狗”），不存在需要保护的优越利益，更不存在其中一方行使权利的问题。正当防卫的实质性根据并不存在，从法益衡量说的立场看，从根本上不符合正当防卫的本质要求。可见，在这个案例中，法益衡量是清

---

① ［德］卡尔·拉伦茨：《法学方法论》，陈爱娥译，商务印书馆2003年版，第279页、第286页。

② 参见［德］卡尔·拉伦茨：《法学方法论》，陈爱娥译，商务印书馆2003年版，第285～286页。

晰、明确的，在司法实践中也是具有可操作性的。但是根据行为无价值论的观点来判断何强等人的反击行为是否符合社会相当性，其结果可能是仁者见仁，智者见智。这一点从此案判决后引起网民巨大争议可见一斑。案件判决后，在网络上引起轩然大波，既有法律人士参与论战，更有普通民众加入其中，认为属于正当防卫的大有人在，认为不属于正当防卫的也不在少数。① 即便是国内一流刑法学者陈兴良和赵秉志教授等“意见领袖”的文章②，也未能平息网民的争论，甚至使争论愈演愈烈。可见，根据所谓的一般人的标准来判断是否符合社会相当性，在这样一个处于转型期和网络时代的社会下是多么地不可靠。这个聚众斗殴的案例，充分展示了社会相当性说“将判断过程置于黑匣子之中”这一形象批评的正确性。在这个案件里，我们没有看到行为无价值论者所宣扬的行为无价值论有利于民众法认同感的养成。③

第二节 防卫意图之否定

结果无价值论和行为无价值论对于是否需要防卫意图（防卫意思、防卫目的）存在争议。前者持否定态度即防卫意识不必要说，

---

① 《“常熟聚众斗殴案”引发法学专家网络激辩》，载 http：//www. js. xinhuanet. com/xin_ wen_ zhong_ xin/2012 －03/29/content_ 24977149. htm，最后访问日期：2012 年 5 月 28 日。《“正当防卫”？还是“打架斗殴”?》，载 http：//topic. weibo. com/areahot/21861？ hasori = 1&pos = 0&table_ t = tips&page = 1，最后访问日期：2012 年 5 月 28 日。

② 陈兴良：《聚众斗殴抑或正当防卫：本案定性与界限区分》，载《人民法院报》2012 年 4 月 13 日，第 3 版；赵秉志：《关于何强等“菜刀队”案件定性的基本观点》，载 http：//www. dffy. com/fayanguancha/sd/201204/28284. html，最后访问日期：2012 年 4 月 14 日。

③ 参见周光权：《违法性判断的基准与行为无价值论》，载《中国社会科学》2008 年第 4 期。

后者持肯定态度即防卫意识必要说。关于防卫意图问题的争议又集中体现在偶然防卫上。正如张明楷所言，偶然防卫的处理结论，是判断一位学者是行为无价值论者还是结果无价值论者的试金石；真实的偶然防卫案件可谓千年难遇，讨论偶然防卫并不具有明显的现实意义。[①] 在挑拨防卫问题上，行为无价值论与结果无价值论尽管都否定成立正当防卫，但解释的路径是不同的：结果无价值论从紧迫的不法侵害这一客观角度进行解读；而行为无价值论从主观目的、动机这一主观角度进行解读。结合前述何强等聚众斗殴案来看，尽管结果无价值论和行为无价值论可能都会认为不成立正当防卫，但是从中可以看出两种立场的优劣。

一、行为无价值论的解释路径之批判

国内传统观点一般认为，正当防卫需要防卫意图（国内教科有时也表述为防卫目的或防卫动机），且一般均认为挑拨防卫、偶然防卫都不具有防卫意图。认为挑拨防卫与正当防卫的根本差别首先在于挑拨防卫中行为人在主观上不存在正当的防卫意图，而是存在侵害他人的非法意图。且防卫意图需要具备正当性，正当的防卫意图都必须以保护合法权益，制止不法侵害为目的，防卫目的应以保护合法权益、制止不法侵害为内容。[②] 可以说，这是一种行为无价值论的立场。

但是，这种行为无价值论的立场在上述案例 11 何强等聚众斗殴案的争议中，明显暴露出一些问题。

问题之一，就是防卫意图的有无在具体案件中可能产生争议，被告人可以供述说“准备工具是为了正当防卫”，也可以说“就是为了伤害对方”。这也是本案引起争议的重要原因。

---

① 参见张明楷:《论偶然防卫》，载《清华法学》2012 年第 1 期。

② 高铭暄主编:《刑法学原理》（第二卷），中国人民大学出版社 2005 年版，第 204 页、第 224 页。

问题之二，就是人们对这种行为无价值论所要求的正当防卫意图进行扩大解释，将防卫意图进一步伦理化。何强等聚众斗殴案的判决书认定何强一方不属于正当防卫的第一个理由，便是“双方斗殴系因赌债纠纷引发，为非法利益之争，不受保护”①，一经宣判引发巨大争议，学者陈兴良和赵秉志分别发表了类似观点。陈教授认为，本案是由归还赌债纠纷引发的聚众斗殴，就赌博的非法性和赌债的不受法律保护而言，本案在起因上具有不法的性质。就目的是否正当而言，整个斗殴是围绕赌债展开的：曾勇一方的目的是实现非法债权，何强一方的目的是减免非法债务。② 赵教授也认为，认定正当防卫的核心要件在于防卫动机和目的必须是维护合法正当的利益，本案中双方纠纷的起因是因为赌债问题，系非法利益之争，并不能得到法律保护，双方具有非正当性。从整个事态演变的过程，可以看出双方均是为了保护自己非法的利益而实施的殴斗行为。③

两位国内一流刑法学者的上述观点，并没有平息网络上的争议。两位学者认为事情的起因是为了保护赌债的这一非法利益，因此，其防卫目的的正当性存在问题，不能成立正当防卫。在笔者看来，两位教授的观点在行为无价值论的立场上走得更远，将行为无价值论的防卫意图进一步伦理化和前置化。即便是行为无价值论要求正当防卫需要具有防卫意图，但这种防卫意图也只能将其限定在我国刑法第20条规定的“为了使国家、公共利益、本人或者他人的人身、财产和其他权利免受正在进行的不法侵害”上，但是两位教授却将这一防卫意图提前到事情的起因阶段，并加入赌债这一伦

---

① 参见江苏省常熟市人民法院刑事判决书（2011）熟刑初字第0785号。

② 陈兴良：《聚众斗殴抑或正当防卫：本案定性与界限区分》，载《人民法院报》2012年4月13日，第3版。

③ 赵秉志：《关于何强等“菜刀队”案件定性的基本观点》，载http：//www.dffy.com/fayanguancha/sd/201204/28284.html，最后访问日期：2012年5月28日。

理因素，这显然是不能令人信服的，也因此遭到网民的批评。[①] 赌博的非法性和不受法律保护性，与本案是否成立正当防卫无关。事实上，事情的起因不仅与正当防卫无关，也与正当防卫意图无关。例如，行为人甲到达一理发店欲进行嫖娼，与店主发生争吵，争吵几句后店主突然持利刃对甲的要害部位连续猛刺，甲连躲三刀，情急之下拿起椅子抵挡，椅子击中店主手臂，致使店主手臂骨折（经鉴定为轻伤）。恐怕任何人都不会否认这个例子中甲成立正当防卫，更不会有人因为起因是甲为了嫖娼这一非法的、在伦理上可耻的行为而否认其防卫的正当性。可见，行为无价值论过于强调动机、目的诸如此类“心情要素”，以及目的正当与否的“伦理要素”，并不具有说服力。

防卫意图必要说有时还会导致应当认定为正当防卫的案件错误地没有认定为正当防卫。防卫意图必要说会就导致司法实践中只要有报复、激愤或其他不道德动机，就会否定正当防卫，要求防卫意图与攻击、报复等动机不能并存，进而形成正当防卫认定中的“道德洁癖”。[②]

二、结果无价值论的解释路径之提倡

在结果无价值论看来，是否属于正当防卫，关键是从客观上判断有无紧迫的不法侵害，是否存在需要保护的优越利益，至于主观

---

① 沈鸿伟：《背离“三常”的见解——赵秉志、陈兴良教授文中关于常熟案的观点》，载 http：//shw385173207. blog. 163. com/blog/static/1938482862012314674278/，最后访问日期：2012 年 5 月 28 日；陈光武：《事实无法改变，法律不容歪曲——商榷赵秉志、陈兴良教授》，载 http：//wq. zfwlxt. com/newLawyerSite/BlogShow. aspx? itemid = cc308457 - 67e6 - 464b - 8d6c - a034008c2ab1&user = 116836，最后访问日期：2012 年 5 月 28 日；黄礼登：《对赵秉志、陈兴良两教授评常熟案的评论》，载 http：//sprengelstrasse24. fyfz. cn/art/1047195. htm，最后访问日期：2012 年 4 月 14 日。

② 参见李勇：《互殴与防卫关系之检讨——以类型化的实体与程序规则构建为中心》，载《中国刑事法杂志》2019 年第 4 期。

上的防卫意图、目的、动机等至多只是责任要素而已。“只要是不采纳将一般的故意理解为主观的违法要素的行为无价值论，防卫意思作为违法要素的性格即被否定”，防卫意思“其属于单纯的心情要素，充其量可能不过是责任要素而已”。[①] 在对正当防卫状况以及其他属于正当的事实的认识这一意义上理解的防卫意思，是单纯地作为责任要素，单纯地对事实的认识，对于法益侵害或危险以及作为其阻却要素的法益保护不产生影响，从而也就不对行为违法性产生影响。[②] 我国台湾地区刑法学者黄荣坚也认为，通说所谓的防卫意识的意思并不清楚。如果防卫意识所指的是防卫目的的意思，那么防卫行为并不以此之防卫意识为必要。行为人对侵害情状的存在的认知，和故意的概念一致。如果行为人所认知的事实是现在不法侵害情状下的防卫行为，那么所认知之行为事实并非不法行为事实，即欠缺犯罪故意。相反，只要行为人所认知的事实并不是一个正当防卫的事实，行为人即具备犯罪故意，至于行为人的动机如何以及目的如何并不重要。[③] 可见，防卫意图完全属于责任要素，对违法性的判断并无影响。

结合前述何强等聚众斗殴案来看，通过对不法侵害这一客观要

---

① ［日］山口厚：《刑法总论》（第二版），付立庆译，中国人民大学出版社2011年版，第124页。

② 参见［日］山口厚：《刑法总论》（第二版），付立庆译，中国人民大学出版社2011年版，第124页。

③ 参见黄荣坚：《基础刑法学》（上），中国人民大学出版社2009年版，第157页。

件的考察，完全可以否定其成立正当防卫。再如昆山反杀案，[①] 于海明抢到砍刀，刘某上前争夺，在争夺中于海明捅刺刘某的腹部、臀部，砍击其右胸、左肩、左肘。刘某受伤后跑向轿车，于海明继续追砍2刀均未砍中。于海明的一系列反击行为，特别是刘某受伤跑向轿车时于海明继续追砍，似乎有报复的动机，也有愤怒的情绪，但是这并不妨碍于海明防卫行为的正当性，不能以这些报复的动机、愤怒的情绪为由来否定防卫意图。事实证明，防卫意图对于认定正当防卫的成立与否意义不大，且容易误导。

（一）自招侵害问题

在自招侵害情况下，尽管存在现实的侵害，但是基于正当防卫的本质和宗旨要否定侵害的紧迫性，从而否定其属于正当防卫，典型的就是挑衅行为（又称挑拨防卫）。例如，甲有意挑起争斗，并做好准备，在乙攻击之时，予以反击。如果仅从形式上看，甲似乎符合正当防卫，但是由于此时双方都是故意伤害对方，不能认为甲的身体完整性利益优越于乙的身体完整性利益，根据避免（回避）规则，不成立正当防卫。所以日本的判例一直以来以“一个巴掌拍

---

① 案情如下：2018年8月27日21时30分许，于海明骑自行车在江苏省昆山市震川路正常行驶，刘某醉酒驾驶小轿车（经检测，血液酒精含量87mg/100ml），向右强行闯入非机动车道，与于海明险些碰擦。刘某的一名同车人员下车与于海明争执，经同行人员劝解返回时，刘某突然下车，上前推搡、踢打于海明。虽经劝解，刘某仍持续追打，并从轿车内取出一把砍刀（系管制刀具），连续用刀面击打于海明颈部、腰部、腿部。刘某在击打过程中将砍刀甩脱，于海明抢到砍刀，刘某上前争夺，在争夺中于海明捅刺刘某的腹部、臀部，砍击其右胸、左肩、左肘。刘某受伤后跑向轿车，于海明继续追砍2刀均未砍中，其中1刀砍中轿车。刘某跑离轿车，于海明返回轿车，将车内刘某的手机取出放入自己口袋。民警到达现场后，于海明将手机和砍刀交给处警民警（于海明称，拿走刘某的手机是为了防止对方打电话召集人员报复）。刘某逃离后，倒在附近绿化带内，后经送医抢救无效，因腹部大静脉等破裂致失血性休克于当日死亡。于海明经人身检查，见左颈部条形挫伤1处、左胸季肋部条形挫伤1处。参见最高人民检察院指导性案例（检例第47号）。

不响”为由，认为互殴行为中不存在正当防卫。① 再来看何强等聚众斗殴案，何强三番五次打电话与对方骂战，进行挑衅，并以办公室为堡垒，纠集人马，准备刀具，意图待对方人马赶到时伤害对方，双方都是要伤害对方的身体。从法益衡量的角度，不存在优越的利益，从而在本质上不符合正当防卫的不法侵害要件。当然，在聚众斗殴中，如果一方徒手空拳，另一方突然用砍刀；或者是一方已经逃跑求饶，另一方面仍然追打，则从利益衡量的角度看，徒手空拳的一方或逃跑求饶的一方的利益处于优越利益，则可能存在正当防卫。

（二）预期侵害问题

所谓预期侵害就是指行为人已经预期到某种侵害，却故意不回避。换言之，明明预见到对方会实施侵害，却不回避，有意不回避某种当然能预见到的利益冲突状况。对此，刑法理论认为，与自招侵害一样，否定侵害的紧急性，从而否定正当防卫。日本曾有这样一个判例：被告人预想到对方 A 一旦出现定会攻击自己，而将日本刀带到饭店门口等待对方，A 出现后，果然持刀砍被告人，于是被告人用日本刀杀死对方。日本最高裁判所认为“被告人很早便充分预见到 A 的不正侵害，并且，对此做好充分准备，一旦遭对方袭击，自己便能迅速有力地予以反击伤害，并主动到附近观察对方行动，因此，就被告人而言，A 的这一不正侵害并不能言之为急迫，从而否定正当防卫。”② 结合何强等聚众斗殴案看，已经不单单是预见到侵害，而是做好了纠集人马和藏备刀具的准备工作，而且多次挑衅对方，系典型的预期侵害，不存在需要保护的优越利益，也就无从成立正当防卫。

---

① 参见［日］西田典之：《日本刑法总论》，刘明祥、王昭武译，中国人民大学出版社 2007 年版，第 124 页。

② 参见［日］西田典之：《日本刑法总论》，刘明祥、王昭武译，中国人民大学出版社 2007 年版，第 124 页。

从上述何强等聚众斗殴案的正当防卫成立与否的分析看，结果无价值论具有更强大的解释能力。在正当防卫的本质上，何强等聚众斗殴案不存在需要保护的优越利益，更不存在其中一方行使权利的问题，正当防卫的实质性根据并不存在，从法益衡量说的立场看，根本不符合正当防卫的本质要求。在正当防卫的成立要件上，何强等聚众斗殴案，系典型的自招侵害，至于事情起因的正当与否、防卫意图的存在及正当与否不仅不能左右正当防卫的成立，反而会引起更多纷争。

综上所述，在正当防卫的本质问题上，基于结果无价值论的优越利益说或法益衡量说在司法实践中更具可操作性，而基于行为无价值论的社会相当性说在这样一个处于转型期和网络活跃期的社会中，不仅不具有实践可操作性，而且十分不可靠。基于规范论的（二元）行为无价值论认为正当防卫的本质在于法确证（即维护法规范的效力或法秩序），或者是法确证与个人权利保护综合的二元论。[①] 在正当防卫的成立要件上，事情起因的正当与否、防卫意图的存在及正当与否，不能左右正当防卫的成立。过于关注防卫意图甚至将防卫意图前置到事情起因正当与否上的行为无价值论，反而会引起更多纷争，更无法实现行为无价值论所期望的刑法之公众认同。

第三节
偶然防卫的处罚边界

尽管“偶然防卫的案件千年一遇”，讨论的实践价值不大，但是作为结果无价值论与行为无价值论的试金石，这里不得不作简单

---

① 参见［日］山本和辉：《正当防衛の正当化根拠について（1）》，载《立命館法学》2016年1号（365号），第222～223页。

的表态性阐述。

所谓偶然防卫是指故意或过失侵害他人法益的行为，但是客观地起到了防卫法益的效果，如 X 在不知道 A 为了杀 B 而正向其持枪瞄准的事实，处于杀 A 的意图而向 A 开枪的场合。对此，行为无价值论者一般基于防卫意识必要说而主张成立故意犯罪既遂，也有部分行为无价值论者主张成立故意犯罪未遂；而结果无价值论者一般基于防卫意识不要说而主张无罪，也有部分结果无价值论者主张成立犯罪未遂。在我国，刑法理论通说坚持防卫意识必要说，认为偶然防卫成立犯罪既遂；也有少数学者主张偶然防卫无罪。①

笔者认为，首先，从结果无价值论的立场上看，违法性的实质在于法益侵害性，犯罪的本质是社会危害性，而社会危害性说到底也是对法益的侵害或威胁。偶然防卫人，虽然没有防卫的意思，但是在客观上起到了防卫的效果，事实上也使另一法益得以保全，这不同于单纯的故意犯罪（如前例中 X 开枪导致 A 死亡毕竟不同于单纯故意杀人），我们不能单纯以行为人的主观恶意为由而以犯罪既遂论处，这也不符合通说一直强调的主客观相统一的原则。我国刑法中主客观一致的通说显然是过于关注行为人的主观恶性和行为人的危险性格，行为无价值色彩甚至主观色彩过浓，忽视了对结果无价值的考量。因此，认为偶然防卫是犯罪既遂是存在疑问的。

其次，从我国刑法第 20 条“为了使国家利益、公共利益、本人或他人的人身财产和其他权利免受正在进行的不法侵害……”的规定来看，似乎防卫意识是正当防卫的条件，但是，由此至多只能得出不具有防卫意识就不成立正当防卫的结论，但是不成立正当防卫的行为并不一定就是犯罪既遂，所以不能当然得出不具有防卫意识就必然成立犯罪既遂的结论。因此，从刑法第 20 条的规定上看，

---

① 参见张明楷：《行为无价值论与结果无价值论》，北京大学出版社 2012 年版，第 185 页。

我国的刑法中主客观一致的通说观点也是存在疑问的。

最后，从结果无价值论和法益衡量的立场上看，偶然防卫行为所导致的对他人利益的损害结果由于保护了另一法益，因此，就这一现实损害结果而言，并不具有实质的违法性。但是，像前例中的A持枪杀人行为本身是具有高度危险性的行为，就这一行为本身而言对法益具有侵害危险性，可以认定A为故意杀人罪未遂。因为，未遂犯的处罚根据就在于法益侵害的危险性，既遂与未遂的实质差别也在于危险的程度不同。因此，笔者初步认为，对于偶然防卫，一般情况下应认定为无罪，但是在防卫行为本身具有高度危险性的情况下，宜认定为犯罪未遂。就笔者作为一名司法实践者的经验判断来看，果真发生类似的案件，司法实践中要么会以情节显著轻微作不起诉决定，要么会认为属于情节较轻的故意杀人罪判处三年以下有期徒刑，且很可能适用缓刑。因此，笔者的上述初步意见可能是符合我国目前司法实践现状的。

第四节
正当防卫的限度

随着山东聊城于欢案、江苏昆山于海明案、涞源反杀案、福州见义勇为案等案件的发生，正当防卫特别是防卫限度问题再次成为热点。关于防卫限度，我国刑法第20条第2款规定：“正当防卫明显超过必要限度造成重大损害的，应当负刑事责任，但是应当减轻或者免除处罚。”但是如何理解和把握并不简单。司法实践中确实存在将本该认定为正当防卫的案件作为防卫过当来处理了，也存在一些应当认定为正当防卫而没有认定的情况。晚近以来，学界将这种现象概括为“唯结果论”。劳东燕教授将这种“唯结果论”的现象归咎于结果无价值论，认为结果无价值论是这种“唯结果论”现象的理论基础，并直接导致“唯结果论”大行其道，[①] “任何试图在这一领域寻求突破的论者，首先面临的便是如何肃清结果无价值论的主导性影响的问题”，[②] 主张全面放弃法益衡量理论及优越利益原理，坚持引入德国的个人保全与法确证原理。[③] 笔者认为，将防卫过当以及正当防卫在司法实践中的异化现象归咎于结果无价值论缺乏依据，也不公正。

一、“唯结果论”不是结果无价值论的必然产物

劳东燕教授认为，司法实践中一旦出现伤亡的严重后果，就直接认定为防卫过当，这就是“唯结果论”，与结果无价值论一样，都是以结果作为关注的核心与起点。在实践中占据强势地位的结果无价值论为这种“唯结果论”提供了理论依据。欲纠正这种倾向，就要放弃以结果无价值论为基点的法益衡量说及优越利益原理。[④]

笔者认为，劳东燕教授的上述观点是对结果无价值论的误解，不能“一看到结果就以为是结果无价值论”。结果无价值论以法益概念为中心，致力于将没有侵害或威胁法益的行为排除在犯罪圈之外。结果无价值论与行为无价值论（含二元的行为无价值论，下同）争论原点在于违法性的本质是侵害法益还是违反规范（早期的行为无价值论主张违反的是伦理规范，后来主张违反的是行为规范）。在违法阻却事由问题上，结果无价值论认为，包括正当防卫

---

① 参见劳东燕：《结果无价值逻辑的实务透视：以防卫过当为视角的展开》，载《政治与法律》2015 年第 1 期。

② 参见劳东燕：《防卫过当的认定与结果无价值论的不足》，载《中外法学》2015 年第 5 期。

③ 个人保全也可以翻译为个人保护、个人权利保护，法确证可以有翻译为法确认、法保护、法维护、法秩序维护等，本书除直接引用外，一律使用个人保全和法确证。

④ 参见劳东燕：《防卫过当的认定与结果无价值论的不足》，载《中外法学》2015 年第 5 期。

在内的正当化事由阻却违法性的根基在于法益衡量，要么是因为不存在值得保护的法益（利益阙如），要么是因为保护了更优越的法益（利益衡量）；而行为无价值论则认为是因为这些行为是具有社会相当性的行为。劳东燕教授所说的“结果”自觉不自觉地将其等同于“结果责任”中的“结果”。作为早已被历史所抛弃的结果责任思想，无视行为人的主观心理态度，以结果定罪。这与现代刑法的责任主义所要求的“无犯意则无犯人”“没有责任就没有刑罚”是背道而驰的。结果无价值论的核心概念是法益侵害，认为违法性的本质在于侵害或威胁法益，主张没有法益侵害或者侵害危险的，以及仅仅侵害伦理规范的行为，不值得动用刑罚处罚。这与结果责任以结果入罪的思维模式截然不同。正如陈璇所指出的，把正当防卫司法实践中存在的“唯结果论”现象，归咎于结果无价值论，着实有些冤枉结果无价值论。[1]

二、行为无价值论反而可能是防卫过当司法异化的诱因

司法实践中大量本该认定为正当防卫的案件被作为防卫过当处理，其背后深层次的原因，有行为无价值论的因素。早期的行为无价值论认为违法性的本质在于违反伦理规范，后来努力淡化伦理因素（这种努力主要是理论上的说教，实践中根本无法割裂与伦理、道德因素的密切关联），主张违法性的本质在于违反与伦理道德无关的行为规范、规则。如德国的雅科布斯认为，“刑法保护的不是法益，而规范的有效性”。[2] 日本的井田良认为，违法论的机能就是提示和告知行为规范，刑法的任务就是通过处罚违反规范的行为

---

① 参见陈璇：《正当防卫、维稳优先于结果导向——以“于欢故意伤害案”为契机展开的法理思考》，载《法律科学》2018 年第 3 期。

② ［德］雅科布斯：《行为　责任　刑法——机能性描述》，冯军译，中国政法大学出版社 1997 年版，第 119 页、“中文本序”第 1 页。

来维持规范的效力，从而引导人们去遵守规范。[①] 这里的规范效力维护与法确证原理所主张的法秩序维护具有相同的趣旨。就此而言，法确证原理与行为无价值论具有天然的契合性。这种行为无价值论立场对我国正当防卫司法异化的推动作用主要体现在以下方面：（1）过于看重防卫意图，导致动辄以缺乏防卫意图为由认定为互殴，从而否定正当防卫的成立。众所周知，在正当防卫是否需要防卫意图问题上，结果无价值论持否定说，行为无价值论持肯定说。由于行为无价值论过于强调防卫意图，甚至苛求防卫意图不能掺杂任何侵害、报复等意图和动机，这是导致将大量正当防卫认定为互殴的重要原因。司法实践对行为无价值论所要求的正当防卫意图进一步前置化。如前所述，在著名的常熟聚众斗殴案中，判决认定何强一方不属于正当防卫的第一个理由便是“双方斗殴系因赌债纠纷引发，为非法利益之争，不受保护”。有学者认为此案不构成正当防卫，其重要理由是双方打斗是因赌债而起，而赌博及其债务都是不合法的，也就是防卫的起因不合法。[②] 表面上谈的是起因问题，实际上讨论的是防卫意图问题，而且将防卫意图进一步前置到事件发生的起因阶段。言下之意，就是为了保护赌债这一不符合伦理秩序且违法的利益而进行防卫，防卫意图是不正当的、不纯洁的，所以不成立正当防卫，这似乎是行为无价值论注重目的、动机等主观要素和伦理要素维护之立场的必然宿命。（2）正当防卫认定中“泛道德主义”倾向严重。在正当防卫司法认定上的典型表现就是对防卫者提出极高的道德正当性和纯洁性的要求，固执地认为正

① 参见［日］山口厚：《日本刑法学中的行为无价值论与结果无价值论》，金光旭译，载《中外法学》2008 年第 4 期。

② 参见陈兴良：《聚众斗殴抑或正当防卫：本案定性与界限区分》，载《人民法院报》2012 年 4 月 13 日，第 3 版；赵秉志：《关于何强等“菜刀队”案件定性的基本观点》，载 http：//www. dffy. com/fayanguancha/sd/201204/28284. html，最后访问日期：2012 年 5 月 28 日。

当防卫不仅要有防卫意图，而且防卫意图还必须纯净、正当，不能夹杂伤害、愤怒、报复等意图，这与行为无价值论坚持防卫意图必要说直接相关，背后隐藏的是行为无价值论思维在司法实践中的潜在影响，尽管司法人员未必意识到这是行为无价值论的立场。（3）“各打五十大板”的处理“艺术”。行为无价值论强调维护法秩序和规范效力，法确证原理主张维护法秩序的趣旨，与我国司法实践中的维稳第一的做法具有天然的亲近性。笔者作为一线办案人员，深知实践中有些案件处理的社会效果和维稳的重要性，也深知有些案件一旦认定正当防卫就面临死者、伤者家属上访、信访的巨大压力。很多案件认定为防卫过当或不认定正当防卫，同时又通过调解、和解，“各打五十大板”平衡双方利益，从而凸显办案的社会效果，维护法秩序的稳定。类似判决在司法实践中广泛存在，表面上这种“各打五十大板”的处理“艺术”确实“摆平”了案件，但在实质上却是不公正的。正当防卫司法异化现象就这么产生了。透过这些现状的表象，挖掘背后深层次的法理基础，不难发现维稳思维与法规范确认、法秩序维护具有异曲同工之处，背后都潜藏着行为无价值论的影子。

可见，恰恰是因为行为无价值论的潜在影响，导致司法人员过于注重防卫意图的纯洁性，过于关注案件处理的维稳效果，进而将本应该认定为正当防卫的行为认定为防卫过当甚至直接不认定具有防卫性质。因此，要改变正当防卫在司法认定中的异化现象，不是要肃清结果无价值论的影响，而是要通过结果无价值论的倡导，对长期以来行为无价值论广泛存在于司法人员的潜意识之中的现象进行纠偏。

三、结果无价值论的优越利益原理应当坚守

在防卫限度问题上，劳东燕教授主张全面放弃结果无价值论所主张的以法益衡量为基础的优越利益原理，全面移植德国的个人保全和法确证二元论或者个人保全一元论，坚持正当防卫的限度标准

只能是必需说。她认为这里的“必需”是指非此即不能有效制止不法侵害，或者是虽可能制止不法侵害，但会给防卫人带来人身或财产的危险。换言之，只要防卫行为是为制止不法侵害所必需且合理的手段，就属于没有超过防卫限度。[1] 在笔者看来，劳东燕教授这一观点并不妥当，可能从一个极端走向另一个极端。

（一）个人保全和法确证理论、纯粹必需说并不妥当

我国刑法对正当防卫的规定决定了无法直接、全面移植德国的个人保全、法确证理论。

首先，我国刑法对防卫限度标准有明确规定，这一点不同于德国。我国刑法第 20 条第 2 款对防卫过当规定了两项标准：一是明显超过必要限度；二是造成重大损害。这里的损害结果显然就是指防卫行为所造成的法益侵害之结果。那么，如何判断这里的损害结果是不是“重大”呢？只能通过与不法侵害所造成或可能造成的法益损害结果之间进行衡量，以判断正当防卫人的利益是否处于优越地位。这是文义解释的当然结论，恐怕无人能够否认。因此，在我国刑法关于防卫限度标准规定如此明确的情况下，试图全面放弃以法益衡量为基础的优越利益原理，是不合适的。

相较而言，德国刑法关于防卫限度并没有明确规定，只能通过对德国刑法第 32 条第 1 款、第 2 款关于正当防卫的定义进行教义学解释而获得。德国刑法第 32 条第 1 款规定：“出于正当防卫的需要所实施的行为，不是违法行为。”第 32 条第 2 款规定：“为避免自己或者第三人遭受现时的不法侵害，而实施必要的防卫行为，是正当防卫。”德国刑法学界从第 32 条第 1 款中解释出“需要性”，

---

① 参见劳东燕：《防卫过当的认定与结果无价值论的不足》，载《中外法学》2015 年第 5 期。

从第2款中解释出“必要性”。[①] 可见，德国刑法学界关于正当防卫的限度标准，无论是必要性还是需要性，都是基于其本国立法实际而发展出来的。耶赛克与魏根特教授明确指出，“今天对正当防卫权的限制是源自第32条的意义，其含义与该条文的表述是相一致的”。[②] 一方面，德国刑法立法关于正当防卫没有明确规定限度标准，也没有提及法益衡量的内容；另一方面，德国刑法关于正当防卫的立法指导思想是保护个人权利，所以学者们才宣称“不涉及被侵害的法益与保护法益之间的价值关系”，所以，个人保全或法确证原理应运而生。正如耶赛克与魏根特教授所言的，“自我保护（Selbschutz）与权利证明（Rechtsbewaehrung）思想，都是以现行法中的正当防卫为基础的，但是个人权利的考察方法依然是占优势的”。[③] 即便如此，德国的正当防卫也不可能完全割裂与法益衡量的关系，所以在防卫限度的“必要性”的基础上，再加上“需要性”的条件，以将显著失衡等行为排除在正当防卫之外。德国刑法通说认为，当防卫的利益和攻击的利益之间出现明显失衡时，不成立正当防卫，正当防卫应遵守合比例原则。[④] 这里的“显著失衡”“合比例原则”都离不开“防卫利益”与“攻击利益”之间的衡量，只不过这种衡量不是简单的量的计算而是质上的优越地位（下文详述）。有德国学者试图以“社会伦理限制”代替法益衡量来解

① 至于二者的关系，在德国也是有争议的，有人认为二者同义的，有人认为二者不是同义的。参见张明楷：《正当防卫的原理及其运用——对二元论的批判性考察》，载《环球法律评论》2018年第2期。

② ［德］汉斯·海因里希·耶赛克、托马斯·魏根特：《德国刑法教科书》，徐久生译，中国法制出版社2001年版，第413页。

③ ［德］汉斯·海因里希·耶赛克、托马斯·魏根特：《德国刑法教科书》，徐久生译，中国法制出版社2001年版，第402页。

④ 参见［德］乌尔斯·金德霍伊泽尔：《刑法总论教科书》，蔡桂生译，北京大学出版社2015年版，第172页。

释需要性，即需要性是指反击行为在道德或伦理规范上是否合适。[①]但是社会伦理规范在这个价值多元的社会是不可靠的，社会伦理限制“仅仅是一种空洞的形式。是否基于一个共同原则作出了限制，还值得怀疑”。[②]更何况，德国的这种立场本身就值得质疑，德国学者约翰内斯·卡斯帕也坦言：“从国际比较的视野来看，德国的正当防卫权显得十分宽泛和‘凌厉’。”[③]

这样看来，主张全面移植德国的个人保全、法确证原理，而将纯粹必需说（必要性说）作为我国防卫限度标准的观点，与我国刑法立法相违背。然而，我们也不可能削足适履地为了迎合德国的理论而修改我国的现行刑法。劳东燕教授批评我国结果无价值论者用优越利益原理来解释我国的正当防卫是受日本刑法理论的影响。她认为，优越利益原理相对于日本刑法中的防卫过当的规定或许是妥当的，但是，“如果想将这样的解读照搬到我国刑法理论之中，则其必要的前提是，我国刑法对防卫过当的规定与日本的相关规定完全相同或基本相同”，基于罪刑法定的要求，解释论不能无视立法规定。[④]但是，劳教授主张全盘移植德国的个人保全、法确证理论来确立我国正当防卫的限度标准的时候，是否想过“我国刑法对防卫过当的规定与德国的相关规定完全相同或基本相同”呢？更何况，批评我国结果无价值论论者采取优越利益原理是基于日本刑法立法并无根据。日本刑法并没有对正当防卫的限度标准进行法益衡量或优越利益的提示性规定，日本刑法第36条第1款规定：“为了

---

① 参见［德］乌尔斯·金德霍伊泽尔：《刑法总论教科书》，蔡桂生译，北京大学出版社2015年版，第169页。

② ［德］冈特·施特拉腾韦特、洛塔尔·库伦：《刑法总论Ⅰ——犯罪论》，杨萌译，法律出版社2006年版，第168页。

③ ［德］约翰内斯·卡斯帕：《德国正当防卫权的“法维护”原则》，陈璇译，载《人民检察》2016年第10期。

④ 参见劳东燕：《结果无价值逻辑的实务透视：以防卫过当为视角的展开》，载《政治与法律》2015年第1期。

防卫自己或者他人的权利，对于急迫不正的侵害而实施的行为”；第2款仅规定：“超出防卫限度的行为，可以根据情节减轻或者免除刑罚。”至于限度标准并无规定，只能通过解释刑法第36条第1款来获取。与此形成鲜明对比的是，我国刑法第20条第2款通过“明显超过必要限度造成重大损害的”之规定对法益衡量进行了提示性规定。

其次，我国刑法第20条规定正当防卫的保护对象包括公共利益和国家利益，这是个人保全和法确证原理所无法解释的。我国刑法第20条规定：“为了使国家、公共利益、本人或者他人的身体、财产和其他权利免受正在进行的不法侵害，而采取的制止不法侵害的行为，对不法侵害人造成损害的，属于正当防卫，不负刑事责任”。这与德国的刑法立法是迥异的。德国刑法所主张的防卫权系基于保护个体利益的需要而设立的，是“个人对于不法侵害的自我主张的思想”，原则上禁止公民个人为保护公共利益和国家利益而进行正当防卫。[①] 因此，德国刑法第32条第2款规定的正当防卫只能是“为避免自己或者第三人遭受现时的不法侵害”。为了解决公共利益和国家利益在特定的紧急情况下需要保护的问题，德国刑法学界只能另辟蹊径，认为只有当受到不法侵害的国家利益和公共利益直接涉及个人利益时，才允许对其进行防卫。但是这种“曲线救国”的解释路径，还是难以掩盖其与个人保全、法确证原理之间所存在的矛盾。

最后，我国刑法关于特殊防卫权的规定，针对严重暴力不法侵害适度放宽了防卫限度，整体上不会导致“正向不正屈服”的问题。我国刑法第20条第3款规定：“对正在进行行凶、杀人、抢劫、强奸、绑架以及其他严重危及人身安全的暴力犯罪，采取防卫

① ［德］汉斯·海因里希·耶赛克、托马斯·魏根特：《德国刑法教科书》，徐久生译，中国法制出版社2001年版，第402页。

行为，造成不法侵害人伤亡的，不属于防卫过当，不负刑事责任。”人们将该款称为特殊防卫。特殊防卫的意义在于面对严重暴力侵害时，适度放宽防卫限度，不会导致公民防卫权萎缩。至少在立法层面，不存在面对严重暴力侵害时“正向不正屈服”的问题。单就特殊防卫的规定看，我国的正当防卫也可谓是“凌厉”的。而德国刑法并无类似规定，需要通过个人保全或法确证原理以及必要性说为防卫权的行使拓展空间。德国也确实有学者在理论上探索类似我国的特殊防卫权，如伯恩斯曼从国家保护生命职责中产生的命题出发，认为在攻击者袭击了被攻击人的生命，以及攻击的结果将导致一种使生命持续地失去价值，如性的完整的攻击，那么防卫人可以采取杀人的防卫行为。① 但是我国刑法中因为有特殊防卫的规定，这种通过理论拓展防卫空间的必要性并不存在。需要特别说明的是，特殊防卫本身也受优越利益原理的约束，不存在没有任何限制和边界的正当防卫（从这个意义上，称无过当防卫或无限防卫都是不妥当的）。我国刑法第 20 条第 3 款将特殊防卫的对象限定为“行凶、杀人、抢劫、强奸、绑架以及其他严重危及人身安全的暴力犯罪”，这背后其实还是基于法益衡量的优越利益原理，因为这些暴力犯罪具有严重危及防卫者的生命、健康、性自由等法益，与造成不法侵害人的伤亡相比，具有优越性，因此不属于防卫过当。

（二）优越利益原理应当予以坚守

根据结果无价值论的观点，违法性的本质在于法益侵害，而阻却违法的实质根据是法益保护阙如与法益衡量，即使正当防卫造成的损害大于不法侵害造成的损害（为保护微小法益而造成重大损害的除外），只要保护了更优越的法益（优越利益保护原理），也符合法益衡量的原则，也能肯定正当防卫的成立。个人保全原理以保

---

① 参见［德］克劳斯·罗克辛：《德国刑法学总论（第 1 卷）——犯罪原理的基础构造》，王世洲译，法律出版社 2005 年版，第 441 页。

护个人利益为出发点，毋宁说是法益原理的另一种表述。法确证原理的内涵尽管有不同的理解，但都难以割舍与法益的联系。关于法确证原理的内涵有这样几种观点：第一种观点认为，法确证在保全个人法益的同时，也维护了公共法秩序。这样，个别法益与法确证的利益加在一起，保护的利益就优越于侵害的利益。第二种观点认为，法律的存在是为保护个人法益和社会秩序，法确证原理为其提供确实的证据。第三种观点认为，一方面为了保护个人的生命、健康等法益，另一方面保护在紧急不法侵害的情况下防卫人不必退让而滞留于现场的权利，这种滞留现场的权利本身是一种自由利益，这样上述两个方面的利益相加，所以防卫人的利益就处于优越地位了。第四种观点试图完全割裂与法益衡量的关联，将法确证的内容界定为法规范意识的强化和维持，对违法行为的控制。[①] 上述第一种观点最终还是回到法益衡量和优越利益原理上来了。第二种观点所说的被正当防卫所确证的对象，就是个人法益本身，只不过是“正当法益得到了保护”的另一种说法而已。[②] 第三种观点与第一种观点一样，绕了一圈还是回到了法益衡量和优越利益原理上来了。第四种观点尽管试图割裂与法益衡量的关系，但是缺陷明显：一方面，将正当防卫作为维护法规范或控制违法行为的手段，实际上就将正当防卫作为预防犯罪的工具。可是犯罪预防的对象应当是有责任能力的人，这样一来，正当防卫的对象就只能限于有责任能力的人。可是这一点既不符合我国的实际，也无法为德国通说所认可。通说认为，无责任能力的人实施的侵害行为具有违法性，只是不符合有责性，公民当然可以对其进行防卫。另一方面，从防卫人是否具有代理行使国家刑罚权的资格这一点来说，该观点也难以站

---

① 参见［日］松原芳博：《刑法总论专题研究（四）》，载《河南省政法管理干部学院学报》2011 年第 2 期。

② 参见［日］松原芳博：《刑法总论专题研究（四）》，载《河南省政法管理干部学院学报》2011 年第 2 期。

得住脚。因为刑罚权是国家垄断的，公民不得以正当防卫之名代替国家行使刑罚权。把正当防卫作为预防犯罪的手段，就相当于赋予防卫人具有刑罚权，但这与国家刑罚权垄断性是背道而驰的。因此，正当防卫无论采取何种学说，都不可能不考虑法益和比例原则。无论是大陆法系还是英美法系，比例原则是广泛接受的防卫限度条件。[①] 德国的防卫必要性也不可能完全割裂与法益衡量的关系。正如金德霍伊泽尔所指出的，当出现了防卫行为保护的利益和攻击行为侵害的利益之间明显失衡的时候，不成立正当防卫。因为正当防卫作为一种权利，是在国家保护不及时的情况下的一种补充性的自救权，因此要遵守合比例性原则。[②] 这是德国宪法中比例原则的必然要求。必要性的判断不可能完全不考虑法益衡量和优越利益，"必要的防卫，是指各种适当的（geeignete）、在众多可供挑选的防卫方法中最轻的、不与对自身损害的直接风险相联系的防卫"。[③] 什么才是最轻的呢？还得借助于法益衡量来判断，唯有比较才有"最轻"，正所谓只有"更轻"没有"最轻"。

总之，"唯结果论"既不是优越利益原理的必然归结，更不是结果无价值论的必然宿命。优越利益原理作为正当防卫的基础原理应当予以坚守。正当防卫在司法认定中的乱象，恰恰是行为无价值论过于看重防卫意图及其纯洁性、过于注重维护秩序稳定的结果。"只要刑法上存在防卫过当的概念，就表明正当防卫受利益衡量的制约，受比例原则的限制，只不过是如何进行衡量和如何确定'比

---

① See Suzanne Uniacke, *Proportionality and self - defense*, Law and Philosophy, Vol. 30, No. 3 (May 2011).

② 参见［德］乌尔斯·金德霍伊泽尔：《刑法总论教科书》，蔡桂生译，北京大学出版社 2015 年版，第 172 页。

③ ［德］克劳斯·罗克辛：《德国刑法学总论（第 1 卷）——犯罪原理的基础构造》，王世洲译，法律出版社 2005 年版，第 438 页。

例’的问题。”①

四、基于结果无价值论的防卫过当之双阶层司法认定模型

防卫限度的标准根本上还是要回到正当防卫的本质问题上，正当防卫本质上是为了解决利益冲突问题。一旦发生冲突，为了重建和平，要么一种利益向另一种利益让步，要么是两种利益都必须在某一种程度上各自让步。回到这个本源问题上来看防卫的限度标准，其实就是如何协调、平衡利益冲突的问题。因此，正当防卫的限度标准回到法益衡量及优越利益原理是必由之路。纯粹的原理探讨并不能彻底解决正当防卫限度司法认定中一系列难题和乱象，必须建立审查模式（德语为 Aufbauschemata，也译为审查架构表、审查结构模式）。审查模式是一种为了解决案件判决任务的程序，有一定内容，可普遍运用的程序。② 基于此，笔者以优越利益原理为核心提出“双阶层”审查模式，也是一种司法认定模型。

（一）双阶层司法认定模型的建构

我国刑法第 20 条第 2 款规定防卫过当的标准“明显超过必要限度”和“造成重大损害”。“明显超过必要限度”与“造成重大损害”是何种关系？一直存在并列说、包容说和交叉说之争。③ 值得特别提及的是，劳东燕教授和陈璇副教授对并列说进行了改造。劳东燕教授赞同并列说，并认为两个要件是相互独立的，主张实行“行为→结果”的审查模式。④ 陈璇与劳东燕一样主张优先审查行

---

① 参见张明楷：《正当防卫的原理及其运用——对二元论的批判性考察》，载《环球法律评论》2018 年第 2 期。

② 参见［德］英格博格·普珀：《法学思维小学堂——法律人的 6 堂思维训练课》，蔡圣伟译，北京大学出版社 2012 年版，第 187 页。

③ 参见郭泽强、胡陆生：《再论正当防卫的限度条件》，载《法学》2002 年第 10 期。

④ 参见劳东燕：《防卫过当的认定与结果无价值论的不足》，载《中外法学》2015 年第 5 期。

为，但认为“重大损害结果并不具有独自证立防卫过当”的能力，从而淡化“造成重大损害”的功能，认为结果衡量只具有辅助功能，“行为为主，结果为辅”，同时在正当防卫限度判断的前面，加上了构成要件符合性的判断，形成独具特色的构成要件和防卫过当双层检验机制。[①] 陈璇在另外一篇文章中甚至主张“原则上放弃法益衡量”。[②]

笔者认为，从优越利益原理出发，“明显超过必要限度”与“造成重大损害”这两个法律明确规定的条件之间是阶层递进关系。阶层思维的基本特点有二：一是出罪思维，就是通过设定层级条件来限定犯罪成立，使司法人员按照无罪推定的要求认定犯罪。二是层层递进过滤审查。就是通过两个以上的阶层，层层过滤掉不构成犯罪的行为，从而最大限度防止错误认定犯罪，防止刑罚权的滥用。具体阐述如下：

1.“明显超过必要限度”与“造成重大损害”二者同等重要，都是优越利益的判断资料，不存在主、辅之分。如前所述，正当防卫作为违法阻却事由，其正当化的本质根据在于法益衡量，防卫限度标准的核心在于优越利益原理，无论是“明显超过必要限度”还是“造成重大损害”都离不开法益衡量，这是立法的明确规定，也是优越利益原理的必然归结。无论是判断何为“明显”，还是评估何为“重大”，都是从防卫人和侵害人两相比较而言的，更进一步说，就是从防卫人保护的利益和侵害人损失的利益两相比较而言的。作为优越利益判断资料的“明显超过必要限度”与“造成重大损害”，可以说二者有先后次序，但不能说有主次之分，这是阶层论思想的基本要求。比如，构成要件符合性、违法性、有责性三

---

① 参见陈璇：《正当防卫、维稳优先于结果导向——以“于欢故意伤害案”为契机展开的法理思考》，载《法律科学》2018 年第 3 期。

② 参见陈璇：《正当防卫与比例原则——刑法条文合宪性解释的尝试》，载《环球法律评论》2016 年第 6 期。

者之间有先后之分，但不能说哪个阶层处于主导地位，哪个阶层处于辅助地位。从这个意义上，陈璇副教授提出行为必要性优先审查，淡化结果衡量，以行为为主，以结果为辅，甚至“原则上放弃法益衡量”，这本身就不是阶层论的思想。阶层论只有逻辑上的先后秩序而无主次之分，更不能淡化或者架空其中一个阶层。因此，陈璇副教授的方案因淡化了结果衡量而陷入纯粹必需说的泥潭。至于加上构成要件符合性的判断层次，有叠床架屋之嫌，因为正当防卫的判断本来就属于犯罪论三阶层中违法性层面的问题，构成要件符合性判断并不在此范畴之内。

或许有人会认为这里的“明显超过必要限度”是行为限度，侧重于行为无价值论；“造成重大损害”是结果限度，侧重于结果无价值论。这依然是犯了看到“行为”就以为是行为无价值论，看到“结果”就以为是结果无价值论的常识性错误。结果无价值论在正当防卫问题上的基本立场是法益衡量和优越利益原理。防卫行为的强度、手段、工具、环境等都是进行法益衡量和优越利益判断的资料。为了正确判断侵害和防卫间是否相适应，必须“对冲突的利益以及侵害和防卫行为的一系列构成要素进行全面分析，然后才能得出正确的结论。”① 何种手段是必要的，总得有个标准，最终衡量的标准还是优越利益，即是否属于保护优越利益所必需的。比如，在多种手段可选择的情况下，选择较轻的手段是保护优越利益必需的，却选择较重的手段，那就是过剩的、过当的。基于当时的情境无法选择其他手段时，即使采取可能造成不法侵害人伤亡的严重后果，也是必要的，不属于防卫过当。这里的必要性完全可以从优越利益保护原理中推导出来。

2. “明显超过必要限度”与“造成重大损害”在逻辑上是阶

---

① ［意］杜里奥·帕多瓦尼：《意大利刑法学原理》，陈忠林译，法律出版社1998年版，第167页。

层递进关系。传统并列说虽然将“明显超过必要限度”与“造成重大损害”并重，但是在具体判断的顺序上，采取了并列耦合模式。这种并列耦合关系的基本特点是“一荣俱荣，一损俱损”。因此，传统通说一直认为凡是明显超过必要限度者必然造成重大损害，凡是造成重大损害者也莫不是明显超过了必要限度；不存在所谓“行为过当”而“结果不过当”或者相反的情况。这就使立法上通过两个条件，分层次、分步骤过滤、限制防卫过当成立的立法意图落空。这是导致实践中防卫过当认定异化的重要原因。“明显超过必要限度”与“造成重大损害”正确的逻辑关系应当是阶层递进关系。

首先，无论是刑事实体法，还是刑事程序法，其存在的正当性根基绝不单纯是为了惩罚犯罪，更是为了限制国家刑罚权的恣意发动。如果单纯为了惩罚犯罪，没有刑法的“束缚”反而更加快捷、方便。“从这一点说刑法是无用的，是一种为了不处罚人而设立的规范”。① 因此，我们在解释和适用刑法过程中，要将某种行为认定为犯罪时，应当从出罪机能、限制国家刑罚权的角度考虑问题。比如，犯罪成立条件的三阶层，通过构成要件符合性、违法性、有责性这三个阶段层层过滤，以出罪思维进行逐一审查，防止错误入罪。刑法第20条第2款是关于防卫过当的规定，是国家刑罚权发动的规定，换言之，一旦防卫过当，就要给予防卫人相应的刑罚处罚，因此，为了防止刑罚权的滥用，应当从出罪的角度适用该条款。通过“明显超过必要限度”这个条件进行第一次过滤，将不应当认定为防卫过当的行为过滤掉；如果无法过滤掉，那么接着通过“造成重大损害”进行第二次过滤，将不应当认定为防卫过当的行为再次过滤掉，从而最大限度地防止将正当防卫行为错误认定为防卫过当。其次，1997年刑法修正时，一方面增设了特殊防卫制度，

① ［日］西原春夫：《刑法的根基与哲学》，顾肖荣等译，法律出版社2004年版，第45～46页。

即第20条第3款“对正在进行行凶、杀人、抢劫、强奸、绑架以及其他严重危及人身安全的暴力犯罪，采取防卫行为，造成不法侵害人伤亡的，不属于防卫过当，不负刑事责任”；另一方面将防卫过当的标准由原来的“超过必要限度造成不应有的损害”，修改为“明显超过必要限度造成重大损害”。这样修改的立法目的就是严格限制防卫过当的认定，以纠正此前普遍存在的对防卫限度的把握过于严格的做法。从这个意义上说，笔者提出的双阶层递进标准符合限制防卫过当认定的立法目的。

3. 双阶层关系绝非仅仅是先后顺序的关系，而是立体的层层过滤关系。无论是劳东燕教授主张的“行为优先”，还是陈璇副教授主张的“行为优先、结果为辅”，都只是停留在先后顺序上，而没有将阶层、递进的思维贯彻到底。真正的阶层论思想是层层过滤的出罪机制，从前一阶层向下一阶层递进，“不走回头路”。一个正确的审查模式，最重要的就是在逻辑上正确地排列个别审查步骤的顺序，不可重复回头审查，应当是简短的、经济的，具有普遍性的。① 以犯罪成立条件三阶层为例，一个行为不具有构成要件符合性就无须审查违法性，直接出罪；同样具备构成要件符合性而不具备违法性，就无须审查有责性，直接出罪。在防卫限度标准“明显超过必要限度”与“造成重大损害”这两个阶层的审查上，也是如此。没有“明显超过必要限度”（为叙述方便，简称行为必要性），即符合行为必要性的，系正当防卫，直接出罪，无须审查第二步“造成重大损害”（为叙述方便，简称结果相当性）。只有在不符合行为必要性的时候，才需要审查第二步的结果相当性。通过第二步的审查，如果符合结果相当性，也就是没有造成“造成重大损害”，就是正当防卫，出罪；如果不符合结果相当性，即造成了

① 参见［德］英格博格·普珀：《法学思维小学堂——法律人的6堂思维训练课》，蔡圣伟译，北京大学出版社2012年版，第187~189页。

违反优越利益原理的重大损害，则才属于防卫过当而成立相应的犯罪。上述过程，可以用下图明示：

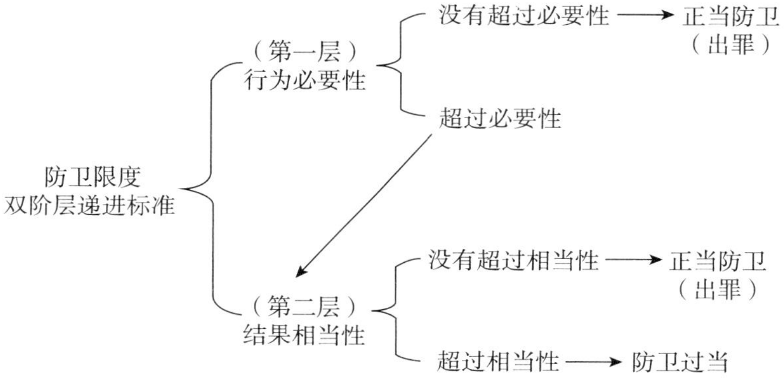

（二）各阶层要素类型化的判断规则

上述从司法方法论的角度构建了防卫限度的判断标准，其主要功能在于提示司法人员对于涉及防卫行为的案件，原则上应当认定为正当防卫；不认定正当防卫时需要经过行为必要性和结果相当性这两个条件的层层过滤和排除，从而最大限度地防止将正当防卫认定为防卫过当。这种思维方式和认定方法的转变将会给正当防卫的司法认定带来根本性的影响。当然，仅有方法论的指导还是不够的，“明显超过必要限度”中的“明显超过”在具体办案中如何判断？“造成重大损害”中的“重大”在具体办案中如何衡量？还需要类型化的判断规则。正如罗克辛所言，必要性和需要性这些概念上，几乎没法解释，缺乏教义学的道路指导，导致了诸多互不一致的判决，为此，需要“通过法律素材和举止规范之间的相互作用，按照案件的类别就可以得出不同的解决方案”，描绘出“正当防卫的地图”。[1] 笔者针对双阶层标准，以优越利益原理为中心，结合

① 参见［德］克劳斯·罗克辛：《刑事政策与刑法体系》（第二版），蔡桂生译，中国人民大学出版社 2011 年版，第 39 页。

司法实践，初步概括以下类型化的规则：

1. 行为必要性阶层的判断规则。“明显超过必要限度”中的“明显超过”判断的基本方法，就是根据优越利益的基本原理，在当时的情况下，从一般人的立场上看，在防卫人实际可以采取的反击行为中，选择法益侵害性最小的方法，即“必须在具体的事态之下，以社会一般观念为标准来判断相当性”。[①] 具体来说：第一步，司法人员应当把行为当时的全部情境均纳入考量的范围，设身处地地考虑行为人当时实际上可能采取的反击手段，以及有无其他能够同样达到防卫效果的替代性手段。第二步，司法人员应当把可能存在的替代性手段所产生的法益侵害与防卫人当时实际采取的防卫手段所产生的法益侵害结果进行比较，进而得出判断意见。这里的全部情境包括但不限于双方身体及力量对比，谁先动手，双方有无使用以及使用何种工具，双方行为的强度及力度，防卫人当时是否处于惊慌、恐惧、激愤状态等。

（1）事前判断规则。采取何种防卫手段才是适当的，有无替代性防卫措施，不能从事后损害后果的立场去评价，而应在当时的情境之下，也就是基于当时的情境，进行动态的考量。传统观点认为，在这种情景之下，裁判者根据社会一般人（理性的第三人）的观念为标准进行事前判断，也就是裁判者设想社会一般人在当时情形下会如何行动，以此判断防卫人的利益是否处于优越地位。[②] 这种观点在多数情况下或许是有效的，但是在大多数暴力型正当防卫案件中，大多发生在高度情绪化、紧张、激愤的情况下，上述理性第三人的观点可能是无效的。因为在暴力攻击快速、急切的瞬间，期望被攻击者按照理性的第三人进行反应，往往是不现实的，也是

---

① ［日］前田雅英：《刑法总论讲义》（第6版），曾文科译，北京大学出版社2017年版，第241页。

② 参见周光权：《正当防卫成立条件的“情境”判断》，载《法学》2006年第12期。

不公平的。心理学和神经科学研究表明，人类大脑有双重处理功能，人类行为首先包括一个即时的、无意识的“系统Ⅰ”反应，然后是一个经过深思熟虑的、反思性更强的“系统Ⅱ”反应。[①] 因此，在这种情况下，美国学者 Kenneth W. Simon 提出站在行为人的角度评估其“合理的自我控制程度”是合理的。[②] 例如，张某某陷入传销组织，被拘禁近 20 天，多次受到殴打，多次求助及逃跑未果。2018 年 2 月 10 日凌晨，张某某在监管人员王某某的看守下上厕所时，试图逃脱，双方发生争执，王某某掐住了张某某的脖子，张某某反击时用羽绒服帽檐上的带子将对方勒死。[③] 此案中行为人长期被非法拘禁，多次向外界求助及逃脱未果，并多次受到殴打，在当时又被对方掐住脖子。从这一系列情形进行动态考量，张某某用羽绒服帽檐上的带子勒住对方，在这种紧急情况下，从行为人的自我合理控制角度而言，当时的反应手段是适当的。再如，2016 年 1 月 21 日 16 时许，被害人蒋某某至上海市灵石路被告人严某某住处讨要债务。蒋某某踢开严某某居住的卧室房门，严某某持弹簧刀划伤蒋某某手部并捅伤其胸部。[④] 此案中，蒋某某非法侵入住宅，但是在白天（16 时许）的时候，被告人严某某也认识蒋某某（二人有债务关系），并不存在瞬间、急切的情形，基于社会一般人、理性第三人的立场考量，被告人严某某完全有制止对方进入

---

① See D. Kahneman & S. Frederick, Representativeness Revisited: Attribute Substitution in Intuitive Judgment, in Heuristics and Biases: The Psychology of Intuitive Judgment 49 (T. Gilovich, D. Griffin, & D. Kahneman eds., 2002). 转引自 Kenneth W. Simon, *Self-defense: reasonable beliefs or reasonable self-control?* New Criminal Law Review, Vol. 11, Number 1, Winter 2008. pp. 51-90。

② See Kenneth W. Simon, *Self-defense: reasonable beliefs or reasonable self-control?* New Criminal Law Review, Vol. 11, Number 1, Winter 2008. pp. 51-90.

③ 参见王万春等：《“云南小伙反杀传销监工案”调查：被女网友骗入组织，多次逃跑未果》，载澎湃新闻：https://mp.weixin.qq.com/s/7AmxHt5kQfXyB1TTvshKMQ，最后访问日期：2018 年 9 月 17 日。

④ 参见上海市静安区人民法院刑事判决书（2016）沪 0106 刑初 434 号。

的其他替代手段，却直接持弹簧刀捅伤对方，显然是过当的。

（2）一体性（整体性）规则。在进行必要性判断时，对于不法侵害和防卫行为在时间和空间上有连续性、持续性的场合，不宜将行为切割为片段而进行分段考察，应当坚持一体性（整体性）规则。具体判断的标准：一是行为在客观上具有时间和空间的连续性、延续性，行为样态具有共通性；二是不法侵害人在主观上的不法侵害意图的同一性。换言之，前后行为在主观上、客观上具有连续性时才可以适用整体性规则。所以，只是在“有些时候就需要，不是将个别行为分别作为判断对象，而是将一系列行为作为一个整体（一体性），进行整体判断”。① 比如，在昆山于海明案件中，刘海龙的不法侵害是一个持续的过程，刘海龙先是下车对于海明拳打脚踢，后又返回车内取出砍刀对于海明连续数次击打，刀甩落在地后，又上前抢刀，被致伤后，仍没有放弃侵害的迹象。这种情况下，不法侵害按照整体上处于持续状态，应当按照整体性规则，此时于海明反击刺杀刘海龙并不属于防卫过当。

需要特别注意的是，整体性规则不是绝对的，必须前后行为在主观上、客观上具有连续性时才可以适用。正如日本学者桥爪隆指出，“在两个暴力之间存在很大分离的场合，由于原本就不存在进行整体性评价的基础，因而起始就应分别评价二者。”②

2．结果相当性阶层判断规则。我国刑法第 20 条第 2 款的“重大损害”必须基于优越利益原理进行判断，而不能一旦出现重伤或死亡的后果就认为属于防卫过当的“重大损害”。优越利益原理所遵从的标准就是受到较高评价的利益优于受到较低评价的利益。与紧急避险不同，正当防卫所侵害的利益即使大于所保护的利益也并

---

① ［日］山口厚：《刑法总论》（第 3 版），付立庆译，中国人民大学出版社 2018 年版，第 137 页。

② 参见［日］桥爪隆：《刑法总论之困惑（二）》，王昭武译，载《苏州大学学报》（法学版）2015 年第 2 期。

不一定是防卫过当，关键是与对方的侵害相比较是否处于优越地位。

（1）质的优越性规则。正当防卫的优越利益是质的优越，不是简单的量的计算。法益衡量的关键在于判断是否处于优越地位。正如张明楷教授所指出的，“人们通常所说的‘正当防卫所造成的损害大于所避免的损害’只是一种表面现象，或者只是就结局进行的静态比较，其中忽视了不法侵害造成的危险以及防卫人的优越地位。如果全面考虑不法侵害的各种危险以及防卫人的优越地位，就不会认为正当防卫造成的损害大于所避免的损害。”[①] 例如，犯罪嫌疑人蓝某某在家中睡觉，感觉有人偷窃其养殖的家禽，盗窃行为人陈某某随即奔逃，蓝某某追赶，抓扯住陈某某的左手衣袖，陈某某左手用力后甩挣脱，因路滑倒地致颅脑损伤死亡。[②] 此案尽管造成了小偷死亡的后果，但是蓝某某抓小偷的行为属于防卫行为，追赶和拉衣袖的行为与不法侵害的盗窃行为相比处于优越地位，小偷死亡的后果并不能改变这一点。防卫的基础是不法侵害者创造了风险的客观事实，但是从受害者的角度来看，对风险的反应是正确的，即使最终导致伤害，也可能是合理的风险。[③] 但是毕竟“防卫的重点不是为了伤害，而是为了挫败攻击”，[④] 像德日刑法中经常讨论的直接开枪打死偷苹果的少年、为了几块豆腐而剥夺他人的生命，就属于显著的法益不均衡，属于防卫过当。总之，优越性不是

---

① 参见张明楷：《正当防卫的原理及其运用——对二元论的批判性考察》，载《环球法律评论》2018 年第 2 期。

② 参见王楷：《男子追小偷致其摔倒身亡或担刑责回应：审查起诉阶段》，载网易新闻：http：//news. 163. com/16/1115/18/C5UEAT22000187V8. html，最后访问日期：2018 年 9 月 17 日。

③ See Kimberly Kessler Ferzan. *Justifying Self - Defense*. Law and Philosophy, Vol. 24, No. 6 (Nov., 2005), p. 711 - 749.

④ George P. Fletcher, *Punishment and Self - Defense*, Law and Philosophy, Vol. 8, No. 2 (Aug., 1989), p. 201 - 215.

简单的数量上的加减计算，而是要规范性地从质上判断，正如日本学者山口厚所指出的，“被侵害者的优越地位不是量的，而是所谓的质的优位性、优越性”。[①]

（2）防御型和攻击型区别对待规则。攻击型防卫是指为了立即制止不法侵害而对侵害人实施反击；防御型防卫是指并不是排除侵害本身，而是单纯地防止被害发生。防御型防卫的手段限制要比攻击型防卫要宽，所谓的“武器对等原则”原则上仅适用于攻击型防卫。原因在于防御型防卫面对侵害人的攻击，处于优越地位，没有其他更优的行为选择，为了回避侵害，而采取必要手段，只要不是为了保护显著轻微的法益，原则上不属于防卫过当。例如，日本有这样的案例：一女子在站台上等车，被醉酒男子骚扰和纠缠，该男子还抓住女子的大衣领，该女子出于想要摆脱侵害的目的，推搡该男子，该男子从站台上跌落轨道，而被驶入电车与站台夹死。[②] 这个案例中，行为人作为女性，为了预防侵害，推搡挣脱的行为，在当时情况下属于不得已而采取的回避侵害的手段，属于防御型防卫，并不过当，该男子的死亡属于意外事件。但是在攻击型防卫中就会有所不同，比如发现小偷盗窃财物，原本可以通过呵斥、抓捕甚至伤害等方法来进行防卫，但却直接开枪将小偷击毙，这属于直接制止不法侵害的攻击型防卫，这时造成的侵害与保护的利益相比，显然是失衡的，因而属于防卫过当。

3. 后果考察规则。所谓后果考察是指在法律应用过程中，运用一定解释方法得出某种解释结论后，另设一个对解释后果的特别审查，也就是后果考察，当这种后果对法律适用具有负面效益，甚至可能产生荒谬结论的时候，就要放弃这种解释结论，解释的正当

---

① ［日］山口厚：《刑法总论》（第3版），付立庆译，中国人民大学出版社2018年版，第116～117页。

② ［日］前田雅英：《刑法总论讲义》（第6版），曾文科译，北京大学出版社2017年版，第243页。

性来自结果的有益性。后果考察适用于所有的实践行为和法律的执行。[①] 因此，后果考察规则也可以借鉴到防卫过当的判断上。具体来说，就是在完成前述行为必要性和结果相当性审查步骤基础上，得出防卫过当与否的结论后，再另设一个对判断结论特别的后果考察。在具体运用后果考察规则时，要特别注意“朴素正义审查法”和“常识常理审查法”。当判断结果违背朴素的正义观念或者违反基本的常识、常理时，就需要反思审查过程中是否充分考虑全部情况、是否存在判断疏漏和失误。比如，昆山于海明案中，如果得出防卫过当的结论，那么用朴素的正义和常识常理进行后果考察，就会发现这个判断结论难以接受；同样于欢案中，一审判决不认定正当防卫，从后果考察的角度来说，显然是难以接受的。

---

① 参见［德］英格博格·普珀：《法学思维小学堂——法律人的6堂思维训练课》，蔡圣伟译，北京大学出版社2012年版，第74～77页。

第五章　结果无价值论之于犯罪形态

故意犯罪行为都有一个发展的过程，在此过程中会出现完成形态与未完成形态。完成形态是犯罪既遂，未完成形态包括犯罪预备、未遂和中止，广义的未遂犯还包括不能犯。① 犯罪未遂的着手时点如何确定、犯罪既遂的标准如何判断、不能犯的处罚边界如何厘定，在这些问题上结果无价值论与行为无价值论存在诸多对立。本章将围绕上述问题，结合案例进行探讨。

第一节
着手的认定

着手即实行行为的开始，是未遂犯的一个核心概念，也是区别于预备犯的标志。如何认定着手，即着手的认定标准问题，理论上有各种不同的观点。基于主观主义学派的主观说已经退出历史舞台，立论于客观主义学派的客观说，认为未遂犯的处罚根据在于行为本身的法益侵害的危险性。客观说又分为形式的客观说和实质的客观说。一般而言，行为无价值论采取形式客观说的立场；而结果无价值论则采取实质客观说的立场。

---

① 参见［日］野村稔：《刑法总论》，全理其等译，法律出版社 2001 年版，第 323 页注②。

一、行为无价值论与结果无价值论关于着手的基本立场

（一）立足于行为无价值论的形式的客观说

形式的客观说以构成要件的定型为标准，即以行为人开始实施符合构成要件的行为为实行的着手时期。如团藤重光认为：“‘实行’是指符合基本构成要件的行为，这种行为的开始正是实行的着手。”① 小野清一郎也认为：“‘着手’即是该符合构成要件行为的开始，或多少实现了一部分。”② 为了修正形式的客观说使着手过于推迟之弊端，植松正又提出“密接行为说”，认为“实现构成要件之全部或部分的事实、或与其密接的事实”即可认定为着手③，从而使形式的客观说有实质化之倾向。

（二）立足于结果无价值论的实质的客观说

实质的客观说从法益侵害的现实危险性上考察实行行为的着手，而不单纯以形式的构成要件为准，即当行为具有引起构成要件结果发生的现实危险性（法益侵害的现实危险性）时，就是着手的时期，也即“实行的着手，是开始实施具有引起构成要件结果的现实危险的行为”④。不管实质的客观说的内部如何划分，但在以发生法益侵害的现实危险为实质标准认定着手上是共同的。另外，还有形形色色的折中说，主张综合判断行为人的主观面（特别是具体犯罪计划）与客观面（法益侵害的危险性）来认定着手。

---

① 张明楷：《未遂犯论》，法律出版社、成文堂联合出版1997年版，第55页。

② ［日］小野清一郎：《犯罪构成要件理论》，王泰译，中国人民公安大学出版社2004年版，第125页。

③ 参见［日］川端博：《刑法总论二十五讲》，甘添贵等译，中国政法大学出版社2003年版，第292页。

④ ［日］大谷实：《刑法总论》，黎宏译，法律出版社2003年版，第276页。

二、我国传统刑法理论关于着手观点之批判

（一）我国传统刑法理论关于着手问题的误区

我国传统刑法理论通说认为，客观说把着手视为完全脱离行为人主观心理状态的纯客观的法律事实，其种种具体主张又多模棱两可而在实践中难以把握，这就容易导致客观归罪的错误；主观说也容易导致主观归罪，折中说是主观说的非本质的修正，是客观说、主观说的混同调和而不是主客观两方面的有机统一体。我国的刑事立法和刑法理论认为"着手"概念和特征体现了主客观的有机统一[①]。"作为犯罪形态理论中的犯罪实行行为的着手问题，如果脱离了这一原则就会重蹈资产阶级刑法学的覆辙，而陷入主观唯心主义和客观归罪的困境。"[②] 这似乎表明我国通说理论的着手概念与所谓的"资产阶级的"学说是彻底决裂和划清界限的。然而，令人疑惑不解的是，一方面要与其彻底决裂，另一方面又自觉不自觉地坚持了形式的客观说。这一点从通说对着手的定义中可清楚地发现：从20世纪90年代的教科书的"所谓已经着手实行犯罪，是指行为人已经开始实施刑法分则规范里具体犯罪构成要件中的犯罪行为"，再到21世纪初的教科书的一字不差的重复表述[③]，我们在把这样的定义与形式的客观说所主张的以行为人开始实行符合构成要件的行为时为着手进行比较，难道能看出二者的差别吗？上述通说对着手的定义难道与团藤重光和小野清一郎的观点有任何实质的差别吗？可见，我国通说理论在实际上采用了形式的客观说，且存在以下误区。

误区之一：理论上自相矛盾。如前所述，通说观点反对主观

---

① 参见高铭暄主编：《刑法专论》（上编），高等教育出版社2002年版，第309~310页。

② 马克昌主编：《犯罪通论》，武汉大学出版社1999年版，第441页。

③ 参见高铭暄、马克昌主编：《刑法学》，中国法制出版社1999年版，第99页。

说、客观说和折中说，而主张主客观相统一，为了不“重蹈资产阶级的覆辙”必须与其划清界限。既然如此为何对着手的定义又是不折不扣的形式的客观说呢？这种逻辑上的矛盾，无须笔者多言。

误区之二：把主观说等同于主观归罪、客观说等同于客观归罪。这里的主观说、客观说只是认定实行行为的着手，而不是罪的成立，着手的认定与定罪不是一个层面的问题。大陆法系中罪的成立条件是构成要件的符合性、违法性、有责性，只有三个条件同时具备才成立犯罪，而着手只是实行行为的开始。正如野村稔所言，对于主观说“必须注意到，实际上判断实行的着手时期不是只根据犯意这一主观方面，像那些为了认定犯意的判断材料之类的客观方面也必须要考虑”①。而对客观说而言是否考虑主观要素有必要说和不必要说之争，这毕竟是客观说的内部之争。例如，持形式的客观说的小野清一郎也认为：“未遂犯和既遂犯在主观方面是完全相同的，但问题并不仅仅在于行为的主观方面，站在第三者的立场上观察既有主观方面又有客观方面的行为整体时，就看是否有符合构成要件的行为存在。”② 而坚持实质的客观说的大谷实也认为：“因为实行行为是主观和客观的统一体，所以，即便在实行的着手方面，当然也必须具有构成要件上所必要的主观要素即故意。”③ 可见客观说论者也有主张考察主观要素的。主观说和客观说与主观归罪和客观归罪并无必然的联系。

（二）形式客观说的弊端

首先，形式的客观说没有说明什么是着手，认定标准不明确。按照该说，着手是开始实施符合构成要件的行为，但什么样的行为

---

① ［日］野村稔：《刑法总论》，全理其等译，法律出版社 2001 年版，第 331 页。

② ［日］小野清一郎：《犯罪构成要件理论》，王泰译，中国人民公安大学出版社 2004 年版，第 127 页。

③ ［日］大谷实：《刑法总论》，黎宏译，法律出版社 2003 年版，第 277 页。

才是符合构成要件的行为，该说没有也不能回答，因为符合构成要件的行为只能从法益侵害这一实质层面上寻求。形式的客观说离开犯罪是侵犯法益这一本质来考察着手，必然使实行行为无法界定，从而着手也就无从认定。因为形式的客观说认为着手是开始实施符合构成要件的行为，而“构成要件该当性之有无，依解释之严格或宽松而有迥然不同之结论”①。例如，行为人从口袋里掏出手枪，后举起瞄准，再扣动扳机，到底哪一个时点的行为是符合构成要件的行为，形式的客观说无法认定。再如下面这个案例。

◎案例 12　张某等生产、销售有毒、有害食品案

2000 年至 2009 年，被告人张某、李某、何某、王某、郑某、王国某分别陆续进驻南京市某屠宰场从事生猪屠宰、销售。2009 年 3 月，该屠宰场的生猪被检出含有盐酸克伦特罗（俗称“瘦肉精”）成分，屠宰场遂进行整改，与上述被告人签订责任状，明确严禁从河南省鹤壁市和安徽省灵璧县调运生猪，严禁调运喂食盐酸克伦特罗等药物添加剂的生猪。但其后不久，六名被告人又陆续从河南省、安徽省等地购进生猪。2011 年 3 月 13 日和 15 日，六名被告人分别从河南省购进 100 余头生猪，放置于屠宰场的猪栏中公开向南京各菜市场肉铺小商贩（俗称“小刀手”）出售。2011 年 3 月 16 日，南京市公安局建邺分局扣押了六名被告人的 145 头生猪，抽取其中 82 头生猪尿液进行检验，81 头生猪含有盐酸克伦特罗成分。南京市建邺区人民法院审理认为，被告人张某、李某、何某、王某、郑某、王国某明知所购生猪含有盐酸克伦特罗等有毒、有害成分，仍进行屠宰、销售，其行为均已构成生产、销售有毒、有害食品罪，于 2011 年 12 月依法判处张某有期徒刑三年六个月，并处罚

① ［日］川端博：《刑法总论二十五讲》，甘添贵等译，中国政法大学出版社 2003 年版，第 292 页。

金人民币四万元；判处王国某有期徒刑三年十个月，并处罚金人民币五万元；其余四被告人均被判处有期徒刑四年，并处罚金人民币五万元。[①]

此案中，张某等人购买含有“瘦肉精”的生猪，从河南运往南京，加工宰杀、出售给他人，这些行为中，到底哪些是开始实施符合销售有毒、有害食品的着手行为？似乎靠形式的客观说是难以界定的。

其次，我国传统通说有时会使着手推迟。正如平野龙一批评形式的客观说时指出的，“杀人的实行着手是扣动枪支的扳机之时，仅瞄准还不是着手；盗窃的实行着手是手伸向财物之时，仅接近财物或者仅物色盗窃之物时还不是着手。这确实使未遂范围过于狭窄”。[②] 比如下面这个案例。

◎案例 13　戈某放火案

2006 年 5 月 30 日 14 时 30 分许，被告人戈某因家庭琐事与其大姑姐冯某在电话中发生争吵，后租乘三轮摩托车，并购买了汽油、打火机至大兴区旧宫镇红星北里 10 号楼冯某家中，欲将冯某居住的楼房点燃，在被告人戈某向屋内泼洒汽油时，被冯某及闻讯赶来的邻居阻止，故放火未得逞，后被抓获归案。大兴区人民法院认为，被告人戈某为了发泄私愤，竟以放火的危险方法危害公共安全，尚未造成严重后果，其行为已构成放火罪，应予惩处。鉴于被告人戈某放火系未遂，可比照既遂犯从轻处罚。判处被告人戈某犯放火罪，判处有期徒刑三年，缓刑三年。[③]

---

① 江苏省南京市建邺区人民法院刑事判决书（2011）建刑二初字第 72 号。

② 张明楷：《未遂犯论》，法律出版社、成文堂联合出版 1997 年版，第 59 页。

③ 北京市大兴区人民法院刑事判决书（2006）大刑初字第 00891 号。

此案中，到底是向屋内泼洒汽油的行为是着手，还是拿出打火机抑或点燃打火机的行为是着手？按照行为无价值论的形式解释论，放火的本来含义是点燃可燃物，泼洒汽油既没有“放”亦没有“火”，是谈不上“放火”的。因此，泼洒汽油的行为还不是实施放火罪中符合构成要件的行为，不是着手。按照行为无价值论的这种理解，此案只能定犯罪预备，可这是难以让人接受的。

最后，植松正提出的“密接行为说”实际上具有实质化的倾向，是在向实质的客观说靠拢，这也暴露出该说弊端。理论上的误区必然导致实践上的混乱，以至于对诸如尾随行为、守候行为、脱逃行为以及间接正犯、不作为犯、原因自由行为的着手问题争论不休。实践中大多采用的是形式的客观说，正如有学者指出：“在司法实践中，究竟应当怎样具体地去认定行为人是否已经着手实行犯罪呢？对此，刑法学界一致认为，应当以行为人的行为是否与具体犯罪的实行行为紧密相接为标准，判断是否为着手。”[①] 这与植松正的“密接行为说”可谓如出一辙。

三、基于结果无价值论倡导实质的客观说

如前所述，我国刑法理论通说关于着手的观点存在重大的误区，那么走出误区之路在何方？笔者认为，采用实质的客观说是妥当的。

（一）其他学说的明显缺陷决定其被抛弃的命运

首先，如前所述，形式的客观说由于存在诸多弊端而成为正在衰退的学说，不宜为我们所采用。其次，主观说更不能为我们所用，其不合理性是极其明显的。主观说植根于主观主义学派，而主观主义学派在现代法治社会中已经衰退。更何况主观说以行为人的

---

① 马克昌主编：《犯罪通论》，武汉大学出版社 1999 年版，第 442 页。

危险性格作为未遂犯的处罚根据，以社会防卫为出发点，以犯意表现时为着手之时，这必然扩大未遂犯的处罚范围，破坏刑法的安定性和自由保障机能，同时也会混淆预备与未遂，使着手的区分机能丧失。最后，折中说亦不宜采用。第一，该说强调依行为人的整体计划来认定着手，那么，如果不能认定犯罪计划也就不能认定着手。这样便出现如下问题：一方面，犯罪计划是比故意更为隐蔽于内心的因素，故意在实践中的认定尚且困难，更何况是犯罪计划？另一方面，一些突发性犯罪没有犯罪计划又该如何认定着手呢？第二，把犯罪计划也作为决定法益侵害危险性的主观违法要素，这是不能让人接受的。第三，主观说和形式的客观说本身固有的弊端也是折中说所无法避免的。

（二）实质的客观说的理论优势决定其是理性选择

首先，现代民主国家对法治的崇尚，刑法的客观主义倾向是必然趋势。客观主义有利于刑法的自由保障和人权保护，采用实质的客观说也是应有之义。而形式的客观说与结果分离来考察着手，较为重视行为无价值，注重刑法的伦理保护，这与法治的理念不符。

其次，犯罪的本质是侵犯法益，故没有侵犯法益的行为就不可能构成犯罪，当然也不具有实行行为性，也就谈不上着手。如甲希望乙乘火车发生事故而死亡，便劝其乘坐火车，即使该火车真的发生事故导致乙死亡，笔者想没有人会认为甲已经着手了杀人行为，因为其行为不具有侵害法益的现实危险性。离开了法益侵害这一本质就无法确定实行行为，也无从认定着手。

再次，有助于区分预备与未遂。按实质的客观说，未遂与预备的区别在于法益侵害的危险性程度不同，前者是现实紧迫的，后者是间接的非紧迫的。而形式的客观说仅仅从构成要件这一形式上无法区分预备与未遂。如前述的掏枪、瞄准、扣扳机行为，再如尾随行为、守候行为都是形式的客观说所无法解决的。而实质的客观说可以迎刃而解（具体论述见下文）。

最后，如前所述，实质的客观说不会导致客观归罪。至于现实危险性的判断是否需要考虑主观要素，实质的客观说论者有不同的观点。笔者基于较彻底的结果无价值论，认为在现实危险性的判断上不必考虑犯罪目的、计划等主观要素。

（三）实质的客观说对实践难题的顺利解决进一步彰显其魅力

1. 某些犯罪的预备与未遂的区分

例一，前述张某等人生产、销售有毒、有害食品案，辩护人认为被告人购进生猪只是为销售做准备，销售行为尚未着手实行，因此是犯罪预备。在笔者看来，这一观点是不能成立的，也无法为社会公众所接受。刑法中的销售行为是一个从进货到投放市场公开销售的完整过程，显然不能认为只有卖到消费者手中或到达消费者餐桌上，甚至吃进肚子才是既遂，更不能认为已经处于公开销售状态中还属于没有着手而认定为预备。六名被告人从河南生猪经纪人处购进的100余头生猪，大部分已经被卖掉，被扣押并检测出瘦肉精成分的生猪都已经进入屠宰场的猪栏，处于公开出售的状态，随时可能进入消费者餐桌。结合本罪的保护法益，此种情形已经具有现实紧迫的侵害消费者身体健康安全的危险，已经着手实行销售有毒、有害食品犯罪，这是实质客观说的逻辑结论。另外，本案中六名被告人的屠宰加工与销售行为是交织的，不是我们想象中的先加工然后销售，而是先销售即放在屠宰场猪栏内公开销售，购买者选中了再屠宰简单加工。所以本案中有销售行为，也有生产行为，当然就生产行为而言，尚且处于预备状态，但是销售行为已经着手。

例二，前述戈某放火案，向屋内泼洒汽油，到底是预备行为还是着手？根据实质客观说，放火罪的保护法益是公共安全，而汽油是一种易挥发、具有高度可燃性的物质，一旦打开打火机就会迅速燃烧而无法控制，因此当汽油泼洒在屋内时，现实紧迫的危险已经产生，已经属于着手。

例三，以杨某脱逃案为例，具体案情及分析如下。

◎案例 14 杨某脱逃案

杨某在监狱服刑期间因得知妻子要与其离婚，遂起脱逃念头。后找人焊制一把铁锹，某日趁检修车床之机，溜到柴火堆处开始挖洞，在挖到 0.29 米深处被发现（该洞距离监狱围墙 6.15 米）。[①]

对杨某的挖洞行为是预备还是未遂存有争议。笔者认为，杨某是想通过挖洞逃出监狱，但是这个洞能否挖通，即使挖通又能否顺利脱逃，都是不确定的。可见挖洞行为只是为脱逃创造条件，对法益的侵害没有达到现实紧迫的危险程度。因此，按实质的客观说，本案中的挖洞行为只是预备行为。

另外，上文中提到的掏出手枪、瞄准、扣扳机的例子，形式的客观说无法认定哪一个时点的行为才是着手。按实质的客观说，因瞄准行为才对法益的侵害达到现实紧迫而具体的危险程度，所以瞄准时为着手时，掏枪只是预备。杀人、抢劫等暴力性犯罪的尾随行为、守候行为、寻找被害人的行为等，到底是犯罪的实行行为还是预备行为，在我国理论上有争议。按实质的客观说，尾随行为是一种等待合适机会的行为，这种行为显然对法益的侵害尚未达到现实紧迫的危险，因而是一种预备行为；守候行为会因被害人没有出现、时机不适、被人发现或被抓获而未能完成犯罪，因而对法益的侵害不是现实紧迫的，而只是一种或然的、潜在的威胁，因此是预备行为。

2. 关于间接正犯的着手

对此，理论上有以利用者开始实行作为标准的利用者说和以被利用者开始实行作为标准的被利用者说，以及以利用者与被利用者间关系样态区别对待的个别化说。笔者认为，把实质的客观说贯彻

---

① 参见李勇：《刑法中着手问题》，载《皖西学院学报》（社会科学版）2005 年第 6 期。

到底，跳出利用者说与被利用者说争论的圈子，以对法益的现实急迫危险为标准进行具体分析。例如，唆使一个精神病患者去推一个正站在悬崖边上的人，这种唆使行为本身对法益的侵害已经非常现实、紧迫，应当认为利用者的唆使行为的开始就是着手，如果采取被利用者说是不合常理的。又如，唆使一个13岁的小学生去盗窃，该小学生是否真的会去盗窃尚不能确定，这时对财产权的侵害危险性尚未达到现实紧迫的程度，因此，这种场合应以被利用者的开始实行为间接正犯的着手。

3. 关于原因自由行为的着手

对此，有主张以行为人开始实施原因行为为着手的原因行为说和以开始实施结果行为为着手的结果行为说。实质的客观说认为，应当坚持是否对法益造成现实紧迫的危险为着手的认定标准。在原因自由行为中的不作为犯罪应采原因行为说。例如，铁路扳道工故意饮酒泥醉而未扳道导致火车相撞，在这种不作为犯罪的场合，其饮酒行为的开始就已经对法益造成了现实紧迫的危险，因此，应当以开始实施原因行为时为着手。而对一般的故意作为犯应以结果行为的开始为着手。例如，故意饮酒打算在醉酒状态下杀人，如果行为人泥醉后而呼呼大睡或因泥醉而无法走动，显然开始饮酒时对法益的侵害只是一种潜在的、间接的危险，此种场合只能以结果行为的开始为着手。

4. 关于不作为犯罪的着手

对于纯正不作为犯罪，由于是以违反一定的作为义务而构成犯罪的，因此，行为人拒不履行作为义务时就已经对法益侵害的危险性达到了现实紧迫的程度，这应该是没有争议的。对于不纯正不作为的着手，笔者认为应以实质的客观说区别对待：一方面，对于事先已经发生法益侵害危险时，如果行为人履行作为义务就可以避免结果的发生，而拒不履行作为义务的，则应以行为人认识到危险存在时就是着手。例如，母亲看到儿子溺水即将淹死而故意不救助，从母亲认识到溺水这一危险而不救助时就是着手。另一方面，如果在没有行为人的作为就会发生法益侵害之危险的场合，此种场合因为行为人的作为义务在事先就已经存在，则行为人不作为时就是着手。例如，母亲不给婴儿哺乳的情况，从母亲不给婴儿哺乳时就是着手。

当然也许有人会说实质的客观说也没有提供一个可直接测量的标尺，仍需要司法者结合具体案件进行规范性评价。这种担忧是没有必要的，刑法学乃至整个社会科学都不能像物理学一样通过计算和测量而精确到可以用一个标尺量到底。刑法学中的诸多规范要素不可能完全排除规范性评价。

第二节
既遂的判断

有无实行行为的着手是未遂犯与预备犯的分水岭，而是否既遂是区别未遂犯与既遂犯的标志。对于司法实践来说，既遂犯与未遂犯的区分始终是一个难题。

一、犯罪既遂标准的学说

关于犯罪既遂的标准问题，存在以下几种学说：(1) 犯罪目的实现说，认为应当以犯罪目的的实现作为犯罪既遂的标准，达到犯罪目的的是犯罪既遂，未达到犯罪目的的是犯罪未遂。(2) 犯罪结果发生说，认为应该以犯罪结果是否发生作为犯罪既遂的标准，犯罪既遂是指故意实施犯罪行为并且造成了法律规定的犯罪结果的情况。依此主张，犯罪既遂与犯罪未遂的区别就在于是否发生了犯罪结果，实行故意犯罪并发生了犯罪结果的是犯罪既遂，未能发生犯罪结果的是犯罪未遂。这里的犯罪结果一般是指物质性的危害结果。(3) 犯罪构成齐备说，认为行为人所实施的行为是否齐备刑法分则所规定的具体罪名的全部构成要件是认定犯罪既遂的标准。换言之，认为犯罪未遂与既遂以构成要件是否齐备为标准，犯罪未遂中的“未得逞”就是犯罪行为没有齐备具体犯罪的全部构成要件。①

上述几种学说均未能尽如人意。首先，犯罪目的实现说的缺陷是极其明显的，一方面，在价值追求上带有主观主义色彩；另一方面，无法在刑法中贯彻到底，既不能在目的犯中贯彻，更无法在行为犯和危险犯中贯彻。对于大多数目的犯而言，犯罪目的的实现与否并不是犯罪既遂与未遂的标准，如行为人盗窃财物后为防止被人发现而将所盗之物扔进河里，事后被河水冲走，犯罪目的未能实现，但是显然不能认为是犯罪未遂。

其次，犯罪结果发生说也只能适用于结果犯（这里的结果是狭义上的物质性结果），对于行为犯和危险犯而言，可能导致危害结果的发生，但是结果的发生与否并不影响既遂与未遂。

最后，构成要件齐备说综合了结果标准说和目的标准说，能够涵盖结果犯、目的犯和危险犯等不同的犯罪类型，使各种类型的犯罪既遂获得了统一的标准。构成要件齐备说以构成要件为认定既遂的标准，将犯罪构成理论贯彻到犯罪的停止形态中，解决了犯罪论体系上的矛盾。但是把构成要件齐备说直接运用到我国刑法中是有问题的，因为大陆法系的“构成要件”只是罪的成立条件之一，构成要件齐备或充足与否，并不是犯罪成立与否的问题。“构成要件齐备说”的真正含义是三阶层之一的构成要件的符合性问题，而与

---

① 参见马克昌主编：《犯罪通论》，武汉大学出版社 1999 年版，第 491 ~ 492 页。

违法性和有责性没有关系。[①] 但是，我国传统四要件犯罪构成中的犯罪构成是犯罪成立的条件，也是认定犯罪的唯一标准，只要是犯罪，肯定是充足或齐备了犯罪构成的四方面的要件，没有齐备构成要件就根本不是犯罪，不存在未遂的问题。

二、行为无价值论与结果无价值论在既遂标准上的分野

就构成要件齐备说而言，行为无价值论或结果无价值论都可能采用此说，但是二者对于构成要件的解释是不同的。

行为无价值论一般会采用形式解释的观点来解释构成要件，即犯罪未遂是指行为还没有完全齐备某一分则条文规定的构成要件，又称"形式说"。另外，由于行为无价值论承认主观的构成要件要素，关于既遂标准问题，行为无价值论关注行为人的主观目的和动机，易于在自觉不自觉中采用犯罪目的实现说。

结果无价值论采用实质解释论，否认主观的构成要件要素，从侵害法益的客观方面进行界定，认为未遂与既遂区分的实质在于对法益侵害程度的不同，区分既遂与未遂的基本标准是行为是否发生了行为人所追求的、行为性质所决定的法益侵害结果，又称为"实质说"。[②] 下面这个案例，较为典型地体现了行为无价值论与结果无价值论的分歧。

---

① 在日本，小野清一郎和团藤重光等认为既遂犯充足了构成要件，而未遂犯只是符合构成要件而没有充足构成要件，但是遭到很多人的反对。因为将未遂犯的修正的构成要件视为自身独立的构成要件时，上述观点没有用处，既遂犯与未遂犯分别符合了基本的构成要件和修正的构成要件，没有讨论是否充足构成要件的余地。所以，修正的构成要件说成为有力的学说，但是也同样遭到平野龙一和前田雅英等人的批评。参见张明楷：《未遂犯论》，法律出版社、成文堂联合出版1997年版，第5～6页。

② 参见张明楷：《刑法原理》，商务印书馆2011年版，第318页。

◎案例 15　刘某等盗窃案

2011 年 8 月 30 日，被告人叶某、刘某到南京市梅山路某小区一栋楼房，撬开 1 单元楼道内的配电箱，将配电箱内正在使用的电线（地线）剪断装入包内，从 16 楼一直剪到 8 楼，被告人感觉被人发现后，即将装电线的包藏在 8 楼的配电箱内，走出单元门准备开车时，被小区保安发现，并带领保安指认藏匿电线的配电箱，后被公安机关抓获。经鉴定，上述电线价值 4700 元。

另查明，2011 年 8 月中旬的一天，被告人叶某、刘某到位于南京市金箔路某小区内，撬开单元楼道内的配电箱，将配电箱内正在使用的电线（地线）剪断，后销赃。经鉴定，电线价值人民币 15，000元（江苏省规定盗窃 1 万元以上属于盗窃罪的数额巨大）。[①]

此案系盗窃罪与破坏电力设备罪的想象竞合，在盗窃数额巨大的情况下，两罪的主刑均为 3 年以上 10 年以下有期徒刑，但盗窃罪另外有附加刑罚金刑，因此，盗窃罪的刑罚重于破坏电力设备罪。检察机关起诉时根据从一重处原则认定为盗窃罪，且系既遂。一审判决认为，2011 年 8 月 30 日的事实，系盗窃未遂。笔者认为，一审判决是错误的。[②] 一审判决之所以认为是盗窃未遂，一方面是基于形式说的观点，认为电线尚未带出单元楼；另一方面从主观上看，被告人没有实现取得财物的目的，这实际上是一种行为无价值论的立场，这一立场在本案中得出的结论显然是不妥当的。被告人将单元楼道配电箱中电线从 16 楼一直剪到 8 楼，装入包内塞入 8 楼的配电箱内，如果不是被告人指认，一般人也不会知道藏在什么地方，此时电线已经处于被告人的控制之下，被害人也已经失去对

---

① 江苏省南京市雨花台区人民法院刑事判决书（2012）雨刑二初字第 12 号。

② 此案在笔者的极力推动下，检察机关启动审判监督程序进行了抗诉。

电线的控制，法益侵害的结果已经发生，应当属于犯罪既遂。同样，在司法实践中，保姆将雇主的财物窃取后藏在雇主房子某处，只有保姆本人知道，尽管财物没有带出雇主的房子，也不失为既遂。

三、笔者的观点

笔者基于结果无价值论的立场，认为犯罪既遂标准原则上采用构成要件齐备说，但是有几点需要特别说明：(1) 这里的构成要件要么是指三阶层中的构成要件符合性，要么是指笔者主张的新三要件中的客观要件，而不是指犯罪成立的全部条件。(2) 需要区别构成要件与构成要件要素。犯罪既遂是具备了构成要件中的全部要素，而未遂是欠缺了某些要素。准确地说，既遂与未遂是构成要件要素齐备与否的问题，而不是构成要件本身齐备与否的问题。(3) 对构成要件需要采用实质解释，也即结合具体个罪的保护法益是否受到现实的侵害进行实质解释，犯罪既遂应以犯罪行为给刑法所保护的法益造成侵害为根本标准。具体而言：

1. 结果犯

一般认为，所谓结果犯是指以法定的危害结果为构成要件的犯罪。这里涉及危害结果的界定，如果认为危害结果是指“危害行为对刑法所保护的社会关系所造成的实际损害和现实危险”①，那么可以说所有的犯罪都是结果犯。因为任何犯罪都侵害或威胁刑法所保护的法益，这是由犯罪的本质所决定的。为解决上述矛盾，需要对危害结果进行层次划分，广义的危害结果是指危害行为的法益侵害或威胁；狭义的危害结果是仅指客观的、有形的、物质性的结果，结果犯的结果是指狭义的结果。这样，结果犯有过失的结果犯、间接故意的结果犯和直接故意的结果犯。(1) 对过失犯而言，

① 马克昌主编：《犯罪通论》，武汉大学出版社 1999 年版，第 191 页。

法定的危害结果是犯罪的成立条件，因此没有既遂与未遂之分，只有罪的成立与否问题；（2）间接故意的结果犯，对结果的发生持放任态度，如果没有造成结果则不能以犯罪论处，不存在未遂问题，所以没有必要区分既遂与未遂；（3）直接故意的结果犯，结果的发生与否直接决定既遂与否，未遂就是缺少犯罪结果这一构成要件要素。

2. 行为犯

行为犯并非没有法益侵害的结果，因为行为犯也有需要保护的客体，既然有需要保护的客体，就必然有法益侵害。对行为犯而言，从着手实行到犯罪行为的完成需要一个过程，既遂标准应以行为是否完成为标准，而行为是否完成，需要结合其保护法益进行实质判断。

3. 举动犯

我国通说认为举动犯是指以着手实行刑法分则条文规定的某种具体犯罪的实行行为作为犯罪构成必要条件的犯罪，行为人一经着手实行犯罪即告成立。德、日等大陆法系刑法理论认为，举动犯又称单纯行为犯，是指构成要件不要求发生具体结果，只以行为人的一定身体动静为内容的犯罪，如侵入住宅罪、伪证罪等，一般认为举动犯没有未遂，这与我国通说的定义具有相同的旨趣。现在日本越来越多的学者认为举动犯也有个时间发展的过程，有未遂的存在余地①，我国也有学者对此表示赞同②。笔者认为，对我国刑法而言，举动犯有既遂，但是没有未遂。笔者承认举动犯的既遂，是为了与举动犯的预备与中止区别开来。不能盲目地跟随日本的理论而承认举动犯的未遂，因为日本的立法体制是以既遂为基本模式的，以处罚未遂和预备为例外，所以即使他们在理论上承认举动犯的未

---

① 参见张明楷：《未遂犯论》，法律出版社、成文堂联合出版1997年版，第26页。

② 参见马克昌主编：《犯罪通论》，武汉大学出版社1999年版，第499页。

遂也不会导致实际处罚上的重刑主义，事实上，日本的肯定论者只是在理论上承认举动犯的未遂而已。但是我国刑法以对未遂犯的处罚为原则，一旦在理论上承认举动犯的未遂，必然会导致实际上的处罚过重、打击面过宽。我国肯定论者常举的举动犯未遂的例子，即行为人用外国语向不懂外语的人进行煽动分裂国家，在笔者看来，这种“煽动”根本不具有法益侵害或侵害的危险，因此根本不是煽动分裂国家罪的实行行为，这与对着一堵墙煽动没有差别，如果按照未遂犯处罚无异于主观主义刑法的立场。

4. 危险犯

危险犯是指以危害行为造成一定的法益侵害的危险状态为构成要件的犯罪，其既遂的标志是行为人的行为是否达到一定法益侵害的危险状态。无论抽象危险还是具体危险的出现都需要一定时间过程，那种认为危险犯没有既遂与未遂之分的观点是不妥当的。

5. 结果加重犯

我国有三种观点：第一种观点认为，行为人对加重结果只能出于过失，而过失犯没有既遂未遂问题，所以结果加重犯没有既遂与未遂问题；第二种观点认为，行为人对加重结果并非都出于过失，也可能出于故意，因此有既遂与未遂之分；第三种观点认为，结果加重犯有既遂但是没有未遂。[①] 笔者认为，结果加重犯既有既遂也有未遂。首先，在结果加重犯中，行为人对加重结果持至少是过失的心理态度而并非只能是过失，这已经为国际刑法学所认同。迄今为止的结果加重犯的定义也没有将故意的结果加重犯排除在结果加重犯的概念之外。故意的结果加重犯也得到了立法和司法解释的认可，按照我国刑法第263条规定，抢劫致人重伤、死亡的是抢劫罪的结果加重犯，那么，行为人为了抢劫某人的财物，而故意将他人杀死，无疑只能适用抢劫致人死亡的加重法定刑处罚，司法解释也

---

① 参见马克昌主编：《犯罪通论》，武汉大学出版社1999年版，第497页。

对此进行了确认，这种情况下的结果加重犯对加重结果显然是持故意的心理。所以，“结果加重犯……在特殊情况下，对加重结果包含了构成要件的故意时，当然可以承认未遂犯”。[①] 其次，否定论的观点对结果加重犯的定义是有问题的，即认为所谓结果加重犯是指行为人所实施的基本犯罪行为，发生了基本的犯罪结果，同时又造成了法定的重结果而加重了法定刑的犯罪，也即认为结果加重犯是以基本犯的既遂为条件的。[②] 但是这种定义并不符合我国刑法的规定，我国刑法第 234 条规定了故意伤害罪的结果加重犯，该条第 2 款规定“犯前款罪，致人重伤的……致人死亡的……”只要基本罪成立即可，而并未就基本罪的停止形态作出规定。因此，结果加重犯的定义应该为：一个符合基本罪的构成要件的行为，发生了基本构成要件以外的重结果，刑法因而加重了其法定刑的犯罪。既然如此，行为发生了重结果而基本犯罪未遂时，则是结果加重犯的未遂。例如，行为人意图强奸某妇女，使用暴力致该妇女重伤，因意志以外的原因未能奸淫该妇女。对于这种情况，由于发生了重伤的加重结果，所以成立结果加重犯应该是没有疑问的。但是由于按照我国刑法规定，基本犯和加重犯是一个罪名，这不同于日本结果犯和加重犯是两个罪名，所以这种情况也定强奸之罪名。那么，能说是强奸既遂吗？在这里，妇女的性自决权并未受到现实的侵害，因此，客观要件的要素并不齐备，只能认定为未遂；同时这种情况认定既遂也不符合社会大众的观念，难以为被害妇女所接受，因为毕竟其没有受到奸淫仍然是清白之身，所以这种情况下应当认为是结果加重犯的未遂。对于这种行为发生了加重结果而基本犯未遂认定为结果加重犯未遂的，在日本也大有人在，如泷川幸辰、平野龙一等。

---

① 转引自张明楷：《未遂犯论》，法律出版社、成文堂联合出版 1997 年版，第 17 页。

② 参见马克昌主编：《犯罪通论》，武汉大学出版社 1999 年版，第 496 页。

第三节
不能犯的处罚边界

德、日刑法理论中的不能犯与我国刑法学的不能犯只是名词相同，实质上差之千里。我国传统通说认为不能犯或不能犯未遂是指行为人已经着手实行刑法分则规定的具体犯罪构成客观要件的行为，但是由于其行为的性质，致使其行为不可能完成犯罪，因而难以达到犯罪既遂状态，并认为这种不能犯行为是一种具有社会危害性的行为，应当受到刑罚处罚，从性质上看这种行为同犯罪未遂并无不同。因此把它作为未遂犯的一种加以研究。① 德、日刑法理论对不能犯或不能犯未遂的定义不同②。本节所讨论的是不可罚的不能犯，其内涵可以概括为：不能犯是指行为人基于实现犯罪的意思实施了行为，但该行为在其性质上不可能引起构成要件结果发生的行为，是不构成犯罪、不可罚的行为。③ 行为无价值论与结果无价值论在不能犯成立范围和处罚边界问题上存在尖锐对立。例如，以下面这个案例进行说明。

◎案例 16　许某贩毒案

2010 年 1 月 14 日，被告人许某接到林某（另案处理）电话。林某在电话中称其有 65 克海洛因，欲以每克 400 元的价格出售，要许某帮忙联系销路。许某听后，认为有钱可赚，便答应了下来。之后，许某积极通过他人联系到了买家周某。1 月 18 日，当几人正

---

① 参见马克昌主编：《犯罪通论》，武汉大学出版社 1999 年版，第 455 ~ 456 页。

② 参见张梓弦：《不能犯日本路径及其借鉴意义》，载《比较法研究》2019 年第 1 期。

③ 参见张明楷：《未遂犯论》，法律出版社、成文堂联合出版 1997 年版，第 215 ~ 216 页。

以每克500元的价格进行毒品交易时，被公安机关当场抓获。经查，所谓的65克海洛因，原来是林某伙同他人，在药店购买2瓶去痛片碾碎成粉制作而成的。广西钦南区人民法院审理该案认为，许某违反国家对毒品的管理制度，明知是毒品而进行贩卖，由于其对犯罪对象的认识错误，贩卖的是假毒品，没有造成危害结果的发生，属犯罪未遂，可以比照既遂犯从轻或减轻处罚。根据许某的犯罪事实、情节、性质及对社会的危害性，对许某以贩卖毒品罪判处许某有期徒刑7年，并处罚金5000元。①

此案中被告人贩卖的实际上是假毒品，是作为犯罪未遂处罚，还是作为不能犯不予处罚？国内传统观点认为，如果行为人误将假毒品当作真毒品贩卖，则属于事实上的认识错误，由于行为人主观上具有贩卖毒品的故意，应当以贩卖毒品罪（未遂）定罪处罚。②1994年12月20日发布的《最高人民法院关于适用〈全国人民代表大会常务委员会关于禁毒的决定〉的若干问题的解释》第17条也规定，应以未遂犯处罚。结果无价值论者张明楷教授认为，如果行为人所贩卖的是面粉等对公众无害的物品，就谈不上侵犯了国家对毒品的管制，该行为既没有侵害公众健康，也没有威胁公众健康，因而不构成贩卖毒品罪。③

一、行为无价值论与结果无价值论在不能犯问题上的对立

关于不能犯问题，行为无价值论与结果无价值论存在对立，其

---

① 参见杜江：《广西小伙贩卖假毒品仍构成犯罪被判刑》，载 http://china.findlaw.cn/bianhu/qitaanli/xfal/10759.html，最后访问日期：2012年11月1日。

② 参见高铭暄：《新编中国刑法学》（下册），中国人民大学出版社1998年版，第913页。

③ 参见张明楷：《刑法的基本立场》，中国法制出版社2002年版，第250页。

中行为无价值论的见解又分为以主观未遂论（主观的行为无价值论）为根据的主观说、抽象危险说和以客观未遂论（客观的行为无价值论）为根据的具体危险说。结果无价值论主张客观危险说。①

（1）主观说认为，行为人以犯罪意思实施了行为时，不问该行为是否具有危险都成立未遂，只是迷信犯不可罚。该说主张以行为人本人认识到的事实为基础，并且以行为人本人的认识为基准判断危险的有无。主观说实际上是从行为人的性格危险性上寻求未遂犯的处罚根据，一方面，基于主观主义的立场是今日法治社会所不能接受的；另一方面，主观说在理论上不彻底而自相矛盾，因为按照主观说的逻辑，迷信犯同样也表征出行为人的危险性格，也应当受到处罚，但是主观说却将其作为不能犯，“这意味着该种学说自身并没有彻底贯彻主观主义的主张，因此，即便支持这种学说也是不妥当的”。② 目前这种学说的支持者很少。按照该说，上述贩卖假毒品案，由于被告人主观上具有贩卖毒品的意思，构成贩卖毒品罪未遂。

（2）抽象危险说认为，以行为人在行为当时所认识到的事实为基础，以一般人的见地来判断有无危险。如果按照行为人的计划实施行为具有发生结果的危险性，那么就是未遂犯；反之，如果按照行为人的计划实施行为也不具有发生结果的危险性，则是不能犯。例如，以杀人的目的误把砂糖当成了氰化钾而给他人吃，就是杀人未遂；如果行为人知道是砂糖但迷信砂糖可以杀死人，则是不能犯。抽象危险说也是主观主义的立场，虽然以行为人的认识为基础，按一般人的认识来判断危险性，从而解决了不处罚迷信犯的问题，但是，抽象危险说是“从行为者的意思的危险性中去寻求未遂

---

① 参见［日］曾根威彦：《刑法学基础》，黎宏译，法律出版社2005年版，第127～129页。

② ［日］大谷实：《刑法总论》，黎宏译，法律出版社2003年版，第283页。

犯的可罚性根据”[①]，对“危险性的判断，仅以行为人的认识内容或计划内容为基础，所以，也并没有逃出主观主义的范围”。[②] 在国外，这种学说目前的支持者也较少。根据该说，前述贩卖假毒品案同样构成贩卖毒品罪的未遂。

（3）具体危险说（在德国也称新客观说）认为，以行为当时行为人以及一般人能够认识得到的情况为基础，从一般人的立场上能判断具有结果发生的可能性的场合就认定未遂犯的成立（站在行为时预测该行为事后会发生结果，也可谓事前判断），没有可能性的情况下认定为不能犯，其特点在于，“在具体情况下，并且是从一般人的事前的立场上来判断行为所具有的发生结果的可能性的”。[③] 经典的例子就是，行为人误把尸体当成活人而砍杀，如果行为人以外的一般人也会认为是活人时，就是杀人罪的未遂，但是，一般人认为明显是尸体时，就是不能犯。周光权教授基于二元行为无价值论，认为刑法规范首先是行为规范，并立足于积极一般预防观，主张具体危险说。[④] 有日本学者从结果无价值论的立场对具体危险说进行修正，形成了修正的具体危险说，引起了理论上的广泛注意。[⑤] 根据该说，前述假毒品案例，需要结合案件具体情况看一般人当时能否看出是假毒品来判断是未遂犯还是不能犯。

（4）客观的危险说分为旧客观说（绝对不能、相对不能说）和修正的客观说。旧客观说认为，行为人所意欲的侵害结果一开始

---

① ［日］野村稔：《刑法总论》，全理其等译，法律出版社 2001 年版，第 347 页。

② ［日］大谷实：《刑法总论》，黎宏译，法律出版社 2003 年版，第 283 页。

③ ［日］野村稔：《刑法总论》，全理其等译，法律出版社 2001 年版，第 348 页。

④ 参见周光权：《刑法总论》（第 3 版），中国人民大学出版社 2016 年版，第 284 页。

⑤ 参见［日］野村稔：《刑法中的危险概念》，载［日］西原春夫主编：《日本刑事法的形成与特色》，李海东等译，法律出版社、成文堂联合出版 1997 年版，第 281 页。

就不可能实现（绝对不能）时，成立不能犯；行为自身虽然具有实现侵害结果的可能性，但是在特定情况下未能实现结果（相对不能）时，成立未遂犯，认定绝对不能还是相对不能，应该以行为时存在的一切客观情况为基础或资料进行事后判断。但是单纯地事后从客观的观点来判断行为是否具有危险性并非妥当，有缩小未遂犯范围之嫌，更何况绝对不能和相对不能是个不明确且难以在实践中进行区分的概念。

修正的客观说一般认为，应该在事后客观地判断法益侵害的危险性，事后产生了行为时不能预见的情况也要把它作为判断的材料，根据科学的因果法则决定危险的有无。该说得到结果无价值论者的推动，在日本正成为有力的见解。虽然该说“在关于事后性判断这一点上是相同的，但是对于是否把作为判断对象的实际存在事实进行一定的抽象化，以及对于在所谓科学地判断危险之外是否还可以肯定对危险进行规范的判断等方面，他们尚还存在着差异，因而其具体结论也有所不同”①。可见修正的客观说内部并不一致。

二、修正的客观说之提倡

我国传统通说实际采用的观点就是早已被德、日刑法理论所抛弃的主观说，以至于将贩卖假毒品认定为贩卖毒品罪未遂；把误将白糖当砒霜、误将尸体甚至稻草人当活人的所谓“杀人”，都认定为故意杀人罪未遂。从贯彻结果无价值论的角度看，上述行为应当无罪。

其一，传统通说观点不符合刑法保护法益的目的。就前述许某贩卖毒品案而言，刑法处罚贩卖毒品罪的目的是实现对毒品的管制，换言之，毒品犯罪的保护客体是国家对毒品的管制和公众的身

① ［日］野村稔：《刑法总论》，全理其等译，法律出版社2001年版，第350页。

体健康。但是，如果被告人贩卖的是索米痛片或者面粉，根本无从侵害国家对毒品的管制，也无从侵害公众的身体健康。同样，射杀稻草人也根本不会侵害他人的生命安全。

其二，传统通说在不能犯问题上采取主观未遂论，与现代法治理念深入人心、客观主义占据绝对优势的大趋势是不相协调的。从国外刑法学上看，目前争论激烈的是具体危险说和客观危险说特别是修正的客观说，主观说和抽象的危险说已经消退。

其三，传统通说把贩卖假毒品认定为贩卖毒品罪未遂；把误将白糖当砒霜、误将尸体甚至稻草人当活人的所谓“杀人”，都认定为故意杀人未遂，是对构成要件的形式化的机械的理解，不适当地扩大了未遂犯的处罚范围。贩卖毒品罪的实行行为必须是贩卖毒品给他人，但是如果行为人贩卖的根本不是毒品，而是索米痛片或者面粉，根本不存在贩卖毒品给他人的实行行为，也就不符合贩卖毒品罪的构成要件。“杀人行为”作为故意杀人罪的实行行为必须是对生命权这种法益具有现实的侵害或危险的行为，白糖对人的生命没有侵害的危险（当然对明知是严重糖尿病患者除外），以白糖“杀人”根本不是杀人罪的杀人行为；同样，尸体不具有生命权、稻草人更非人，不存在杀人罪意义上的杀人行为。

其四，违背主客观相一致的原则。既然客观上贩卖的不是毒品，而仅以主观上想贩卖毒品就定罪，有主观归罪之嫌；同样，既然白糖不具有侵害生命法益的危险性、尸体不具有生命权，所谓的“杀人”行为在客观上就没有侵害或威胁法益，不能仅仅以行为人主观上的恶性和性格上的危险性就以杀人罪论处。

其五，传统观点关于贩卖假毒品定贩卖毒品罪未遂的主要依据就是1994年12月20日发布的《最高人民法院关于适用〈全国人民代表大会常务委员会关于禁毒的决定〉的若干问题的解释》第17条的规定，但是一方面这一规定是新刑法之前的；另一方面与枪支犯罪的通说观点和实践做法相矛盾。对于枪支犯罪，通说理论和司法实践均认为必须是真枪。司法实践中，无论是贩卖枪支还是非法持有枪支，均需要对枪支真假以及致伤力进行鉴定，对于持有没有致伤力的假枪、仿真枪，司法实践中均不会作为犯罪处理。

为了贯彻结果无价值论，笔者主张修正的客观说，但是有几点需要说明。

其一，必须坚持事后判断的立场，这是区别于基于行为无价值论立场的具体危险说之关键，即作为危险判断基础的事实应该是事后判明的纯客观的事实，不以行为人当时的认识为基础。不能说想贩卖毒品实际上贩卖的是面粉，也是贩卖毒品罪未遂；不能说行为人想杀人，哪怕是用白糖“杀人”，也是杀人未遂。

其二，危险性的判断不能单纯地根据“科学的因果法则”，而必须考虑一般人的价值判断，即可以承认对危险的规范判断。刑法学是一门规范学，不可能像物理学一样通过计算和测量而精确到可以用一个标尺量到底。刑法学中的诸多规范要素不可能完全排除规范性评价。若单纯地根据自然科学的因果法则来判断危险性，将导致“只要没有结果，就都是不能犯”，从而几乎取消未遂犯的错误结论。例如，甲想枪杀正站在50米以外的乙，但是由于甲的枪法不准而没有打中，如果从事后以物理学的科学标准进行判断，岂不是这种情况也成了不能犯？这显然是不合时宜的。因为在这种情况下，甲的行为在客观上具有一般价值判断上的法益侵害危险性，而未遂犯的处罚根据就是法益侵害的危险性，因此，对于这种情况应该认定为未遂犯。

第六章　结果无价值论之于共同犯罪

共同犯罪被誉为“刑法学中最黑暗和最混乱的一章”①，更有“绝望之章”的美誉。作为一线的司法实践者，笔者也深感司法实践对于共同犯罪问题同样深陷一片混乱之中。国内刑法界对共同犯罪研究比较薄弱，这对原本就脆弱不堪的司法实践来说，更是雪上加霜。笔者不敢也无力深入系统地研究这一“绝望之章”，仅从司法实践和案例的角度，结合行为无价值论与结果无价值论的争论，对几个重要问题进行尝试性探讨，努力提出更加切合司法实际的解决路径，即便如此，在撰写该章时也深有“绝望之感”，数易其稿。

第一节
部分犯罪共同说之主张

一、犯罪共同说与行为共同说之争

关于共同犯罪的本质问题，历来有犯罪共同说与行为共同说之争，犯罪共同说内部又有完全犯罪共同说和部分犯罪共同说之争，争议的焦点问题是共同犯罪应否以符合同一个犯罪构成为前提。比如下面这个案例。

---

① 这句名言始自坎托诺维茨（Kantorowicz），后被宾丁所认可，一直流行至今。参见［德］克劳斯·罗克辛：《刑法体系与刑事政策》（第二版），蔡桂生译，中国人民大学出版社 2011 年版，第 14 页。

◎案例17 张某绑架案

被告人张某邀请被害人尚某到其经营的麻将馆内赌博，张某声称尚某与尚某妻子曾某合伙在麻将机上装遥控器“出老千”（查无实据），导致张某赔偿其他赌客十几万元，迫使尚某承认此事。某日夜，张某召集蒋某等4人说：“有人欠我钱，帮我讨债。”一伙人来到尚某处逼迫其还钱，后余某到现场调停，双方答应到某茶社谈判，在茶社逼迫尚某写下13万元欠条，其中尚某和尚某妻子曾某各分摊6.5万元，并要求立即还钱，后尚某寻机脱身。又一日夜，张某再次纠集蒋某等8人到尚某处，尚某不在，遂将尚的妻子曾某挟持至一偏僻山坡小屋内，限制人身自由，逼迫其写下6.5万元欠条，并持斧头以言语威胁曾某打电话给尚某，让尚某送钱赎人，“否则杀死你”。次日凌晨，张某等人在得到曾某家属送来两万元现金后将曾某放走。①

绑架罪是指以勒索财物或其他不法要求为目的，使用暴力、胁迫或其他手段劫持他人，利用被绑架人的近亲属或其他人对被绑架人安危的忧虑，以达到非法目的。本案中张某的第二次行为将被害人曾某劫持，并以杀害相威胁，利用尚某对曾某安危的忧虑，从而达到勒索财物的目的，当属绑架罪。蒋某等人只知道是去讨债，主观上缺乏绑架的故意，不构成绑架罪。但是，蒋某等主观上具有为索取债务非法限制他人人身自由的故意，客观上实施了非法限制他人人身自由的行为，因此，蒋某的行为符合非法拘禁罪特征。

问题是，张某与蒋某分别构成绑架罪和非法拘禁罪，那么是否属于共同犯罪？是否适用以及如何适用刑法第25条共同犯罪条款？这一直是困扰我国刑事司法实践的一个难题。

（1）犯罪共同说。犯罪共同说认为数人共同进行特定的犯罪，

① 江苏省南京市建邺区人民法院刑事判决书（2007）建刑初字第115号。

客观地预想了构成要件上的特定的犯罪，由数人共同实行它时是共犯。[①] 换言之，共同犯罪必须是数人共同实行特定的犯罪或者说二人以上只能就完全相同的犯罪成立共同犯罪，该说站在古典学派的立场上，认为共犯是两人以上对同一法益实施犯罪的侵害。例如，甲以杀人的故意、乙以伤害的故意，共同对丙实施暴力行为导致丙死亡时，犯罪共同说认为，由于甲与乙都是实行犯，但各自触犯的罪名不同，因而不成立共同正犯。前述张某绑架案中，犯罪共同说认为绑架罪和非法拘禁罪之间不能成立共同犯罪。再如，甲、乙共同实施盗窃，甲入室行窃，乙楼下望风，甲入室后发现有人转而实施了抢劫，犯罪共同说认为不能成立共同犯罪。

犯罪共同说内部又有完全犯罪共同说和部分犯罪共同说，前者认为所有的共同正犯者所实施的行为在罪名上必须是同一的，也即只有在共同实现一个或同一的故意犯的场合才是共同犯罪。后者以犯罪共同说为前提，认为即便是两个以上的人共同实施横跨不同构成要件的行为，在这些构成要件是同质且重合的范围内成立共犯。日本学者大塚仁认为，“犯罪共同说以前认为共同正犯是共同实施一个而且同一的故意犯。但是，在今日并非这样限定的理解，而是认为二人以上者共同实行某犯罪就能够成立共同正犯，并且，在二人以上者共同实施跨越不同构成要件的行为时，一般认为，在这些构成要件是同质的并且重合的时候，在其重合的范围内成立共同正犯”。[②]

根据完全犯罪共同说，前述案例，张某实施的是绑架罪的构成要件行为；而蒋某实施的非法拘禁罪的构成要件行为，在罪名上并不统一，无法认定为共同犯罪，所以造成案件处理上的困难。国内传统通说认为，既然张某等人的第二次行为属于共同犯罪，那么就

---

① 参见［日］大塚仁：《刑法概说（总论）》（第三版），中国人民大学出版社2003年版，第277页。

② ［日］大塚仁：《刑法概说（总论）》（第三版），中国人民大学出版社2003年版，第278页注［16］。

不能对共同犯罪人定不同的罪名，对于上述案例无法得出合理的结论。但是根据部分犯罪共同说，则上述困难就可以迎刃而解，因为在绑架罪和非法拘禁罪构成要件之间在限制人身自由这一行为性质上具有重合性，在重合的范围内成立共同犯罪。

（2）行为共同说。行为共同说认为，共同犯罪是指数人实施了前构成要件的、前法律的行为，而不是共同实施特定的犯罪。或者说，各人以共同行为实施各人的犯罪时也成立共同犯罪。[①] 换言之，数人以各自的犯罪意图实施相同的行为时，就成立共犯，也即只要行为相同就成立共犯。注意这里的"共同行为"不是构成要件的意义上的实行行为，而是指构成要件之前的自然意义上的共同行为，是前构成要件的行为。只要"行为"共同，不仅共犯一罪可以成立共犯，即便各自实施不同的犯罪也不影响共犯的成立。因此，二人以上完全可能就不同的构成要件成立共同犯罪。对于前述案例，张某与蒋某共同劫持了被害人，行为共同说当然能得出二人属于共同犯罪的结论。

二、国内通说之现状

我国传统通说的观点事实上属于完全犯罪共同说，认为共同犯罪必须有共同的行为、共同的故意，指向同一罪名。但是这种观点在德、日基本上被淘汰了，存在明显缺陷。

首先，可能会将事实上的共同犯罪行为认定为非共同犯罪。以下面案例为例进行说明。

◎案例 18 陈某、田某盗窃、信用卡诈骗案

2012 年 1 月 4 日，被告人陈某在同失主韩某一起取款时，暗自记下韩某的农村信用社银行卡密码。1 月 5 日凌晨 1 时许，陈某在

---

① 参见张明楷：《刑法的基本立场》，法律出版社 2002 年版，第 255 页。

某洗浴中心包房内，趁韩某不备将其裤兜内的该银行卡盗走，后告诉被告人田某自己捡到了韩某的银行卡。二人预谋后，于同日 4 时 45 分到银行，由田某在自动取款机外望风，陈某通过自动取款机取走韩某银行卡内现金 1.6 万元。后陈某分得赃款 9000 元，田某分得赃款 7000 元。[①]

按照完全犯罪共同说的观点，此案不成立共同犯罪。正如有观点认为，陈某是盗窃并使用信用卡，构成盗窃罪，田某是冒用他人信用卡构成信用卡诈骗罪，但两被告人没有共同的犯意联系，各自在自己的犯罪意图下实施犯罪，虽然是结伙作案，但并不构成共同犯罪。既不能整齐划一地归结于盗窃罪也不能整齐划一地归结于信用卡诈骗罪，而应该各自根据刑法关于盗窃罪和信用卡诈骗罪的具体规定分别定罪量刑。[②] 这个结论显然是违背事实的，本案中陈某和田某明明就是共同实施了犯罪行为：（1）有预谋，“二人预谋后，于同日 4 时 45 分到银行”；（2）有分工，由田某望风，陈某取款；（3）共同分赃，陈某分得赃款 9000 元，田某分得赃款 6000 元。如此典型的共同犯罪行为，而完全犯罪共同说却“睁着眼睛说瞎话”不认为是共同犯罪，这未免强词夺理。

其次，可能导致处罚不公。例如，甲、乙二人分别以杀人和伤害的故意攻击丙，按照安全犯罪共同说，要么根本不成立共同犯罪，要么只能成立杀人罪的共同正犯，取前者则似乎过于缩小共犯的范围，取后者对没有杀人故意的乙处罚过重，是不公正的。

最后，导致罪名与刑罚的脱节。例如，甲教唆乙盗窃，而乙却实施了抢劫，按照完全犯罪共同说，认定甲是抢劫罪的教唆犯，但

---

① 禹爽、谢万宾：《窃取信用卡内现金并不必然构成盗窃罪》，载《人民法院报》2012 年 9 月 23 日，第 7 版。

② 参见禹爽、谢万宾：《窃取信用卡内现金并不必然构成盗窃罪》，载《人民法院报》2012 年 9 月 23 日，第 7 版。

是又主张在盗窃罪的法定刑内处罚，结局是：罪名是抢劫罪而适用的刑罚却是盗窃罪的法定刑。

三、部分犯罪共同说之主张

（一）部分犯罪共同说符合罪刑法定主义的要求

行为共同说脱离了构成要件而承认前构成要件的自然行为本身的共同，一方面扩大了共犯的范围，另一方面有损罪刑法定主义。部分犯罪共同说一方面有利于限定共同犯罪的成立范围，有利于刑法的保障机能，另一方面也能够坚守罪刑法定原则。

笔者赞同部分犯罪共同说，“从重视构成要件论的立场出发，认为各个参与者的犯罪行为只要在构成要件上重合的限度内就是共同正犯的部分犯罪共同说是正确的。”① 根据部分犯罪共同说，即便是不同的犯罪，在构成要件相互重合的限度之内也可以成立共同犯罪。结合前述张某等绑架案，绑架罪的保护法益是双重的，即同时包括他人的人身权和财产权，而非法拘禁罪的保护法益是人身权，两罪之间存在重合部分即人身权。张某的行为与蒋某等人的行为在重合的范围内即非法拘禁罪范围内成立共同犯罪，即张某构成绑架罪，而蒋某等人只构成非法拘禁罪。前述陈某、田某盗窃、信用卡诈骗案，陈某具有盗窃他人信用卡并使用的故意和行为，田某具有拾得他人信用卡并使用的故意和行为，二人在非法使用他人信用卡上具有相同的故意和行为，因此，在信用卡诈骗罪的限度内成立共同正犯，但是因为陈某具有盗窃的故意而认定为盗窃罪，田某构成信用卡诈骗罪。

（二）结果无价值论者并非不能主张部分犯罪共同说

首先，犯罪共同说与行为共同说之争，原本是客观主义刑法与主观主义刑法之争，“犯罪共同说 = 客观主义学派”“行为共同说 =

---

① ［日］大谷实：《刑法总论》，黎宏译，法律出版社 2003 年版，第 302 页。

主观主义学派”，但是“犯罪共同说与行为共同说之争、共犯从属性说与共犯独立性说之争，如今未必都能还原为古典学派与近代学派的对立”。[①] 行为无价值论与结果无价值论是客观主义内部的争论，行为无价值论往往与主观主义刑法接近，结果无价值论一直恪守客观主义刑法。但是在共同犯罪问题上，耐人寻味的是，行为共同说恰恰是被结果无价值论者所有力地倡导着。可见，现今的部分犯罪共同说与行为共同说之争已经与传统的学派之争脱离了对应关系，传统的“犯罪共同说 = 客观主义学派”“行为共同说 = 主观主义学派”标签已经失去意义，同样“部分犯罪共同说 = 行为无价值论”“行为共同说 = 结果无价值论”的标签也未必合适。

其次，部分犯罪共同说与结果无价值论的基本立场并非不能兼容。国内结果无价值论领军人物张明楷教授主张和倡导过部分犯罪共同说[②]，后来张明楷教授转而明确主张行为共同说，根本理由在于他基于结果无价值论的立场而主张共同犯罪是违法形态，共同犯罪中的犯罪是违法层面意义上的犯罪，是否属于共同犯罪无须考虑主观故意要素。[③]

在笔者看来，部分犯罪共同说与结果无价值论并不矛盾，因为行为无价值论与结果无价值论的本质区别在于是否承认主观构成要件要素。部分犯罪共同说主张在构成要件重合的范围内成立共同犯罪，也完全可以限定在违法层面，也并非必须将主观要素作为构成要件要素不可，这里的重合完全可以限定为客观要件的重合。结合前述张某绑架案来看，绑架罪与非法拘禁罪的构成要件之重合，是

---

① ［日］高桥则夫：《共犯体系和共犯理论》，冯军、毛乃纯译，中国人民大学出版社 2010 年版，第 10 页。

② 参见张明楷：《刑法的基本立场》，中国法制出版社 2002 年版，第 268 页；张明楷：《部分犯罪共同说之提倡》，载《清华大学学报》（哲学社会科学版）2001 年第 1 期。

③ 参见张明楷：《刑法学》（第四版），法律出版社 2011 年版，第 358 ~ 359 页；张明楷：《共同犯罪是违法形态》，载《人民检察》2010 年第 13 期。

因为绑架行为与拘禁行为在限制或剥夺人身自由上的重合，这种重合是客观要件的重合，与主观故意等主观要素无关。同样，盗窃罪与抢劫罪之间的重合体现在违背被害人意志取得财物的客观行为上；杀人罪与伤害罪之间，杀人行为在客观上也是一种伤害行为，在伤害行为上具有重合性，均与主观要素无关。可见，部分犯罪共同说仍然恪守了——共同犯罪是违法形态，否认主观的构成要件要素，“违法是客观的、责任是主观的”——结果无价值论立场。

总而言之，部分犯罪共同说强调的是在构成要件重合范围内成立共同犯罪。或许会有人认为，笔者的上述主张更像是温和的“行为共同说”或者“构成要件的行为共同说”。但是这与行为共同说还是存在本质区别的，因为它将共同正犯的成立范围限定在构成要件间存在重合的范围之内，能够避免行为共同说导致共同犯罪成立范围过于宽泛的弊端，而且对于有些案件的处理，其结论从司法实践角度看比行为共同说更具有可接受性（下文将进行阐述）。

（三）对行为共同说“致命”批判的回应

行为共同说针对部分犯罪共同说指出了所谓的“致命”缺陷，并进行了批判，但笔者认为这些批判并不能成立。

首先，行为共同说对于部分犯罪共同说“最致命”的攻击，在我国的司法实践中并不具有“致命性”。部分犯罪共同说与行为共同说在多数情况下，所得出的结论是一致的，在个别情况下会得出不同的结论。例如，甲、乙各自出于杀人、伤害的故意共同朝丙开枪射击，致丙死亡，(1) 丙的死亡原因，如果不能查明是甲的行为所致，还是乙的行为所致时，或者 (2) 丙的死亡如果查明是由具有伤害故意的乙的行为所致时，如何处理？根据部分犯罪共同说，甲、乙在故意伤害的范围内成立共同犯罪，甲成立故意杀人未遂，乙成立故意伤害罪（致人死亡）；而行为共同说认为甲、乙成立故意杀人罪的共同正犯，甲是故意杀人罪的既遂，乙成立故意伤害罪（致人死亡）。行为共同说论者认为，对于上述情况，部分犯罪共同说得出甲成立故意杀人未遂的结论是“致命缺陷”，这也是国外行为共同说论者攻击部分犯罪共同说的“致命性武器”，“行为共同说之所以认为，在甲、乙各自出于杀人、伤害的故意，共同对丙实施暴力导致丙死亡的，认为甲成立故意杀人罪的共同正犯，而不是杀人罪的单独正犯；乙成立故意伤害（致死）罪的单独正犯，就是为了在由乙的行为导致死亡结果，或者不能查明死亡原因时，根据‘部分实行全部责任’的原则，让甲承担故意杀人既遂的责任”。[①]

但是在笔者看来，让甲承担故意杀人罪既遂的责任反而是不妥当的，也是司法实践所不能接受的。杀人行为能够包含伤害行为，而伤害行为却不能包含杀人行为，换言之，杀人行为是高度行为，而伤害行为是低度行为，只能在低度的伤害行为范围内成立共同犯罪。具体来说：（1）在不能查明死亡原因时，案件的客观事实完全符合低度行为即伤害罪的构成要件，因此，乙承担伤害（致死）的结果是理所当然的[②]；但是由于死亡结果无法查明是否由杀人行为所造成，杀人罪的客观要件中的死亡结果这一构成要件要素是否具备无法确定，根据存疑有利于被告人的刑事诉讼原则，视为死亡结果没有出现，因此，让甲承担故意杀人未遂的责任，也是理所当然的。这里不仅仅是一个刑法学问题，更是一个刑事诉讼法的问题，“具体法律争端的解决，从来都是实体与程序的交错适用”[③]。（2）在能查明是由乙的行为导致丙死亡的情况下，在低度的伤害罪范围内成立共同犯罪，乙的行为具备了故意伤害罪（致人死亡）的

---

① 陈洪兵：《共犯论思考》，人民法院出版社2009年版，第61~62页。

② 或许有人认为让乙承担故意伤害致死的责任，不公平。其实不然，因为故意伤害致人死亡中的致人死亡是结果加重犯，对于结果加重犯而言，不需要行为人对该加重结果具有故意，过失即可。对于乙来说，持枪伤害丙，应当预见到可能会导致死亡的结果，因此，无论该死亡结果是由谁造成的，乙对该死亡结果至少是过失，让乙承担故意伤害致人死亡的责任并无不当。

③ 林钰雄：《刑法与刑诉法的交错适用》，中国人民大学出版社2009年版，“序言”第1页。

全部构成要件要素，由于低度的伤害行为不能包含高度的杀人行为，因此，让甲承担杀人未遂的责任并无问题。部分犯罪共同说完全也应该适用存疑有利于被告人的原理作为其理论基础，而这一点恰恰是刑法学所忽略的。

其次，关于“部分实行全部责任”原理的贯彻。部分犯罪共同说被指责为无法适用“部分实行全部责任”的共同正犯的归责原理。但是，在笔者看来，这一批评未必客观。由于部分犯罪共同说主张在构成要件重合的范围内才成立共同犯罪，所以“部分实行全部责任”的适用也仅仅在该范围内适用。如前所述，在不能查明死亡原因的情况下，仅仅在共同故意伤害范围内适用该原理，在该范围之外的死亡结果当然不能让甲、乙共同承担。

第二节
修正的惹起说之提倡

一、共犯处罚根据的理论概况

在共同犯罪中，实施符合基本构成要件的行为的人系正犯，实施实行行为以外的行为的人是共犯。共犯的处罚根据问题中的共犯是指狭义的共犯，即教唆犯和帮助犯（本节中的“共犯”均指狭义的共犯）。正犯实施了符合构成要件的行为，需要受到惩罚，这没有问题，问题是没有亲手实施符合构成要件行为的人，为什么也要受到惩罚，这就是共犯的处罚根据问题。在共犯处罚根据问题上，行为无价值论和结果无价值论具有不同的立场。以下面这个案例为例进行阐述。

◎案例 19　曾某盗窃案

曾某（20 岁）唆使阿千（13 岁）去盗窃，曾某打车送阿千到某小区附近后，曾某回到宾馆。后阿千在到达该小区门口时碰到一个老乡阿红（13 岁），阿千和阿红共同入室盗窃了一台笔记本电脑和两部手机。这一台笔记本电脑和两部手机中，具体哪些物品是阿千拿的，哪些物品是阿红拿的，两人说法相互矛盾，在证据上无法查清。二人偷到上述财物后一同出门，到小区门口时被抓获。[①]

本案中阿千、阿红（均为化名）系未达刑事责任年龄的未成年人，曾某只是让阿千去偷东西，其对阿千盗窃行为及盗窃数额负责，这没有问题。问题是阿红中途参与进来，曾某并不知情，那么，阿红实施的盗窃行为及数额，曾某应否负责？而此案中阿千和阿红分别盗窃哪些财物无法查清，如果曾某对阿千和阿红共同盗窃的全部数额承担责任，那么处罚根据是什么（是教唆犯还是间接正犯）？

（1）责任共犯论。该学说认为，共犯的处罚根据在于：共犯人通过教唆、帮助行为诱使正犯实施有责行为，陷入应受处罚状态。或者说共犯是因为使正犯受到诱惑而堕落，又称为“堕落说”，其经典表述是“正犯实行了杀人行为，教唆犯制造了杀人犯”。[②]“按照这种观点，只有在正犯的行为符合构成要件、违法且有责的场合，才能对共犯进行处罚。”[③] 责任共犯论“是在共犯现象上强调责任层面的见解”[④]，认为“共犯是从承担完全刑事责任的正犯中借用其犯罪性与可罚性的共犯理论”。[⑤] 根据该学说，在前述案例中，由于阿千和阿红作为正犯没有达到刑事责任年龄，不具有有责性，因此，作为教唆犯的曾某就无法受到处罚。

---

① 江苏省南京市建邺区人民法院刑事判决书（2011）建刑二初第 60 号。

② 陈洪兵：《共犯论思考》，人民法院出版社 2009 年版，第 8 页。

③ ［日］大谷实：《刑法总论》，法律出版社 2003 年版，第 300 页。

④ ［日］曾根威彦：《刑法学基础》，黎宏译，法律出版社 2005 年版，第 135 页。

⑤ ［日］西田典之：《日本刑法总论》，刘明祥、王昭武译，中国人民大学出版社 2007 年版，第 275 页。

（2）违法共犯论。该学说认为，共犯的处罚根据是使正犯实施符合构成要件的违法行为，从而扰乱社会的平和状态，造成了社会完全性的侵害。该学说认为，“正犯行为只要具有违法性即可，不一定要具有有责性”。[①] 这是行为无价值论的观点。按照德国学者施特拉腾韦特（Stratenwerth）的观点，仅仅将惹起正犯的行为无价值视为共犯不法的根据，共犯规定的保护客体已经不是某种法益，而是从行为无价值中所应保护的正犯者的人格[②]。违法共犯说又称不法共犯说、不法加担说、行为无价值惹起说。不法共犯论基本上是以目的行为论、人的不法论为出发点的，认为正犯与共犯在规范违反上的差异在于：正犯违反了“不得杀人”这种规范，共犯违反了“不得唆使他人去杀人”这种规范。根据不法共犯论，由于要求正犯的行为具有构成要件符合性和违法性即可，不要求有责性，那么前述案例中的正犯阿红、阿千的行为具有构成要件符合性和违法性，因此，作为教唆犯的曾某应当承担责任。

（3）因果共犯论。该学说认为，共犯因为共同惹起了正犯所实现的结果，所以受到处罚，又称引起说、惹起说。因果共犯论以因果论为基础，与法益侵害或危险的结果相关联来理解共犯的处罚根据，它立足于结果为中心的刑法观，主要是结果无价值论的立场。[③] 该学说内部又分为纯粹的惹起说、修正的惹起说和折中的惹起说。纯粹的惹起说认为，处罚共犯的根据在于共犯本身侵害了刑法分则上的法益，共犯的不法完全独立于正犯的不法，全面肯定违法的相对性，不仅承认“没有共犯的正犯”，而且也承认“没有正犯的共

① ［日］西田典之：《日本刑法总论》，刘明祥、王昭武译，中国人民大学出版社2007年版，第276页。

② 参见［日］高桥则夫：《共犯体系和共犯理论》，冯军、毛乃纯译，中国人民大学出版社2010年版，第113页。

③ 参见［日］高桥则夫：《共犯体系和共犯理论》，冯军、毛乃纯译，中国人民大学出版社2010年版，第137页。

犯”。修正的惹起说认为，处罚共犯的根据在于共犯参加正犯的法益侵害，可以从正犯不法中推导出共犯不法。该说否定“人的违法相对性”而肯定“违法的连带性”，既否定“没有正犯的共犯”，也否定“没有共犯的正犯”，违法的连带性是从否定人的不法论，而从肯定客观的违法论中得出的结论，能够与结果无价值论立场相契合。折中的惹起说认为，共犯通过正犯间接地侵害了法益，共犯的违法性来自于共犯行为自身的违法性和正犯行为的违法性。换言之，该说认为，共犯的不法一部分是从正犯不法中推导出的，另一部分是从正犯不法中独立出来的。对于违法的相对性进行了部分的肯定和部分的否定，一方面否定“没有共犯的正犯”，另一方面肯定“没有共犯的正犯”。“这种从属性法益侵害说考虑了共犯的行为无价值和结果无价值两方面，能够与行为无价值二元论的立场最好地结合在一起。”①

二、国内传统理论与司法实践之现状

国内传统通说理论基本上还停留在责任共犯论的层面上。通说认为，“教唆，就是唆使没有犯罪意图的人产生犯罪意图。这就是教唆犯的本质，而为学者们所公认”。② 更有学者直言不讳地指出，“教唆就是成为一个人的反社会意识迅速膨胀的催化剂。教唆犯就是这样以对他人灌输犯罪意图、制造犯意为己任的共同犯罪人。教唆犯之于社会，犹如病菌的携带者，向他人，尤其是那些意志薄弱者传播犯罪毒素，使社会受到犯罪的感染。因此，在某种意义上可以说，教唆犯是犯罪之病原。”③ 这一表述与“共犯是因为使正犯受到诱惑而堕落”异曲同工，是“堕落说”的典型表现。国内传

---

① ［日］高桥则夫：《共犯体系和共犯理论》，冯军、毛乃纯译，中国人民大学出版社 2010 年版，第 138 页。

② 马克昌主编：《犯罪通论》，武汉大学出版社 2003 年版，第 557 页。

③ 陈兴良：《共同犯罪论》，中国人民大学出版社 2006 年版，第 221 页。

统通说还认为，“就教唆的对象而言，行为人所教唆的须是达到法定年龄、具有刑事责任能力且没有犯罪意图的人”。[①] 这与责任共犯论是一样的，即要求正犯的行为必须是具有符合构成要件、违法和有责的行为，才能处罚共犯。我国司法实践一直坚持认为，“既然是共同犯罪，就必须是各共同犯罪人都构成犯罪”，如果被教唆人因无刑事责任能力或未达到刑事责任年龄而不构成犯罪，因此也就不存在所谓的共同犯罪。司法实践中对于成年人教唆未达刑事责任年龄的人实施犯罪的，一般都按照间接正犯处理。但是这样的处理方法，在前述案例中却遇到了困难，即便认为曾某是间接正犯，那么曾某只是让阿千去偷东西，至于阿红中途参与进来曾某并不知情，作为间接正犯，曾某应该承担阿千盗窃的数额，还是同时也承担阿红的盗窃数额，更何况阿千和阿红具体谁偷了哪些东西在证据上无法区分。

三、修正的惹起说之提倡

笔者基于结果无价值论的立场，结合司法实践的体验，主张修正的惹起说。

首先，责任共犯论将共犯处罚根据奠定在与法益侵害没有直接关系的“诱惑共犯堕落”这种心情的、伦理的因素之上，是主观主义刑法的表现，与现代刑法理念不符，也与现代刑事法治相悖。同时，责任共犯论要求正犯行为必须是具有构成要件符合性、违法性和有责性的行为，是一种极端从属性的立场，也与“违法是连带的，责任是个别的”现代刑法理念不符。责任共犯论的主要观点对具体案件的处理结论也无法让人接受。如前述案例中，由于阿千和阿红作为正犯没有达到刑事责任年龄，不具有有责性，因此，作为教唆犯的曾某就无法受到处罚，这是无法让人接受的。即便是按照

① 马克昌主编：《刑法学》，高等教育出版社 2007 年版，第 175 页。

间接正犯，如前所述也无法解决数额认定问题。

其次，不法共犯论与责任共犯论一样，忽视犯罪的本质是侵害法益，刑法目的是保护法益的基本观念，不具有妥当性。不法共犯论认为共犯与正犯存在质的差异，但是正犯与共犯的处罚根据应当是相同的，二者不可能是两种性质不同的犯罪，所以现在的行为无价值论与结果无价值论，一般都不赞成不法共犯论。[①]

再次，纯粹的惹起说认为共犯的不法性完全独立于正犯的不法性，系从主观的违法性论出发来承认违法的相对性，也是人的不法论的归结。“在这个意义上，纯粹的惹起说能够与行为无价值一元论或者二元论的立场相结合。”[②] 根据纯粹的惹起说，正犯行为只要属于某种违法行为即可，即便正犯行为并不具有构成要件符合性，仍可成立共犯。这样的话，就会得出“并无正犯之共犯”的奇怪结论。至于折中的惹起说，对于违法的相对性进行了部分的肯定和部分的否定，考虑了共犯的行为无价值和结果无价值两方面因素，是二元的行为无价值论的立场，不能为结果无价值论者所接受。

最后，修正的惹起说从共犯和正犯一道引起由正犯所实现的犯罪结果的角度来考虑共犯的处罚根据，认为教唆犯、帮助犯之所以受罚，是因为其通过正犯即实行犯的行为而引起了间接的法益侵害结果。换言之，正犯的处罚根据在于：通过自身的实行行为来引起对法益的侵害或危险，而共犯的处罚根据在于通过正犯的实行行为间接地引起该结果的发生。这与刑法的机能在于法益保护是相一致的。这种学说试图从和犯罪结果的联系中来把握共犯的处罚根据，其基础是以危害结果为中心的刑法观。在此意义上讲，引起说的理

① 张明楷：《行为无价值论与结果无价值论》，北京大学出版社 2012 年版，第 237 页。

② ［日］高桥则夫：《共犯体系和共犯理论》，冯军、毛乃纯译，中国人民大学出版社 2010 年版，第 137 页。

论根据是法益侵害说，是从刑法的任务在于保护法益的立场在共犯论中的归结，是和将犯罪（违法）的本质求之于侵害、威胁法益的法益观最为协调一致的共犯处罚根据论。共犯是一种不法类型，而不是责任类型，所以，在共同犯罪中，违法是连带的（例外地承认违法的相对性），采取部分实行全部责任的原则；而责任不是连带的，需要考察参与者的独立的可罚性。

再结合前述案例来看，阿千与阿红是违法层面的共同正犯，要采取部分实行全部责任（客观归责）的原则，阿千不仅要对自己的盗窃数额负责，而且要对阿红的盗窃数额负责（反之亦然）。亦即，电脑与两部手机都是阿千盗窃行为的结果，或者说，电脑与两部手机的结果都必须归属于阿千的行为。曾某显然要对阿千的行为与结果负责，既然如此，曾某当然要对电脑与两部手机的全部数额负责。

四、修正的惹起说的实践运用

因果共犯论不仅为共犯（帮助犯和教唆犯）奠定处罚的根据，同时也划定了处罚范围。这对于实践中共同犯罪案件各被告人的刑事责任承担意义重大。修正的惹起说从共犯和正犯一道引起由正犯所实现的犯罪结果的角度来考虑共犯的处罚根据，认为教唆犯、帮助犯之所以受罚，是因为其通过正犯即实行犯的行为而间接地引起了法益侵害结果。换言之，正犯的处罚根据在于，通过自身的实行行为来引起对法益的侵害或危险，而共犯的处罚根据在于通过正犯的实行行为间接地引起该结果的发生。因果共犯论以因果论为基础，与法益侵害或危险的结果相关联来理解共犯的处罚根据。我们在判断共同犯罪中某些人要不要承担责任时，需要考虑因果性的问题。由于共犯是通过正犯惹起法益侵害结果的，是间接侵害法益，共犯行为与正犯行为所实现的法益侵害之间具有因果关系，因而共犯在该因果性限度内受到处罚。需要把握以下几点：

1. 共犯论中的因果关系是因果关系在共犯论中的扩张，行为人对与自己的行为具有因果性的结果承担责任，即便是通过他人的行为与犯罪结果之间产生因果关系，也应该对该结果承担罪责，也就是因果关系在共同犯罪人之间得到扩张，即便是由其他共犯人的行为所产生的结果，也如同自己的行为所产生的结果那样，承担相应的责任。这里的因果性不仅包括物理上的因果性，还包括心理上的因果性。

物理的因果性，是指通过提供实施犯罪的必要的工具等，物理地促进正犯所实施的犯罪。例如，甲打算入户盗窃，乙知情后将插片工具提供给甲。甲使用该插片开锁入户盗窃。乙的行为与入户盗窃的后果之间存在物理上的因果关系，显然乙需要被归责。心理的因果性，是指通过唆使引起他人的犯罪意思，或者是通过激励等，维持、强化正犯实施犯罪的意思，从而引起或者促进正犯实施犯罪的心理。例如，张三发现李四之妻与王五出轨，于是张三怂恿李四“你不杀了王五就不是男人”。李四果然杀死王五。张三强化了李四的杀人动机，应当肯定张三的行为与正犯李四杀人结果之间具有心理的因果性。

2. 共犯论的因果性的判断不采用条件说，而是促进公式，也就是不要求结果回避可能性，只要求对引起构成要件结果起到了促进作用就够了。西田典之将其称为“促进公式”。所以，这里的促进公式必须达到值得称其为作为刑法规制对象的“帮助”这一程度，必须实际强化犯意、使结果的发生更为容易①。这种促进作用应当是具体的、现实的促进作用，其行为本身要具有促进的效果。例如，甲决意入户盗窃，乙知情并提供了入户的钥匙。但是，甲出门时忘了带乙提供的钥匙，到现场后翻窗入户窃取了财物。因为甲出

① 参见［日］西田典之：《日本刑法总论》，刘明祥、王昭武译，中国人民大学出版社2007年版，第282页、第283页。

门忘了带这个钥匙，乙提供钥匙的帮助行为没有起到具体的、现实的促进作用，没有体现促进效果，所以不具有因果性，乙不承担帮助犯的责任。这是符合司法实践的。

3. 因果性为共犯承担责任找到根据并划定了范围。无因果性（既无物理因果性也无心理因果性），则共犯不承担责任，有因果性时只在因果性作用范围内承担责任，这与正犯（实行犯）“部分实行全部责任”的归责原理截然不同。比如，甲知道乙要入户盗窃，在未与乙任何联系的情况下，自己跑去望风，在此过程中没有人来，望风没起到作用，且乙也不知道有人帮他望风。显然甲不构成任何犯罪，因为甲的帮助行为对于乙来说，既没有物理上的因果性也没有心理上的因果性。再如，甲打算入户盗窃，乙知情后将撬门工具提供给甲。甲携带该撬门工具和自己准备的万能钥匙前往丙家，甲使用万能钥匙打开了丙家的门，撬门工具没用上，窃取了巨额财物。张明楷教授认为，在此案中乙提供撬门工具的行为，虽然与甲的盗窃结果之间没有物理的因果性，但该行为强化、促进了甲的盗窃犯意，因而与甲的盗窃结果之间具有心理的因果性①。然而，笔者不赞同这样的观点。首先，这个心理因果性的认定过于宽泛，过于抽象。乙提供撬门工具的行为很难说对甲的盗窃行为起到了直接的、具体的促进作用，且也难以体现促进效果。因为甲已经携带了万能钥匙，这个撬门工具对其心理的促进作用可以忽略不计。其次，张明楷教授的这一观点也不符合司法实践，如何证明在甲已经携带万能钥匙的情况下，撬门工具对其心理还有帮助作用？实践中即使发生这样的案例，即使靠取得被告人的口供，也不太可能把乙按照盗窃罪的帮助犯定罪处罚。日本有这样的判例：一是为抢劫犯（强盗）提供了一顶鸭舌帽和一双鞋套；二是在他人赌场开张之时，为增添喜气而撒盐。判例认为并不能马上认定行为人的行为会使犯

---

① 参见张明楷：《共同犯罪的认定方法》，载《法学研究》2014 年第 3 期。

罪更为容易，因而否定成立帮助犯[①]。

《最高人民法院、最高人民检察院关于办理组织、强迫、引诱、容留、介绍卖淫刑事案件适用法律若干问题的解释》（法释〔2017〕13 号）第 4 条第 2 款规定，在具有营业执照的会所、洗浴中心等经营场所担任保洁员、收银员、保安员等，从事一般服务性、劳务性工作，仅领取正常薪酬，且无前款所列协助组织卖淫行为的，不认定为协助组织卖淫罪。表面上看，这里的从事一般服务性和劳务性工作的保洁员、收银员、保安员等不作为犯罪处理是体现宽严相济的刑事政策，但是背后的法理依据是因果共犯论，也就是说这些服务性和劳务性的工作，对组织卖淫的正犯行为不具有现实、具体的促进作用。

同样，教唆犯只对与自己的教唆行为具有心理因果关系的结果承担责任。例如，甲教唆乙杀张三，结果乙途中遇到自己的仇人李四，杀死李四，甲不承担教唆的责任，即超出教唆之外的罪不承担教唆责任。

我们再将因果共犯论的原理运用到电信诈骗案件中。电信网络诈骗犯罪中的取款人、提供技术服务的人员责任如何认定？这涉及共犯处罚。运用因果共犯论原理，可以有效地解决电信网络诈骗案件的归责问题：（1）教唆犯的教唆行为和帮助犯的帮助行为都必须在实行犯罪之前，否则不成立共同犯罪。取款人如果在事先有通谋，就构成诈骗罪的帮助犯；如果事先没有通谋，属于犯罪既遂之后掩饰、隐瞒犯罪所得。钱款进入行为人控制的账户，诈骗行为就既遂，至于银行冻结止付则是通过法定程序恢复合法状态，属于追赃挽损。那种将取款视为诈骗罪实行行为一部分的观点不可取。因此，取款人在诈骗犯罪既遂之前加入并提供帮助的，按照因果共犯

---

① 参见［日］西田典之：《日本刑法总论》，刘明祥、王昭武译，中国人民大学出版社 2007 年版，第 283 页。

论，构成诈骗罪的共犯，只对其帮助行为具有因果性的数额承担责任，即其承担的数额是取款的数额，而非集团的全部犯罪数额，这与正犯不同。（2）提供技术支持人，只要明知对方可能实施诈骗犯罪，而提供技术支持，不管被帮助者是否知道（不知道的情况下是片面帮助犯），都起到了物理上的帮助作用，具有因果性，而应当作为帮助犯处罚，其犯罪数额只能是其提供技术支持所起作用的数额。

第三节
不作为共犯的处罚边界

对于他人的作为犯罪具有阻止义务而不予阻止，这种以不作为的形式参与他人作为犯罪的类型，在理论上被称为“不作为共犯”，其相关的理论也被称为“不作为共犯论”，这里的不作为共犯是针对不纯正不作为犯而言的。

不作为共犯，一般认为只能成立不作为的帮助犯，而不可能成立不作为的教唆犯。因为“教唆人必须以心理影响的方式唤起正犯的行为决意。但是，由于不作为，行为决意的独立的产生不可能被阻止；这不足以构成教唆犯的行为不法的根据”，所以，“从法律上讲，是不可能存在不作为教唆犯的”。[1] 因此，德、日刑法理论通说均否认不作为教唆犯。[2] 但是，可以肯定的是，国内外通说均承认不作为的帮助犯。[3] 不作为共犯理论的两个基本问题：一是不作为共犯与不作为正犯的区别标准，二是不作为共犯的成立条件。下面结合案例，对这两个基本问题展开讨论。

---

① ［德］汉斯·海因里希·耶赛克、托马斯·魏根特：《德国刑法教科书》，徐久生译，中国法制出版社 2001 年版，第 837 页。

② 参见［日］大谷实：《刑法总论》，黎宏译，法律出版社 2003 年版，第 344 页。

③ 参见刘凌梅：《帮助犯研究》，武汉大学出版社 2003 年版，第 149 页。

◎案例 20　郑某、李某抢劫、强奸案

被告人郑某和李某事先预谋“找个女的抢钱”，郑某事先已打算抢劫过程中要进行强奸，但李某事先并不知郑某还要进行强奸。2011 年 8 月 6 日深夜，二被告人开车把被害人陈某（女）骗上车，后带至江边。二被告人共同以暴力、威胁方法强行把被害人陈某拖至江边一偏僻树林内，被告人郑某把陈某推倒在地，并让被告人李某去拿刀以此恐吓陈某，郑某威胁陈某把衣服脱光，被告人李某站在一旁没有说话也没去拿刀。后被告人郑某对被害人陈某进行了强奸，并让被告人李某去翻陈某包内财物。李某看到郑某在强奸陈某而未作声，在相距约一米的旁边将陈某包内钱物取走。所劫取财物，二被告人平分。①

关于本案的定性，对郑某和李某均构成抢劫罪，且系共同犯罪，以及郑某另外构成强奸罪没有异议。问题在于李某是否构成强奸罪的共犯？② 李某在郑某强奸过程中并无积极的作为，能否成立不作为共犯？

一、不作为共犯与正犯的区分标准

以不作为的形式参与他人的犯罪行为，是构成共同正犯还是帮助犯，这在德、日刑法学理论中是个重要的争议问题。主要有原则正犯说、原则帮助犯说、义务二分说之争。

---

① 参见江苏省南京市建邺区人民法院刑事判决书（2011）建刑初字第 184 号。

② 国内有学者认为强奸罪是亲手犯，司法实践中也多有人对此表示赞同。但是，在笔者看来，这是一种误区。通说认为，亲手犯，是指在行为人必须亲自直接实行构成要件该当行为始能成立犯罪的情形，若参与犯罪的行为人不具有亲手性，纵然行为人具有犯罪支配，亦不能成立正犯，而只能成立共犯。该说认为，亲手犯不可能存在间接正犯的情形。笔者认为，强奸罪根本不是亲手犯，因为没有争议的是，女性既可以成立强奸罪的间接正犯，也能成为强奸罪的共同正犯。

1. 原则正犯说

该说认为，不作为是以行为人能够防止危害结果的发生却没有防止该结果之发生为基础，其行为的特殊性决定了不作为者原则上只能是正犯。德国刑法学者韦尔策尔认为，“保证人不阻止针对由其所保护的法益的侵害，不是因为‘对杀人的不作为帮助’被处罚，而是由于不作为的正犯（不作为的杀人）；因为他有阻止杀人者的行为能力，并拥有最终的犯罪支配”。[①] 德国当代著名刑法学者罗克辛基于义务犯的理论认为，不作为参与原则上是正犯，认为正犯在义务犯中表现为义务违反，不作为因为没有犯罪支配，所以全部属于义务犯，只要违反了自己的保证人义务就已经奠定了正犯性。[②]

2. 原则帮助犯说

该观点在日本居于通说地位。该说认为原则上应将不阻止“作为的正犯行为”的不作为参与认定为帮助犯。如内田文昭教授认为，“通常情况下，‘作为’具有驾驭‘不作为’的力量，因而作为的行为者属于‘正犯’，而不作为的保障人仅为‘帮助犯’。（例如，）对（年仅）14 岁的儿子的盗窃行为放任不管的父亲即便是能尽力阻止儿子［的行为］的‘强力保障人’，也仍然仅属于帮助犯”。[③]

3. 义务二分说

该说认为不作为正犯、不作为共犯的作为义务根据分别在于违反法益保护义务、违反犯罪阻止义务（危险源监督义务）。例如，父亲甲在丙就要杀死自己的小孩之时，对此不予阻止，甲便因违反

---

① 转引自洪求华：《论不作为正犯与共犯之区分》，载《刑法论丛》（第 4 卷），法律出版社 2010 年版，第 152 页。

② 转引自洪求华：《论不作为正犯与共犯之区分》，载《刑法论丛》（第 4 卷），法律出版社 2010 年版，第 153 页。

③ ［日］西田典之：《不作为的共犯》，王昭武译，载《江海学刊》2006 年第 3 期。

法益保护义务而构成不作为的杀人正犯；相反，在乙就要杀丙之时，乙的父亲甲不予制止，则因为违反犯罪阻止义务而构成不作为的杀人帮助犯。①

笔者认为，不纯正不作为共犯仅能认定为帮助犯。理由如下：

首先，根据结果无价值论的立场，共犯的处罚根据应采因果共犯论。根据因果共犯论，教唆犯、帮助犯之所以受罚，是因为其通过正犯即实行犯的行为而引起了间接的法益侵害结果。换言之，正犯的处罚根据在于：通过自身的实行行为来引起对法益的侵害或危险，而共犯的处罚根据在于通过正犯的实行行为间接地引起该结果的发生。据此，作为的正犯与结果的发生具有直接的因果关系，直接引起了法益侵害的结果，而不作为的参与只是通过违反作为义务的不作为，以作为为媒介，对法益侵害的结果具有间接的因果关系，即间接地侵害了法益，只是使作为的正犯的实行行为变得更加容易而已。因此，应当以帮助犯论处。结合前述案例来看，直接侵害陈某性自决权这一保护法益的是郑某的强奸行为，而李某的不予阻止之不作为只是使郑某更加容易实施强奸行为而已，二者对侵害性自决权结果上的原因力显然是不同的，前者是直接原因力，后者是间接的原因力。

其次，从我国立法及司法实践的情况看，对于在共同犯罪中起帮助作用的，一般认定为从犯。旧中国刑法曾规定“帮助正犯者为从犯”②，我国台湾地区“刑法”也规定“帮助他人犯罪者为从犯。虽他人不知帮助之情形者，亦同”；我国刑法第27条规定“起次要作用或辅助作用”是从犯。以不作为方式参与作为犯实施的具体犯罪实行行为，认为是起次要或辅助作用是妥当的。

最后，从不作为片面帮助犯角度看。不作为共犯与片面共犯具

① 参见［日］西田典之：《日本刑法总论》，王昭武译，中国人民大学出版社2007年版，第297页。

② 参见陈子平：《刑法总论》，中国人民大学出版社2009年版，第403页。

有密不可分的关系，认定不作为共犯仅成立不作为的帮助犯与仅承认片面帮助犯的立场能够相互一致。关于片面共犯问题，理论上有多种学说，有全面否定片面共犯的全面否定说，也有否认片面共同正犯而仅肯定片面帮助犯的片面帮助犯肯定说，还有不仅承认片面帮助犯还承认片面共同正犯的全面肯定说。德、日刑法理论通说仅承认片面的帮助犯，而否认片面的共同正犯。就司法实践的情况看，日本的判例也认可片面的帮助犯。[①] 国内传统通说认为，共同犯罪成立条件是共同行为与共同故意，且“共同犯罪故意应是双向的、全面的，而不是单向的、片面的，片面共犯的提法于法无据，于理不符”[②]。而司法实践基本上固守共同行为与共同故意的观点，采取全面否定说的立场。但是国内也有越来越多的学者承认片面帮助犯。[③]

二、不作为共犯的成立条件

（一）关于不作为共犯作为义务来源的学说

如前所述，不作为共犯仅限于不作为帮助犯。不作为帮助犯在本质上来说是不作为犯，而作为义务是成立不作为犯罪的必要前提条件，所以不作为帮助犯的成立也必须以帮助者有作为义务为前提条件。“要想肯定成立出于不作为的共犯，保障人地位依然是必要的。”[④] 不作为犯中关于保证人的义务（作为义务）来源理论基本上可以适用于不作为共犯。

关于保证人的义务来源，必须注意到从形式的保证人类型向实

① 参见［日］西田典之：《日本刑法总论》，中国人民大学出版社 2007 年版，第 292 页。

② 赵秉志主编：《新刑法教程》，中国人民大学出版社 1997 年版，第 209 页。

③ 参见马克昌主编：《犯罪通论》，武汉大学出版社 1999 年版，第 516 页。

④ ［日］山口厚：《刑法总论》（第二版），付立庆译，中国人民大学出版社 2011 年版，第 365 页。

质的保证人类型发展的态势。形式三分说在19世纪初期被提出，直到20世纪50年代都是处于通说地位，即法令、契约、危险前行为（先前行为）是保证人义务三大来源。国内传统刑法理论通说，关于不作为义务的来源有三分说、四分说，基本上还停留在形式说这一落后的层次上。三分说即作为义务来源于法律规定、职务或业务、先前行为。① 四分说在前述三分说的基础上增加了法律行为（如合同）。②

这种形式的保证人义务类型最大的缺点是“只有形式的依据，而从这些形式的依据不能获悉，为什么这些人必须保证特定结果不发生”③，而且也会导致司法实践中确定保证人范围的不合理局面。例如，根据形式说的观点，只要行为人负有法律上规定的义务，就成为保证人，如果不履行该义务，就要承担责任。可是，一个以作为方式违反了其他法律的行为，并不一定直接成立刑法上的犯罪。再如，违反契约的行为，为什么不是按照合同法处理，而可以直接认定为犯罪？

因此，实质的法义务理论逐渐兴起。“保证人地位之实质化运动可远溯自实质法义务说，实质法义务说为实质违法性说一派所倡。”④ 德国基尔学派提出不作为之刑事责任取决于不作为之违反义务性和不作为者依健全国民感情显然为特定犯罪之行为人，从整体秩序和伦理来界定不作为义务的实质来源。基尔学派的实质违法论随着纳粹的倒台而式微，但是“其就不纯正不作为犯所提倡之实质法义务说却不无收获”。例如，其以共同生活团体作为义务法理

① 高铭暄主编：《刑法学》，法律出版社1982年版，第121页。

② 高铭暄、马克昌主编：《刑法学》，北京大学出版社、高等教育出版社2010年版，第74页以下；陈兴良：《规范刑法学》（上册），中国人民大学出版社2008年版，第122页以下。

③ 许玉秀：《当代刑法思潮》中国民主法制出版社2005年版，第719页。

④ 许玉秀：《主观与客观之间——主观理论与客观归责》，法律出版社2008年版，第263页。

依据之一，皆为理论和实务所接受，且迄今成为通说。[①] 保证人义务实质化的趋势已经势不可挡。1930 年加入了“密切生活关系与危险共同体”，密切生活关系的范畴超越了法律与契约。例如，家庭成员重病而不予救助、登山团队成员对陷入危境的队员不予救助。1950 年，阿明·考夫曼将保证人地位的来源分成两类：一是基于照顾义务；二是基于监督义务。罗克辛提出居于主控支配地位才有保证人地位，包括保护性支配和监控性支配。目前，保证人地位来源有：（1）基于法律；（2）契约；（3）先前行为；（4）基于密切的生活关系和危险共同体；（5）基于自愿承担保护义务；（6）基于危险源的监控义务。[②] 目前，在德国占支配地位的观点是机能二分说，即将作为义务分为对脆弱的（无助的）法益的保护义务和对危险源的监督义务。[③] 但是这种机能的二分说仍然具有明显的法义务论的痕迹，所以德、日部分学者试图为作为义务找到一个实质的根据，以便采取单一的标准。[④]

德国行为无价值论者雅科布斯从规范论的立场出发，认为在所有的刑法概念都有必要重新规范化和功能化的情况下，作为犯与不作为犯的对立不再那么明显，因为二者同样是以组织管辖或体制管辖为依据。雅科布斯设计了一个完全规范化的行为概念，将作为和不作为定义为“对于规范效力的受损自己在管辖上具有责任”[⑤]。

---

① 参见许玉秀：《主观与客观之间——主观理论与客观归责》，法律出版社 2008 年版，第 269 页。

② 参见林东茂：《刑法综览》（第七版），台北，一品文化出版社 2012 年版，第 1 ~ 168 页。

③ 参见［德］许迺曼：《德国不作为犯法理的现况》，陈志辉译，载许玉秀、陈志辉编：《不移不惑献身法与正义——许迺曼教授刑事法论文选辑》，台北，新学林出版股份有限公司 2006 年版，第 657 ~ 658 页。

④ 张明楷：《不作为犯中的先前行为》，载《法学研究》2011 年第 6 期。

⑤ ［德］许迺曼：《德国不作为犯法理的现况》，陈志辉译，载许玉秀、陈志辉编：《不移不惑献身法与正义——许迺曼教授刑事法论文选辑》，台北，新学林出版股份有限公司 2006 年版，第 631 ~ 632 页。

在雅科布斯这里，法益侵害被规范效力的受损所代替，这是典型的行为无价值论立场，与刑法保护法益的目的不符。

（二）基于结果无价值论的立场

德国学者许迺曼提出“对造成结果的原因有支配”的对等原则：仅有当不作为人针对造成法益受侵害之事实的法律地位，以对于结果归责具决定性的观点与作为行为人的法律地位可加以比较时，那么以作为犯的构成要件处罚不作为才属适当。“所以与作为对等的不作为前提要件是，对于法益侵害的重要条件（造成结果的原因）具有与此种支配在强度上可相比较的意志力，也就是对于事件有实际的控制。”① 我国台湾地区学者黄荣坚认为，“不作为犯的基本事实形态是对于自然的放任，是对于已经存在的风险的放任。作为犯的基本事实形态是对于自然的干涉，是制造原本不存在的风险”，因果的危险前行为是保证人地位的唯一来源，通说所认为的各种保证人类型多数可以还原为危险的前行为，个别不能还原的不应当成为保证地位的来源。② “基于法益保护的目的，法律上一个合理的要求，也是一个合乎期待可能性的要求是，制造风险的人有义务把风险控制在容许限度的范围内，质言之，制造风险的人，必须控制风险；破坏自然的人，必须恢复自然。承此，行为人违背控制风险的义务即可能构成犯罪，也就是所谓不作为犯罪。”③

无独有偶，日本结果无价值论者西田典之也认为，“如果认为作为是指向结果的因果设定，不作为便属于因果过程的放任。为此，不作为要与作为具有构成要件性等价值，不作为者就必须将正

① ［德］许迺曼：《德国不作为犯法理的现况》，陈志辉译，载许玉秀、陈志辉编：《不移不惑献身法与正义——许迺曼教授刑事法论文选辑》，台北，新学林出版股份有限公司2006年版，第656页。

② 参见黄荣坚：《刑罚的极限》，台北，元照出版有限公司1999年版，第50~51页。

③ 黄荣坚：《基础刑法学》（下），中国人民大学出版社2009年版，第477页。

在发生的因果流程控制在自己的手中，即获得基于意思的排他性支配”，对于获得的排他性支配并非基于自己的意思的这种“支配性”场合，才考虑必须存在父（母）子关系、建筑物管理人、安保人员等社会持续性保护关系，如早上起来发现门口放有弃婴，由于是自己的大门口，应该说具有排他性支配，但是这种支配并非基于自己的意思。[①] 日本结果无价值论者曾根威彦也认为，根据结果无价值论的方法，“立足于结果来考虑和作为的等价值性的观点认为，再放任不管的话就会向侵害结果方向发展的法益保护，事实上被托付给了特定的不作为人的时候，即只有在和不作为人之间具有防止结果的紧密关系的场合，才能将不防止结果的不作为和作为引起结果的场合同等看待”，并对西田典之主张的“不作为人将面向结果的因果发展掌握在自己手中，即具体、现实地支配了因果经过”表示赞同。[②]

如前所述，保证人义务实质化的趋势已经势不可挡，但不可否认的是，保证人地位的来源正在被扩大，这种扩大甚至有违罪刑法定和刑法谦抑性的原则而愈加显现出其不妥当性。从起源的角度看，这一实质化运动来源于实质违法论，这一学说史发展的脉络为结果无价值论就不作为义务来源开启了一扇窗。上述各种实质化的主张具有重要借鉴意义。根据结果无价值论的立场，犯罪的本质在于法益侵害或危险，这一点无论是对作为犯而言，还是不作为犯而言都是一样的，其差别仅在于作为犯是制造了原本不存在的法益侵害的风险，而不作为犯是对已经存在风险的放任。因此，笔者认为，不作为犯处罚的实质依据在于其设定了对侵害或威胁法益侵害结果的具体、现实的支配。

结合前述案例看，被告人李某先前与被告人郑某共同实施的暴

---

① ［日］西田典之：《日本刑法总论》，王昭武译，中国人民大学出版社 2007 年版，第 94 ~95 页。

② ［日］曾根威彦：《刑法学基础》，法律出版社 2005 年版，第 124 页。

力、胁迫行为促成了郑某后面强奸行为的顺利实施，李某设定了危险前行为，使被害人陈某的性自决权这一法益陷入现实、紧迫的危险之中，而且此种危险，在当时的时空条件下（深夜、江边偏僻树林）没有其他救助的可能性，具有排他性的支配。因此，被告人李某处于保证人地位，具有阻止郑某强奸的义务。李某违反这一作为义务而不予阻止，对郑某实施的侵害陈某的性自决权具有物理的因果性，且这一结果的阻止完全依赖于李某作为义务的履行或者郑某中止强奸行为才可能实现。李某的不作为客观上对郑某的强奸犯罪行为起到了帮助作用，因此，李某构成强奸罪的不作为帮助犯。

下　篇

传统的行为无价值论者和结果无价值论者习惯、偏好于刑法总论方面的争论，较少涉及分论。在日本，一些司法考试的教科书，刑法总论甚至有“行为无价值版”与“结果无价值版”，而刑法各论的教科书只有一个版本。对此，日本学者松宫孝明指出，“似乎是说，总论的态度绝对不会反映在分论之中，笔者始终怀疑的是”，这“岂不意味着总论的对立没有实务意义”。① 我国关于行为无价值论与结果无价值论的研究，也存在重总论轻各论的情况。② 事实上，行为无价值论与结果无价值论由于在犯罪的本质是规范违反还是法益侵害、是重视主观要素还是客观要素、对构成要件是进行形式解释还是实质解释等问题上的不同立场，必然在刑法各论上呈现出不同的解释方法，甚至出现不同的解释结论，而这一点对于司法实践的意义更大。由于我国“受传统的主观主义刑法论的影响，刑法解释论整体上呈现出重视行为形态和行为人主观意思的行为无价值论的趋势，以致在许多具体问题上实践和刑事立法的基本精神之间存在脱节。因此，在刑法解释论上，正本清源，还我国刑法规定的本来面目，就成为一个很迫切的现实问题”。③ 本书的下篇，从案例和司法实践入手，将结果无价值论在刑法各论中初步展开。

---

① ［日］松宫孝明：《“结果无价值论”与“行为无价值论”的意义对比》，张晓宁译，载《法律科学》2012 年第 3 期。

② 例如，国内一些研究行为无价值论和结果无价值论的专著都是总论问题，参见张明楷：《行为无价值论与结果无价值论》，北京大学出版社 2012 年版；王安异：《刑法中的行为无价值与结果无价值》，中国人民公安大学出版社 2005 年版。周光权：《行为无价值论的中国展开》，法律出版社 2015 年版。

③ 黎宏：《结果无价值论之展开》，载《法学研究》2008 年第 5 期。

第七章　结果无价值论之于性犯罪

行为无价值论在解释具体个罪时侧重于行为人的主观恶性和伦理违反性或规范违反性，倾向于形式的解释论；而结果无价值则注重实质的法益侵害或威胁，偏向于实质的解释论。这种对立在性犯罪中体现得最为典型。

第一节
强奸罪新问题

一、强奸罪中“性交”的含义

我国刑法理论通说将强奸的含义界定为强行与妇女发生性交或性关系的行为。[①] 刑法理论通说和司法实践，一般将这里的性交或性关系理解为性器官的结合，将此以外的诸如强行进行口交、肛交等行为认定为强制猥亵。例如，有学者明确指出，“所谓性交，是指男性把阴茎插入女性的阴道，由于兴奋产生射精，以输送精子的行为。性交以外的口交、兽交、手淫等其他任何行为，均不属于本罪的行为范畴”。[②] 但是，这一传统观点存在明显的不妥当性。请

---

① 参见马克昌主编：《刑法学》，高等教育出版社 2003 年版，第 484 页；王作富：《刑法分则实务研究（中）》，中国方正出版社 2010 年版，第 886 页。

② 于志刚主编：《案例刑法学（各论）》，中国法制出版社 2010 年版，第 210 页。

看下面这个案例。

◎案例 21　崔某侨等人强奸、强制猥亵案[①]

2011 年 3 月 11 日晚，被告人崔某侨伙同崔某良、崔某青在江苏省南京市建邺区泰山路某工地，诱骗被害人唐某（1995 年 9 月出生，经鉴定无性自我防卫能力）至某宾馆房间，欲与唐某发生性关系。后因唐某来月经，被告人崔某侨、崔某良、崔某青分别让唐某为其口交。2011 年 3 月 19 日晚，被告人崔某侨伙同王某某在江苏省南京市建邺区泰山路一建设工地，诱骗受害人唐某至某宾馆 411 房间，并轮流与唐某发生性关系。2011 年 3 月的一天晚上，被告人崔某良在江苏省南京市建邺区泰山路一建设工地，诱骗被害人唐某至该工地北侧桥下，欲与唐发生性关系，因遭唐的拒绝而放弃。

2011 年 12 月 12 日，南京市建邺区人民法院判决认为，在 3 月 11 日的事实中，被告人崔某侨、崔某良、崔某青欲与被害人性交，因被害人来月经转而让被害人口交，以口交为时间点，之前的行为系强奸罪的中止；之后的口交行为系强制猥亵、侮辱妇女罪。以被告人崔某侨犯强奸罪及强制猥亵、侮辱妇女罪，判处有期徒刑 11 年。被告人崔某良犯强奸罪及强制猥亵、侮辱妇女罪，判处有期徒刑 2 年 6 个月。被告人崔某青犯强奸罪及强制猥亵、侮辱妇女罪，判处有期徒刑 2 年 3 个月。被告人王某某犯强奸罪，判处有期徒刑 10 年。[②]

此案例的问题在于，在 3 月 11 日的事实中，被告人崔某侨、

---

① 《刑法修正案（九）》已对刑法第 237 条进行了修改，罪名也相应调整为“强制猥亵、侮辱罪”。本书中的案例在《刑法修正案（九）》之前，因此，在叙述具体案例时仍使用“强制猥亵、侮辱妇女罪”，在其他场合使用“强制猥亵、侮辱罪”。

② 参见江苏省南京市建邺区人民法院刑事判决书（2011）建刑初字第 184 号。

崔某良、崔某青打算强奸被害人，因被害人来月经转而让被害人口交，如果认为口交也属于强奸，那么就属于强奸既遂，且系轮奸，法定刑为10年以上有期徒刑；如果认为口交只是强制猥亵行为，那么就是强奸罪（中止）与强制猥亵、侮辱妇女罪数罪并罚，刑罚为10年以下有期徒刑。判决认为强行口交的行为构成强制猥亵、侮辱妇女罪，从而出现了原本打算强奸因为看到被害人来月经转而实施强制口交的行为，被割裂为强奸（中止）和强制猥亵、侮辱妇女两个罪名，更为重要的是，这样的认定使原本属于轮奸的行为而无法认定，而轮奸的法定升格为10年以上有期徒刑，量刑差异巨大。

笔者认为，上述通说理论和司法实践的做法，行为无价值色彩较浓，其妥当性值得怀疑。

首先，强制阴道性交与口交对被害人性自决权的侵害具有相当性。根据结果无价值论的观点，犯罪的本质是侵害法益，刑法的目的是保护法益，结果无价值论重视的是法益侵害的结果。性犯罪的保护法益是被害人身体内部领域防御意义上的自我决定权和身心完全的健康权。[①] 强制被害人进行口交与强制阴道性交相比，前者对被害人的伤害（对性自决权的侵害）更大。这一点也有案例为证。

◎案例22　林某强奸、强制猥亵妇女、猥亵儿童案

被告人林某在2005年5月至2012年2月，先后强行与2名妇女口交并性交，强迫1名未满14周岁幼女口交，强迫5名妇女口交。[②]

我们在办理这个案件过程中，向被害人核证时，明显能感受到

① 参见［日］島岡まな:《性犯罪の保護法益》，慶應法学2017年第37号。

② 江苏省南京市建邺区人民法院刑事判决书（2012）建刑初字第165号。

被强制口交的被害人所受到的伤害远大于被强制阴道性交的被害人。很多被害人觉得被强迫口交难以启齿，宁愿称自己被强奸（指强制阴道性交），也不愿承认被强制口交，导致多笔事实中，被告人称是口交，而被害人仅陈述是“强奸”。对于法益侵害相当，而仅仅因为行为方式不同，就定两个法定刑差别很大的罪名，显然是不合适的。按照结果无价值论的观点，前述崔某侨等人这种由插入阴道改为口交，并非放弃犯罪，更非中止，而是强奸犯罪（既遂），同时还属于轮奸，法定刑应该在10年以上有期徒刑。根据行为无价值论的立场，崔某侨等人在发现被害人来月经后，将犯罪的行为方式由插入阴道改为插入口腔，因这种行为方式的变化，而“白送”给被告人犯罪中止这样一个法定的减轻处罚情节，同时又认定了一个轻罪强制猥亵、侮辱妇女罪。更为重要的是，将一个原本轮奸的情节加重犯（10年以上有期徒刑）给消解掉了。这种严重的处罚不平衡，暴露出行为无价值论的弊端。

其次，随着社会的发展，人类性交行为的样态以及性观念的发展变化，人们已经越来越多地将口交、肛交作为性生活的常态行为。在这样的情况下，仍然坚持将强制口交认定为强制猥亵行为，不利于保护被害人的性自决权。这一点也可以从组织、容留、介绍卖淫罪中看出，司法实践和刑法理论，对组织、容留、介绍他人进行口交、肛交的行为认定为组织、容留、介绍卖淫罪，也并不鲜见。①

最后，域外刑法的借鉴。1999年我国台湾地区“立法院”通过刑法修正案，修订后的台湾“刑法”规定，性交包括：（1）以性器进入他人之性器、肛门或口腔，或使之接合之行为；（2）以性

① 江苏省高级人民法院编写的《组织、强迫、引诱、容留、介绍卖淫案件审理指南》认为，卖淫包括性交、口交、肛交。虽然不是司法解释，但是作为审理指南反映了司法实践的观点。张明楷教授也持类似观点，参见张明楷：《刑法学》（第四版），法律出版社2011年版，第1021页。

器之外之其他身体部位进入他人之性器、肛门，或使之接合之行为。[1] 这个定义突破了传统的“生殖器进入生殖器”的性交定义，虽然第二项将性器之外的器物进入他人性器、肛门的行为也界定为性交，有扩大范围之嫌，但是将口交和肛交划入性交的范围，却顺应了时代的要求，具有积极意义。美国《模范刑法典》也规定“性交”包括口腔、肛门进行的性交，只要轻微地插入即可认定，不以射精为必要。

总之，按照结果无价值论的观点，强奸罪的性交的含义，除了传统的性器官插入之外，还应当包括强制口交和肛交。

二、强奸罪与强制猥亵、侮辱罪的区别

我国传统刑法理论通说认为，强奸罪与强制猥亵、侮辱罪区别的关键在于查明行为人主观上是否具有强行奸淫的目的，如果没有奸淫目的，只是实施猥亵以满足自己的性欲应定强制猥亵、侮辱罪。故行为人主观上是否有强行与妇女性交的意图，是区分两罪的关键。[2]

这种将行为人的主观目的或意图作为罪名之间界限的立场，显示出了强烈的行为无价值色彩，而且这种区分标准根本无从区分两罪。结合前述林某强奸、强制猥亵妇女、猥亵儿童案看，被告人林某对于其中 2 名妇女先是强迫口交再强迫性交；对其他几名被害人强迫口交并在被害人口内射精，对上述行为，试问从证据上到底如何来认定被告人主观上是奸淫的意图还是猥亵的意图？让被告人从口供上说出到底是奸淫还是猥亵的意图几乎是不可能的。我们在办理此案中曾试图问被告人的主观意图，被告人供述称“只知道性欲

---

① 林山田：《刑法各罪论（上册）》（修订五版），北京大学出版社 2012 年版，第 148 页。

② 参见马克昌主编：《刑法学》，高等教育出版社 2003 年版，第 489 页；王作富：《刑法分则实务研究》，中国方正出版社 2010 年版，第 908 页。

上来了要进行射精，至于口交还是性交，没有特意选择，就是随心所欲"，被告人甚至不知道什么叫"猥亵"，更不知道"猥亵"和"奸淫"有何区别。对于很多文化程度较低甚至文盲的被告人而言，根本不知道"猥亵"为何意。将刑法中此罪与彼罪的区别建立在被告人主观上是奸淫还是猥亵上，无异于让被告人自己来辨别"猥亵"与"奸淫"含义有何差别，这不具有实践可操作性，甚至是荒唐的。

根据结果无价值论，强奸罪与强制猥亵、侮辱罪的区别完全可以也应该从侵害的法益和客观行为上进行区分。强奸罪的保护法益是妇女的性自决权，而强制猥亵、侮辱罪的保护法益是他人的性的羞耻心，即使他人产生了性的羞耻心。[①] 换言之，二者的本质区别在于侵害性自决权还是性羞耻心。根据这一本质区别，两罪在客观行为上也有区别，强奸罪表现为强迫进行性交的行为，既包括传统的性器官插入，还包括口交、肛交。换言之，就是违背被害人意志进行性交；而强制猥亵、侮辱罪表现为触摸乳房、抚摸阴部、拍摄裸体照片、扒光衣服等损害性羞耻心的行为。可以对猥亵（侮辱）行为进行类型化[②]：（1）直接对他人实施猥亵行为，或者迫使他人容忍行为人或第三人对之实施猥亵行为；（2）迫使他人对行为人或第三人实施猥亵行为；（3）强迫他人自行实施猥亵行为；（4）强迫他人观看他人的猥亵行为。

三、轮奸的理解与认定

（一）"轮奸"的成立与有责性是否相关

轮奸是指多人对同一被害妇女强行实施奸淫的行为。这里的多

---

① 参见［日］西田典之：《日本刑法各论》（第三版），刘明祥、王昭武译，中国人民大学出版社2007年版，第73页。

② 笔者认为，我国刑法中的强制猥亵、侮辱罪中的"猥亵"与"侮辱"含义相同。

人是否都需要到达刑事责任年龄、具有刑事责任能力才能认定为轮奸呢？请看下面这个案例。

◎案例23　李某强奸案

2000年7月某日中午，被告人李某伙同未成年人申某某（1986年11月9日出生，时龄13周岁）将幼女王某（1992年5月21日出生）领到哈尔滨市香坊区幸福乡东柞村村民张松岭家的玉米地里，先后对王某实施轮流奸淫。2000年11月2日，因被害人亲属报案，李某被抓获。哈尔滨市香坊区人民法院审理后认为，被告人李某伙同他人轮奸幼女，其行为已构成奸淫幼女罪，且系轮奸，判处有期徒刑8年。一审宣判后，被告人李某的法定代理人不服，提出上诉。哈尔滨市中级人民法院审理后认为，根据2000年2月13日通过的《最高人民法院关于审理强奸案件有关问题的解释》中"对于已满14周岁不满16周岁的人与幼女发生性关系构成犯罪的，依照刑法第十七条、第二百三十六条第二款的规定，以强奸罪定罪处罚"的规定，原审认定被告人李某犯奸淫幼女罪，适用罪名不当，应予改判；原判对被告人李某虽已依法予以减轻处罚，但根据本案情况，量刑仍然偏重，于2001年7月27日判决：1. 撤销黑龙江省哈尔滨市香坊区人民法院（2001）香刑初字第98号刑事判决书对被告人李某犯奸淫幼女罪，判处有期徒刑8年的定罪量刑部分；2. 原审被告人李某犯强奸罪，判处有期徒刑6年。①

我们要讨论的是：上述李某强奸案中，达到刑事年龄的李某与未达刑事责任年龄的申某某轮流强行与被害人发生性关系的行为是否成立轮奸？

---

① 参见中华人民共和国最高人民法院刑事审判第一庭、第二庭编：《刑事审判参考》（第36集），法律出版社2004年版，第27页。

我国刑法第236条第3款第（4）项规定，2人以上轮奸的，处10年以上有期徒刑、无期徒刑或死刑，即轮奸是强奸罪的情节加重犯。轮奸即两名以上的男子对同一名女性强制性交的行为，“凡两个以上的行为人共同实施强制行为，违反被害人的意愿而为性交者”①。轮奸在本质上是两人以上共同实行强奸的行为，我国刑法立法上将这种共同正犯规定为强奸罪的加重情节。正因为轮奸在本质上系共同犯罪，所以我国传统通说观点基于责任共犯论的立场，认为实施轮奸的两名以上行为人都必须是具有刑事责任能力的人，因为责任共犯论认为，“共犯是从承担完全刑事责任的正犯中借用其犯罪性与可罚性的共犯理论”②。国内一贯的通说认为，轮奸的主要特点是：主体是两名或多名年满14周岁，有刑事责任能力的男子，具有共同强奸的故意。③ 换言之，实施轮奸的人必须是具有刑事责任能力和达到刑事责任年龄的人，否则不能认定为轮奸。按照传统通说，前述李某强奸案就不能认定为“轮奸”。责任共犯论将共犯处罚根据奠定在与法益侵害没有直接关系的“诱惑共犯堕落”这种心情的、伦理的因素之上，甚至是比行为无价值论更为激进的主观主义刑法立场，与现代刑法理念不符，也与现代刑事法治相悖。

结果无价值论采用因果共犯论（惹起说），其理论根据是法益侵害说，是法益保护立场在共犯论中的归结，认为共犯是一种不法类型，而不是责任类型，行为人是否具有责任能力不影响共犯的成立。前述李某强奸案中，李某和未成年人申某某共同实施了轮奸的

---

① 林山田：《刑法各罪论（上册）》（修订五版），北京大学出版社2012年版，第159页。

② ［日］西田典之：《日本刑法总论》，刘明祥、王昭武译，中国人民大学出版社2007年版，第276页。

③ 参见王作富：《刑法分则实务研究（中）》（第三版），中国方正出版社2010年版，第903页。

行为，被害人的性自决权连续受到来自两人的侵害，当然应当认定为轮奸。至于申某某因未达刑事责任年龄而不承担刑事责任，这是有责性层面的问题，而与违法性无关。因此，上述案例的判决结果，以传统通说观点观之，看似“离经叛道”，实则合理合法。

（二）“轮奸”的成立是否受停止形态的影响

结合前面的案例21崔某侨等人强奸、强制猥亵案3月11日的事实中，各被告人打算轮奸被害人，因被害人来月经转而实施了口交。如果我们将案件稍加改变：各被告人正要实施奸淫时，因为看到被害人来月经，自行放弃奸淫，没有继续实施口交行为。那么，能否认定为强奸中止（或未遂）并认定轮奸情节呢？对此，我国学界和司法实践是存在争议的。一种观点认为，在我国刑法中，只要二人以上意图实施轮奸犯罪的，即使未能实现奸淫，也具备了轮奸的情节。① 另一种观点认为，成立轮奸各行为人均需亲自实施奸淫既遂，如果一个人实施强奸既遂，另一个行为人未遂，则不能认定为轮奸。②

上述两种观点的对立，背后隐含的是结果无价值论与行为无价值论的对立。行为无价值论基于规范违反说的立场，在违法性的判断上重视行为本身的恶，重视主观要素，承认主观的违法要素。所以，前述第一种观点认为，行为人主观上具有轮奸的故意，不管事实上是否实行了轮奸的行为，都认定为具有轮奸的情节，只不过认定犯罪未遂而已。

笔者认为，这种带有强烈行为无价值论色彩的观点是不妥当的。轮奸在我国刑法中只是一种情节加重犯，这与我国台湾地区独立规定的加重强制性交罪是有本质区别的。既然是一种情节加重

---

① 参见于志刚：《刑法总则的扩张解释》，中国法制出版社2009年版，第123页、第150～151页。

② 参见王作富主编：《刑法分则实务研究（中）》（第三版），中国方正出版社2010年版，第903页。

犯，那么具备该情节就成立情节加重犯，不具备该情节当然不能成立情节加重犯。根据结果无价值论的立场，犯罪的本质是侵犯法益，刑法的目的是保护法益，刑法立法之所以将轮奸作为加重情节，就是因为轮奸给被害人的性自决权造成比普通强奸更为严重的侵害，这是一种事实状态，不因被告人的主观意图而改变。对于具有轮奸意图而并未实施轮奸行为的人，被害人的性自决权并未受到两次以上不同人的连续侵害，当然不能加重处罚。行为无价值论将仅仅具有轮奸意图，而实际上未实施轮奸（包括未遂与中止）的行为认定为轮奸，并加重处罚，这具有意思刑法之嫌。因此，轮奸的认定应当以事实上有无发生轮奸行为侵害被害人性自决权的事实发生为基本标准。

第二节
强制猥亵、侮辱罪之认定

一、结果无价值论、行为无价值论关于强制猥亵、侮辱罪之争

（一）行为无价值论关于强制猥亵、侮辱罪的观点

关于强制猥亵、侮辱罪是否以行为人具有寻求性刺激、满足性亢奋的内心倾向为必要，行为无价值论和结果无价值论有着截然不同的观点。行为无价值论一般认为本罪属于倾向犯，如日本学者大塚仁指出，“本罪需要是以作为行为人的猥亵性主观倾向的表现而实施的（倾向犯）。即需要是在刺激行为人的性欲、使其兴奋或者使其满足的意图之下实施的，因此，例如，只是以报复或者侮辱、虐待的目的实施胁迫女子，使其裸体后进行摄影的行为，虽然成立强要罪，但是，不构成本罪”。[①] 我国传统刑法理论通说认为，强

① ［日］大塚仁：《刑法概说（各论）》（第三版），冯军译，中国人民大学出版社 2003 年版，第 107～108 页。

制猥亵、侮辱罪的动机是通过猥亵行为“寻求性的满足和下流无耻的精神刺激”[①]。换言之，强制猥亵、侮辱罪主观上必须出于刺激或满足性欲的内心倾向，实际上采取的是行为无价值论的立场。比如下面这个案例。

◎案例 24　张某、陈某强制猥亵妇女案

被告人张某、陈某系某 KTV 的副总经理，被害人秦某（女）是该 KTV 的领班。2010 年 3 月，被害人秦某离职并带走该 KTV 数名小姐。2010 年 4 月 2 日 22 时至 24 时，被告人张某、陈某在某宾馆找到秦某，强行将秦某带至该 KTV 办公室，用订书机、电击工具等对秦某进行殴打，用菜刀进行威胁，迫使秦某脱光衣服并拍摄裸照，以此裸照为要挟，让秦某继续在该 KTV 工作。经鉴定，秦某的伤害程度为轻微伤。南京市建邺区人民法院以强制侮辱妇女罪分别判处张某、陈某有期徒刑 6 个月。[②]

本案的问题是，被告人张某、陈某并无寻求性刺激的动机，能否成立强制猥亵（侮辱）妇女罪？这恰恰是行为无价值论与结果无价值论争论的焦点问题。按照行为无价值论的立场，张某、陈某强行拍裸照的动机是为了迫使被害人不要辞职，不存在寻求性刺激的目的，因此不成立强制猥亵、侮辱妇女。同时，被害人的身体伤害没有达到轻伤以上结果、被拘禁未达 12 个小时以上，因此也不构成故意伤害罪或非法拘禁罪，不构成任何犯罪。

（二）结果无价值论关于强制猥亵、侮辱罪的观点

行为无价值论将前述案例解释为无罪，这是不能令人接受的，

---

① 参见高铭暄、马克昌主编：《刑法学》（下），中国法制出版社 1999 年版，第 832 页；高铭暄主编：《新编中国刑法学》（下），中国人民大学出版社 1998 年版，第 703 页。

② 江苏省南京市建邺区人民法院刑事判决书（2010）建刑初第 145 号。

因为张某、陈某的行为具有严重的社会危害性，这种人为制造刑法处罚上的漏洞，是不妥当的。上述案件的判决结果也表明我国传统通说的观点因其明显的不妥当性而正在被颠覆，显示出了结果无价值论的生命力。

结果无价值论认为，“强制猥亵罪不是处罚行为人违反抑制性欲义务的犯罪，而是以被害人的性自由为保护法益的犯罪，只要行为人具有侵害他人性自由的一定行为，并且行为人本人也具有这种认识，那么，就应当说，不管行为人的内心倾向如何，都应当成立本罪。”① 对于上述案例，结果无价值论认为，强制猥亵、侮辱妇女罪的成立既可以出于寻求性刺激的动机，也可以是出于报复等其他动机，因此，张某和陈某的行为构成强制猥亵（侮辱）妇女罪。

二、结果无价值论在强制猥亵、侮辱罪中的进一步倡导

我国传统刑法理论通说认为，强制猥亵、侮辱罪的动机是“寻求性的满足和下流无耻的精神刺激”。后来有学者主张该罪主观上无须出于性刺激的动机。②

笔者认为，上述行为无价值论以及我国通说关于强制猥亵罪的观点存在严重问题，急需引入结果无价值论。

其一，我国传统通说不利于保障人权，也不符合刑法保护法益的目的。现代法治国家的刑法以保护人权为使命，既保护犯罪人的人权，也保护普通公民（包括被害人）的人权③，这样才足以体现

① ［日］曾根威彦：《刑法学基础》，黎宏译，法律出版社 2005 年版，第 102 页。

② 张明楷：《刑法学》（第二版），法律出版社 2003 年版，第 699 页。

③ 李勇：《人权刑法——法治背景下的刑法之应然形象》，载《郑州航空工业管理学院学报》（社会科学版）2005 年第 5 期。

刑法“既是善良人的大宪章，又是犯罪人的大宪章”①。如果认为强制猥亵罪以出于刺激或满足性欲的内心倾向为必要条件，那么必然导致这样的结论，即出于报复、侮辱和虐待等动机而实施的猥亵行为被排除在本罪之外，这不利于保护他人性的不可侵犯性。如前述案例，这样的严重侵犯他人的性的羞耻心和性的不可侵犯性的行为，如果不以强制猥亵罪论处，是不能让人接受的。司法实践中已经意识到这种行为无价值论观点的不妥当性，对于类似前述案例中出于报复等其他动机而判处强制猥亵、侮辱罪的案例并不少见。②事实上，强制猥亵罪是为了保护他人的性的自由权利，无论是出于报复动机还是出于满足性刺激的倾向，对于他人的性自由的侵害都是相同的，甚至有过之而无不及。正如平野龙一所说的，强制猥亵罪的法益是个人的性的自由，故只要行为人认识到自己实施的猥亵行为侵害了被害人的性的自由即可；即使并非出于刺激或满足性欲的倾向，也完全可能侵害被害人的性的自由。③反之，“即便是出于猥亵动机而实施行为，在对方具有同意而没有侵害对方性自由的情况下，就应当不成立本罪”。④

其二，我国传统通说观点过于关注行为人的内心动机，过于强调伦理性。强调对伦理的保护胜过于对他人性的自由权利的保护，这是不当的。它模糊了刑法与道德的界限，毕竟维护伦理道德不是刑法的任务。

---

① 据黎宏教授考证，李斯特仅讲过这句名言的后半句，前半句是德国另一名学者在批评李斯特的文中提出的，而日本学者木村龟二将这两个相互批判的观点结合起来形成了这句广为流传的名言。参见黎宏：《一句以讹传讹的刑法名言》，载《人民法院报》2020 年 8 月 7 日，第 7 版。

② 笔者所在的检察院近年来先后有三个类似案例，法院采纳了检察机关的意见以强制猥亵、侮辱妇女罪判处刑罚。

③ 转引自张明楷：《法益初论》，中国政法大学出版社 2003 年版，第 398 页。

④ ［日］曾根威彦：《刑法学基础》，黎宏译，法律出版社 2005 年版，第 102 页。

其三，从实定法的规定上看，我国刑法第 237 条并没有将所谓的性刺激的目的或动机规定为本罪的构成要件，因此，通说在法律依据上也存在疑问。

其四，我国刑法理论通说还会导致强制猥亵、侮辱罪与我国刑法第 246 条的侮辱罪在量刑上的严重不均衡，因为强制猥亵罪的法定刑高于侮辱罪。比如，甲出于报复的目的而当众扒光某妇女衣裤；乙为了寻求性刺激、满足性欲而在没有第三人的房间内扒光某妇女的衣裤。由于甲的行为是当众进行的，而乙的行为是在没有第三者在场的情形下进行的，从实质上看，甲的行为的危害性更大，理应处罚更重，可是按照通说观点，因为甲没有追求性刺激的动机只能按侮辱罪论处，乙有寻求性刺激的动机而要按照强制猥亵、侮辱罪论处，导致对甲的处罚反而轻于乙。

其五，行为人的内心倾向抽象、不明确。这一点连行为无价值论者大谷实也不得不承认其“不仅抽象，而且具有只能在无意识的世界中进行判断的性质，因此，在讲求明确性的构成要件的判断中，导入这一点并不合适”①。日本最高裁判所于 2017 年对一起强制猥亵罪作出判决，以“将性意图一律作为要件的做法并不合适”为理由认定被告人成立强制猥亵罪，本次判决为包括山口厚教授在内的 15 位法官全体一致的结论。这意味着，最高裁判所推翻了 1970 年的判例所坚持的成立强制猥亵罪必具有“刺激兴奋或者满足自己性欲的这一性意图”的观点。②

---

① ［日］大谷实：《刑法各论》，黎宏译，法律出版社 2003 年版，第 84 页。

② 参见姚培培：《强制猥亵罪不需性意图、不需要内心倾向，日本最高裁大法庭今日判决（判决书全文）》，载 http：//www. 360doc. com/content/18/0214/09/50972023 729903491. shtml，最后访问日期：2019 年 8 月 28 日。

第三节
猥亵型犯罪的保护法益及其立法完善

狭义的猥亵型犯罪主要是指强制猥亵罪、公然猥亵罪等，广义的猥亵犯罪还包括有关淫秽物品、卖淫等犯罪。在我国刑法中，狭义的猥亵犯罪有强制猥亵、侮辱罪，猥亵儿童罪，聚众淫乱罪，引诱未成年人聚众淫乱罪。这里讨论的是狭义的猥亵犯罪。这些猥亵型犯罪的保护法益到底是什么？其处罚的边界到底如何划定？对于这两个问题，行为无价值论与结果无价值论存在争议，前者力图以"公序良俗"作为解决问题的出发点；后者则一以贯之的以法益侵害作为解决问题的出发点。

一、结果无价值论视角下猥亵行为犯罪化与非犯罪化的基准

"刑法必须和我们能够知道和认识到的关于我们社会的生存条件和人类精神的作用方式的情况相一致。在这个意义上，刑法（和所有的法一样）与现实就有一种难分难解的相互关系：它塑造现实（即使是在很有限的程度上），同时它又受到现实的影响。"① 从这个意义上说，刑法立法是一个与社会现实变化相呼应的动态过程，为了保持刑法法益保护机能与保障人权机能之间的张力，犯罪化与非犯罪化这对关系的处理是刑法立法必须面对的问题。

所谓犯罪化是指将不是犯罪的行为在法律上作为犯罪，使其成为刑事制裁的对象，它包括立法上的犯罪化和刑法法规解释适用上的犯罪化。所谓非犯罪化是指将迄今为止作为犯罪加以处罚的行为不作为犯罪，停止对其处罚，它包括变更从来都是作为犯罪科处刑

---

① ［德］托马斯·魏根特：《论刑法与时代精神》，樊文译，载陈兴良主编：《刑事法评论》（第19卷），北京大学出版社2007年版，第285页。

罚的现状，而代之以罚款等行政措施加以处罚的情况。[①] 20 世纪中后期，非犯罪化浪潮席卷欧美，对世界刑法改革和刑事政策产生巨大影响。1957 年英国下议院通过了同性恋及卖淫委员会的沃尔芬登报告，主张对单纯涉及道德、无被害人的犯罪进行非犯罪化处理，并于 1967 年实现了同性恋和堕胎的非犯罪化。欧美其他国家也以各种形式开始非犯罪化的进程，主要涉及有关道德和无被害人犯罪，如德国取消了堕胎、通奸、单纯的猥亵等罪名；瑞典等北欧国家缩小了卖淫和亲属相奸等罪的范围；美国取消了色情书画、卖淫、通奸、自杀等罪名。非犯罪化运动的思想渊源是自由主义和个人本位，其理论根基是法益保护主义和刑法谦抑主义。[②] 可以说，上述伦理型犯罪的非犯罪化，也是结果无价值论的某种胜利。

从结果无价值论的立场出发，犯罪化与非犯罪化问题，应结合本国的实际情况，将某种行为法益侵害的有无以及严重性作为实质基准。具体到我国的猥亵型犯罪，其犯罪化与非犯罪化基准需要考量以下因素。

首先，我国现行刑法从一开始就没有把诸如通奸、堕胎、同性恋、亲属相奸等行为划入犯罪圈，甚至世界多数国家规定的公然猥亵等犯罪也没有纳入犯罪圈，这一点与西方国家在猥亵型犯罪方面体现为单向的非犯罪化是不同的。所以，在我国猥亵型犯罪不单单是非犯罪化的问题，也存在一定程度的犯罪化问题。

其次，猥亵行为的犯罪化与非犯罪化必须兼顾文化传统。刑法"只能以公民整体的文化状况和个人的权利相吻合的方式来实

---

① 参见［日］大谷实：《刑事政策学》，黎宏译，法律出版社 2000 年版，第 88 页、第 93 页。这里讨论的犯罪化与非犯罪化仅指狭义的，即立法上的犯罪化与非犯罪化。

② 参见贾学胜：《非犯罪化与中国刑法》，载陈兴良主编：《刑事法评论》（第 21 卷），北京大学出版社 2007 年版，第 508 ~ 510 页。

施”[①]。受文化传统影响，我国公众的性观念尚处于保守主义向温和主义过渡的阶段[②]，在这种情况下，对于有些猥亵行为，之所以给予刑罚处罚涉及公共秩序问题。

最后，我国正处于社会变革期，正在由强调国家本位向个人本位与国家本位并重转型，特别是2004年宪法修改时令人瞩目地将“尊重保障人权”载入宪法，近年来又提出以人为本，构建和谐社会的政治主张。面对这种社会现实，我国刑法调整范围应该适度转向注重个人权益保护，这也是结果无价值论的内在旨趣。这就要求，对没有法益侵害的行为适度进行非犯罪化，对严重侵害个人法益的行为需要适度犯罪化。

单纯从表面上看“犯罪化”与“非犯罪化”的概念，“给人以‘大量’的犯罪化与‘大量’的非犯罪化的感觉。其实，一个国家将某一个以往不作为犯罪处理的行为以犯罪论处时，就属于犯罪化；反之，刑法将以往作为犯罪处理的一种行为不再以犯罪论处，就是非犯罪化。在此意义上说，刑事立法上的犯罪化与非犯罪化，基本上等同于刑法的增删、修改”。[③] 下文根据前述猥亵型犯罪之犯罪化与非犯罪化的基准，对我国刑法中猥亵型犯罪的立法完善展开论述。

二、公然猥亵行为的犯罪化

（一）公然猥亵罪保护的本质

现代刑法理论认为，犯罪的本质是法益侵害，刑法的目的是保护法益，单纯违反道德的行为不是刑法的规制对象。问题是公然猥

---

① ［德］汉斯·海因里希·耶赛克、托马斯·魏根特：《德国刑法教科书》，中国法制出版社2001年版，第2页。

② 一般认为，从性保守主义到性温和主义再到性自由主义，是性观念和性权利发展的三个不同阶段，一般认为我国处于性保守主义与性温和主义之间的阶段。参见彭文华：《性权利的国际保护及我国刑法立法之完善》，载《法学论坛》2002年第5期。

③ 张明楷：《司法上的犯罪化与非犯罪化》，载《法学家》2008年第4期。

亵罪侵害的仅仅是性道德吗？这与对法益的界定和理解有关。法益就是法所保护的生活利益，但是正如日本学者内藤谦所言，“这一定义是个形式的定义，而且过于抽象和宽泛”。[①] 为了防止法益概念的抽象化，一般认为刑法保护的法益是指从宪法引导出的，“以个人及其自由发展为目标进行建设的社会整体制度范围之内，有益于个人及其自由发展的，或者是有益于这个制度本身功能的一种现实或者目标设定”[②]。笔者以为，“利益”从语意上说就是指“好处”，是一种对人类需要的满足关系。什么样的利益值得由法所保护、法应该确认哪些利益，这必须要根据民主法治原则来确定，既包括个人的自由和权利，也包括最终为了保护个人利益的社会秩序和制度。同时，刑法所保护的法益也是不断变化的，是“在符合宪法的目的设定的范围内，向历史的变化和经验性知识的进步开放的”[③]。从这个意义上说，公然猥亵罪保护的就不单单是道德，而是一种公共秩序。请看下面这个案例。

◎案例 25　杨某强制猥亵、侮辱妇女案

2010 年 4 月至 6 月，犯罪嫌疑人杨某至距离南京某学院女生宿舍约 100 米的一楼房的平台，先后 7 次脱下裤子裸露生殖器，面对众多女学生进行手淫。引起该校师生及周围群众公愤，经当地媒体报道后，引起群众广泛谴责。公安机关以强制侮辱妇女罪移送起诉，检察机关决定不起诉。

---

① 转引自李海东：《日本刑事法学者》（上），法律出版社、成文堂联合出版 1995 年版，第 334 页。

② 参见［德］克劳斯·罗克辛：《德国刑法学总论》，王世洲译，法律出版社 2005 年版，第 15 页。

③ 参见［德］克劳斯·罗克辛：《德国刑法学总论》，王世洲译，法律出版社 2005 年版，第 16 页。

这个案例中，杨某的行为激起了众多师生和周围群众的公愤，侵害的是一种公共秩序和安宁，应该说是具有法益侵害性的。但是我国刑法中并没有公然猥亵罪，而现行刑法规定的强制猥亵、侮辱罪需具有强制性，由于本案中并不存在强制行为，无法以此罪定罪处罚，这暴露出立法上的缺陷。正如罗克辛所言："将纯粹的违反道德行为逐出刑法，并不意味着在刑法上也不允许保护'情感'和其他可能的这一类对象。例如……公开进行性行为（第 183 条 a），就会通过由此激起的有关人员的愤怒或者在一般公众中产生的公愤，扰乱一个自由社会制度存在所必需的公共安宁。"[①] 所以，公然猥亵罪"不是为了维持性的道义观念，防止社会道德的颓废，而是保护现实生活中已经形成的性风俗"[②]。风俗本身就是一种公共秩序，"违反秩序行为也侵害法益，因为它给个人带来了损害（扰乱安宁的嘈声！）或者对公共福利（并且由此间接地对于公民）是有害的"[③]。

（二）域外立法例的借鉴

目前许多国家刑法规定了公然猥亵罪，如日本刑法典第 174 条规定"公然实施猥亵行为的，处 6 个月以下惩役或者 30 万元以下罚金、拘留或者科料"；德国刑法典第 183 条规定"通过露出性器官的行为而烦扰他人的，处 1 年以下的自由刑或者金钱刑"，第 183 条 a 又规定"行为人公开地实施性行为和因此地或者明知地激起愤怒的，处 1 年以下自由刑或者金钱刑"；法国刑法第 222 - 32 条规定"在公众可目击之场所，公然对他人露阴者，处 1 年监禁并科 15，000 欧元罚金"；意大利刑法第 527 条规定"在公共场所或向

① ［德］克劳斯·罗克辛：《德国刑法学总论》，王世洲译，法律出版社 2005 年版，第 16 页。

② ［日］大谷实：《刑法各论》，黎宏译，法律出版社 2003 年版，第 369 页。

③ ［德］克劳斯·罗克辛：《德国刑法学总论》，王世洲译，法律出版社 2005 年版，第 16 页。

众人开放或展示的场所实施淫秽行为的，处 3 个月至 3 年有期徒刑”。此外，奥地利刑法典第 128 条、瑞士刑法典第 203 条，以及我国台湾地区“刑法”第 234 条等都有关于公然猥亵罪的规定。

我国 1979 年刑法中的“流氓罪”涵盖了公然猥亵行为，但 1997 年修订刑法时，“流氓罪”被取消，其中与猥亵行为有关的内容被分散到其他条文中，如“强制猥亵、侮辱罪”被收入“侵犯公民人身权利、民主权利罪”一章中，“聚众淫乱罪”被收入“妨害社会管理秩序罪”一章中，但“公然猥亵罪”在新刑法中却没有规定，所以导致司法实践中出现大量如案例 25 这样的尴尬情况。从社会文明、开放程度上看，我国尚不及德国、法国；从文化传统上看，与近邻日本同属汉文化圈，与同属一国的台湾地区更是同文同种，相比之下，公然猥亵行为确是我国刑法中的“漏网之鱼”，我们似乎没有理由不对公然猥亵进行犯罪化。

（三）条文设计

1. 类罪归属

如前所述，公然猥亵罪侵害的是公众的性情感和性风俗，危害的是一种公共秩序，因此，在类罪归属上，应当规定在刑法第六章第一节“扰乱公共秩序罪”中，可以作为刑法第 301 条之一。有学者主张，将公然猥亵罪规定在刑法第 237 条强制猥亵、侮辱罪中①，笔者认为，这是不恰当的，因为公然猥亵罪侵害的是公共秩序，是一种社会法益，而强制猥亵、侮辱罪侵害的是个人法益。

2. 罪状描述

为节约条文和罪名，不宜像德国那样将露阴行为与公开性交分开规定，可以借鉴日本以及我国台湾地区的立法，设立公然猥亵罪，可以涵盖类似前述案例 25 中的露阴行为，以及裸奔、在公开

---

① 参见彭文华：《性权利的国际保护及我国刑法立法之完善》，载《法学论坛》2002 年第 5 期。

场所性交等行为。需要特别指出的是，强制猥亵罪中的猥亵一般是指性交以外的损害他人性羞耻心的行为，但是这一界定不能直接套用到公然猥亵罪上。因为猥亵行为具有相对性，在不同的猥亵罪中，猥亵行为的范围并不相同。在外国刑法中，公然猥亵行为既包括性交之外的行为，也包括性交行为，如夫妻在公开场合发生性交，构成公然猥亵罪。[①] 可见，公然猥亵包括在公开场合的性交行为，正如我国台湾地区学者林东茂指出的，“公然猥亵罪的猥亵概念必须独立界定……应当是指‘行为人的放纵情欲刻意显露于公众，并足以激起一般理性人的公愤’”。[②]

3. 法定刑设置

根据“严而不厉”的刑法理想结构，并参照国外的立法例，公然猥亵行为属于轻罪，按照我国的轻罪法定刑模式，其社会危害性与赌博、侮辱尸体等罪相当，可以考虑设定为 3 年以下有期徒刑、拘役或者管制。同时参照国外的立法，可以设置罚金刑作为附加刑。

这样，公然猥亵罪的条文为刑法第 301 条之一：“公然实施猥亵行为的，处三年以下有期徒刑、拘役或者管制，并处罚金。”

三、聚众淫乱罪的适度非犯罪化

聚众淫乱罪的存废问题一度引发学界甚至社会各界广泛争论。主要理由是认为不能用法律尤其是刑法来解决道德问题；不能以一部分公民的生活方式为准而订立法律来惩罚另一部分公民的生活方式。不可否认，我国现行刑法对聚众淫乱罪的打击面确实过宽，行为无价值色彩过浓，值得反思。比如下面这两个案例。

---

① 参见张明楷：《外国刑法纲要》，清华大学出版社 1999 年版，第 720 页。

② 林东茂：《刑法综览》，中国人民大学出版社 2009 年版，第 415 页。

◎案例26 马某等聚众淫乱案

2006年夏天至2009年8月，马某等22名被告人通过被告人马某创建的“夫妻情侣自助旅游”、被告人向某创建的“南京派对”、被告人苏某创建的“蓝玫瑰”等QQ群结识后，分别结伙先后在被告人马某家、某宾馆、某酒店等处进行聚众淫乱活动。其中被告人马某组织或参加聚众淫乱活动18起；被告人肖某组织或参加聚众淫乱活动16起；被告人向某、何某组织或参加聚众淫乱活动6起；被告人吴某组织或参加聚众淫乱活动3起；被告人张某组织或参加聚众淫乱活动2起；被告人苏某参加聚众淫乱活动8起；被告人邓某参加聚众淫乱活动7起；被告人张某参加聚众淫乱活动6起；被告人陈某参加聚众淫乱活动5起；被告人汪某、冯某、唐某、夏某、甘某、滕某参加聚众淫乱活动4起；被告人孔某、王某、陈某、杨某、施某、潘某参加淫乱活动3起。2010年5月20日，南京市秦淮区人民法院以聚众淫乱罪分别判处被告人马某等有期徒刑3年6个月、1年不等刑罚，另有3名被告人被单纯宣告有罪而免于刑事处罚。①

◎案例27 刘某等聚众淫乱案

2008年1月至3月，被告人刘某（男）多次召集、组织汤某（男）、陶某（男）、唐某（男），与朱某（女）、梁某（女）、李某（女）、夏某（女）、胡某（女），在南京市某宾馆房间，先吸毒再集体聚众淫乱，先后实施8次。5名妇女中有4名系卖淫女，每次淫乱后收取1000～1200元。各被告人分别被判处拘役、6个月有期

---

① 江苏省南京市秦淮区人民法院刑事判决书（2010）秦刑初字第66号。对于此案，很多人认为是20年来因聚众淫乱罪被判刑的首例，其实这是一种误解，类似的案件有很多，只是没有经媒体披露而未引起人们的关注，如南京市建邺区人民检察院仅2008年办理的聚众淫乱案件就有2件13人。

徒刑、1 年有期徒刑不等刑罚。[1]

从上述两个案例可以看出，这种私密的成人间的聚众淫乱行为，除了组织者被判处刑罚外，其他参与者也被处以刑罚，确实存在打击面过大的问题，行为无价值色彩过浓，值得批判。当然，完全废除也不符合当前的社会现实。笔者认为，从结果无价值论的立场看，应当限制聚众淫乱罪的成立范围，适度进行非犯罪化。

首先，成人间基于自愿、秘密进行的多人性交的参加者（包括多次参加者），不宜作犯罪处理。将刑法与道德划分开是现代刑事法治的重大成就，违反道德的行为不一定要受到刑法制裁；刑法所规定的犯罪也未必都是违反道德的行为（如行政犯）。单纯违反道德的行为，无论如何都不应该成为刑法规制的对象，这是现代刑法理论的共识，也是结果无价值论的基本立场。成人间自愿、秘密进行的多人性交行为，其中的“自愿”表明没有侵害性的自决权，即没有侵害个人法益，根据结果无价值论的观点，就不存在刑法保护的法益，自然不应当受到刑罚处罚。同时，在当前我国强调以人为本，尊重个人自由权利的形势下，对于参与者不宜作为犯罪处理。“秘密”一方面表明没有侵害不特定或多数人不想看到的自由，另一方面也没有扰乱人们正常的生活秩序，社会法益也并未受到影响，我们至多说参与者自甘堕落，这与吸毒、卖淫具有相似性。根据结果无价值论的观点，没有侵害法益的行为不应受到刑法处罚，提升人们的道德情操无论如何都不是刑法的任务。目前，我国刑法第 301 条第 1 款规定的聚众淫乱罪处罚的是首要分子和多次参加者，既然参加者并没有侵害个人法益，也没有侵害作为社会秩序的社会法益，那么次数的多少也就无关紧要了，因此，笔者建议，对于聚众淫乱的参加者包括多次参加者，在立法上予以非犯罪化。这

---

① 江苏省南京市建邺区人民法院刑事判决书（2008）建刑初字第 168 号。

既是结果无价值论的必然结论，也是刑事法治的需要。

其次，组织他人聚众淫乱的行为纳入刑法规制。如前所述，根据结果无价值论的观点，没有法益侵害的行为不该受到刑法处罚，但这并不意味着，没有侵害个人法益的行为一律不入罪，“对有些不一定损害任何特定个人的行为也需要犯罪化，因为这些行为削弱了社会制度，而这些制度的健全与否与我们有着利害关系”。[①] 聚众淫乱行为的法益侵害性不是体现在参加者的“淫乱”行为上，而是体现在“聚众”行为上。因为“聚众”使其影响面和波及范围扩展到一般人所遵循的性秩序，这是一种社会法益，而并非行为无价值论者所宣称的性道德。如前所述，“淫乱”的行为主体即一般参加者，不应受到刑罚处罚；“聚众”的行为主体是组织者，组织者使“聚众”行为得以实现，使淫乱行为更具规模，波及公共秩序，将其纳入刑法规制对象，具有实质理由。至于刑罚设置，目前我国刑法第 301 条对于聚众淫乱罪的法定刑设置为五年以下有期徒刑、拘役或者管制。笔者认为，聚众淫乱罪与公然猥亵罪一样，当属于轻罪范畴，根据“严而不厉”的刑法结构，建议法定刑降为 3 年以下有期徒刑、拘役或管制。

最后，公开进行聚众淫乱的行为由公然猥亵罪予以规制。刑法学界较为一致地认为，公开进行聚众淫乱的行为应当纳入刑法的规制范围，至于是在聚众淫乱罪的基础上修改，还是增设新罪名，则有不同意见。有观点认为，在刑法第 301 条第 1 款的基础上予以修改，只处罚公开的聚众淫乱行为；还有观点主张直接废除聚众淫乱罪，增设公然猥亵罪。[②] 聚众淫乱罪是我国刑法所特有的，外国刑

---

① ［美］范伯格：《自由、权利和社会正义》，王守昌等译，贵州人民出版社 1998 年版，第 33 页。

② 参见黄京平、陈鹏展：《无被害人犯罪非犯罪化研究》，载《江海学刊》2006 年第 4 期；彭文华：《性权利的国际保护及我国刑法立法之完善》，载《法学论坛》2002 年第 5 期。

法中一方面规定了公然猥亵罪，另一方面未将秘密、自愿进行的多人性交规定为犯罪。如前所述，笔者主张部分保留聚众淫乱罪，即只处罚组织者；同时建议增设公然猥亵罪作为刑法第301条之一，公然猥亵罪是指使不特定人或者多数人可能看得见的方式进行的猥亵行为，包括裸奔、公开场合性交等，不论是组织者，还是一般参加者均属于本罪的规制对象。这里的公开场合性交包括二人之间以及多人之间进行的，因此公开进行的聚众淫乱行为符合公然猥亵罪的特征。

至于刑法第301条第2款引诱未成年人聚众淫乱罪，当然应该予以保留，因为未成年人对性自由、性自决权缺乏正确认识，出于对未成年人性自决权和身心健康的特殊保护，将其作为刑法规制的对象，恰恰是刑法保护法益目的的体现。

根据上述，笔者认为，应该将现行刑法第301条修改为："组织他人聚众淫乱的，处三年以下有期徒刑、拘役或者管制。

"引诱未成年人参加聚众淫乱的，依照前款的规定从重处罚。

"公然聚众淫乱的，依照刑法第三百零一条之一的规定处罚。"

四、强制猥亵男性行为的犯罪化

《刑法修正案（九）》施行前，我国刑法第237条规定的强制猥亵、侮辱妇女罪，其成立是以暴力、威胁或其他强制性方法为前提的，侵害的是妇女的性自由和性的羞耻心，是侵害个人法益的犯罪，将男性排除在犯罪对象之外，其原因无非是考虑到妇女和儿童在生理、身心方面处于相对弱势的地位，有必要予以特殊保护，以体现我国一贯重视保护妇女和儿童合法权益的政策。虽然《刑法修正案（九）》进行了修改，但是并不彻底，将刑法第237条修改为"以暴力、胁迫或者其他方法强制猥亵他人或者侮辱妇女的，处五年以下有期徒刑或者拘役。"也就是说，强制猥亵的对象包括男性，但是强制侮辱的对象依然限于女性。笔者认为，一方面这里区分猥亵与侮辱并无必要，另一方面应将强制侮辱的对象也扩大到男性。

首先，性权利应该受到平等保护，这与结果无价值论具有相同的旨趣。如前所述，我国正处于社会变革期，正在由过于强调国家本位向国家本位与个人本位并重转向，以人为本、保障人权的公众意识越来越强烈，刑法调整范围也应该适度向注重个人权益保护转型。性权利是公民人身权利的一部分，属于基本人权的范畴，应该体现出人权的平等性，不应因性别的差异而受不平等待遇。1999 年 8 月 23 日，由世界性学会组织、30 多个国家和地区参加的世界性学大会第 14 次会议在中国香港举行，会议通过了《香港性权宣言》，对性权利的内容作了详尽的规定，宣称性是每个人人格之不可分割的部分，是由个人与社会结构之间的互动而构建，其充分发展为个人、人际和社会健康幸福所必需，性权乃基本、普世人权，以全人类之固有自由、尊严与平等为基础，具体规定了性自由权、性自治权、性完整权、性身体安全权、性私权、性公平权、性快乐权、性表达权、性自由结合权等 11 项性权利。可见，对性权利的平等保护已经得到国际公约的认可。根据平等原则，男性性权利与女性性权利具有同等的价值，刑法对它们的保护不应该厚此薄彼。世界上多数国家刑法均没有将强制猥亵罪（包括强奸罪）的对象限定为妇女。

其次，社会现实需要保护男性的性权利。从理论上说，强制猥亵行为原本就包括以下几种情况：强行对他人实施猥亵行为、强制他人对自己实施猥亵行为、强制他人与第三者实施猥亵行为、强制他人忍受第三者对其实施猥亵行为。这里的他人既可以是男性，也可以是女性。从传统的社会现实来看，女性的性权利较男性的性权利更容易受到侵犯，这也是我国刑法一直未关注男性性权利保护的重要原因（如强奸罪的犯罪对象也仅限于妇女）。时至今日，男性的性权利受到侵害的案件并不鲜见。从实践中发生的案件来看，男性性权利遭到侵害主要体现为三种情况：第一种情况是男同性恋性侵害案件，这类案件近年来越来越引起人们的关注。2004 年南京就发生了组织同性恋卖淫的案件[①]，男同性恋者强制猥亵其他男子的现象越来越多。例如，浙江某地，打工者陈某被其雇主颜某猥亵，陈某向公安局报案被告知不予受理后遂向司法局寻求法律援助，同样无果。陈某爬上司法局外墙欲跳楼自杀，数百名群众围观引起交通堵塞和市区秩序混乱。[②] 这是社会的悲剧，更是法律的悲哀。第二种情况是妇女对男子实施强制猥亵行为。例如，沈阳某中学女教师多次强制猥亵男学生，并唆使其他同学对该男生进行殴打以长期进行猥亵。[③] 刑法对此行为却无能为力。第三种情况是成年男子对已满 14 周岁男性未成年人实施猥亵行为。例如，成都市金牛区人民检察院 2010 年起诉的卿某猥亵儿童案件中，卿某先后猥亵多名 13 ~ 16 周岁不等的男童，受害人只有其中一名 13 岁多的男孩，其他几名已满 14 周岁的男孩都没有列入受害人名单。[④] 一个个花样少年的身心所遭受的摧残如此令人触目惊心，但司法却只能“一声叹息”。

因此，笔者建议将刑法第 237 条第 1 款修改为：“以暴力、胁迫或其他方法强制猥亵他人的，处五年以下有期徒刑。”需要顺便指出的是，强奸罪的对象同样不应该限于女性，近年来男性被强奸的案件不断见诸媒体，这也是平等保护男性性权利的应有之义，猥

---

① 此案被媒体誉为同性卖淫第一案，基本案情：自 2003 年元旦以来，李宁先后伙同张虎、冷某（均另案处理）等人经预谋后，采取张贴广告、登报招聘“男公关”的手段，招募、组织多名男青年在其原经营的“金麒麟”、“廊桥”以及“正麒”酒吧内与男性消费者从事同性卖淫嫖娼活动，从中牟利 12.47 万元。

② 参见董力：《关于完善男性间同性性侵犯刑法保护的思考》，载《贵州警官职业学院学报》2007 年第 3 期。

③ 参见《沈阳某中学惊曝奇闻：女教师猥亵男同学》，载 http://learning.sohu.com/96/75/article214257596.shtml，最后访问日期：2011 年 11 月 23 日。

④ 参见《成都一检察院公诉猥亵儿童罪牵出法律空白》，载 http://www.criminallaw.com.cn/article/default.asp?id=3814，最后访问日期：2011 年 11 月 23 日。

亵男性的行为尚需犯罪化，举轻以明重，强奸男性的行为更应该犯罪化，也建议将刑法第 236 条的“强奸妇女”修改为“强奸他人”。

刑法是对社会现实的典型构建，犯罪化与非犯罪化必须立足一国的社会现实和法益侵害的本质。就猥亵型犯罪而言，一方面要对公然猥亵、强制猥亵男子行为予以犯罪化，以弥补刑事法网的漏洞；另一方面也要坚守刑法谦抑主义，对仅参加聚众淫乱的行为予以非犯罪化；同时将公然猥亵、组织聚众淫乱界定为轻罪，调整法定刑，力求“严而不厉”的理想状态。在这种理想状态下，本章开头引入的案例 25 杨某的行为应当以公然猥亵罪追究刑事责任；案例 26、27 应该仅处罚聚众淫乱的组织者，其他参加者不予刑罚处罚。

第八章　结果无价值论之于财产犯罪[1]

财产犯罪是最为传统，也是案发率最高的犯罪类型，这原本属于行为无价值论与结果无价值论之争的传统领域，但是随着社会情势和刑法理论的发展变化，很多争点已经日益模糊。比如，关于财产犯罪的保护法益，本权说是结果无价值论的传统观点，占有说是行为无价值论的传统观点。但是，因市场经济的发展导致对财产损害的认识发生变化，这种对立时至今日已经风采不再，各种中间说占据了主流，特别是以占有说为基础的中间说，既为结果无价值论者所主张，也同样为行为无价值论者所主张。例如，结果无价值论者平野龙一和前田雅英基于占有说而分别主张平稳的占有说和实质的占有说；而行为无价值论者大塚仁也主张基于占有说的“与本权者的对抗具有合理理由的占有说”，各种中间学说之间的争论已经不再具有学派之争的意义，可以说“本权说—结果无价值论、占有说—行为无价值论”的对应模式也已经不存在了。[2] 但是，由于行为无价值论与结果无价值论对违法性本质的不同认识、对构成要件解释路径的不同，在财产犯罪领域仍然会对一些具体问题得出截然

---

① 本章第三、第四节内容涉及盗窃罪的数额问题。在本书完稿之后，2013 年 4 月 4 日起施行的《最高人民法院、最高人民检察院关于办理盗窃刑事案件适用法律若干问题的解释》对盗窃罪数额标准进行了调整，考虑本书中引用的案例均在该新司法解释施行之前，因此，本书仍以案例当时的司法解释作为讨论的基础。

② 参见张明楷：《法益初论》，中国政法大学出版社 2003 年版，第 516 页以下。

不同的结论。本章结合案例，对这些问题进行探讨。

第一节
对故意毁坏财物罪中“毁坏”的理解

结果无价值论主张实质解释，行为无价值论主张形式解释，“结果无价值论—实质刑法观”“行为无价值论—形式刑法观”大体上是可以成立的。这两种刑法观、刑法解释论，在故意毁坏财物罪中集中体现在对“毁坏”一词的理解上。结果无价值论者认为，凡是能够导致财物丧失效用的一切行为都是毁坏，诸如戒指扔入大海、打开鱼塘将鱼放入河流、打开鸟笼放飞小鸟、将餐具放在粪便上等，这些行为都是毁坏行为，甚至侵入别人股票账户低价卖出的行为也是毁坏。行为无价值论者则认为，故意毁坏财物罪中的“毁坏”是一种物理性的损毁，如果不是对物采取一种有形力量的毁损，哪怕造成了财物的整体效用的丧失，也不属于“毁坏”，上述这些例子，都不属于故意毁坏财物的行为。可以看出，前者是一种实质解释，看重的是结果本身；后者则是一种形式解释，看重的是造成这种结果的行为方式。下面结合案例进一步展开。

◎案例 28　朱某故意毁坏财物罪

被告人朱某于2002年4月29日至5月10日，利用事先窃取的被害人陆某、赵某夫妇在某证券公司的资金账号和股票交易账户密码，非法侵入并篡改了股票交易账户密码。然后，使用陆、赵夫妇的股票和资金采用高进低出的方法进行恶意交易，造成陆、赵夫妇的股票和资金损失达人民币19.7万余元。2002年5月16日，被告人朱某再次侵入陆某的股票交易账户时，被发现抓获。被告人朱某如实供认了全部犯罪事实，并赔偿了陆、赵夫妇的经济损失。上海市静安区人民检察院认为，被告人朱某为泄私愤，利用事先窃获的资金账号和密码非法侵入被害人的股票委托交易账户并篡改了交易密码，进行高价买进股票后低价卖出的恶意交易，从而造成被害人损失达19.79万余元，应当以故意毁坏财物罪追究刑事责任。上海市静安区人民法院经审理认为，被告人朱某的行为构成故意毁坏财物罪，以被告人朱某犯故意毁坏财物罪，判处有期徒刑1年6个月，宣告缓刑2年。[①]

本案中，被告人出于泄私愤的目的，通过高进低出恶意买卖他人股票造成他人经济损失的行为构成何罪，存在不同意见。第一种意见认为，被告人的行为构成盗窃罪，因为从客观方面看，被告人的行为符合秘密窃取的条件。第二种意见认为，被告人的行为构成侵犯商业秘密罪。第三种意见认为，被告人的行为构成故意毁坏财物罪。

对于上述各种意见，前两种意见存在明显的错误，因为被告人并非将被害人账户内股票低价抛售给自己，换言之，并非被告人本人购买了这些低价抛售的股票，从而实现获利，被告人并无非法占有目的，不构成盗窃罪；被害人基于炒股所拥有的股票资金账户、密码、股票种类和数量等一系列秘密，并不属于商业秘密的范畴因而不构成侵犯商业秘密罪。此案争议的焦点在于是否构成故意毁坏财物罪，而“毁坏”的理解和解释成为焦点中的焦点。

一、大陆法系刑法学关于“毁坏”的学说

关于“毁坏”的理论，大陆法系刑法理论主要有以下三种学说。

（1）物质毁损说，认为毁坏是对该财物的整体或部分造成物质上的损坏，使财物部分或完全不能依其本来的用途使用。根据该学

---

① 上海市静安区人民法院刑事判决书（2002）静刑初字第146号。

说，将钻戒扔入大海、将鱼塘中鱼放走、将鸟笼中鸟放走，则不认为是一种毁坏行为，因为此类行为虽然在功能上影响了其效用，但财物没有在物理上受到损坏。[①]

（2）有形侵害说，认为毁损是指对财物施加了有形作用力，使财物的无形价值或者效用受到损害，或者损害物体完整性行为。该说认为，毁损由两部分组成：有形力和由有形力造成的损害，两者缺一不可，只有其中一者不能成立毁坏行为。比如，向他人餐具中投入粪尿使其不能再次使用的行为被认为是对餐具施加了有形作用力，因此，构成故意毁坏财物罪。关于隐匿财物的行为则有争议，到底隐匿行为算不算作用力，没有统一的看法。而将钻戒投入海中，将他人所饲养的鸟或鱼等动物放走，根据德国刑法理论一般认为不算是一种毁坏行为，因为这些行为不能算是施加了一种有形力。

（3）效用侵害说，认为毁坏是包括一般意义上的使财物灭失，同时也涵盖了损害财物效用的一切行为。判断财物毁坏以该财物效用受到损害为标准，而是否直接造成财物的全部或者部分损害并不重要，其又可分为“本来的效用侵害说”和“一般的效用侵害说”。

本来的效用侵害说认为，毁坏是指物质地损害财物的全体或一部，或者使物达到不能遵从其本来的用法进行使用的状态的行为。例如，日本学者大谷实认为，“损害就是变更用一定材料做成的器物自身的形象或者使其灭失，也包括使人在事实上或者感情上不能按照该物的本来用途使用的情况在内，即使该物丧失其本来用途”。[②]

一般的效用侵害说认为，毁坏并不限于从物理上变更或消灭财物的形体，而是包括丧失或减少财物的效用的一切行为。例如，日

---

① 参见刘明祥：《财产罪比较研究》，中国政法大学出版社 2001 年版，第 420 页。

② ［日］大谷实：《刑法各论》，黎宏译，法律出版社 2003 年版，第 256 页。

本刑法学者西田典之认为，损害并不限于物理性损害，而是包括有害于物之效用的一切行为，诸如向餐具撒尿的行为，放走鱼池内的鱼的行为，拿走并藏匿拍卖纪录的行为，拿走招牌并藏匿的行为，这样的使其心理上再不能使用的行为，使之丧失占有的行为也是损害。①

本来的效用侵害说与一般效用侵害说的分歧导致实践中的处理有所不同。“例如，非法翻耕他人的宅基地后，在上面种植农作物，按‘一般的效用侵害说’，是一种毁损他人财物的行为，而根据‘本来的用法侵害说’，这是暂时妨害宅基地的效用，并没有达到使之不能按其原有的用法使用的程度，不能算是毁坏行为。”②根据该学说，隐匿的行为也是一种故意毁坏的行为，如芬兰刑法典第 35 章第 1 条第 2 款规定：为了给他人造成损害，没有正当理由毁坏、破坏、隐藏或者隐匿信息设备中的数据记录或者其他记录，同样应当按照刑事损坏处罚。

二、结果无价值论与行为无价值论关于“毁坏”含义的争论

上述学说中，物质损害说主要是从毁坏、损害概念的本来文本含义出发对毁坏的含义进行理解，是一种严格和极端的形式解释论，不当地缩小了处罚范围。比较彻底的行为无价值论易采取该立场，目前已经少有学者主张。有形侵害说为了避免物质损害说不当缩小处罚范围的缺陷，增加了损害物的效用这一判定标准，同时为限制处罚范围又限定必须使用有形力。二元的行为无价值论一般会采取该立场。德国目前的通说认为，物质上的损害，毁灭物的实体（如杀死动物），或对于物的重大破坏，使物的特定方式的可使用性

① 参见［日］西田典之：《日本刑法各论》（第三版），刘明祥、王昭武译，中国人民大学出版社 2007 年版，第 213 页。

② 赵秉志主编：《外国刑法各论》，中国人民大学出版社 2006 年版，第 253 页。

减失，是毁坏，也就是毁损系直接针对物之本身所产生物体不可恢复的损害或损害其特定之可使用性所造成不利之改变。[①] 例如，被告人将他人饲养的鸟儿放飞，德国的主流观点认为不构成故意毁坏财物罪，而仅仅是“一个不受罚的（纯粹的）‘脱离占有’行为”。可见，德国的通说采取了二元的行为无价值论的观点。德国少数学者认为，对所有权人确定的用途目的的任何挫败，都足以成立破坏或者毁坏的概念。对此，德国学者韦塞尔斯指出，“必须要对物的质体上损害作为实现构成要件的前提条件这一点上”，并认为“少数人的上述观点已经超出了法律文字字义对扩张性解释划定的界限，因为在适用损害的概念时对行为人的对物自身的作用无论是直接的还是间接的他们都未予考虑”。[②]

近年来，随着德、日刑法学理论的大量引入，我国刑法学界开始对故意毁坏财物罪的“毁坏”含义进行深入研究，形成了结果无价值论与行为无价值论的争议。

国内结果无价值论者张明楷教授主张一般的效用侵害说，认为毁坏不限于从物理上变更或者消灭财物的形体，而是包括丧失或者减少财物的效用的一切行为。所谓财物效用的丧失与减少，不仅包括因为物理上、客观上的损害而导致财物的效用丧失或者减少（使他人鱼池的鱼游失、将他人的戒指扔入海中、低价抛售他人股票），而且包括因为心理上、感情上的缘故而导致财物的效用丧失或者减少（如将粪便投入他人餐具，使他人不再使用餐具）；不仅包括财物本身的丧失，而且包括被害人对财物占有的丧失（如将他人财物隐藏）等情况。[③]

---

① 参见张丽卿：《新刑法探索》，台北，元照出版有限公司2006年版，第437页。

② ［德］约翰内斯·韦塞尔斯：《德国刑法总论》，李昌珂译，法律出版社2008年版，第27～28页。

③ 参见张明楷：《刑法学》（第四版），法律出版社2007年版，第911页。

国内行为无价值论领军人物陈兴良教授则更加针锋相对地从行为无价值论角度，批评效用侵害说只着眼于效用丧失或降低的结果（结果无价值），而对行为方式本身没有加以限制，因此其“对于毁坏的理解具有结果论的效应，过于宽泛”，认为“毁坏财物行为应当揭示行为的破坏性，只有破坏性的行为才能构成毁坏，那些不具有破坏性的行为则不能认定为毁坏”，“物质的毁损说强调采用导致财物遭受物质的损毁的手段”是正确的，只有行为的破坏性，才能把那些虽然使他人财产遭受损失但并未采用破坏性手段的行为从毁坏中予以排除。陈教授同时也承认物质的损毁说将后果局限在物理性损毁，不包括功能性损毁，也存在缺陷，进而认为毁坏的后果包括财物丧失价值。例如，在名画上泼墨使之污损，是毁坏，但是放走小鸟、将戒指丢到大海不属于毁坏财物。①陈兴良教授的上述观点实际上就是德国通说的有形侵害说。持类似观点的还有陈教授的弟子邓子滨，邓子滨教授认为，刑法上的毁坏，从物理上说，主要是使财物严重变形，丧失其完整性，如破坏鸟笼、砸碎玻璃、撕破衣服；或者是使财物灭失、流失，如当着物主的面，将他人储存的饮用水倒在地上；或者是使财物外观受损，如向他人的画卷喷涂油污。②

三、基于结果无价值论的一般效用损害说之提倡

笔者基于结果无价值论的立场，认为一般效用损害说是妥当的。理由如下：

（一）现代财产形态和样式的变化需要对“毁坏”含义重新解读

故意毁坏财物罪中“毁坏”含义的理解与“财物”的含义是

---

① 参见陈兴良：《判例刑法学》（下卷），中国人民大学出版社 2009 年版，第 398～400 页。

② 参见邓子滨：《就一起故意毁坏财物案向虚拟陪审团所作的辩护》，载陈泽宪主编：《刑事法前沿》（第 4 卷），中国人民公安大学出版社 2008 年版，第 187 页。

相互关联的。毁坏财物罪中的“物”，“与财物同义，不管种类、性质如何，只要是能够成为财产权的目的物，就够了”①。因为“财物”的形态及表现方式的变化必然影响“毁坏”的含义。传统的财物主要是摸得着、看得见的有体物，与之相适应的“毁坏”理所当然地表现为物理性的、有形力的破坏，如打碎他人的花瓶。随着社会的发展，财物的概念和表现形态呈现新的变化，财产的外延也不同，摸不着、看不见的无体物也是财物，如电力是财物，股权也是一种财物，电脑或移动存储装置中存储的数据资料也是财物。这种情况下，仍然坚持传统的物质损害说或有形损害说，就不合时宜了。比如，将他人电脑中存储的珍贵研究数据资料删除，或者向他人电脑发送病毒毁坏数据资料，无疑是一种毁坏财物的行为，但是很难说使用了有形力。因为财物概念的变化，要求“毁坏”的概念也随之变化，否则不利于刑法保护法益目的之实现，正如“在没有文字或没有电脑的社会当中，文书的证明力或对于储存于电子资料处理系统中的资料有使用权，不可能成为法益；随着社会破坏环境的能力，才能够意识到，环境的完整性是类似于未来世代的财产法益”②。

（二）一般效用损害说不违反罪刑法定原则

罪刑法定与类推解释势不两立，但是与扩大解释并不矛盾。扩大解释与类推解释的界限在于刑法用语可能具有的含义及国民的预测范围。由于财物概念的变化已经为国民所熟悉，与之相适应的毁坏概念的变化，并不会使国民感到“惊愕”。例如，当今世人不会认为股权不是财物。同样，行为人基于报复或泄愤，将邻居一渔民

---

① ［日］大塚仁：《刑法概说（各论）》（第三版），冯军译，中国人民大学出版社2003年版，第388页。

② ［德］许迺曼：《刑事不法之体系：以法益概念与被害者学作为总则体系与分则体系间的桥梁》，载许玉秀、陈志辉：《不移不惑献身法与正义——许迺曼教授刑事法论文选辑》，台北，新学林出版股份有限公司2006年版，第202页。

家的鱼塘堤坝掘开，将鱼塘中饲养的价值数十万元的鱼放走，而这些鱼是这个渔民家庭全年收入所在，恐怕没有人会认为这不是一种毁坏行为①，更不会有人认为这是一种不可罚的民事纠纷。另外，有些财物具有心理或情感上的价值，毁坏这些财物被认定为故意毁坏财物罪也符合一般国民的观念。例如，照片胶卷底片曝光，"虽对于外形无损，不符合物质上损害的概念，然其功能已经丧失，是一种特定方式的可使用性减损……底片的主要作用在于记忆事物之影像，作为冲洗照片之用。这种行为已使底片对于特定目的之可使用性完全灭失，使其功能效力完全丧失，虽然底片的经济价值低微，但对乙［底片的所有人］而言，系一辈子的回忆，系有保全利益之物，已对乙造成确实的损害。"②

（三）从国外的情况看

日本刑法界的通说是效用损坏害说，而且一般效用损害说占据有力地位，也得到日本判例的认可；德国占主流的是有形损害说。这种德、日不同的状况与结果无价值论在日本强有力的影响和二元的行为无价值论在德国占据主流的整体情势是相适应的。这是由各自国家特殊的历史和现实所决定的。③ 事实上，一般效用损害说甚至还得到一些国家立法的认可，如新加坡刑法典对"毁坏"的规定，该法典第425条规定：任何人故意或明知可能会引起对公众或任何人的非法损失或损害，而造成任何财产的毁坏、改变，或者破坏或减少财产的价值或使用效果，或对财产造成损害性影响的，称为实施了损害。在此，毁坏被认为是一种毁坏、改变或者破坏或减少财产的价值或使用效果，或对财产造成损害性影响的。可见，该刑法基本上和"效用侵害说"契合，基本上可以认为故意毁坏财物

---

① 当然，这些鱼可能同时属于生产经营资料，其行为可能同时触犯破坏生产经营罪，按照想象竞合，从一重处。

② 张丽卿：《新刑法探索》，台北，元照出版有限公司2006年版，第437页。

③ 具体的论述参见本书第一章第三节相关内容。

行为是一种对使用价值的妨害和价值的消灭。例如，向某一间属于他人的冰房引水，由此造成冰的融解，构成损害罪；故意将他人的手镯扔进河中也构成损害罪。

四、低价抛售他人股票是否属于毁坏

行文至此，我们再来分析前述案例 28 朱某故意毁坏财物案。按照行为无价值论的有形损害说，被告人朱某显然不构成故意毁坏财物罪。因为朱某利用事先获悉的被害人陆某和赵某的股票交易账号和密码，进入被害人的股票交易账户，使用两被害人的资金和股票，采用高买低卖的方式进行股票交易，抛售被害人股票，致使被害人遭受 19 万余元的财产损失。在这个过程中，朱某既没有损害股票的物理形态，也没有对股票行使有形力，无论是根据物质损害说还是有形损害说，都无法得出故意毁坏财物罪的结论。同样，即便是采用本来的效用侵害说，由于股票低价出售后仍然能够进行交易和投资，仍然能够行使债权凭证的功能，其本来的效用并没有受到侵害，也无法得出故意毁坏财物罪的结论。而按照结果无价值论的一般效用说，朱某采用高买低卖的方式抛售他人股票，使被害人的股票所负载的价值减少，这与将鱼塘中的鱼放走没有什么不同。所以，张明楷教授明确指出低价抛售他人股票属于毁坏。①

笔者认为，朱某的行为构成故意毁坏财物罪，判决的结论是正确的。首先，行为无价值论的解释有自相矛盾之嫌。按照物质损害说和有形损害说，必须是损毁股票本身才可能成立故意毁坏财物罪，但是由于股票可以采用挂失或保全等措施，即使其书面的纸票被损害，也不会造成其所记载的财产权受到损害。按照本来效用损害说几乎无论如何都无法毁坏股票的本来功能，这样就等于说股票永远不可能成为故意毁坏财物罪的对象。所以，行为无价值论者就

---

① 参见张明楷：《刑法学》（第四版），法律出版社 2007 年版，第 911 页。

陷入这样的自相矛盾之中而不能自拔，一方面认为财产凭证可以成为故意毁坏财物罪的对象，将其撕毁就是毁坏；另一方面又认为即使把股票撕毁还可以对股票进行保全，使其不致被灭失而不成立故意毁坏财物罪。其次，行为无价值论批评主张朱某构成故意毁坏财物罪意味着“毁坏行为的含义不是由行为方式本身决定的，而是由结果决定的”①，这种批评是值得商榷的。故意毁坏财物罪的核心就是损害财物的效用，毁坏行为的含义不可能脱离其损害财物效用和功能的结果，这一点陈兴良教授自己在前述界定毁坏含义时也不得不承认物质的损毁说“将后果局限在物理性损毁，不包括功能性损毁，也存在缺陷”，进而认为毁坏的后果包括财物丧失价值，例如在名画上泼墨使之污损，是毁坏②。最后，将朱某的行为评价为故意毁坏财物罪，既符合刑法保护法益的目的，也不违背罪刑法定原则。就此案而言，如果认为朱某的行为不构成故意毁坏财物罪，那么根据我国现行刑法就只能评价为无罪，被害人的 19 万余元的损失得不到刑法的保护，这是令人无法接受的。这种无罪的结论事实上并非刑法的漏洞，而是解释者解释出来的漏洞。事实上，将这种行为解释为“毁坏”，并不会超出国民的预测范围，因为朱某毁坏的对象是一种特殊的财物——股票，这决定了其行为方式不同于打碎一只花瓶，这一点，国民完全能够理解。

第二节
侵占罪中“遗忘物”的认定

盗窃罪与侵占罪的本质区别在于，盗窃罪是剥夺他人的占有，

---

① 陈兴良：《判例刑法学》（下卷），中国人民大学出版社 2009 年版，第 403 页。

② 参见陈兴良：《判例刑法学》（下卷），中国人民大学出版社 2009 年版，第 398 ~ 400 页。

建立自己的非法占有；而侵占罪是将自己合法持有的他人之物占为己有。因此，“侵占罪的基本前提是，行为人持有‘他人之物’，没有这个地位，就不能成立侵占罪”。[①] 这种区分标准，理论上是具有共识的，但是具体到个案的判断上，人们却会得出截然不同的结论。比如下面这个案例。

◎案例29　梁丽“捡”黄金案

2008年12月9日8时20分许，被害人东莞某珠宝公司员工王某来到深圳机场B号候机楼19号柜台前办理行李托运手续。由于托运行李内装有黄金饰品，需要到10号柜台才能办理。王某即前往距离19号柜台22米远的10号柜台。王某离开时，一个装有14，555.37克黄金首饰的小纸箱放在行李手推车上方的篮子内，行李手推车单独停放在19号柜台前1米的黄线处（并非梁丽辩解的“垃圾桶旁”，与最近的垃圾桶尚有约11米的距离）。此时，机场清洁工梁丽经过19号柜台，遂将小纸箱搬到其清洁手推车底层，后存放大厅北侧16号男洗手间内（从被害人离开到梁丽拿走涉案纸箱的时间约1分钟，被害人离开19号柜台的时间与梁丽到达19号柜台发现涉案纸箱时间相距约半分钟，从梁丽查看涉案纸箱到将纸箱搬离19号柜台，共持续约半分钟）。约4分钟后，王某返回19号柜台，发现行李手推车及车上的纸箱不见了，经向机场工作人员询问无果后，即报警。

当天9时40分许，梁丽告诉同事，捡到一纸箱，经梁丽同意，同事马某、曹某到16号洗手间将纸箱打开，见到是黄金首饰后分两次从中取走两包。10时许，曹某告诉梁丽纸箱内可能是黄金首饰，梁丽便来到16号洗手间察看。后梁丽将纸箱放到自己的清洁

---

① 林东茂：《刑法综览》（第七版），台北，一品文化出版社2012年版，第2~182页。

手推车底层后离开，并从纸箱内取出一件首饰交由同事韩某到黄金首饰店鉴别。后韩某告知梁丽是黄金首饰。当天14时许，梁丽将该纸箱带回住处放置于床底下。16时许，曹某告知梁丽失主已报警。18时许，民警到梁丽家中询问，梁丽否认，直到床下存放的纸箱被民警发现，梁丽才承认。广东省深圳市宝安区人民检察院认为梁丽的行为虽然有盗窃的特征，但构成盗窃罪的证据不足，更符合侵占罪的构成特征。根据“刑疑惟轻”的原则，从有利于梁丽的角度出发，认定梁丽不构成盗窃罪。①

对于这一热点案件，有人主张构成盗窃罪、有人主张构成侵占罪，还有人认为属于不当得利而不构成犯罪，争论异常激烈。争议乱象的背后是对于我国刑法中的一个特有的概念——“遗忘物”的解释问题。我国刑法第270条规定的侵占罪，其中第2款规定“将他人的遗忘物、埋藏物非法占为己有，数额较大，拒不交出的，依照前款规定处罚”。结果无价值论与行为无价值论对此款中的“遗忘物”有着截然不同的解释路径。

一、行为无价值论对“遗忘物”的理解

行为无价值论从行为人的主观因素进行解释，以被害人是否忘记或是否回忆得出财物的位置为判断遗忘物的标准。这是我国传统通说观点。如有观点认为，遗忘物是指被害人明确知道自己遗忘在某处的物品，而遗失物则是失主丢失的物品。② 陈兴良教授认为，遗忘物具有三个特征：一是财产所有人或者占有人丧失了对财产的

---

① 朱香山、林俊杰：《梁丽“捡”黄金被定性“侵占罪” 检察机关不予公诉》，载http：//news. jcrb. com/jxsw/200909/t20090925_ 266322. html，最后访问日期：2009年9月25日。

② 参见胡康生、朗胜主编：《中华人民共和国刑法释义》，法律出版社2006年版，第420页。

控制；二是之所以丧失控制是由于财产所有人或者占有人的疏忽；三是财产所有人或者占有人仍然知道财物遗忘的场所。[①] 还有观点认为遗忘物与遗失物的区别如下：一是前者经回忆一般都能知道财物所在位置，也较容易找回，后者一般不知失落何处，不易找回；二是前者一般尚未完全脱离物主的控制范围，后者则完全脱离了物主的控制；三是前者一般脱离物主的时间较短，后者一般脱离物主的时间较长。[②] 前述梁丽“捡”黄金案，很多主张侵占罪观点的主要理由就是认为装有黄金首饰的纸箱是“遗忘物”。

二、结果无价值论对“遗忘物”的判断

结果无价值论从客观上看财物是否脱离被害人的占有为判断遗忘物的标准。如张明楷教授认为，我国刑法中的遗忘物与遗失物没有差别，区分二者不仅毫无意义，而且也十分困难，甚至不可能。遗忘物不能完全按照字面意义理解，而宜理解为“非基于他人本意而失去控制，偶然（即不是基于委托关系）由行为人占有或者占有人不明的财物”[③]。笔者对此表示赞同。

首先，以被害人是否忘记或是否回忆得出财物的位置为判断遗忘物的标准，主观性较大，随意性较大。将犯罪的成立与否奠定在被害人的记忆力强弱上，这不仅仅是行为无价值论的表现，甚至是一种主观主义的表现。任何一个犯罪构成要件都不可能取决于被害人的记忆力，被害人的记忆力强弱不能也不应该决定被告人的命运。更何况，被害人是否能够回忆得起来，在证据上除了被害人自己的陈述也难以有其他证据来证明。这种行为无价值论的立场容易导致随意出入人罪。

---

① 参见陈兴良：《判例刑法学》（下册），中国人民大学出版社 2009 年版，第 333 页。

② 参见高铭暄：《刑法专论》（下编），高等教育出版社 2002 年版，第 751 页。

③ 张明楷：《刑法学》，法律出版社 2003 年版，第 784 页。

其次，“遗忘物”是我国刑法的一个特有术语，它与德、日刑法典以及我国台湾地区“刑法”中的“遗失物”到底有无区别，以及如何区别，是一个问题。笔者认为，二者既没有区别的必要，也无法区别。无论是遗失物还是遗忘物，在实质上都是脱离占有物。换言之，无论是德、日刑法，还是中国大陆刑法，抑或我国台湾地区“刑法”，都规定了侵占脱离占有物的行为属于侵占罪，至于是用“遗忘物”还是“遗失物”来表达，这只是用语习惯的问题，并无本质区别。“没有一个此国或彼国的刑法释义学，而只有正确或错误的刑法释义学之分。”① 我国台湾地区“刑法”第337条规定了侵占脱离持有物罪，即意图为自己或第三人不法之所有，而侵占遗失物、漂流物或其他脱离本人所持有之物者。②

最后，如何判断“遗忘物”。事实上，判断是否属于遗忘物，就是判断是否属于脱离占有物，换言之，就是判断财物是否脱离被害人的占有，也就是判断由谁占有的问题。如前所述，张明楷教授将遗忘物界定为“非基于他人本意而失去控制，偶然由行为人占有或者占有人不明的财物”，表达的就是一种脱离被害人占有的问题。我国台湾地区刑法学者林山田指出，“遗失物系指本人并无抛弃意思，而是偶然丧失其持有之物”。③ 因此，遗忘物的判断还应该结合刑法中“占有”的概念来进行判断。“遗忘物”与“占有”犹如一枚硬币的两面，离开刑法中的规范概念“占有”来判断“遗忘物”就永远存在争议，也难以得出正确的结论。

刑法中的占有是指人对物的一种实力支配关系。这种支配关系

---

① ［德］许迺曼：《区分不法与罪责的功能》，载许玉秀、陈志辉编：《不移不惑献身法与正义——许迺曼刑事法论文辑》，台北，新学林出版股份有限公司2006年版，第430页。

② 参见黄荣坚等编：《月旦简明六法》，台北，元照出版有限公司2004年版，第6~30页。

③ 林山田：《刑法各罪论》（上册），北京大学出版社2012年版，第311页。

的判断会“由于物的形态以及其他具体情况的差别，这种支配的具体方式也不一样，未必一定要有对物的现实的持有或者看护监视，应该认为，只要物处在所有者的支配力所及的场所，就足以认定主体的占有”，需要根据社会一般人的观念加以判断。[①]“即使财物被放在与占有人的身边有某种程度脱离的场所，只要能够认为占有人对其拥有事实性支配，就不是失去占有的物。”[②]

具体来说，判断是否属于遗忘物，基于结果无价值论考虑，从社会一般人的立场出发，以行为人取得财物为时点，综合时点、场所、距离等客观的占有事实进行事后的判断。不应当将占有弛缓（或称为松懈持有）误解为丧失占有；也不应该将辅助占有理解为丧失占有。例如下面的案例。

◎案例30　卜某盗窃案

被告人卜某系某公司的司机，平时的工作职责主要是给公司开货车，运输货物，但是有时也给公司老板周某开轿车。2011年3月14日，公司老板周某让卜某开轿车一同前往外地出差。3月15日因老板周某还有其他事情，就把车钥匙给了卜某，让卜某把轿车开回南京。后被告人卜某将车子开回，无意间发现轿车后备箱内有一个包，包内有数码相机两部、相机镜头两个，共计价值人民币34，918元。被告人卜某于是将相机拿走，然后打电话告诉老板周某并报警谎称车子被盗。3月25日，卜某将上述相机、镜头销赃。2011年10月21日，南京市建邺区人民法院以被告人卜某犯盗窃罪判处有期徒刑3年，缓刑3年6个月，并处罚金人民币2万元。[③]

---

① 参见山口厚：《从新判例看刑法》（第二版），付立庆、刘隽译，中国人民大学出版社2009年版，第129页。

② ［日］大塚仁：《刑法概说（各论）》（第三版），中国人民大学出版社2003年版，第348页。

③ 江苏省南京市建邺区人民法院刑事判决书（2011）建刑二初字第90号。

对于此案，一种意见认为卜某的行为构成侵占罪，理由是：老板周某将车子委托给卜某保管，连车子以及车内的物品也就整体上委托给了卜某保管，因此，相机由卜某委托占有后，变为非法占有，所以是侵占罪。另一种意见认为定盗窃罪，理由是老板周某将车子交给卜某保管，并不意味着后备箱内的物品也交给卜某保管，而且老板周某也没有明确告知卜某车内有相机，后备箱内一个包里的物品应该仍属于老板周某占有。笔者认为，此案应当定性为盗窃罪。主张定侵占罪的观点就是将辅助占有误解为实际占有。此案中，车主周某将车子给卜某开回南京，车主周某并不因此而丧失对车子的占有，车主周某仍然是汽车的实际支配者，被告人卜某只是汽车的占有辅助者，更何况汽车里尤其是后备厢里的财物，更是由车主周某占有。

三、梁丽“捡”黄金案的结论

下面来具体分析前述的梁丽“捡”黄金案。（1）从场所看，案发的地点系在机场大厅这样一个公共场所。（2）从时点来看，一方面被害人离开 19 号柜台的时间与梁丽到达 19 号柜台发现放有涉案纸箱时间相距约半分钟，从梁丽查看涉案纸箱到将纸箱搬离 19 号柜台，共持续约半分钟。约 4 分钟后，王某返回 19 号柜台，发现行李手推车及车上的纸箱不见了。（3）从距离看，被害人从 19 号柜台到 10 号柜台办理登记手续，19 号柜台距离 10 号柜台仅 22 米。被害人将装有黄金首饰的小纸箱放在行李手推车上方的篮子内，行李手推车单独停放在 19 号柜台前 1 米的黄线处。（4）结合社会一般观念看，被害人将财物放在一个柜台处，去另一个柜台处办理手续，被害人并没有丧失该财物的占有。

从以上因素来看，黄金首饰的纸箱尚处于被害人的占有之下，绝非遗忘物。犯罪嫌疑人梁丽乘机拿走该物，构成盗窃罪是没有任何疑问的。这种行为无论是在德、日，还是在我国台湾地区，都不可能认定为侵占罪。我国大陆学者之所以会得出侵占罪的结论，也从一个侧面反映了行为无价值论的负面作用。梁丽这个案例是媒体舆论宰割、绑架司法的典型案例！

为了进一步说明，下面继续列举几个日本以及我国台湾地区的案例。

（1）车站里，购票的乘客将行李置放在座椅上，乘客仍在松懈地支配此一行李，如有人取走行李，成立盗窃罪[①]。

（2）被害人在案发当日 15 时 30 分左右，在大阪府私营地铁站附近的公园内，坐在条凳上与朋友聊天，将随身携带的手提包放在身边，到 18 时 20 分左右，被害人送朋友去地铁站检票口，将手提包遗忘在条凳上，当被害人离开 27 米左右时，被告人将手提包拿走，躲到公园公共厕所内打开手提包取走现金。2 分钟后被害人发现自己忘了拿包，于是返回；18 时 24 分在公共厕所内抓获被告人。此案，一审、二审均认定为盗窃罪，日本最高裁判所认定“被告人取得本案拎包，是在被害人从遗忘[②]该物的条凳处走向距离条凳不过约 27 米处场所的时间点，根据本案以上等等的事实关系进行判断，在该时点上，即便考虑到被害人暂时忘记了本案拎包而从现场离开的事实，也不能认为被害人失去了对本案拎包的占有，被告人在本案中的领得行为构成盗窃罪”[③]。日本理论界及实务界并没有如我国行为无价值论者以遗忘物为由认定为侵占罪。

（3）被害人为了乘车而排队，将照相机放在排队的地方，随着队列的移动而移动照相机，但一时忘了移动，待进入到检票口附近

① 林东茂：《刑法综览》（第七版），台北，一品文化出版社 2012 年版，第2 ~ 185 页。

② 此处用了“遗忘”一词，而日本刑法条文用的是遗失物，更加证明了在日本遗忘物与遗失物也是同一含义。

③ 参见［日］山口厚：《从新判例看刑法》（第二版），付立庆、刘隽译，中国人民大学出版社 2009 年版，第 129 页。

后，才注意到自己忘了拿照相机。其间经过了约5分钟，被害人与照相机的距离约20米。日本最高裁判所认定，此时照相机仍由被害人占有，被告人取走就构成盗窃罪，日本学者也都同意这一判决结论。①

（4）被害人将钱包遗忘在车站售票点的4号窗口，他走到距离4号窗口十五六米远的13号窗口时，发现自己丢失了钱包而回到4号窗口时，钱包已经被被告人拿走（其间，经历了一两分钟的时间）。对于此案，日本东京高等裁判所判决认为“被害人从4号窗口离开不久，马上发现自己将本案钱包遗忘于该场所，并且，即便在来到13号窗口的时点时，对于位于4号窗口上的本案钱包，被害人仍然目所能及，所以可以认为，钱包处在被害人的支配力所能涉及的区域内，根据所经过的时间、场所，认定本案钱包仍然处于被害人视力支配之下是正当的”，从而认定为盗窃罪成立。②

总之，判断是否属于遗忘物，本质上是一个刑法中“占有”的规范判断，应该基于结果无价值论考虑，从社会一般人的立场出发，以行为人取得财物为时点，综合时点、场所、距离等客观的占有事实进行事后的判断，不应该将判断的重点放在被害人的记忆力这一主观因素上。

第三节
骗盗交织型犯罪的界分

盗窃罪与诈骗罪之间是相互排斥的关系，因为盗窃罪是违反被害人意志取得财物的犯罪类型，属于取得型财产犯罪；而诈骗罪是

---

① 日本最高裁判所1957年11月8日判决，载日本《最高裁判所刑事判例集》（第11卷第12号），第3061页。

② 参见［日］山口厚：《从新判例看刑法》（第二版），付立庆、刘隽译，中国人民大学出版社2009年版，第133页。

被害人基于错误认识有瑕疵的意志（“自愿”）处分财物，属于交付型财产犯罪。诈骗罪客观构成要件的基本构造是：行为人实施欺骗行为—对方陷入错误认识—基于错误认识处分财产—行为人或第三人取得财产—被害人遭受财产损害。可见二者的区分关键在于被害人是否基于错误认识交付财物，换言之，“交付行为的有无，划定了诈骗罪与盗窃罪的界限。被害人交付财物时是诈骗罪而不是盗窃罪；被害人没有交付财物时，即行为人夺取财物时是盗窃罪。诈骗罪盗窃罪处于这样一种相互排斥的关系，不存在同一行为同时成立诈骗罪与盗窃罪，二者处于观念竞合关系的情况”。[①] 上述区分标准，应当说是较为清晰和明确的，但是在我国司法实践中，当遇到有些案件行为方式既有欺骗的手段，又有窃取的手段时，司法人员对于上述区分标准并不能准确把握，受一直以来的“主客观相统一”认定犯罪思路的影响，习惯于从主观因素上认定犯罪构成，自觉不自觉地陷入行为无价值论甚至主观主义的立场中，从而不利于此类案件的准确定性。下面结合案例进行展开。

◎案例31　黄某某诈骗案

2009年11月10日，被告人黄某某伙同万某、“老李”（均另案处理）经预谋，由“老李”至江苏省南京市建邺区长虹路275－30号某食品店，假冒某大学工作人员与店主被害人陈某洽谈生意，并要求陈某开设中国银行账户便于转账货款。同日，万某用虚假的军官证以陈某的名义办理了中国银行活期存折加借记卡（账号为××3221）。2009年11月11日，被告人黄某某假冒某大学工作人员与“老李”在校园内，以查验资料为名，趁陈某不备，用万某开办的存折与陈某携带的中国银行活期存折（账号为××0902）进

① 转引自张明楷：《论盗窃罪、侵占罪、诈骗罪之间的关系》，载《刑事司法指南》（第1集），法律出版社2009年版，第15页。

行调换，并要求陈某在存折上存款以证明其实力。陈某遂至南京市建邺区水西门大街59号中国银行水西门支行，将人民币10.51万元存入已被调换的存折（账号×××3221）。当日，万某持与该存折配套的借记卡取出人民币105，020元。2010年11月26日，江苏省南京市建邺区人民法院以诈骗罪判处黄某某有期徒刑5年，并处罚金人民币3万元。[①]

此案在办理过程中，就案件定性是诈骗罪还是盗窃罪产生巨大争议。检察机关以盗窃罪起诉，在审理中辩护人认为黄某某的行为不构成盗窃罪而应该是诈骗罪，法院判决书最终采纳了辩护人的意见，认定黄某某的行为构成诈骗罪而非盗窃罪。笔者认为，这个判决是值得检讨的。

一、行为无价值论立场对骗盗交织型犯罪的认定思路

上述黄某某诈骗案判决书指出，“被告人黄某某与万某、‘老李’预谋行骗，主观上具有诈骗他人财物的故意；客观上实施了诈骗行为，被告人黄某某等人分饰不同角色，分工配合，以洽谈生意为名骗取被害人个人信息，制作名为被害人的假军官证，以被害人名义开具活期存折账户加借记卡，并趁机将此存折与被害人自己开具的存折调换，使被害人在不明真相的情况下，陷入错误认识，将10.5万元存入由被告人掌控的存折中，进而达到骗取他人财物的目的，其行为符合诈骗罪的主、客观要件”。[②] 从上述裁判理由可以看出，认定诈骗罪的主要思路：被告人主观上具有诈骗他人财物的故意—客观上实施了欺骗行为—主、客观相一致，所以成立诈骗罪。但是这种认定思路至少存在以下问题。

---

① 江苏省南京市建邺区人民法院刑事判决书（2010）建刑初字第179号。

② 江苏省南京市建邺区人民法院刑事判决书（2010）建刑初字第179号。

首先，从主观到客观来认定犯罪，过于重视行为人的内心想法，是行为无价值论甚至主观主义刑法观的表现。由于行为无价值论广泛承认故意、过失、目的、动机等主观的违法要素，导致违法性与有责性几乎“二合一”①。判决之所以认定为诈骗罪，关键的理由就是被告人主观上是“骗”，而非“盗”。在案件审理中，我们与承办法官进行沟通，他们的理由就是此案中被告人始终认为自己是在行骗，被害人也从来都是认为自己被人骗了，普通老百姓也会认为这是骗。但是，一方面，一个行为是否符合以及符合何种犯罪的构成要件，是由其行为特征所决定的，而不随行为人自己的主观意愿改变，行为人的主观内容是责任问题，与构成要件符合性无关。另一方面，一个案件的裁判者是法官，被告人、被害人自己的想法并不能改变行为的性质，否则就会导致随意出罪入罪，比如被告人说自己无罪就无罪，被告人说此罪就是此罪，被告人说彼罪就是彼罪。被害人和普通民众的认识更不能代替司法的专业性判断。对于这种骗盗结合、骗盗交织的案件，无论是被告人还是被害人抑或普通民众，认为是盗窃罪还是诈骗罪都是可以理解的，因为在整个行为过程中，既有欺骗的行为，也有盗窃行为；既有诈骗的成分，也有盗窃的成分。但是作为司法者，需要作出一个专业性的判断。

其次，偷换了诈骗罪中“交付”（或者是“处分”）的概念。诈骗罪的交付或处分，“必须存在基于被诈骗者的瑕疵意思表示，财物的占有发生了终局性转移”，“诈骗行为必须是指向财物或财产性利益的处分行为的行为。那么，诸如装成顾客在试穿衣服之时逃走的行为，或者打假电话而让他人外出之后潜入其家中领得财物的行为等等，尽管都是以实施诡计为手段，但由于该行为本身并不是

① 参见［日］西田典之：《刑法总论》，弘文堂2006年版，第120页。

以处分行为为目的，因而成立盗窃罪”。[①] 处分或交付行为是客观上的处分或交付行为与主观上处分或交付意思的统一。本案中，被害人朝银行账户中存入10.51万元，是认为存入了自己的存折中，并非处分给被告人。在本案中根本就不存在“处分”或“交付”。判决书中表述“使被害人在不明真相的情况下，陷于错误认识，将10.5万元存入由被告人掌控的存折中”，一方面偷换了“交付”或“处分”的概念，另一方面虚构了根本不存在的交付或处分行为。这与我国传统刑法释义学落后是有关系的，传统刑法理论对于诈骗罪研究不透，认为诈骗罪的本质特征是“虚构事实，隐瞒真相”，而没有深入研究诈骗罪的构造，所以导致一直以来将类似于迷信调包、借打手机等转移注意力型盗窃行为，认定为诈骗罪。例如下面这个借打手机的案例，居然被错误地判决为诈骗罪。

◎案例32 朱某诈骗案

被告人朱某于2011年8月17日和18日、9月17日先后三次在南京市中山北路的某KTV、1912街区某酒吧、汉中门大街某KTV，以借手机打电话或者以借手机玩游戏为由，拿到手机后趁机溜走，将被害人杨某的一部苹果牌iPhone手机（经鉴定价值人民币4462元）、被害人堵某的一部诺基亚牌手机（经鉴定价值人民币2650元）、被害人严某的一部三星牌手机（经鉴定价值人民币2018元）占为己有。2012年2月22日，南京市玄武区人民法院以被告人犯诈骗罪判处有期徒刑8个月，并处罚金。[②]

值得欣慰的是，近年来司法实践者逐步认识到这种判决的错误性，开始对类似行为认定为盗窃罪。朱某刑满释放后不久，又以同

---

① ［日］西田典之：《日本刑法各论》（第三版），刘明祥、王昭武译，中国人民大学出版社2007年版，第152页、第150页。

② 江苏省南京市玄武区人民法院刑事判决书（2012）玄刑初字第67号。

样手法在南京市建邺区作案，笔者主张以盗窃罪起诉，法院采纳了这一意见，也以盗窃罪进行了判决。①

二、结果无价值理论对骗盗交织型犯罪的认定思路

按理说，从客观到主观来认定犯罪的思路，无论是结果无价值论者还是行为无价值论者都是能够认可和接受的，但是由于行为无价值论承认主观的构成要件要素，再加之我国传统四要件犯罪构成的弊端以及对“主、客观相一致”的误读，容易在司法实践中导致司法人员自觉不自觉中从主观到客观来认定犯罪，容易导致司法人员过于关注行为人的内心来判断行为性质。这正是行为无价值论在司法实践中弊端的重要表现。

对于这种骗盗相互交织的案件，应该从客观上分析诈骗罪与盗窃罪的基本构造，行为人的主观故意在区别二者上没有意义，因为一方面主观是一个责任问题，与构成要件无关；另一方面二者的主观方面都是故意并都具有非法占有目的。结果无价值论否认主观的构成要件要素，有利于避免对这种骗盗交织型犯罪的定性错误。在司法操作中，二罪区分的关键在于改变财产占有关系的实质性行为是不是被害人基于错误认识“自愿”处分财物，简言之，有无处分或交付行为。在案例31黄某某诈骗案中，被告人虽然实施了大量欺骗行为，但是这些欺骗的行为都只是为了转移被害人的注意力，为秘密调包创造条件，使盗窃行为发生后不会被立即发觉。改变财产占有关系的实质性行为正是秘密调包的行为，属于违背被害人意志的转移占有行为，符合盗窃罪的实质特征。诈骗罪的处分意味着将被害人的财产转移为行为人支配、控制，这里的处分是客观上的处分行为和主观上的处分意思的统一。在案例31黄某某诈骗案中，被害人后来往存折里存钱，始终认为是存在自己的存折上，而且存

① 江苏省南京市建邺区人民法院刑事判决书（2012）建刑初字第213号。

钱的目的是证明实力，并没有将该存款处分、交付给被告人的意思。被告人是在被害人毫不知情的情况下，违背被害人的意志，占有了被害人的存款，符合盗窃罪的构成特征。

司法实践中，类似借打手机趁机溜走、秘密调包转移注意取财、商场试穿衣服趁机溜走的行为，均不应该从行为人的主观认识出发来判断行为性质。令人欣慰的是，司法实践对于类似案例已经开始意识到其准确定性应该是盗窃罪了。下面两起案例是笔者亲自办理的案件。

◎案例 33　吴某某等盗窃案

2009 年 12 月 20 日至 23 日，被告人吴某某、黄银某、凌金某、李亚某、李桂某、梁木某，经事先预谋，先后 3 次在江苏省南京市下关区于家巷、建邺区黄山路、白下区光华东街实施盗窃。被告人李亚某、李桂某、梁木某在附近望风；被告人吴某某、黄银某、凌金某 3 人，其中一人假装找医生看病与被害人搭话，然后另一人自称认识该医生要一同前往，接着又一被告人自称系该医生亲属，告诉被害人家中有灾难，要求被害人把家中的财物拿出来装在塑料袋里，交给被告人“做法消灾”，后趁被害人不注意，用另一个装有洗衣粉的塑料袋将被害人的财物调换。以上述方式，窃取了被害人刘某、朱某、李某的财物共计人民币 15，816.68 元及戒指、项链等物。①

此案检察机关以盗窃罪起诉，庭审中被告人提出诈骗罪的辩解，判决书采纳了检察机关的意见，判决书认为“六被告人在取得被害人的信任后，采取调包的手段，秘密窃取被害人的财物，其行为符合盗窃罪的犯罪构成”，并于 2010 年 9 月 17 日以诈骗罪分别

① 江苏省南京市建邺区人民法院刑事判决书（2010）建刑初字第 207 号。

判处6名被告人4年3个月、3年、1年6个月不等的有期徒刑，并处罚金。①

◎案例34　王某某盗窃案

2009年9月5日，被告人王某某在江苏省南京市长江路9号一幢楼的七楼，谎称帮被害人迟某拿笔记本电脑并借用其手机打电话，趁机溜走。经鉴定笔记本电脑价值2460元，手机价值1770元。②

此案同样属于转移注意力，趁机窃取他人财物的行为，尽管使用了欺骗的手段谎称帮被害人拿电脑和谎称借打手机，但是被害人没有将电脑和手机处分给被告人，应当定性为盗窃罪。2012年8月2日，南京市建邺区人民法院以盗窃罪进行了判决。

三、结果无价值论在骗盗交织型犯罪中的延伸

前述黄某某调包存折的案例，判决认定为诈骗罪，还有一个重要原因，是司法解释对于盗窃罪和诈骗罪在起点标准、加重标准上区别对待，导致在一定情况下，盗窃罪的量刑远远高于诈骗罪。相关司法解释对这两个罪名规定了不同的数额标准，导致两罪的构罪标准和法定刑升格条件出现重大差别。根据相关司法解释规定，盗窃罪的数额标准分别为：500元至2000元为数额较大，5000元至2万元为数额巨大，3万元至10万元为数额特别巨大；而诈骗罪的数额标准分别为：3000元至1万元为数额较大，3万元至10万元为数额巨大，50万元以上为数额特别巨大。这其中仍然是行为无价值论

① 有趣的是，本案的第一被告吴某某系累犯，其于2004年在广东省广州市以同样的手法实施犯罪，但是广州市东山区（现越秀区）人民法院于2004年8月25日以诈骗罪判处吴某某有期徒刑二年九个月，并处罚金5000元。

② 江苏省南京市建邺区人民法院刑事判决书（2012）建刑初字第174号。

思维在作祟，认为盗窃罪是秘密窃取财物，其主观恶性更大，更需要严厉惩罚，所以起点标准和加重标准低于诈骗罪。这进一步加剧了骗盗交织型犯罪在司法实践中的争议，因为定哪个罪名“事小”，判处多重刑罚“事大”。

从结果无价值论的立场来说，盗窃罪与诈骗罪对于法益侵害的程度基本相同，二者的量刑不应差别对待。

首先，盗窃罪与诈骗罪的法益侵害程度相似。盗窃罪和诈骗罪都是侵害财产法益的犯罪，且行为方式都是使用相对平和的手段，其社会危害性相差无几。两罪的主要差别在于盗窃罪是违反被害人意志而取财，诈骗罪是基于被害人有瑕疵的意志而取财，但是这并不影响其法益侵害程度。就被害人而言，在损失的财物数额相等的情况下，诈骗行为比盗窃行为对被害人的伤害更大，因为诈骗行为在给被害人造成财产损失的同时还给被害人造成心理上的伤害，且对社会诚信也造成伤害。可见，诈骗罪的社会危害性与盗窃罪相比，有过之而无不及。

其次，盗窃罪和诈骗罪规定不同的数额标准，违反立法目的。我国刑法第 264 条盗窃罪和第 266 条诈骗罪，其法定刑设置完全相同：数额较大的处三年以下有期徒刑、拘役或者管制，并处或单处罚金；数额巨大的处三年以上十年以下有期徒刑，并处罚金；数额特别巨大的处十年以上有期徒刑或者无期徒刑，并处罚金或者没收财产。刑罚设置是以罪名的社会危害性（法益侵害性）为基本标准的，换言之，法定刑设置是与该罪名的社会危害性相适应的。既然两罪法定刑设置相同，就说明两罪的社会危害性在立法上是同等对待的。从国外立法看，盗窃罪和诈骗罪法定刑设置基本相同，也无数额标准的差异，如日本刑法的盗窃罪和诈骗罪均是处十年以下惩役，二者成立犯罪的起点数额标准并无差别。我国台湾地区“刑法”对普通盗窃罪和普通诈骗罪主刑设置相同，都是五年以下有期徒刑、拘役，同时还给诈骗罪设了更重的罚金刑，盗窃罪的罚金刑为500元以下，而诈骗罪为1000元以下，反映出我国台湾地区“刑法”立法认为诈骗罪危害性反而略高于盗窃罪。因此。在立法上，刑法原本对盗窃罪与诈骗罪是同等对待的，但是司法解释却给予差别待遇，这是违反立法目的。

再次，盗窃罪和诈骗罪数额标准区别对待会导致处罚不公。司法实践中，骗盗交织的行为越来越多，尽管刑法理论预设了一些区别标准，但是，一方面，从被告人角度而言，有些行为既有骗的成分也有盗的成分，盗骗仅一纸之隔，但所承担的刑罚处罚却天壤之别。如行为人采用骗、盗结合手段取得被害人5000元，如果定盗窃罪则可能是数额巨大，判处三年到十年的有期徒刑；而如果定诈骗罪则仅仅是数额较大甚至可能因未达数额较大的起点而不构成犯罪[①]，差别何其之大！另一方面，司法实践中对骗盗交织行为是定盗窃罪还是诈骗罪争议巨大，远未形成共识，不同的法院或不同的法官有不同的认识，一念之差就直接涉及被告人要不要坐牢，坐3年以下还是3年到10年的牢，这是何等的不公！

最后，诈骗犯罪越来越多，获利数额越来越大不能成为差别对待的理由。2011年3月1日公布的《最高人民法院、最高人民检察院关于办理诈骗刑事案件具体应用法律若干问题的解释》进一步提高了诈骗罪的数额标准，但是盗窃罪的数额标准却没有变化。上述司法解释进一步提高了诈骗罪的数额标准，其基本的理由是“结合我国经济社会发展的实际和诈骗犯罪的发案形势，将最低入罪门槛由原来的2000元提高为3000元”。这里诈骗犯罪的发案形势主要表现为发案率高以及犯罪数额越来越大，特别是电信诈骗，动辄上万元甚至上十万元、百万元。但这恰恰反映了诈骗罪的刑罚预防效果不佳，刑罚必定性效果彰显不力，面对预防效果不佳而选择刑罚

---

① 2011年8月，江苏省公、检、法联合发布《关于我省执行诈骗公私财物“数额较大”、“数额巨大”、“数额特别巨大”标准的意见》（苏高法〔2011〕370号）将诈骗罪的数额较大由原来的3000元提高到6000元。

处罚节节后退，并非良策。同时由于经济社会的发展以及盗窃犯罪的形势，犯罪数额也越来越高，忽略两罪的同质性而片面提高其中之一的门槛，违背刑法体系的协调性，也违反刑法的公正性。

第四节
财产犯罪数额问题的检讨

由于我国刑法立法采用定性加定量相结合的模式，也就是说，在立法上规定某种行为构成何罪以及处以何种刑罚，除了规定其行为方式外，还需达到诸如“数额较大”“情节严重”。对于财产犯罪而言，犯罪数额不仅决定法定刑轻重，甚至直接决定罪与非罪。对于犯罪数额问题，行为无价值论站在规范违反说的立场上，重视行为人的获利数额；结果无价值论站在法益侵害说的立场上，重视客观损失的数额。下面结合案例进行展开。

一、盗窃数额与销赃数额问题

1997 年 11 月 4 日出台的《最高人民法院关于审理盗窃案件具体应用法律若干问题的解释》规定，鉴定的盗窃数额高于销赃数额的，按照鉴定的数额计算；销赃数额高于按本解释计算的盗窃数额的，盗窃数额按销赃数额计算。这种计算方法，在司法实践中被称为“就高不就低”原则。这种做法和观点的依据显然是行为人获得的利益，强调行为人获利这一行为无价值因素。比如下面这个案例。

◎案例 35　杨某某盗窃案

2012 年 2 月，被告人杨某某在江苏省南京市建邺区沿河三村一居民家中，分两次共窃得被害人马某某存放于卧室衣柜抽屉里的男式黄金戒指一枚、黄金项链一条、黄金吊坠一条、铂金戒指一枚、黄金18K女式戒指一枚、女式24K黄金戒指一枚（上述财物鉴定价值为7757.4元），并将上述首饰在某黄金回收加工店销赃，得款人民币约12，000元。①

此案中的盗窃犯罪数额如何计算成为问题，是12，000元还是7757.4元？按照前述司法解释，应该认定为12，000元。但是这种观点和做法是值得商榷的。

首先，犯罪的本质是侵害法益，刑法所要保护的也是被害的法益。被害的法益不会因为行为人销赃数额的高低而有所增减。行为人销赃数额的多少取决于很多不确定的因素，如行为人销赃的场所、对象、时机，甚至是买卖双方讨价还价的能力水平等。由于财产犯罪的数额不仅决定量刑甚至决定罪与非罪，这样将罪与非罪、量刑轻重奠定在上述不确定因素上，显然有损刑法的安定性和严肃性。

其次，将上述观点的逻辑进一步推进，就会得出荒谬的结论。比如，行为人窃取他人财物后，又采用诈骗的方法，卖出了高价钱，这一诈骗行为的被害人的损害数额反而计入了盗窃罪被害人的损失数额，这显然是荒唐的。以下面的例子进行说明。

◎案例36　张某、李某盗窃案

2005年8月30日上午，犯罪嫌疑人张某伙同犯罪嫌疑人李某在某渔业公司购鱼时，趁监称的人不注意把两桶（100公斤）虎皮河豚倒进自己携带的三轮车，事后销赃给某酒店，得款1万元。该酒店事后得知该河豚并非正宗虎皮河豚，实际价值仅为3000元。

此案例系某省优秀公诉人比赛的笔试试题。此案定性为盗窃罪

① 江苏省南京市建邺区人民法院刑事判决书（2012）初字第45号。

不应该有任何争议，但是盗窃数额如何认定成为问题。如果按照司法解释，以销赃数额作为盗窃数额即1万元，但由于虎皮河豚是假的，实际价值仅3000元，此时再按照销赃价格1万元来认定显然是错误的。但是，该试题的参考答案却是盗窃数额1万元，这显然是错误的。相反的情况也可能存在，比如盗窃人急于销赃，采用低价转售，在认定盗窃数额时，显然不能以销赃数额来计算。

最后，对于犯罪数额问题，结果无价值论彰显其合理性。结果无价值论从法益侵害的角度，关注被害人的实际损害后果，即实际遭受损失的数额作为认定盗窃犯罪数额的根本标准，应该站在事后的立场上，客观评价案发时该财物的实际价值。销赃数额无论是高于还是低于实际数额，均不得作为犯罪数额，这不仅有利于被告人，也符合刑法保护法益之目的。值得欣慰的是，2013年最高人民法院、最高人民检察院发布的《关于办理盗窃刑事案件适用法律若干问题的解释》删除了上述“就高不就低”的规定。

二、多次盗窃数额计算问题

《最高人民法院关于审理盗窃案件具体应用法律若干问题的解释》（1997年11月4日发布）第15条第12项规定：“多次盗窃构成犯罪，依法应当追诉的，或者最后一次盗窃构成犯罪，前次盗窃行为在一年以内的，应当累计其盗窃数额。”根据这一解释，多次盗窃累计计算数额只能在两种情况下适用：一是多次盗窃中每一次盗窃行为都单独达到盗窃罪的起点，即每一次盗窃行为都单独构成盗窃罪；二是多次盗窃中至少最后一次盗窃行为单独构成盗窃罪。但是这一司法解释存在明显缺陷。请看下面这个案例。

◎案例37　陈献某等人盗窃案

2012年5月15日至5月23日，被告人陈献某、张魁某、张光某先后7次共同至江苏省南京市建邺区扬子江大道228号绿博园东门，三被告人相互分工配合，由其中一人望风，一人撬锁，一人运输，窃取停靠在此处的电动自行车的电瓶，7 次共窃取 16 个电瓶。经物价部门鉴定，价值在 120 元至 624 元不等，每次盗窃的电瓶价值均不足 1000 元，7 次盗窃的 16 个电瓶价值累计 4790 余元。[①]

此案在办理过程中存在一个争议问题，就是多次盗窃数额的计算问题。本案中每次盗窃的数额达不到 1000 元的数额较大的起点标准，而不能单独构成盗窃罪。[②]（1）此案如果发生在《刑法修正案（八）》之前，只能是无罪。因为在《刑法修正案（八）》之前，根据《最高人民法院关于审理盗窃案件具体应用法律若干问题的解释》，一方面多次盗窃必须是公共场所扒窃或入户盗窃三次以上才构成盗窃罪，而本案既不是公共场所扒窃，也不是入户盗窃；另一方面必须是最后一次盗窃行为单独构成犯罪才能累计计算盗窃数额。（2）即便此案发生在《刑法修正案（八）》之后，虽然可以按照多次盗窃而以盗窃罪追究刑事责任[③]，但是对量刑却有重要影响。根据案发时的《江苏省高级人民法院关于〈人民法院量刑指导意见（试行）〉实施细则（试行）》的规定，多次盗窃的，量刑起点为有期徒刑 6 个月；盗窃数额达 1000 元，以盗窃数额定罪的，数额每增加 300 元，可增加一个月刑期。据此，此案如果仅认定为多次盗窃，则量刑起点仅为 6 个月；如果累计计算盗窃数额 4790 余元，认定为数额较大，则量刑起点为 1 年 6 个月。（3）上述司法解释还会出现这样的荒谬结论：行为人一年内实施盗窃 100 次，每次都只偷 100 元，因每次都不达到 1000 元，按照上述司法解释，在《刑

---

① 江苏省南京市建邺区人民法院刑事判决书（2012）建刑二初字第 62 号。

② 根据案发时江苏省的规定，盗窃数额 1000 元以上为数额较大，目前已经修改为 2000 元以上。

③《刑法修正案（八）》将多次盗窃和入户盗窃作为独立的盗窃罪行为方式，没有数额或场所限制。

法修正案（八）》之前就是无罪；在《刑法修正案（八）》之后也只能认定为多次盗窃，在三年以下量刑。但是实际给被害人造成的损失却已经达到1万元，根据案发时江苏省的规定属于盗窃数额巨大，法定刑升格为3年以上10年以下有期徒刑。

这样的解释完全不顾法益侵害的结果，只关注行为人单次行为的严重性、恶劣性，体现的是一种行为无价值论的思维，人为设置刑罚漏洞，应予以批判。从结果无价值论的观点看，犯罪的本质是法益侵害的结果，犯罪数额的计算重视被害人损失的数额。是否构成盗窃罪应该以造成法益侵害的实际数额为依据，而不能仅仅根据每一次行为的严重性为依据。根据结果无价值论，一年内多次盗窃，无论每次是否达到盗窃罪的起点，均应当累计计算犯罪数额，这样就完全可以避免出现前述无罪或量刑失当的弊端。

第五节
网络支付型侵财犯罪的行为类型及罪名适用

随着移动互联网和智能手机的迅速发展和普及，网络支付已经成为人们消费的基本方式，微信、支付宝、借呗、花呗、手机银行等成为很多人的生活必需品，现金支付正在被网络支付取代。与此相适应，传统线下侵财犯罪逐步被线上犯罪所取代。下面这个案例，被告人既有转移支付宝账户内余额的行为，也有透支绑定在手机上的信用卡行为，还有使用蚂蚁借呗、e招贷进行贷款的行为。

◎案例38　刘某某盗窃、贷款诈骗、信用卡诈骗案

2018年1月10日、11日，被告人刘某某先后两次趁与其合租房屋的室友被害人王某某不注意，使用王某某的手机，从王某某的支付宝内转走人民币5000元。

2018年1月11日、12日，被告人刘某某先后两次趁与其同住的被害人王某某不注意，使用王某某的手机，通过该手机绑定的王某某的招商银行信用卡，冒用王某某的身份透支提现人民币16,177.63元。

2018年1月8日、14日，被告人刘某某先后两次趁与其同住的被害人王某某不注意，使用王某某的手机，通过该手机绑定的支付宝蚂蚁借呗，冒用王某某的身份骗取贷款共计人民币11,700元。

2018年1月14日，被告人刘某某趁与其同住的被害人王某某不注意，使用王某某的手机，通过该手机招商银行信用卡“e招贷”，冒用王某某的身份骗取贷款人民币36,000元至王某某的储蓄卡内，因被害人王某某发现而冻结该款项。

这种新型的侵财犯罪形式，给刑法罪名的适用带来严重困扰。理论界的观点众说纷纭，实践界的定性五花八门。同一类型的案件，在同一个市不同区法院的判决罪名不同，甚至同一个法院不同承办法官的判决罪名也不相同。涉及的罪名以盗窃罪和诈骗罪为中心，向合同诈骗罪、信用卡诈骗罪、贷款诈骗罪等辐射。为表述方便，统一称为网络支付型侵财犯罪。可以说，网络支付型侵财犯罪是目前我国刑事司法中罪名适用最为混乱的领域，亟待解决。

移动互联网时代利用网络支付实施犯罪，就犯罪形式和手法而言是个新问题，但就犯罪构成来讲不是新问题，而依然是个解释问题。如前所述，结果无价值论以法益侵害为指针主张对法条进行实质的解释，行为无价值论以规范效力为指针坚守法条的形式逻辑。针对网络支付型侵财犯罪，坚持实质解释论能够更加清晰和准确地进行定性分析，一方面要从实质的角度分析行为所侵害的法益，如行为人利用第三方支付获取财产仅侵害财产法益，那就可能定盗窃罪或诈骗罪；如果还侵害金融法益，导致盗窃罪或诈骗罪不能充分评价，那就要考虑是否成立信用卡诈骗罪、贷款诈骗罪等金融犯罪的罪名。另一方面实质解释在网络支付型犯罪中运用还应当进一步

“穿透”金融产品的本质属性，借鉴金融学中的“穿透式”监管理论，对涉案的金融产品的本质属性进行“穿透式”审查。“穿透式”监管的典型特征就是“实质重于形式”。[①] 网络支付型侵财犯罪认定混乱的原因在于解释方法的分歧，更为重要的是人们没有穿透涉案金融产品的本质属性。

一般而言，正确认定罪名需要以下几个步骤：一是合理把握理论前提，就是将刑法教义学对罪名的研究成果作为基本分析工具，刑法教义学的理论成果尽管会有不同的立场和观点，但是对于司法人员来说，就像“摆在货架上的商品”，司法人员要善于挑选最合适的。二是系统梳理规范，对于网络支付型犯罪而言，仅知道刑法规范显然是不够的，必须详细梳理和系统把握相关金融法规、互联网管理法规。三是准确归纳事实，对于网络支付型犯罪而言，对涉及的金融产品要进行“穿透式”审查，准确把握涉案金融产品的性质、属性等事实。四是按照三段论的逻辑，将规范与事实进行对应，进而得出准确的结论。

一、网络支付型侵财犯罪的理论前提

网络支付型侵财犯罪的理论前提，涉及两个方面的问题：一是盗窃罪与诈骗罪的界限；二是机器能否被骗。

（一）盗窃罪与诈骗罪的界限

传统观点主张按照行为人的主观意图和主行为来区分盗窃罪与诈骗罪，这是一种典型的形式主义的观点，过于关注行为本身的样态，也可以说是一种行为无价值论的立场。例如，最高人民法院在第 87 号指导案例（臧进泉等盗窃、诈骗案）中指出，盗窃是指以非法占有为目的，秘密窃取公私财物的行为；诈骗是指以非法占有为目的，采用虚构事实或者隐瞒真相的方法，骗取公私财物的行

① 金融犯罪的“穿透式”审查，参见本书第十一章第三节。

为。对既采取秘密窃取手段又采取欺骗手段非法占有财物行为的定性，应从行为人采取主要手段和被害人有无处分财物意识方面区分盗窃与诈骗。如果行为人获取财物时起决定性作用的手段是秘密窃取，诈骗行为只是为盗窃创造条件或作掩护，被害人也没有“自愿”交付财物的，就应当认定为盗窃；如果行为人获取财物时起决定性作用的手段是诈骗，被害人基于错误认识而“自愿”交付财物，盗窃行为只是辅助手段的，就应当认定为诈骗。[①] 就这个指导案例本身而言，结论无疑是正确的，但是分析论证的过程难以推广到其他案件中，因为在具体案例中，骗盗交织，难以区分主行为是秘密窃取还是虚构事实隐瞒真相，也难以区分起决定性作用的手段是盗窃还是诈骗。正如有学者所批判指出的：这种判断标准在司法实务中无法操作，因而个案中究竟是盗窃还是诈骗在起决定性作用，并没有明确的界定标准，结果必然是导致不同法官自行裁量，造成审判结果的不确定性。判决理由并没有在规范的意义上理解盗窃行为与诈骗行为，而是根据日常生活用语的含义使用这些术语，这对于法院的判决说理而言并不妥当。[②] 我们需要从更加实质的角度把握盗窃罪与诈骗罪之间的界限。

首先，盗窃罪与诈骗罪虽然同属于财产犯罪，但是在财产法益保护方向上有所差别。盗窃罪的保护法益是财物的所有权及占有权，尤其侧重于保护被害人对财物的占有和支配。盗窃罪的本质是

---

① 参见最高人民法院第27号指导案例，具体案情：2010年6月1日，被告人郑必玲骗取被害人金某195元后，获悉金某的建设银行网银账户内有305，000余元存款且无每日支付限额，遂电话告知被告人臧进泉，预谋合伙作案。臧赶至网吧后，以尚未看到金某付款成功的记录11元支付链接后，其即可查看到付款成功的记录。金某在诱导下点击了该虚假链接，其建行网银账户中的305，000元随即通过臧预设的计算机程序，经上海快钱信息服务有限公司的平台支付到臧提前在另一公司注册的账户中。

② 参见王钢：《盗窃与诈骗的区分——围绕最高人民法院第27号指导案例的展开》，载《政治与法律》2015年第4期。

违背权利人的意志，改变他人的占有，建立自己或第三人的占有。而“诈骗罪所保护的不是权利人对财物静态的占有和支配，而是通过确保权利人在对财物进行支配和利用过程中享有正确的关键信息，从而防止权利人在社会经济交往过程中遭受财产损失……与盗窃罪对于财产支配状态的保护不同，诈骗罪保护的是权利人在对财物进行处置和利用的动态过程中能够基于正确的信息进行理性决定，并由此维护自己的财产”。[①] 所以，诈骗罪的本质是基于权利人有瑕疵的自愿处分而改变占有关系。

其次，盗窃罪是取得型犯罪，违背权利人的意志，形象地说就是“偷你没商量”。因此，盗窃罪的基本构造是行为人违背权利人的意志改变其对财物的占有，建立自己或其他第三人对财物的占有。而诈骗罪是交互型（交往沟通型）犯罪，就是使用诈术，让被骗人“自愿”地处分财物，介入了被骗人的处分行为。所谓“交互型”，被告人需要与被骗人就财产决策的具体事项发生意思的沟通，在该意思沟通过程中，被告人使用了欺骗的手段，使对方陷入认识错误之中，被告人便利用该认识错误获得了财产上的收益，[②] 形象地说就是“骗你有商量”。因此诈骗罪的基本构造是行为人实施欺骗行为，导致被骗人陷入认识错误，基于认识错误进行财产处分，行为人或者第三人取得财产，被害人遭受财产损失。德国刑法第 263 条对诈骗罪的规定较完整地体现了这样的构造，即“意图为自己或第三人获取违法财产利益，捏造不实情事或扭曲、隐匿真实情事，导致他人产生错误或维持此一错误，而损害他人财产者”。[③]

最后，有无处分行为是区别盗窃罪与诈骗罪的关键，这也是我

---

① 参见王钢：《盗窃与诈骗的区分——围绕最高人民法院第 27 号指导案例的展开》，载《政治与法律》2015 年第 4 期。

② 参见蔡桂生：《新型支付方式下诈骗与盗窃的界》，载《法学》2018 年第 1 期。

③ 甘添贵、林东茂主编：《德国刑法翻译与解析》，五南图书出版公司 2018 年版，第 552 页。

国传统通说理论认为，构成诈骗罪要求被害人“自愿地”或者“自觉地”交付财产的重要原因。这里的“自愿地”或者“自觉地”交付财产表达的就是处分行为。[①] 至于是否需要处分意识，我国传统通说认为处分行为是客观行为与主观意识的统一，主张处分意识必要说。近年来，我国有学者主张处分意识不要说，特别是在新型网络支付诈骗案件中，论者进一步指出，即便在德国，支持“处分意识必要说”的论点，也仅仅将“处分意识必要说”限制在传统的所谓“物品诈骗”的场合。在欺骗他人放弃债权或负担债务的场合，并无人主张“处分意识必要说”，在利用不正当身份通过计算机程序取得财物的场合，其刑法中也新设了不需要处分意识的“计算机诈骗罪”。[②]

这里需要特别说明的是，被害人与被骗人的区别对盗窃罪与诈骗罪的界限并无真正的价值。实践中，一些司法人员在分析盗窃罪与诈骗罪区别时过于纠结“谁是本案的被害人”。其实并无必要。不用纠结谁是被害人，谁在民事上应该承担什么责任。关键是找到被骗人，即处分财产的那个人。被害人与被骗人不是同一个人是正常现象，因为三角诈骗中被害人与被骗人就是不同的。正如张明楷教授所指出的，“处分财产的人是否存在民法上的过错、是否承担民事责任，与其是否属于诈骗犯罪中的受骗者，是两个不同的问题”。[③]

（二）机器能不能被骗

网络支付型侵财犯罪，行为人取得财产要通过计算机网络才能实现，这就不可避免地要讨论一个老生常谈的问题“机器能否被

---

① 参见高铭暄、马克昌主编：《刑法学》（第四版），北京大学出版社、高等教育出版社2010年版，第569页。

② 参见蔡桂生：《新型支付方式下诈骗与盗窃的界》，载《法学》2018年第1期。

③ 参见张明楷：《合同诈骗罪行为类型的边缘问题》，载《东方法学》2020年第1期。

骗”。传统观点认为，机器不能被骗，这是从普通诈骗罪的本质和构造中推导出的显而易见的结论。如前所述，诈骗罪是交互型犯罪，行为人与被骗人之间有交流沟通，被骗人是基于错误认识“自愿”处分财物，而机器无法进行真正意义上的交流沟通，机器也不存在陷入错误认识“自愿”处分财物，因此自然能得出“机器不能被骗”的结论。这样的观点对于传统“线下”诈骗行为以及刑法第266条的普通诈骗罪而言是可行的，但是在计算机网络技术、人工智能技术迅速发展、普及的新时代，这种观点必然造成处罚漏洞，不利于刑法保护法益目的的实现。如何弥补这样的处罚漏洞呢？德、日等国采取增设类似计算机诈骗等特殊诈骗罪、准诈骗罪的方式来解决这一问题，实际上是变相承认在这些特殊诈骗罪、准诈骗罪中“机器可以被骗”。具体阐述如下：

德国刑法典第263条规定的是普通诈骗罪，1986年在第263a条中增设了“计算机诈骗罪”（或译为电脑诈欺罪）：（1）意图为自己或第三人获取违法财产利益，透过程序之不正确形成、不正确或不完整数据之使用、数据之无权使用或其他对流程的无权作用影响数据处理之结果，而损害他人财产者，处五年以下自由刑或罚金。（2）第263条第2项至第6项之规定准用之。（3）制作、为自己或第三人取得、提供、留存或转让他人以犯本条之罪为目的之程序，以预备犯第1项之罪者，处3年以下自由刑或罚金。（4）第149条第2项与第3项之规定，于第3项之情形准用之。该特殊诈骗条款实际“系为填补以不正方式操控计算机进而获利之行为，无法以第263条诈欺罪规范之漏洞”。[1] 这一点，从计算机诈骗罪规定在第263条之后作为第263a条的条文关系中也可见一斑。当时的立法背景是德国的经济社会活动越来越多地依赖各种自动化机器及

---

① 参见甘添贵、林东茂主编：《德国刑法翻译与解析》，五南图书出版公司2018年版，第555页。

计算机，同时利用机器和计算机进行财产犯罪的现象增多。由于诈骗罪以被骗人陷入错误认识为前提，而机器无法“被骗”，也不存在“陷入错误认识”，无法以诈骗罪定罪处罚，从而导致处罚漏洞。[①] 为了弥补处罚漏洞，在维护普通诈骗罪基本构造的同时，承认在特殊的计算机诈骗罪中“机器是可以被骗的”。依德国通说与实务之见解，这里“无权使用”之“无权”，必须朝向诈骗的特性加以解释。[②] 换言之，对计算机诈骗罪的构成要件要素解释必须考虑与诈骗罪的相似性，也就是对第263a条计算机诈骗罪应当作近似诈骗罪的解释。[③] 比较而言，普通诈骗罪构造中的“通过欺骗引起他人认识错误”，在计算机诈骗罪中就体现为“通过对数据处理的干扰影响处理结果”；普通诈骗罪中的“基于认识错误处分财产”在计算机诈骗罪中体现为“计算机处分（计算机由于数据处理结果受到干扰而作出直接关乎财产的反应）”。[④] 计算机诈骗罪与盗窃罪的区别关键也在于计算机处分，这与普通诈骗罪与盗窃罪区别的关键在于被骗人的处分是一样的。

同样，日本刑法在第246条之后，增加第246条之二利用计算机诈骗罪，也是把计算机诈骗罪作为一种特殊的诈骗罪，变相认可在特殊诈骗罪中存在“机器被骗”的可能性。正如日本学者大谷实所言：“本罪（利用计算机诈骗罪——引者注）之所以作为诈骗罪的一种类型，是因为在行为形态上和其他欺骗他人获取财产性不法

---

① 参见王钢：《德国判例刑法（分则）》，北京大学出版社2016年版，第231页。

② 参见甘添贵、林东茂主编：《德国刑法翻译与解析》，五南图书出版公司2018年版，第555页。

③ 参见王钢：《德国判例刑法（分则）》，北京大学出版社2016年版，第231页。

④ 参见王钢：《德国判例刑法（分则）》，北京大学出版社2016年版，第232页。

利益的诈骗罪类似。"[①] 西田典之教授更加明确地指出，"由于并不需要第2项诈骗罪的所谓欺骗、错误等要件，因而也可以说是从立法上排除了所谓'机械不能陷入错误'这种认定诈骗罪不成立的根据"。[②] 瑞典刑法第9章第1条第2款直接将类似的计算机诈骗罪规定为准诈骗罪，即输入不正确或不完整的信息，或者修改程序或记录，或者使用其他手段非法影响自动数据处理或其他类似自动处理的结果，致使行为人获利而他人受损的，也以诈欺罪论处。[③]

那么，我国刑法应当如何解决这一问题呢？事实上，我国刑法已经有了自己的解决方案。2008年4月18日最高人民检察院公布的《关于拾得他人信用卡并在自动柜员机（ATM机）上使用的行为如何定性问题的批复》中规定，"拾得他人信用卡并在自动柜员机（ATM机）上使用的行为，属于刑法第一百九十六第一款第（三）项规定的'冒用他人信用卡'的情形，构成犯罪的，以信用卡诈骗罪追究刑事责任"。信用卡诈骗罪相对于我国刑法第266条的普通诈骗罪而言，是特殊诈骗罪，与普通诈骗罪具有相似的构造，这里实际上就是承认了ATM机"可以被骗"，即行为人冒充信用卡的真实主人身份，发出取款指令，ATM机作出了取款的反应。2009年最高人民法院、最高人民检察院联合发布的《关于办理妨害信用卡管理秩序刑事案件具体应用法律若干问题的解释》第5条进一步规定："窃取、收买、骗取或者以其他非法方法获取他人信用卡信息资料，并通过互联网、通讯终端等使用"属于刑法第196条第1款第3项的"冒用他人信用卡"，构成信用卡诈骗罪。这就进一步认可了互联网、智能手机等通信终端设备"能够被骗"。

---

① ［日］大谷实：《刑法各论》，黎宏译，法律出版社2003年版，第202页。

② ［日］西田典之：《日本刑法各论》，刘明祥、王昭武译，中国人民大学出版社2009年版，第164页。

③ 参见张明楷：《许霆案的刑法学分析》，载《中外法学》2009年第1期；蔡桂生：《新型支付方式下诈骗与盗窃的界限》，载《法学》2018年第1期。

我国刑法除了第266条的普通诈骗罪之外，已经规定了信用卡诈骗罪、合同诈骗罪、贷款诈骗罪等特殊诈骗罪，这些特殊诈骗罪在互联网时代很多表现为“线上”行为，完全存在“机器被骗”的可能性。例如，当前的银行卡使用和办理，基本上都是在手机上进行操作，实行“无卡交易”；日常生活中的交易涉及合同的，基本上都是线上操作确认。因此，我国刑法与德、日刑法相比，在解决“机器能否被骗”问题上，可谓殊途同归，都是在维持普通诈骗罪基本构造的前提下，通过承认特殊诈骗罪中“机器可以被骗”来弥补处罚漏洞。只不过，德、日刑法通过增设计算机诈骗罪来实现，而我国刑法由于已经存在合同诈骗罪、信用卡诈骗罪、贷款诈骗罪等特殊诈骗罪，且这些特殊诈骗罪能够包括利用计算机诈骗的行为类型，所以通过这些特殊诈骗罪可以解决这个处罚漏洞。

综上所述，德、日刑法与我国刑法在弥补利用计算机实施诈骗的处罚漏洞问题上殊途同归，一方面维持了普通诈骗罪基本构造所要求的被骗人陷入错误认识，另一方面在特殊诈骗罪中承认“机器被骗”。普通诈骗罪是利用传统人际信赖而实施犯罪，而计算机诈骗罪是利用计算机身份识别而实施犯罪。换言之，普通诈骗罪是通过破坏人际信赖来实施犯罪；计算机诈骗等特殊诈骗是通过突破身份识别的安全保护来实施犯罪。这样看来，对于特殊诈骗罪，从法条的功能上来考量，我们未必要这么固执坚持直接陷入错误认识的是一个有鼻子有眼睛的人。①

二、网络支付侵财犯罪的类型及罪名适用

在上述理论前提下，对网络支付侵财行为的事实及规范进行实质解释、类型化的分析，诸多争议均可迎刃而解。这样，普通诈骗

---

① 参见黄荣坚：《刑罚的极限》，元照出版有限公司1999年版，第180～181页。

罪与盗窃罪的区别界限依然在于有无处分行为、是取得型犯罪还是交互型犯罪；利用计算机网络实施的合同诈骗罪、信用卡诈骗罪、贷款诈骗罪与盗窃罪的区别关键在于有无利用或突破计算机身份识别的安全保护，或者作出影响干扰计算机数据处理，而作出直接关乎财产的反应；利用计算机网络实施的侵财犯罪中合同诈骗罪与信用卡诈骗罪以及贷款诈骗罪之间的区别关键在于“穿透”金融产品的本质属性是消费合同还是信用卡透支抑或信贷消费。可以将网络支付型侵财犯罪分为网络支付、网络理财、网络信贷和网络赊购四大类型。

（一）网络支付

网络支付型的侵财犯罪，又可以分为余额转移、绑定转移和调包二维码。

1. 余额转移。余额转移就是行为人未经被害人同意，使用被害人的手机，采用事先知悉或者通过猜中、破解的密码输入指令，将被害人微信、支付宝内的余额，在被害人不知情的情况下秘密转移或消费的行为。例如，前述案例中刘某某先后趁与其合租房屋的室友被害人王某某不注意，使用王某某的手机，从王某某的支付宝内转移5000元的行为。该行为的本质是违背被害人的意志，改变被害人对支付宝、微信中余额的占有，属于取得型财产犯罪，系典型的盗窃罪。那种认为涉及微信、支付宝等第三方支付无论是否绑定银行卡一律定信用卡诈骗罪的观点，[①] 是不可接受的。无论是支付宝还是微信，这样的第三方支付平台都不是银行，微信和支付宝的账户和密码无论如何都不可能是信用卡信息资料。《非金融机构支付服务管理办法》（人民银行令〔2010〕第2号，以下简称《支付服务办法》）第2条规定，支付机构是指依法取得《支付业务许可

---

① 参见刘宪权、林雨佳：《涉第三方支付方式侵财应属信用卡诈骗》，载《检察日报》2017年12月18日，第3版。

证》，获准办理互联网支付、移动电话支付、固定电话支付、数字电视支付等网络支付业务的非银行机构。这里就明确规定第三方支付并不属于银行机构，既然第三方支付不属于银行机构，何来的信用卡？其中第9条还规定，支付机构不得经营或者变相经营证券、保险、信贷、融资、理财、担保、信托、货币兑换、现金存取等业务。这里明确将第三方支付界定为网上交易的中介机构，明确禁止从事信用卡相关的货币业务，只是一个依据客户的指令提供代为收付款服务，因此，支付账户信息本质上不属于信用卡信息资料。既然如此，行为人的行为仅侵害财产法益，并不侵害金融法益，以盗窃罪足以全面评价行为人的行为。有学者主张应当将网络移动支付理解为信用卡支付方式的延伸，把网络移动支付账户等同于信用卡账户，[①] 这是对罪刑法定原则的蔑视，这实际上是打着“金融创新”之名，行违背罪刑法定之实。信用卡诈骗罪作为行政犯，其罪名认定一方面需要考量行政法规的前置性规定，既然前置性的行政法规已经明确否定了第三方支付账户属于信用卡，何来的信用卡诈骗罪；另一方面需要考量刑法用语的射程范围和公民行为预测可能性，可以肯定的是，将微信、支付宝账户解释为信用卡，或者将微信、支付宝账号解释为信用卡账号都会引起民众的“惊愕”！

2. 绑定转移。绑定转移就是行为人通过被害人的支付宝或微信绑定的银行卡，冒充被害人进行操作，将银行卡（包括信用卡和借记卡）中的资金转到所绑定的微信或支付宝中，然后再转移给行为人自己。例如，前述案例中第二节事实，被告人刘某某先后两次趁与其同住的被害人王某某不注意，使用王某某的手机，通过该手机绑定的王某某的招商银行信用卡，冒用王某某的身份透支提现人民币16，177.63元（由于刑法中的信用卡包括借记卡和具有透支功

---

① 参见刘宪权、李舒俊：《网络移动支付环境下信用卡诈骗罪定性研究》，载《现代法学》2017年第6期。

能的信用卡，因此即使是借记卡在定性上也并无不同）。这种情况侵害的主要法益是金融机构关于信用卡的管理秩序，属于典型的冒用他人身份使用信用卡，根据《关于办理妨害信用卡管理秩序刑事案件具体应用法律若干问题的解释》的规定，冒用他人信用卡信息资料利用互联网、移动终端使用的，构成信用卡诈骗罪。由于银行卡系统通过密码和账号进行身份识别，行为人突破这是身份识别的保护，使机器按照指令错误处分银行卡下的资金，符合信用卡诈骗罪的构造。至于将绑定的银行卡中的钱先转移到支付宝或微信中，再转移给行为人自己，属于信用卡诈骗罪的不可罚的事后行为，无须再另行定盗窃罪。

3. 调包二维码。调包二维码是指行为人将一个商店的支付二维码偷偷换成自己的，顾客扫描二维码支付，付款都落入行为人的微信或支付宝中。该行为基本构造是行为人调换二维码并隐瞒不是店家二维码的事实，消费者误以为是店家的收款二维码，基于错误认识而处分财产，属于典型的诈骗罪。行为人取得财产是因为顾客主动自愿支付而转移了占有关系，而非违背财物占有人的意志改变占有关系，因此不可能成立盗窃罪。试想：如果顾客知道这个二维码被人恶意调包还会付款吗？显然不会。为什么会付款呢？那就是因为犯罪人调包二维码且隐瞒了不是店家二维码的事实，导致顾客陷入错误认识而扫码支付钱款。所以这个案件符合诈骗罪的本质——财物占有人因受骗限于错误认识而自愿交付财物，属于交互型、沟通型财产性犯罪，并且介入了顾客的行为，并不涉及计算机处分的问题，因此应适用刑法第 266 条的诈骗罪。如前所述，谁受损失、谁是被害人对刑法上定什么罪没有影响。

（二）网络理财

实践中，类似余额宝等“宝宝”类金融产品，行为人冒用权利人身份发出回赎指令，进而把资金转移到所绑定的微信或支付宝等第三方支付平台中，然后再转移给行为人自己，这种行为如何定性，争议很大。各种“宝宝”类产品在金融产品属性上系货币基金，刑法界对这种宝宝类产品的案件定性争议很大程度上源自没有“穿透”这些产品属于货币基金的本质。2015 年 12 月 17 日，中国证监会和中国人民银行联合发布的《货币市场基金监督管理办法》（证监会令第 120 号）第 2 条规定，货币市场基金是指仅投资于货币市场工具，每个交易日可办理基金份额申购、赎回的基金。这种货币基金类的网络理财产品通常由基金公司与互联网公司合作，以余额增值，以还款转账、生活缴费、购物消费兼具金融理财和消费双重功能的基金直销产品。以余额宝为例，其全称是天弘余额宝货币市场基金，是由天弘基金管理有限公司为支付宝定制的一款兼具金融理财和消费双重功能的基金理财产品，余额宝服务其实是投资者和天弘基金公司之间的货币基金买卖合同关系。天弘基金是余额宝的基金管理人，用户是投资人，而支付宝作为第三方支付机构只是提供支付、销售通道等中介服务，而非基金合同的当事人。既然余额宝本质上是货币基金，法律关系就是投资人与天弘基金公司之间的基金买卖合同关系，行为人获取投资人的账号和秘密，冒用投资人的身份发出回赎指令，计算机系统做出处分财产的反应（计算机系统被骗并处分），行为人进而骗取财产，属于合同诈骗罪。

（三）网络信贷

网络信贷既包括通过网络、手机银行等向银行机构申请贷款，也包括通过网络向非银行金融机构申请信贷金融消费产品。前者如前述案例中的第四节事实：被告人刘某某趁与其同住的被害人王某某不注意，使用王某某的手机，通过该手机使用招商银行信用卡“e 招贷”，冒用王某某的身份骗取贷款人民币 36，000 元。后者如前述案例中第三节事实：被告人刘某某先后两次趁与其同住的被害人王某某不注意，使用王某某的手机，通过该手机绑定的支付宝蚂蚁借呗，冒用王某某的身份骗取贷款共计人民币 11，700 元。第一种情况就是传统的银行贷款通过网络线上办理而已，属于冒用他人身份骗取贷款，唯一不同的就是线下被骗的是银行工作人员，线上被骗的是计算机系统，构成贷款诈骗罪应该没有争议。第二种情况涉及蚂蚁借呗问题。解决这个问题，必须要实质性地“穿透”蚂蚁借呗的金融产品属性。蚂蚁借呗是蚂蚁金服公司推出的一款网络贷款产品，按照芝麻分数的不同，用户可以申请的贷款额度不等，借呗的还款最长期限为 12 个月，随借随还，按期支付利息。蚂蚁金服公司为什么可以推出贷款产品呢？这是因为蚂蚁金服公司是有金融牌照的消费金融公司，根据银监会《消费金融公司试点管理办法》第 2 条的规定：“消费金融公司”是指经银监会批准，不吸收公众存款以小额、分散为原则，为中国境内居民个人提供以消费为目的的贷款的非银行金融机构。既然蚂蚁借呗是金融机构推出的贷款产品，那么行为人冒用他人身份骗取贷款，根据刑法第 193 条的规定，以非法占有为目的，诈骗银行或者其他金融机构的贷款，数额较大的，构成贷款诈骗罪。与此类似的还有苏宁任性付，也属于有金融牌照的消费金融公司推出的贷款产品。

（四）网络赊购

实践还存在一些网络公司推出的分期付款赊购服务产品，由于这些产品本质上不属于金融机构的金融产品，所以不存在侵害金融法益的问题，也就不存在构成信用卡诈骗罪或贷款诈骗罪问题。最典型的就是京东白条，京东白条本质上是一种“先消费、后付款”的赊购服务，对于京东来说是“应收账款”。京东白条的法律关系是基于买卖合同所产生的债权债务关系，非金融法意义上的“贷款”。因此，冒用“京东白条”，其实是冒用真实消费者名义签订买卖合同并逃避债务履行的行为，因此属于合同诈骗罪。与线下合同诈骗罪的区别仅在于，线下合同诈骗被骗的是人，而线上被骗的是计算机系统。

综上所述，对于网络支付型犯罪的罪名适用，应当在坚持盗窃罪与诈骗罪实质界限的基础上，承认在信用卡诈骗罪、贷款诈骗罪等特殊诈骗罪中“机器可以被骗”，对网络支付产品进行类型化的“穿透式”审查，实质性地分析金融产品的属性，按照结果无价值论实质解释的立场，结合行为所侵害的法益进行准确定性。本文开头的案例，刘某某第一节的事实，由于微信、支付宝本身并非信用卡信息资料，其所在的第三方支付平台也不属于银行机构，这种余额转移属于违背意志改变财产占有关系的取得型犯罪，构成盗窃罪；第二节事实，由于支付宝绑定了信用卡，属于冒用他人信用卡，构成信用卡诈骗罪；第三、四节事实，“穿透”蚂蚁借呗、e招待的表面形态，其在本质上均属于贷款产品，被告人的行为属于冒用他人身份骗取贷款，构成贷款诈骗罪（部分未遂）。

第九章　结果无价值论之于公共秩序犯罪

我国刑法中的公共秩序犯罪，主要分布在刑法分则第六章“妨害社会管理秩序罪”中，这是我国刑法分则罪名的“重头戏”。这其中既有行为无价值论与结果无价值论论战的“传统阵地”，如淫秽物品犯罪、赌博罪、伪证罪等，又有我国刑法中所特有的寻衅滋事罪，还有新型犯罪，如非法获取计算机信息系统数据罪。另外，广义上的公共秩序犯罪也包括刑法第二章中的危害公共安全犯罪。下面，从结果无价值论的视角，结合具体案件进行展开。

第一节 “无被害人”犯罪保护客体之反思

所谓“无被害人”犯罪涉及的主要是淫秽物品犯罪、赌博罪等。关于这类犯罪的保护客体（法益）或者说处罚根据，行为无价值论和结果无价值论有不同的认识，这是因为在刑法的保护对象上，行为无价值论偏重于社会伦理和规范效力的维持，而结果无价值论注重生活利益的保护；在刑法的机能上，行为无价值论强调社会伦理秩序和规范忠诚的维护，而结果无价值论张扬法益保护。这种对立在“无被害人”犯罪问题上得到更加明显的体现。

一、淫秽物品犯罪的保护法益

行为无价值论主张，淫秽物品犯罪的保护法益主要是性风俗或性道德伦理风尚，比如团藤重光教授针对淫秽物品犯罪指出“性风俗的维持本身也可以是刑法上的保护法益”①；而结果无价值论则认为，“处罚性方面的不道德的行为，会破坏个人进行自由选择的价值观，另外，抑制性冲动会给个人的感情生活、个性的发展等造成不好的影响”，从而主张只在下列情况下才可以刑罚处罚：一是“违反不想看的人”的意志，强迫其看该图书的时候，因为这“侵犯了不想看的人的自由的利益”；二是对青少年散发、贩卖淫秽书刊的场合，即便是青少年希望或同意，但从对青少年成长的保护角度看，刑法应当进行干涉。②

我国现行刑法对淫秽物品犯罪的规定共有五个罪名，分别是制作、复制、出版、贩卖、传播淫秽物品牟利罪，为他人提供书号出版淫秽物品罪，传播淫秽物品罪，组织播放淫秽音像制品罪，组织淫秽表演罪，如此多的罪名不得不令人感到担忧。我国刑法理论通说关于淫秽物品犯罪客体的认识也带有一定的行为无价值论色彩，通说观点认为，制作、贩卖、传播淫秽物品牟利罪侵害的客体是“国家对于文化市场的管理活动和社会道德风尚”、传播淫秽物品罪侵害的客体是“社会主义社会风尚”。③ 正是在这种行为无价值论的误导之下，才会在司法实践中出现夫妻在自己家里看黄碟而被司法机关抓捕这样令人啼笑皆非的极端案例。

---

① ［日］大塚仁：《刑法概说（各论）》（第二版），冯军译，中国人民大学出版社2003年版，第487～488页注［1］。

② 参见［日］曾根威彦：《刑法学基础》，黎宏译，法律出版社2005年版，第35～36页。

③ 参见赵秉志主编：《新刑法教程》，中国人民大学出版社1997年版，第721页、第759页。

◎案例 39　张某传播淫秽物品案

2002 年 8 月 18 日 23 时左右，延安市百花路派出所接到电话举报，称其辖区内有人正在播放黄色录像。接到举报后，民警来到张某诊所门外。但大门紧锁，无法核实是否有人播放黄色录像。为进一步调查，民警从诊所侧面的窗户缝里看到屋内的确正在播放淫秽录像。民警以看病为借口进入该诊所，后与张某发生冲突。于是民警以传播淫秽物品罪和妨碍公务罪为由将张某带回派出所。2002 年 8 月 22 日，延安市宝塔公安分局决定对张某以妨碍公务罪立案；2002 年 10 月 21 日，将张某刑事拘留；2002 年 11 月 4 日，延安市宝塔区检察院以事实不清、证据不足为由不予逮捕；2002 年 12 月 5 日，宝塔公安分局解除对张某的取保候审，并宣布撤销该案。[①]

这个案件在当时引起各界广泛关注，民众并没有对这对夫妻的“不道德”行为进行谴责，反而是对警察的行为予以强烈的批判。不可否认，行为无价值论者也绝不会认为张某的行为构成传播淫秽物品罪，但是这反映出行为无价值论对执法者的影响，使执法者往往打着道德大旗进行执法，所以才会出现这样的荒唐事件。

有鉴于此，笔者主张急需引入结果无价值论，对淫秽物品犯罪从刑法理论到刑事立法和司法进行深刻反思。我国现行刑法中的五个关于淫秽物品的犯罪，有打击面过宽之嫌。根据结果无价值论，刑法的目的是保护法益，对于道德伦理的维持不是刑法的任务，刑法要以法益为基点对国家刑罚权的触角进行束缚，刑法不要求人们都成为英雄，社会主义道德风尚的建设任务不是由刑法来完成的。如果以刑法来塑造社会道德风尚就具有以法律强制推行道德之嫌，这是现代法治国家刑法所忌讳的。就立法论而言，可以根据结果无

---

① 载 http://www.jcrb.com/zhuanti/szzt/gg30/fz302/200812/t20081210_110808.html，最后访问日期：2012 年 9 月 16 日。

价值论的法益侵害原理对现行刑法关于淫秽物品犯罪进行一定程度的非犯罪化，特别是不针对未成年人的淫秽物品犯罪。

二、赌博罪的处罚根据

我国在《刑法修正案（六）》之前，只有赌博罪，即刑法第303条规定的“以营利为目的，聚众赌博、开设赌场或者以赌博为业的，处三年以下有期徒刑、拘役或管制，并处罚金”。2006年6月29日的《刑法修正案（六）》将刑法原第303条中作为赌博罪行为表现之一的“开设赌场”，独立出来作为刑法第303条第2款，并重新配置了法定刑，即开设赌场罪：“开设赌场的，处三年以下有期徒刑、拘役或管制，并处罚金；情节严重的，处三年以上十年以下有期徒刑，并处罚金。”

从司法实践的情况看，《刑法修正案（六）》之前的赌博罪处罚的要么是聚众赌博的召集者，要么是赌档的老板，而这两类人实际上就是开设赌场者，一般的参赌人员大多被处以行政处罚而很少被追究刑事责任。《刑法修正案（六）》之后，涉赌案件绝大多数是开设赌场案。请看下面这个案例。

◎案例40　佘德某等开设赌场案

2011年6月初至8月12日，被告人佘德某、钱某某经预谋，在南京市江宁区陶吴镇、陆郎镇等地开设流动赌场。其间被告人佘德某吸收“二哥”（另案处理）、被告人王某某作为档主，被告人钱某某负责物色场地、安排岗哨及车辆，被告人佘皖某负责现场洗牌，被告人李某某、王洋某负责赌场外围检查、放行车辆及站岗放哨，被告人赵某某等人负责接送赌客及赌场人员，被告人钱玉某等人负责赌场外围站岗放哨，被告人王国某负责现场保管钱款。2011年8月12日下午，公安人员在南京市江宁区秣陵镇一砖瓦厂附近将正在开设赌场的被告人佘德某、王某某、钱某某、佘皖某、王洋某、王国某等10余人以及参赌人员100余人抓获。当场查获现金人民币456万余元，当日赌场抽头22万元。2012年9月17日，江苏省南京市建邺区人民法院判决认定被告人佘德某等16人犯开设赌场罪，其中佘德某、王某某、钱某某系主犯，被告人佘皖某、王洋某等人系从犯，分别判处4年至1年3个月不等的有期徒刑，并处罚金。[①]

此案当时被媒体称为南京市十年来最大规模参赌人数的赌博案，最终被追究刑事责任的是开设赌场的档主或帮助开设赌场的人员，一般的参赌人员100余人并没有被追究刑事责任。可见，我国刑法中规定的“聚众赌博”“以赌博为业”在司法实践中并没有多少“市场”，甚至在一定程度上被架空。这反映出赌博犯罪的保护法益以及立法上的缺陷，笔者的观点是保留刑法第303条第2款的开设赌场罪，同时对刑法第303条第1款的赌博罪进行反思。下面从结果无价值论的角度进一步论述。

（一）从保护客体上看

国内刑法界对赌博罪的客体存有争议，通说观点认为，赌博罪侵害的“直接客体是社会主义的社会风尚和社会管理秩序”[②]；也有学者认为赌博罪侵害的客体（法益）是以劳动取得财产这一国民健全的经济生活方式与秩序。[③] 在德、日刑法理论中有两种不同的观点：一种观点认为，赌博行为对他人的财产造成危害，所以要进行处罚。按照这种观点，开设或参与开设赌场、职业赌博等应该受到处罚，而所谓的单纯赌博不应该受到处罚。德国刑法正是基于这种考虑。另一种观点认为，赌博罪的处罚根据是为了防止国民的健

---

① 江苏省南京市建邺区人民法院刑事判决书（2012）建刑初字第57号。

② 高铭暄、马克昌主编：《刑法学》（下），中国法制出版社1999年版，第974页。

③ 参见张明楷：《刑法学》，法律出版社2003年版，第823页。

康的经济生活风俗，即依靠勤劳来维持生计的经济、劳动生活风气受到侵害，同时也防止与赌博或中彩相随的抢劫盗窃等犯罪。[①] 关于赌博罪的保护法益，除了上述风俗犯说、财产犯说之外，日本还有国家控制权说、国民健康说、不正防止与公平游戏说、附随犯罪及有组织犯罪防止说。[②]

根据结果无价值论的观点，刑法的目的是保护法益，犯罪的本质是对法益的侵害或威胁，法益即法律所保护的生活利益，单纯的违反伦理道德风尚的行为不能成为刑法的规制对象。对道德伦理的保护不是法治国家刑法的任务，而且国家也允许人们在道德、宗教和信仰上的自由。正如德国学者罗克辛指出的，“对道德的、宗教的，或者信念的规范的保护，不仅在这些规范遭到违反时，不能产生社会影响，而且也完全不属于民主的法治国家的任务，这种任务要求在相反的情况下，也应当保护和确认少数人的不同观点”，“单纯违反道德的行为所侵害的也不是法益，并且因此必须是保持不受刑事惩罚的”。[③]

前述将“社会风尚”作为赌博罪客体的观点，无非是从社会伦理的角度认为，赌博助长了国民的侥幸心理和懒惰奢靡的社会风尚。但是，“维持这种抽象的经济风俗自身就是刑法的任务吗？该种侵害能够成为处罚根据吗”？[④] 这种带有强烈行为无价值论色彩的观点，有以刑法强推道德观点之嫌疑，不符合法治国家刑法保护法益的目的。同样将侵害他人的财产作为赌博罪的客体也是不合适

① 参见［日］大谷实：《刑法各论》，黎宏译，法律出版社 2003 年版，第 376 页。

② 参见［日］川田泰之：《賭博罪の保護法益》，早稲田大学高等学院研究年誌，2017 年 3 月。

③ ［德］克劳斯·罗克辛：《德国刑法总论》，王世洲译，法律出版社 2005 年版，第 15 页、第 21～22 页。

④ ［日］曾根威彦：《刑法学基础》，黎宏译，法律出版社 2005 年版，第 36 页。

的，因为参赌者是自愿的，所谓“愿赌服输”，输了财产也是属于“被害人承诺”，根据结果无价值论的法益衡量，很难说侵犯了他人的财产。

因此，从保护客体的角度看，单纯的赌博行为并不存在需要刑法保护的法益。对于单纯参赌人来说，其自甘堕落不应受刑罚处罚，这正如吸毒者不以刑罚处罚一样。因此，刑法第 303 条第 1 款的赌博罪在立法上是值得反思的。

（二）从刑事政策角度看

单纯赌博行为的犯罪化与博彩业合法化相互矛盾。如果说赌博行为侵害了勤劳的社会风尚，那么随着我国市场经济的深入发展，国家经营的各种福利彩票也越来越多，而且中百万元大奖的情况还经常见诸各种媒体，这种由国家经营的“赌博”行为对勤劳社会风尚的侵害似乎有过之而无不及。冠以“福利彩票”或“体育彩票”之名并不能改变其本质上是赌博的事实，同样会导致一些自甘堕落的人深陷其中。如果说普通赌博可能引发其他犯罪，那么博彩同样绕不过这个坎。笔者亲自办理过一个胡某职务侵占的案件：胡某痴迷于买彩票，先是将房子卖掉，接着将所在单位的货款用于购买彩票，案发后公安机关在其住处查获数量惊人的各种福利彩票。胡某之所以走上职务侵占的犯罪道路，就是因为陷入博彩之中而不能自拔，其购买彩票的心态与赌博并无二致。

（三）从司法实践角度看

司法实践中，为防止扩大打击面，一般只处罚纠集者，而这些人往往是开设赌场者，所以当《刑法修正案（六）》将开设赌场独立出来作为一个罪名后，查处的涉赌案件，基本上都以开设赌场罪进行了判决，一般的参赌人员基本上作为行政处罚来处理，这一点从前述案例可以直观地看出。这其中的原因如下：（1）一般的参赌人员，要证明其以赌博为业，在证据上根本无法实现。（2）聚众赌博行为，作为一种聚众性犯罪，一般仅处罚首要分子或积极参加者。而对于聚众赌博而言，这两类人员一般体现为档主即开设赌场者和帮助开设赌场者，与刑法第 303 条第 2 款的开设赌场罪竞合。(3) 赌博案参与人员众多，盲目以赌博罪追究参赌人员的刑事责任，打击面过大，不符合刑法谦抑性要求，更不符合我国的社会现实。因为麻将、棋牌、电脑游戏等赌博形式在公民的观念中更多地成为一种娱乐休闲方式，加之国家进行的各种博彩行业，使“赌博是犯罪”的意识日渐淡薄，导致赌博罪在立法和司法上的预防效果受到怀疑。

（四）立法建议

通过刑法第 303 条第 2 款的开设赌场罪足以实现刑法保护法益的目的。之所以保留开设赌场罪，除了带有妥协和渐进式改革的意味外，其实质理由在于：一方面开设赌场，为他人赌博提供场所，吸引公众参与赌博，扰乱了正常的社会经济生活秩序，而秩序也是一种法益，符合结果无价值论的立场；另一方面是与诸如吸毒、卖淫行为不受处罚而容留、强迫他人吸毒，容留、介绍、强迫他人卖淫者构成犯罪的立法保持协调。

另外，废除刑法第 303 条第 1 款的赌博罪之后，对于带有欺骗性质的赌博行为，构成诈骗罪的，以诈骗罪处罚。正如日本结果无价值论者曾根威彦指出的：“在立法论上，倒不如将赌博罪，特别是单纯赌博罪从刑法中删除，仅将一定的带有欺骗性质的赌博，作为诈骗罪加以处理。”①

① ［日］曾根威彦：《刑法学基础》，黎宏译，法律出版社 2005 年版，第 37 页。

第二节
以危险方法危害公共安全罪口袋效应之检讨

从“毒奶粉”三聚氰胺事件到河南“瘦肉精”案，以危险方法危害公共安全罪这一新刑法实施后一直不太常用的新罪名，近年来却被“激活”，现在又进入了食品安全领域。以危险方法危害公共安全罪这只“危险”的“口袋”被撑得越来越大，所容纳的东西也越来越多，颇有检讨之必要。

◎案例41　刘襄等以危险方法危害公共安全案

2007年年初，被告人刘襄与被告人奚中杰为牟取暴利，二人商议，制售盐酸克仑特罗（俗称“瘦肉精”），双方各投资5万元，刘襄负责技术开发和生产，奚中杰负责销售，利润均分。同年八九月，刘襄在湖北省襄阳市谷城县研制出盐酸克仑特罗后，与奚中杰带样品找到被告人陈玉伟、肖兵对样品进行试验、推销。肖兵和陈玉伟将刘襄生产的盐酸克仑特罗出售给收猪经纪人试用，得知效果良好后，将信息反馈刘襄、奚中杰。此后，刘襄等人开始大量生产、销售盐酸克仑特罗。截至2011年3月，刘襄共生产、销售盐酸克仑特罗2700余公斤，销售金额640万余元。奚中杰与刘襄共同销售，以及从迟名华（另案处理）等人处购买后单独销售盐酸克仑特罗共1400余公斤，销售金额440万余元。肖兵从刘襄处购买盐酸克仑特罗1300余公斤并予以销售，销售金额300万余元。陈玉伟从刘襄处购买盐酸克仑特罗600余公斤，按照一定比例勾兑淀粉后销售，销售金额200万余元。被告人刘鸿林协助刘襄从事购买原料和盐酸克仑特罗的生产、销售等活动。5名被告人生产、销售的盐酸克仑特罗被分布在8个不同省市的生猪养殖户用于饲养生猪，致使大量含有盐酸克仑特罗的猪肉流入市场。河南省焦作市中级人民法院一审判决、河南省高级人民法院二审裁定认为，被告人刘襄、奚中杰、肖兵、陈玉伟、刘鸿林明知使用盐酸克仑特罗饲养生猪对人体的危害，被国家明令禁止，刘襄、奚中杰仍大量非法生产用于饲养生猪的盐酸克仑特罗并销售；肖兵、陈玉伟积极参与试验，并将盐酸克仑特罗大量销售给生猪养殖户；刘鸿林协助刘襄购买部分原料，帮助生产、销售盐酸克仑特罗，致使使用盐酸克仑特罗饲养的生猪大量流入市场，严重危害不特定多数人的生命、健康，致使公私财产遭受特别重大损失，社会危害极大，影响极其恶劣，5 名被告人的行为均已构成以危险方法危害公共安全罪，判处被告人刘襄死刑，缓期 2 年执行，剥夺政治权利终身；判处被告人奚中杰无期徒刑，剥夺政治权利终身；判处被告人肖兵有期徒刑 15 年，剥夺政治权利 5 年；判处被告人陈玉伟有期徒刑 14 年，剥夺政治权利 3 年；判处被告人刘鸿林有期徒刑 9 年。[①]

关于此案的定性，引起刑法理论界及实务界的广泛关注。在案件的侦查阶段，其中 3 人以涉嫌“非法经营罪”被刑事拘留、逮捕，另 1 人以生产、销售有毒、有害食品罪被刑事拘留、逮捕，还有 1 人以涉嫌“非法经营罪”被刑事拘留，后又以生产、销售有毒、有害食品罪被逮捕。直至提起公诉与审判阶段，整个案件才改用“以危险方法危害公共安全罪”。最高人民法院将此案作为指导性案例发布，由于指导性案例具有准司法解释的意义，可以预见，在没有新的司法解释出台前，类似案件在实务中的最终处理可能都会以以危险方法危害公共安全罪定罪处罚。在笔者看来，类似案件定性为以危险方法危害公共安全罪值得商榷。下文从结果无价值论的角度进行展开。

① 最高人民法院公布指导案例，载《人民法院报》2011 年 11 月 24 日，第 3 版。

一、结果无价值论之实质解释边界在此案中的澄清

笔者想借此案例澄清结果无价值论的实质解释的边界问题。在刑法解释方法论上，存在基于行为无价值论的形式解释论与基于结果无价值论的实质解释论之争。上述案件判决后，四川大学的魏东教授从形式解释论和实质解释论争议点入手，基于保守的实质解释论的立场认为该案的判决在刑法解释论上具有积极意义。[①] 笔者对此不能苟同，反而认为该案的判决在刑法解释论上是一个危险的信号，有损实质解释论的“名誉”。

实质解释论主张对构成要件的解释不能停留在法条的字面含义上，必须以保护法益为指导，使行为的违法性与有责性达到值得科处刑罚的程度；在遵循罪刑法定原则的前提下，可以作出扩大解释，以实现处罚的妥当性。实质解释论并非主张超出构成要件的范围进行实质的考虑。[②] 形式解释论主张基于罪刑法定原则所倡导的形式理性，通过形式要件，将实质上值得科处刑罚但缺乏刑法规定的行为排斥在犯罪范围之外，形式解释论从刑法用语的文本含义出发，主张应当先进行形式解释，只有在符合形式解释结论的情况下，才需要进一步作实质解释。[③]

从宏观的角度来说，实质解释论与形式解释论背后隐含的是对结果无价值论、行为功利主义的侧重？还是对行为无价值、规则功利主义的侧重。从微观的角度来说，实质解释论与形式解释论之间并不存在完全的对立，事实上，二者都强调实质解释与形式解释的统一，所不同的是，二者在形式解释与实质解释结合的时间点上有所差异。实质解释论强调对刑法的解释不仅要形式解释，更要实质解释；而形式解释论强调对刑法的解释应当先进行形式解释，只有

① 参见魏东：《河南“瘦肉精”案的刑法解释论意义》，载《公诉人》2011 年第 8 期。

② 参见张明楷：《实质解释论的再提倡》，载《中国法学》2010 年第 4 期。

③ 参见陈兴良：《形式解释论的再宣示》，载《中国法学》2010 年第 4 期。

在符合形式解释结论的情况下，才需要进一步作实质解释。如果行为不符合形式解释的结论，那么就不需要再进一步作实质解释。[①]无论是形式解释论还是实质解释论，有一点是共同的，就是都主张在坚守罪刑法定的前提之下来解释刑法，这是刑法解释的最终边界。实质解释论主张在考虑处罚必要性的前提下进行扩大解释，但这种扩大解释是在坚守刑法用语可能具有的含义（射程范围）之内进行的，并认为衡量刑法用语射程范围的基本标准，就是看解释的结论是否超过一般国民的预测范围，是否会使一般国民感到"惊愕"。

前述河南"瘦肉精"案定性为"以危险方法危害公共安全罪"，貌似采取了实质解释的立场，实际上却是打着实质解释的幌子，行类推解释之嫌。

（一）以危险方法危害公共安全罪中的"其他危险方法"的含义界定

罪刑法定要求刑法规范要有明确性，即刑法对犯罪构成要件的规定能够明确告诉一般人和司法工作人员何种行为定何种罪名，避免含混性和矛盾性。刑法第 114 条、第 115 条采取了列举加概括性规定的表述方式，即"放火、决水、爆炸以及投放毒害性、放射性、传染病病原体等物质或者以其他危险方法"。不可否认，这种兜底性条款的设立与罪刑法定的要求尚有距离。为了防止挂一漏万，从立法技术角度来说，这种条款的设置具有不可避免性，刑法中类似的条款也不少。但是，也应当看到刑法第 114 条、第 115 条中这一兜底条款远比刑法中类似的兜底条款的解释更加复杂，也更加容易出现"口袋效应"。其原因除了一般兜底性条款共同具有的"其他"一词的兜底性之外，还有两个重要原因：一是"危险"概念的模糊性；二是公共安全外延的宽泛性。

---

① 参见吴情树：《实质解释还是形式解释》，载《检察日报》2011 年 6 月 9 日，学术版。

“危险”原本就是刑法中一个危险的概念，刑法界对“危险”的含义及其判断标准历来众说纷纭；而“公共安全”的内涵和外延更是宽泛得难以捉摸。无论是生产、销售有毒、有害食品，生产、销售伪劣产品，还是交通肇事，都可能危及公共安全。就以以危险方法危害公共安全罪而言，必须对其中的“危险”和“公共安全”进行限定。学者普遍认为，从严格解释的角度出发，本罪中的“危险方法”应是与放火、决水、爆炸、投放危险物质具有危险性相当的方法，而不是泛指一切具有危害公共安全性质的行为。那么，如何理解这里的“相当的危险性”呢？认识并不统一，如有学者对与放火等罪“危险性相当”的行为进行了列举，认为包括“私设电网、驾车冲撞人群、使用放射性物质、扩散病毒等危险方法”①。还有的学者认为，本罪中的危险行为是指“那些针对刑法第 114 条所列举的对象具有严重‘破坏’性，并且危害公共安全的危险行为”，即这里“危险的相当性”体现为对公共安全的严重破坏性。②还有学者阐释“其他危险方法”应与放火等行为危险性相当，即是“一经实施，就可能造成不特定或者多数人的伤亡或者致使公私财产遭受重大损失的方法”。③ 也有学者认为，本罪与其他危害公共安全犯罪具有相当性，并不是犯罪方法、手段的相当性，而是本罪与爆炸、放火、决水等犯罪均具有一个共同的特征，即危害公共安全。因此，判断“以其他危险方法”就是要看是否具有“危害公共安全”的性质，即是否侵害到“不特定多数的人身、财产及社会利益”，继而认为刘襄等人共同研制、生产、销售“瘦肉精”的行为符合以危险方法危害公共安全罪的构成要件，“以此罪来定性是

① 赵秉志主编：《新刑法教程》，中国人民大学出版社 2001 年版，第 473 页。
② 张明楷：《刑法学》，法律出版社 2004 年版，第 545 页。
③ 李希慧主编：《刑法各论》，中国人民大学出版社 2007 年版，第 53 页。

非常准确、恰当的”。①

笔者认为，这里的“危险方法”必须坚持体系解释中的同类解释规则，即当刑法分则条文在列举了具有确定的构成要件要素之后，又使用“等”“其他”等概念时，对于“等”“其他”必须作出与所列举的要素性质相同的解释。② 换言之，既然立法者在同一条文列举几种情况之后又跟随着一个总括词语，那么应当根据只含同类的法律解释来作出解释，“其他方法”仅限于未列举的同类情况，而不包括不同类情况。根据同类解释规则，它必须与前面列举的几种行为相当，而不能仅仅从是否危害公共安全的角度来理解。因为危害公共安全的行为有很多，比如违章在消防通道上停车，有可能导致火灾发生时消防车无法施救而致人身、财产损害；生产农药的企业有可能导致农药残留超标而危及公共安全；生产、销售甲醛超标的玩具、衣物、建材等也会危及公共安全，为什么这些行为不能以“以危险方法危害公共安全罪”定罪处罚呢？原因显然不在于是否危害公共安全，而在于与“放火、决水、爆炸”等行为不具有相当性。

这里的相当性至少包括以下两个方面：（1）性质上，行为本身一经实施就具备了难以控制的高度危险性，直接导致不特定多数人生命、财产危险，而不需要借助于其他因素间接产生，即危险的即时性和直接性，这是放火、爆炸、决水、投放危险物质行为特质所决定的；（2）程度上，必须达到放火、决水、爆炸和投放危险物质所能产生的同等危险状态，具有难以控制性和一定恐怖性。

再结合前述案例来看，刘襄等所制售的“瘦肉精”盐酸克仑特是一种肾上腺激素类药物，喂食动物后会残留在动物体内，人食用

---

① 孟庆华：《河南首起“瘦肉精”案件定性的理论根据评析》，载《法治研究》2011 年第 12 期 。

② 参见张明楷：《刑法分则的解释原理》，中国人民大学出版社 2004 年版，第 28 ~29 页。

该动物肉品及其内脏后，对身体有毒害作用，这与农药残留超标对人体有害具有相似性，尽管会危害公众健康，危害公共安全，但是在性质上不具有即时性和直接性，并不能直接立即导致不特定多数人生命、财产安全损害，行为性质相对平和；程度上更不具有像爆炸、放火等难以控制的恐怖性。因此，类似生产、销售有毒、有害食品这种手段相对平和的犯罪，在性质上不具有危险的即时性和直接性，在程度上不具有恐怖性和难以控制性，也就难以纳入“其他危险方法”之评价范畴。

（二）将平和方式制售有毒、有害物质的行为解释为“其他危险方法”会超出国民的一般预测范围

前述“瘦肉精”案判决的实际理由主要是认为“此案社会影响恶劣，社会危害性巨大，以非法经营罪定罪处罚太轻”。换言之，此种观点是从处罚的实质必要性角度进行解释的，貌似采取了实质解释的立场；但是，这种将平和方式制售有毒、有害物质的行为解释为“其他危险方法”，超出了国民的一般预测范围，根本上违背了实质解释的初衷。如《法制日报》2011 年 7 月 26 日报道：“庭审结束后很多旁听人员提出：为什么以危害公共安全罪定罪而不是非法经营罪或其他罪名定罪?”[①] 同样，将这种行为以以危险方法危害公共安全罪处以重刑，也未必符合国民一般的预测心理。这一点，从相关媒体的报道中可见一斑，如《法制日报》2011 年 7 月 26 日报道指出，“量刑之重，出乎现场很多人的预料”[②]。尽管普通民众基于对食品安全的忧虑和对制售“瘦肉精”行为的痛恨，会一时冲动为这样的判决鼓掌，但是这种一时的快感，却是以牺牲罪刑法定原则为代价的。这种解释还会导致一个悖论，那就是用“瘦肉精”喂猪的养殖户、明知含有“瘦肉精”成分而进行屠宰加工的

---

① 周斌：《以危害公共安全论处罪责刑一致》，载《法制日报》2011 年 7 月 26 日。

② 周斌：《河南“瘦肉精”案最高死缓量刑罚当其罪》，载《法制日报》2011 年 7 月 26 日。

经营户、肉制品销售者，岂不都要定以危险方法危害公共安全罪，而非生产、销售有毒、有害食品罪了？这显然是人们所不能接受的。我们不得不说，这个指导性判例是类推解释的一种“复活”。

二、行为无价值论因素在此案中的负面作用

这个指导性判例的出台，有行为无价值论思想作祟的因素。对于河南“瘦肉精”案，我们可以推知判决的思路：这个案件社会危害性大，影响恶劣，行为人主观恶性大，一定要严惩——司法解释规定，未经批准生产、销售“瘦肉精”的行为，定非法经营罪①——但是非法经营罪法定刑太轻，不足以体现社会效果——找一个更重的罪——以危险方法危害公共安全罪。这一点也可以从判决理由中看出，判决的重要理由是“社会危害极大，影响极其恶劣”。这种定罪思路，并不是从以危险方法危害公共安全罪的规范构成角度得出的结论，也没有从该罪的保护法益的特质进行分析，而是以社会效果为中心，反推刑法规范的适用。

结果无价值论以结果为中心，关注结果之恶；行为无价值论以行为为中心，关注行为之恶。此案从结果来看，事实上并没有发生食物中毒、人身伤亡等后果，人们能感受得到的结果恰恰是各被告人行为经媒体报道渲染之后的行为之恶，这种行为之恶表现在两个方面：一是行为的辐射范围之广，刘襄等制售的“瘦肉精”波及河南、江苏、安徽等8个省市；二是行为的社会影响恶劣性之大，经媒体报道后，引起全国人民群众的愤慨。这种以行为之恶为中心的定罪思路，有利于迎合社会心理，实现行为无价值论者所宣扬的“社会公众认同感”。因为行为无价值论认为，犯罪侵害的不是法益

---

① 2002年最高人民法院、最高人民检察院发布的《关于办理非法生产、销售、使用禁止在饲料和动物饮用水中使用的药品等刑事案件具体应用法律若干问题的解释》指出，对于非法生产、销售瘦肉精的行为，以及生产、销售含有瘦肉精饲料或者饲料添加剂的行为，依照刑法第225条规定，以非法经营罪定罪处罚。

而是规范的效力，处罚犯罪是为了恢复规范的效力，所以行为无价值论者主张，刑法理论与实践要充分考虑公众的认同感，就是要考虑进入刑事司法视野的“经验上通常的事实”：判决结论或理论解释是一般的国民可以接受的，符合一般国民的规范意识，从而肯定国民的经验、情理、感受的合理性，保持刑法与市民感觉、国民规范意识之间的一致性，以保持刑法的亲和力，并使之获得公众对刑法的认同感。如果司法实践和刑法解释违背一般的市民感觉，其直接结果是裁判结论偏离常识，难以为公众所接受。[①] 此案发生后，在全社会形成了一种“过街老鼠，人人喊打”之声势，以以危险方法危害公共安全罪判处主犯死刑缓期执行后，更是获得了普通民众的一片叫好，似乎实现了“刑法的公众认同”，所以最高人民法院才会“自豪”地将其作为指导性案例公布。可见，判决背后起决定性因素之一的就是行为之恶，这恰恰是行为无价值论的思路。问题在于，这种以重罪重刑迎合“社会公众认同与期待”的判决，往往是以放弃或者忽视刑法规范的公正性和确定性为代价的，反过来又助长了重刑倾向的蔓延。事实上，食品安全监管体制的漏洞百出，才是这类犯罪频发的直接原因，完善食品安全监管网络比对制售者判处重刑更能有效地实现预防犯罪的刑事政策目的。这种冲动型司法，不利于刑法的安定性，值得深刻反思。

三、关于河南“瘦肉精”案的结论

如前所述，生产、销售“瘦肉精”的行为定性为以危险方法危害公共安全罪是不妥当的，那么此案应当如何准确定性呢？还有一种比较有影响的观点，是定非法经营罪。该观点的依据是 2002 年《最高人民法院、最高人民检察院关于办理非法生产、销售、使用禁止在饲料和动物饮用水中使用的药品等刑事案件具体应用法律若

① 参见周光权：《论刑法的公众认同》，载《中国法学》2003 年第 1 期。

干问题的解释》。该解释指出，对于非法生产、销售瘦肉精的行为，以及生产、销售含有瘦肉精饲料或者饲料添加剂的行为，依照刑法第225条规定，以非法经营罪定罪处罚。另外，该司法解释第5条也规定，同时符合其他罪的，“从一重罪处理”。

在笔者看来，定性为非法经营罪也不妥当。一方面，非法经营罪本身的“口袋化”遭到刑法界诟病，从一个“口袋”进入另一个“口袋”并不明智。另一方面，从结果无价值论的角度看，非法经营罪的法益在于保护国家对特许商品、特殊行业的垄断和专营，其保护的是市场秩序。尽管从化学意义上来说，“瘦肉精”属于肾上腺激素类药品，但是本案中生产、销售者在生产和销售时并没有将其作为药品使用，换言之，从法律意义上来说，行为人的行为实际上不是未经特许擅自生产、销售药品的行为，其侵害的也并非市场管理秩序，因此，将其定性为非法经营罪，并不符合非法经营罪的本质特征，也不符合刑法保护法益的目的。

本案的恰当定性应该是生产、销售有毒、有害食品罪，与添加饲料者、饲料销售者、养殖者构成共同犯罪。因为“瘦肉精”本身不属于食品的范畴，当然单独无法成立生产、销售有毒、有害食品罪，但是这并不妨碍其与其他人构成该罪的共同犯罪。这样定性的唯一障碍在于共同犯罪故意，特别是意思联络。但是这一障碍只是表象，完全可以解决：首先，从“瘦肉精”的生产、销售者角度说，刘襄与奚中杰有明确分工，分别负责研制生产和销售；被告人肖兵、陈玉伟联系收猪经纪人试用，并向刘襄反馈试用效果，这说明生产者和销售者一开始就是以向生猪这一食品中添加“瘦肉精”为目的的，然后大规模销售给生猪养殖户，从而与养殖户一起完成了生产、销售有毒、有害食品罪的犯罪行为。其次，从生猪饲养者来说，其明知他人生产和销售的“瘦肉精”是为了添加到饲料中喂食生猪的，而故意购买并饲养生猪，与生产者和销售者能够形成共同的意思联络。最后，可能人们会认为“瘦肉精”从生产到销售再到饲养，是层层传递的，他们之间大多未曾谋面，如何进行意思联络？这显然是一种形式化的理解，对于生产者和销售者来说，其很清楚最终获利必须是喂食生猪，而饲养者也知道其喂食生猪的“瘦肉精”来源于生产者和销售者，他们都知道“不是一个人在战斗”，缺少任何一个环节都无法实现他们各自的利益和犯罪目的。生产者和销售者每一次买卖“瘦肉精”及其饲料的行为，都可以形成共同的意思联络，并一级级传递下去。这种“连锁共犯”的现象在大陆法系刑法学中也被广泛承认，特别是在有组织犯罪中更是被广泛应用。我国刑法在集团犯罪、黑社会性质组织犯罪定罪处罚方面，事实上也践行着“连锁共犯”的理念。这种处理方法，既符合食品安全犯罪的保护法益，又不违反罪刑法定原则，更具有刑法理论上的依据；同时也能避免对生产、销售“瘦肉精”者定以危险方法危害公共安全罪，而对销售饲料者和生猪饲养户定性为非法经营罪或生产、销售有毒、有害食品罪的混乱局面。①

第三节
寻衅滋事罪的司法认定

一、关于寻衅滋事罪的主观动机问题

寻衅滋事罪的主观要素，除了故意之外，是否还需要其他特定的主观超过要素？对此，行为无价值论与结果无价值论存在截然不同的观点。行为无价值论认为，寻衅滋事罪主观上具有取乐、发

① 2011 年 8 月 9 日审理的河南第二批“瘦肉精“案中，河南省获嘉县人民法院一审判决认定韩文斌等 7 名被告人非法购买“瘦肉精”勾兑稀释粉，并将含有“瘦肉精”成分的稀释粉销售给生猪经纪人和生猪养殖户，构成非法经营罪，部分生猪养殖户接下来被定以生产、销售有毒有害食品罪。参见陈和耀：《河南获嘉宣判“瘦肉精”案 7 人获刑》，载 http：//www. chinacourt. org/html/article/201108/12/461170. shtml，最后访问日期：2011 年 8 月 13 日。

泄、追求精神刺激等流氓动机，这也是本罪区别于其他罪的关键之一。[①] 结果无价值论认为，刑法立法并没有规定寻衅滋事罪主观上必须有流氓动机，主观上是否具有流氓动机也并非寻衅滋事罪与其他相关罪名区别的根本标志。

传统观点认为，寻衅滋事罪主观上需要具有流氓动机，是源于旧刑法时代的流氓罪，但是新刑法已经取消流氓罪，而且新刑法并没有规定寻衅滋事罪需要流氓动机。但是，人们的思维惯性没有因为新刑法的改变而转变，仍然认为寻衅滋事罪也必须有流氓动机。传统刑法理论在有意无意中陷入了行为无价值论的思维方式，动不动就给某个罪名强加主观的超过要素，这不利于刑法保护法益的目的和刑事法治的实现。其实，出于报复社会等其他动机的强拿硬要、随意殴打他人、在公共场所起哄闹事，同样也会对公共秩序造成严重侵害，甚至与流氓动机相比有过之而无不及。况且，流氓动机是个抽象的、难以界定的概念，司法实践中更不具有可操作性，试问如何判断什么样的心态属于流氓动机？如果能够摒弃这种随意添加主观超过要素的带有浓重行为无价值色彩的观点，认为寻衅滋事罪不需要主观上的流氓动机，这样既符合刑法的规定，也有利于刑法保护法益的目的和罪刑法定的实现。

事实上，寻衅滋事罪主观故意的具体内容，需要结合寻衅滋事罪的四种情形来具体确定[②]，并以此来与其他相关罪名相区别。比如，随意殴打他人的故意内容，必定是明知自己的行为会发生伤害他人身体和扰乱与此相关的社会生活安定的结果，而希望或放任该

---

① 参见王作富主编：《刑法分则实务研究（中）》（第三版），中国方正出版社2006年版，第1280页。

② 根据《刑法》第293条的规定，寻衅滋事罪的四种情形分别为：“（一）随意殴打他人，情节恶劣的；（二）追逐、拦截、辱骂、恐吓他人，情节恶劣的；（三）强拿硬要或者任意损毁、占用公私财物，情节严重的；（四）在公共场所起哄闹事，造成公共场所秩序严重混乱的。”

结果的发生。换言之，寻衅滋事罪中的随意殴打他人的主观故意，理所当然地包含了故意伤害的内容，与单纯的故意伤害罪的故意不同之处仅在于这种伤害与社会生活安定相关。同样，强拿硬要的主观方面也必定包含了非法占有他人财物的内容，只不过是与财产权相联系的社会生活的安宁、有序。至于犯罪动机，是流氓动机还是报复等其他动机并不重要。请看下面这个案例。

◎案例 42　金建某等寻衅滋事案

2008 年 7 月 18 日，被告人金建某、刘某、李某、金某 4 人预谋："没钱花，向洗头房卖避孕套可以搞钱，如果店主不同意就吓他们，我们 4 人一起行动，这样能把店老板吓住，他们搞卖淫嫖娼，见不得光，不敢报警。"后以每盒 2.5 元的价格购进避孕套 100 盒，至江苏省南京市小行里、应天大街、集庆路、双塘里等 14 家美容美发店（俗称"洗头房"），声称"我们没钱吃饭，卖点避孕套，每盒 10 元，不买就砸店、封门，坐在店里捣乱做生意，反正你们洗头房都进行卖淫嫖娼，见不得光，不敢报案"等，将避孕套以每盒 10 元的价格强行推销给上述场所，获取现金人民币 1450 元。2008 年 7 月 20 日晚，被告人金建某等人再次至南京市海棠里、汉中门大街、水西门大街等 13 家美容美发店，以同样的手段获取现金人民币 970 元。其中 4 家美容美发店，被告人金建某等人没给避孕套，店主因害怕就都各自给了 100 元钱。2008 年 12 月 19 日，南京市建邺区人民法院以寻衅滋事罪，分别判处金建某、刘某有期徒刑 1 年；金某拘役 6 个月；李某拘役 6 个月，缓刑 1 年。4 名被告人均没有上诉，判决已生效。[①]

① 江苏省南京市建邺区人民法院刑事判决书（2008）建刑初字 272 号。

本案中，4 名被告人以强行推销避孕套为借口，索要他人财物，主观上必然具有非法占有之故意，这与寻衅滋事罪并不矛盾，因为寻衅滋事罪中的强拿硬要本身就包含有非法占有他人财物的故意。至于是否具有流氓动机，如果说有，那么4 名被告人深夜连续到20余家美容院强行推销、索要钱财，不给钱就扬言要砸店，也可以说具有耍威风、逞强之流氓动机；如果说没有，也可以说4 名被告人就是图财，动机上是“因为没钱，想搞点钱”，被告人也确实这样供述过其犯罪动机。可见，流氓动机不是寻衅滋事罪成立的必备条件，判断其是否构成寻衅滋事罪，关键还是看客观行为及其所侵害的客体，而不是有没有流氓动机这一主观超过要素。

二、寻衅滋事罪的保护客体（法益）

结果无价值论主张犯罪的本质是侵害法益，刑法的目的是保护法益，在刑法具体罪名的解释上，主张结合法益保护进行实质解释。刑法将寻衅滋事罪规定在第六章第一节“扰乱公共秩序罪”中，传统观点一般将其客体（法益）界定为“公共秩序”“社会秩序”，但是在结果无价值论看来，这种抽象化的界定不能满足解释本罪构成要件的需求，法益的精神化和抽象化会导致随意出罪入罪，不利于罪刑法定原则的贯彻。公共秩序或社会秩序是一种社会法益，而社会法益是由个人法益组成的，是个人法益的集合体。社会法益必须能够还原为个人法益。正如我国台湾地区学者陈朴生所言：“社会法益之社会，亦非脱离各个人之超过人的实体……究其极，亦不失为各个人之行为。故所谓社会法益，并非超个人之社会的利益或价值。”①

因此，要想对寻衅滋事罪的定性进行准确判断，就必须结合寻衅滋事罪的四种情形，具体确定其侵害的客体。比如，随意殴打他

① 陈朴生：《刑法专题研究》，台北，三民书局1989 年版，第66 页。

人或追逐辱骂他人，必定也侵害个人的人身安全和名誉，再结合本罪属于扰乱公共秩序的犯罪，那么与社会公共秩序相关联的一般的非特定人的人身安全和名誉就是此种寻衅滋事的客体。同样，强拿硬要或者任意毁损、占用公私财物的行为也必定侵害公私财产权，但是联系本罪属于扰乱公共秩序的犯罪，那么刑法规定此种形式的寻衅滋事罪的目的，绝不单纯是为了保护财产权，而是与财产权相联系的社会生活的安宁、有序。

前述金建某等人寻衅滋事案，就单个的被害人来说，被告人的行为固然侵害了其财产权。但是，4 名被告人夜间连续两日对同一城市 10 余条街区、20 余家美容美发店疯狂作案，以砸店、捣乱做生意相威胁，强拿硬要，从案件的整体来看，其行为所侵害的是与财产权相关的社会公共秩序的安定、有序，符合寻衅滋事罪的客体要件，当然其行为也符合敲诈勒索罪的客体要件，但是因为其犯罪数额达不到追诉标准的 3000 元而无法成立敲诈勒索罪。[①]

在上述案件处理过程中，笔者极力主张以寻衅滋事罪起诉，并最终获得法院判决认可。顺便指出，上述案件不构成抢劫罪，因为现有证据仅证实被告人威胁说："不买就要砸店，坐店里捣乱做生意，反正洗头房大多进行卖淫嫖娼业务，见不得光，不敢报案。"4 名被告人既没有对被害人人身实施暴力打击，也没有以将要对被害人人身实施暴力相威胁，故不符合抢劫罪的基本特征。同样本案也不构成强迫交易罪，因为强迫交易罪侵害的客体是自愿、平等的市场交易秩序，行为人是否经常进行商业活动，或者以商业盈利为主，决定着强迫交易罪的成立与否，也是区别于其他犯罪的关键，比如教师暴力强迫自己的学生以 200 元购买其价值 2 元的圆珠笔，不可能成立强迫交易罪。[②] 本案中各被告人借卖避孕套之名，利用

---

① 根据江苏省的规定，敲诈勒索罪的起点追诉标准为 3000 元。

② 参见张明楷：《刑法学》（第二版），法律出版社 2003 年版，第 668 页。

大多数“洗头房”进行卖淫嫖娼非法活动不敢报警的特点，强行索要财物，并非进行商业活动或以商业盈利为主的活动。

第四节
非法获取计算机信息系统数据罪的司法认定

我们已经处于数字时代。近年来，我国刑事立法针对计算机系统数据、信息网络增设了一些新罪名。有人认为，这是刑法介入早期化、防卫线前移，体现了风险刑法观的立场。笔者认为，这是刑法应因时代发展而做出的调整，是刑法对网络时代的数据安全法益保护的需要。随着数字化技术的发展，数据利用渗透至生活的每一个角落，针对数据的窃取、篡改、破坏、扩散等行为日益增多，并转化成整体的资讯风险，对数据主体的使用、处分权能造成极大威胁，因而产生了针对数据自身安全的独立保护需求。[①] 这样，网络时代就产生了一种与生命健康、财产、名誉等一样需要刑法保护的独立法益——数据安全法益。数据安全法益包括数据的保密性（confidentiality）、完整性（integrity）和可用性（availability）。数据的“保密性”是指确保数据免受未授权人探知、获悉、使用；数据“完整性”是指确保数据不被修改或损害；数据“可用性”是指确保权利人能及时、有效地获取、使用数据。[②] 在结果无价值论看来，数字网络时代的刑法立法、司法更需要坚守法益论的基本立场，计算机系统数据、信息网络犯罪的解释必须恪守数据安全法益的底线，保持基本的克制和谦抑。

非法获取计算机信息系统数据罪是《刑法修正案（七）》增加

---

① 参见［德］乌尔里希·齐白：《全球风险社会与信息社会中的刑法》，周遵友、江溯等译，中国法制出版社2012年版，第308页。

② 参见徐育安：《资讯风险与刑事立法》，载《台北大学法学论刊》2013年第91期。

的新罪名，在刑法第285条中增加第2款："违反国家规定，侵入前款规定以外的计算机信息系统或者采用其他技术手段，获取该计算机信息系统中存储、处理或者传输的数据，或者对该计算机信息系统实施非法控制，情节严重的，处三年以下有期徒刑或者拘役，并处或者单处罚金；情节特别严重的，处三年以上七年以下有期徒刑，并处罚金。"据此，非法获取计算机信息系统数据罪的成立有两个基本条件：一是手段行为必须是非法侵入计算机信息系统；二是必须达到情节严重。司法实践中，对于上述"非法侵入"和"情节严重"两个条件的认定存在争议。这种争议背后的实质问题是刑法观问题，即是坚持结果无价值论的实质解释论，还是采取行为无价值论的形式解释论。

◎案例43　刘某非法获取计算机信息系统数据案

被告人刘某2003年至2007年系上海某资讯科技集团公司（以下简称上海公司）研发部主管，因研发工作需要被授权用户名和密码进入公司数据库的计算机系统后台，刘某没有按照公司规定在使用后即删除用户名和密码，故意存储在电脑中。2009年刘某被调至该集团公司的子公司南京某资讯科技有限公司（以下简称南京公司）任技术开发部WDP（一种自动化办公系统平台）主管，因岗位发生变化而不再有权进入数据库的计算机系统后台，只是有权通过WDP工作平台读取少量的数据，且会有读取记录、乱码等限制。2011年7月被告人刘某因嫌薪水低而想辞职，于是将2007年在上海从事研发工作期间得到的数据库后台系统的用户名和密码调出来试用，发现仍然能够使用，于是先后多次登录计算机系统后台，通过专用软件从该数据库导出1700余份数据（占该公司全部数据的80%，该公司每年销售数据利润2亿余元）及WDP平台的全部配置文件，并通过电子邮件传输、存储至家中电脑内。[①]

该案争议的焦点集中在以下两点：一是刘某是公司内部员工，而且有权通过 WDP 平台读取少量数据，是否属于非法侵入计算机信息系统；二是司法解释列举了该罪“情节严重”的四种具体情形后，用了兜底条款“其他情节严重的情形”，本案中刘某获取的计算机系统数据没有泄露出去，没有获取利益，是否属于“其他情节严重的情形”。

一、关于“非法侵入”的理解与认定

“非法”的认定相对容易，是指违反法律、法规、规章，主要包括《中华人民共和国计算机信息系统安全保护条例》《计算机信息网络国际联网安全保护管理办法》等。“侵入”的实质含义是指行为人在没有得到许可时，违背计算机信息系统控制人或权利人的意愿进入其无权进入的计算机信息系统中，从而侵害数据安全法益。对于侵入的理解必须从这一实质含义出发，按照结果无价值论所主张的实质解释论进行理解。所谓实质解释是指在遵循罪刑法定原则前提下，对构成要件的解释不能停留在法条的字面含义上，必须以保护法益为指导，考虑处罚的必要性和妥当性，在刑法用语可能具有的含义内确定构成要件的具体内容。[②] 由于计算机犯罪是新型犯罪，计算机技术日新月异，“侵入”的方式也随着计算机技术的不断革新而花样翻新，刑法条文和司法解释不可能穷尽列举所有可能“侵入”的手段和方式，这就决定了实质解释论在计算机犯罪方面的重要意义。不能僵化地、机械地理解，更不能将“常见当成真理”，比如，常见的侵入方式是外部人员破解密码、盗取密码、

① 江苏省南京市建邺区人民法院刑事判决书（2012）建刑初字第 22 号。

② 参见张明楷：《实质解释论的再提倡》，载《中国法学》2010 年第 4 期。

使用木马程序等，就不能据此认为内部人员不可能成为侵入的主体。

计算机信息系统的安全机制分为两类：一是对用户进行常规识别，通常采用用户名加密码的方式，以确定用户的身份，从而防止非法入侵者侵入系统；二是系统内部用户对系统资源的访问控制，也即对合法用户的访问权限进行限制。根据上述安全机制，非法侵入行为也可以分为两类：一是非法用户侵入信息系统，也即无权访问特定信息系统的人员非法侵入该信息系统。如冒充合法用户、破解密码、盗取密码等。二是合法用户的越权访问，也即有权访问特定信息系统的用户，未经批准、授权或者未办理相关手续而擅自访问授权以外的信息系统或者调取系统内部数据资源。一般情况下，某一计算机信息系统的合法用户是有权访问该信息系统或者调取其内部数据资源的，但是，合法用户的访问权也是有限制的；换言之，其访问权一般只限于访问该信息系统的某些部分，或者只能调取该信息系统内部资源信息的某些部分。访问权的大小和级别通常是根据用户的身份、工作岗位、工作需要而决定的。合法用户只能在其所拥有的访问权限以内行使访问权，任何未经批准、授权的越权访问，均属于非法侵入。从实质解释的角度讲，这种越权侵入同上述无权侵入在性质上是相同的，在侵害计算机系统数据安全这一保护法益上也是相同的。换言之，合法用户越权侵入系统，其身份即由合法变为非法。

前述案例中，该公司计算机系统数据库后台只有极个别的人可以不受限制地进入并导出数据，而被告人刘某案发时的权限仅限于通过 WDP 工作平台读取少量且有各种限制的数据，其违反规定擅自使用以前利用开发软件之机获取的用户名和密码，登录计算机系统后台导出数据，就属于越权侵入，符合非法获取计算机信息系统数据罪所要求的“非法侵入”的本质特征。

二、情节严重的理解与认定

非法获取计算机信息系统罪是情节犯。刑法理论中的“情节犯”是指以情节严重为必要条件的犯罪类型。根据结果无价值论的立场，犯罪的本质是法益侵害，法益侵害性是质和量的统一，在质的意义上指法益侵害的有无，在量上指法益侵害的程度大小。刑法中存在一些行为难以通过强调、增加某种构成要件要素来使犯罪构成总体所反映的社会危害性达到应受刑罚惩罚的程度，在这种情况下，刑法会以“情节严重”作出综合性规定，所以“‘情节严重’作为构成要件，其特点是综合性，涉及客观方面、主体、主观方面等内容”[①]。这意味着此种情节不属于犯罪构成要件某一方面的要素，而是一个包括手段、目的、结果等主、客观方面的综合性构成要件要素。正是因为它是一个综合性的要件，所以无论是司法解释还是刑法条文都无法穷尽所有可能的情形，因此“情节严重”具体包括哪些情形需要结合具体个案，以法益侵害为指导，进行实质的、综合性的评定。《最高人民法院、最高人民检察院关于办理危害计算机信息系统安全刑事案件应用法律若干问题的解释》中规定，非法获取计算机信息系统数据罪的“情节严重”包括身份认证信息500组以上的、非法控制计算机信息系统20台以上的、违法所得5000元以上或者造成经济损失10，000元以上的、其他情节严重的五种情形。结合本案来看，都不符合前述司法解释的前四种情况，只能看是否符合兜底条款“其他严重情节”。从理论上说，这里的“其他严重情节”至少包括获取信息的数量、次数、手段、潜在的危险性等，从实质上判断其行为的法益侵害性是否到达需要刑罚处罚的程度，既要防止将没有达到刑罚处罚程度的行为认定为犯罪而随意入罪，又要防止将达到刑罚处罚程度的行为排除在犯罪之

---

① 张明楷：《刑法分则的解释原理》，中国人民大学出版社2004年版，第225页。

外而放纵犯罪。

结合前述案例来看，刘某侵入计算机信息系统获取的数据占公司全部数据的80%，公司每年销售数据利润2亿余元，虽然没有泄露出去造成现实的经济损失后果，但是危险性巨大；刘某获取的WDP全部配置文件，可以迅速搭建一个与原公司相同的程序，该公司WDP的开发成本200万余元，其获取的数据量之大，潜在的危险性之大，将其评价为“其他严重情节”并不违反刑法的规定，也符合刑法保护法益之目的。

综上，笔者认为，前述案例中刘某的行为构成非法获取计算机信息系统数据罪。这一点也得到了法院判决的认可，2012年2月6日，江苏省南京市建邺区人民法院以非法获取计算机信息系统数据罪判处刘某有期徒刑6个月，缓刑1年。计算机犯罪作为一种新的犯罪形式，“就犯罪的构成而言，大致上是一个新的现象，但是并不是一个新的问题”，这正如用电脑来伤害他人，还是故意伤害罪；用电脑来杀人，仍然构成故意杀人罪，所以只是一个对现有刑法条文的解释问题。①

第五节
妨害传染病防治罪的司法认定

基于风险社会而产生的风险刑法，集中表达了人类面对高风险社会的慌乱、不安以及对刑法保障安全的渴求。2020年年初，新型冠状病毒来袭，人们的这种慌乱、不安和渴求表现得极为明显。各地出现了一系列拒不配合体温测量、检疫检查，甚至隐瞒病情、逃避隔离等案件，人们首先想到的就是祭出刑法利剑。在

① 参见黄荣坚：《刑罚的极限》，台北，元照出版有限公司1999年版，第209页。

疫情防控初期，刑法第114条以危险方法危害公共安全罪异常活跃，并且把以危险方法危害公共安全罪理解为抽象危险犯，与此形成鲜明对比的是，刑法第330条的妨害传染病防治罪却呈现“僵尸化”趋势。这与风险刑法观、行为无价值论的推波助澜有一定关系。风险刑法认为，犯罪“不是以导致什么样的具体损害作为实施制裁的前提条件，而是以没有促使安全状态的形成或者这类犯罪的不法来表达的，它不是一个具体的损害，而是一种慌乱不安”，“这种慌乱不安的不法更多地被理解为在主观上具有罪恶的意图或者客观上对所有生活领域的安全条件造成损害的行为”。[①] 风险刑法以抵御社会风险、追求安全秩序为己任，对于危害安全的行为即使没有出现法益侵害的结果或具体危险，也要动用刑罚。主张刑法防线前置，大量增设抽象危险犯。正如本书第一章第二节中所论述的，在风险刑法中，法益侵害的违法性本质被淡化甚至被抹去了。[②] 这是一种更加激进的行为无价值论立场。在结果无价值论者看来，面对新型、突发的重大风险，刑法不可不为，亦不可乱为，既要秉承谦抑，亦不可落后于时代，[③] 关键是把握刑法治理的理性限度，求得自由与安全的最佳平衡点，这里的理性限度之标准在于法益侵害，平衡点之标尺在于法益衡量。

一、妨害传染病防治罪中的“甲类传染病”的扩大解释

从2003年“非典”到2020年年初的新型冠状病毒疫情初期，刑法第330条的妨害传染病防治罪一直处于“休眠”状态，呈现“僵尸化”趋势。这种状况一直持续到2020年2月6日最高人民法

---

① ［德］乌尔斯·金德霍伊泽尔：《安全刑法：风险社会的刑法危险》，刘国良译，载《马克思主义与现实》2005年第3期。

② 参见本书第一章第二节二、“（二）风险刑法观”。

③ 参见刘艳红：《刑法理论因应时代发展需处理好五种关系》，载《东方法学》2020年第2期。

院、最高人民检察院、公安部、司法部发布《关于依法惩治妨害新型冠状病毒感染肺炎疫情防控违法犯罪的意见》（以下简称《意见》）才有所改观。即使在《意见》出台之后，学界对于适用刑法第330条妨害传染病防治罪是否违反罪刑法定原则依然存在争议，影响该罪名的激活。事实上，只有激活妨害传染病防治罪才能真正地限制以危险方法危害公共安全罪的扩大化。

刑法第330条妨害传染病防治罪的适用前提是甲类传染病，即“违反传染病防治法的规定，有下列情形之一，引起甲类传染病传播或者有传播严重危险的，处三年以下有期徒刑或者拘役……甲类传染病的范围，依照《中华人民共和国传染病防治法》和国务院有关规定确定。”根据《传染病防治法》第3条的规定，甲类传染病只有鼠疫、霍乱。新型冠状病毒疫情发生后，2020年1月20日经国务院批准，国家卫生健康委员会发布通知将其纳入“《传染病防治法》规定的乙类传染病，并采取甲类传染病的预防、控制措施”。这就给刑法第330条的适用造成了困扰。这个困扰在2003年“非典”疫情期间就已出现。2003年4月11日国务院卫生部发布《关于将传染性非典型肺炎（严重急性呼吸道综合征）列入法定管理传染病的通知》，将“非典”列入《传染病防治法》法定传染病，并规定可以甲类传染病控制的措施。[①] 但是刑法界普遍认为，由于“非典”不属于甲类传染病，按照罪刑法定原则，没有适用该罪名的余地。[②] 2003年5月《最高人民法院、最高人民检察院关于办理妨害预防、控制突发传染病疫情等灾害的刑事案件具体应用法律若

---

① 有观点认为，2003年“非典”期间之所以没有适用刑法第330条，是“非典”未被纳入按甲类管理的范围。这完全是一种误解。例如，刘宪权教授持该观点，参见龚云飞：《指引涉“疫”案件罪名适用　助推落实国家治理能力现代化》，载《检察日报》2020年3月12日，第1版、第3版。

② 参见曲新久：《“非典”时期的“典型反应”——评“两高”的一个刑事司法解释》，载《政法论坛》2003年第3期。

干问题的解释》（以下简称《解释》）没有提及刑法第330条，其原因也在于此。最高人民法院相关负责人在解读《解释》的文章中指出，刑法第330条必须是引起甲类传染病的传播或者有传播的严重危险，如果没有引起甲类传染病的传播或者有传播的严重危险，则不能以妨害传染病防治罪定罪处罚。[①] 现在，该问题再次出现，学者要么对该罪名采取回避策略，[②] 要么认为《意见》违反罪刑法定，[③] 甚至明确否定该罪名的适用余地。[④]

事实上，最高人民检察院、公安部于2008年6月26日发布的《关于公安机关管辖的刑事案件立案追诉标准的规定（一）》（以下简称《追诉标准》）已注意到该问题，第49条明确规定，违反传染病防治法的规定，引起甲类或者按照甲类管理的传染病传播或者有传播严重危险，应以妨害传染病防治罪立案追诉。其实就是将“按照甲类管理的传染病”解释为刑法第330条的“甲类传染病”。《意见》重申了《追诉标准》的立场，明确规定“其他拒绝执行卫生防疫机构依照传染病防治法提出的防控措施，引起新型冠状病毒传播或者有传播严重危险的，依照刑法第三百三十条的规定，以妨害传染病防治罪定罪处罚”。

笔者认为，从结果无价值论所坚持的实质解释论立场看，将

---

① 参见孙军工：《解读〈关于办理妨害预防、控制突发传染病疫情等灾害的刑事案件具体应用法律若干问题的解释〉》，载《人民法院报》2003年5月16日，第4版。

② 参见田宏杰：《拒不履行防疫义务的刑法治理》，载《检察日报》2020年2月3日，第3版；陈璇：《新型冠状病毒肺炎防控中的刑事规制》，载“中国法律评论”微信公号：https：//mp. weixin. qq. com/s/vTxrI0IpjUJAZjY5D8001w，最后访问日期：2020年2月19日。

③ 参见欧阳本祺：《妨害传染病防治罪客观要件的教义学分析》，载《东方法学》2020年第3期。

④ 李翔：《“以危险方法危害公共安全罪”能否用?》，载“刑事实务”微信公号：https：//mp. weixin. qq. com/s/lRsZWsdnh - fGycL - DrthBQ，最后访问日期：2020年2月18日。

“按照甲类管理的传染病”解释为刑法第330条的“甲类传染病”，具有实质合理性，不违反罪刑法定原则。当然，从立法论的角度来说，直接将“依法确定采取甲类传染病预防、控制措施的传染病”写入刑法第330条是最好不过的。事实上，《刑法修正案（十一）》草案也是这样修改的。但是司法无法等待遥遥无期的立法，司法人员不可能将案件搁置到立法修改后才办理。

首先，从刑法用语含义射程上看，将“按照甲类管理的传染病”解释为刑法第330条的“甲类传染病”不违反公民行为预测可能性。罪刑法定禁止类推解释，但并不禁止扩大解释和实质解释。当某种行为虽不在刑法用语核心含义之内，但具有处罚必要性时，在刑法用语射程范围内，可以作扩大解释，以实现刑法的合理性。刑法第330条赋予公民的义务是遵守“预防、控制措施”，既然2020年1月20日国家已经发布公告对新型冠状病毒“采取甲类传染病的预防、控制措施”，而行为人拒不履行，其违反的显然是“甲类传染病的预防和控制措施”，而非乙类传染病的预防和控制措施，这完全符合刑法用语的含义，也不违反公民的预测可能性。尽管新型冠状病毒是乙类传染病，但公民所知晓的预防、控制措施是甲类传染病的。这意味着，在2020年1月20日以后违反刑法第330条的行为，以该罪名论处是完全合法合理的。

其次，从处罚的实质必要性看，将“按照甲类管理的传染病”解释为刑法第330条的“甲类传染病”具有实质合理性。罪刑法定实质的侧面追求处罚的实质合理性，解释的实质性容许范围与实质的正当性（处罚必要性）成正比，与法律条文的一般语义之间的距离成反比。[①] 从当前新型冠状病毒的高危害性及强传染性来看，短期内其与鼠疫、霍乱相比，具有相当性。从政府采取防控措施的范

---

① 参见［日］前田雅英：《刑法总论讲义》（第六版），曾文科译，北京大学出版社2017年版，第52页。

围和强度看，实际上超过鼠疫、霍乱。违反相关防控措施义务，所导致的风险及后果与鼠疫、霍乱具有可比性，因此，拒不履行新型冠状病毒防控措施而导致病毒传播或者严重传播危险的行为，具有实质处罚必要性。国家之所以没有将新型冠状病毒规定为甲类传染病，主要原因是这种新型病毒有很多未知领域，经过一段时间后其致病性可能降低而成为类似于“流感”的季节性呼吸系统疾病，疫苗可能经过一段时间研制成功，这样其传染性和危害性会显著降低，而法定的甲类传染病具有稳定性，不能朝令夕改，但又考虑到其传染性和危险性实质上已经达到甲类传染病的程度，因此“采取甲类传染病的预防、控制措施”。刑法解释应当顺应新风险的出现和时代发展。

最后，从罪刑均衡的角度看，将“按照甲类管理的传染病”解释为刑法第 330 条的“甲类传染病”属于典型的有利于被告人的扩大解释。罪刑法定的实质侧面禁止处罚不当罚的行为和不均衡的刑罚。传统观点回避刑法第 330 条的适用，但是也认为类似拒绝隔离、隐瞒病情等恶劣行为有实质处罚必要性，于是只能求助于刑法第 114 条的以危险方法危害公共安全罪。其实这种解释路径反而有类推、违反罪刑法定之嫌。以危险方法危害公共安全罪的法定最高刑是死刑。但刑法第 330 条妨害传染病防治罪法定最高刑是 7 年有期徒刑。这就导致罪刑不均衡：妨害甲类传染病防治行为的处罚（按照刑法第 330 条处罚）反而比妨害乙类传染病防治行为（按照刑法第 114 条处罚）更轻。同时，也会导致放纵一些尚未达到以危险方法危害公共安全罪，但是需要以妨害传染病防治罪处罚的犯罪行为。只有将“纳入乙类传染病，并采取甲类传染病预防、控制措施”解释为刑法第 330 条中的“甲类传染病”，才能顺利解决上述双重不均衡问题。正确的做法是优先考虑适用刑法第 330 条，而不能轻易动用刑法第 114 条，对于同时触犯刑法第 114 条的行为再按照罪数原理解决。

因此，将“按照甲类传染病管理的传染病”解释为刑法第330条的“甲类传染病”是有利于被告的扩大解释，实质上更加契合罪刑法定。

二、妨害传染病防治罪的行为特征与类型

刑法第330条第1款规定了妨害传染病防治罪的四种行为类型[①]：（1）供水单位供应的饮用水不符合国家规定的卫生标准的；（2）拒绝按照卫生防疫机构提出的卫生要求，对传染病病原体污染的污水、污物、粪便进行消毒处理的；（3）准许或者纵容传染病病人、病原携带者和疑似传染病病人从事国务院卫生行政部门规定禁止从事的易使该传染病扩散的工作的；（4）拒绝执行卫生防疫机构依照传染病防治法提出的预防、控制措施的。[②] 根据结果无价值论的立场，这些行为类型背后保护的依然是社会公众身体健康的法益，绝非单纯的传染防治规范或秩序。因此，在司法认定时，不能认为只要有上述行为就侵害了防疫的规范效力，就构成妨害传染病防治罪。实践中，既不是新型冠状病毒确诊或疑似患者，又不是密切接触者，甚至也不是来自疫情高发地区的一般人，未戴口罩进入商场、未戴口罩进社区等，即使违反了防疫规定，由于没有导致疫情传播而危害公众身体健康之法益及其危险，不能以妨害传染病防治罪论处，至多给予治安处罚。我们在认定这些行为时，必须要知道刑法第330条所规定的妨害传染病防治罪属于实害犯和具体危险犯，而非行为犯、抽象危险犯。刑法第330条规定，“违反传染病防治法的规定，有下列情形之一，引起甲类传染病传播或者有传播

---

① 2020年7月7日公布的《刑法修正案（十一）草案》增加了一项：出售、运输疫区中被传染病病原体污染或者可能被传染病病原体污染的物品，未进行消毒处理的。

② 2020年7月7日公布的《刑法修正案（十一）草案》将这里的“卫生防疫机构”修改为“县级以上人民政府、疾病预防控制机构。”

严重危险的……”这里的“引起甲类传染病传播”是实害犯，这里的“有传播严重危险的”是具体危险犯。

刑法第330条第1款第4项规定的情形是针对一般社会公众的，[①]根据司法实践，主要的行为类型有：（1）确诊新型冠状病毒病人、疑似病人、密切接触者，拒不履行指定场所单独治疗、隔离观察及其他防控措施的行为；（2）拒不配合政府依法对疫点以及相关场所进行的卫生处理、戴口罩、测体温以及其他管制措施等行为；（3）拒不遵守政府依法采取的限制或者停止集市、影剧院演出或者其他群体性活动的行为；（4）拒不遵守政府依法采取的停工、停业、停课措施的行为；（5）拒不遵守政府依法采取的封闭、封存被传染病病原体污染的水源、食品以及相关物品，禁止买卖、捕食野生动物等措施的行为；（6）拒不遵守政府依法采取的紧急封闭相关场所措施的行为；（7）不遵守政府依法采取的对出入疫情区或其他区域的人员、物资和交通工具实施卫生检疫、交通管制或封锁等措施的行为。有上述行为，并引起新型冠状病毒传播的实害或者有严重传播的具体危险，才涉嫌刑法第330条的妨害传染病防治罪。这里的实害犯可以通过事后的结果证明有无导致不特定人多数人被感染来认定。这里的危险犯属于具体危险，即“严重传播危险”，在认定时不能随意将具体危险犯偷换为抽象危险犯，不能认为只要拒绝履行防控措施的行为在理论上就有传播的严重危险。对“严重传播危险”这一具体危险的认定，应当严格限制解释，防止不当扩大打击面。实践中，行为人的具体行为是否具有严重的传播危险要

---

① 一些学者认为，该罪的主体是特殊主体，即只能适用于对疫情防控负有特定职责的单位和个人（参见李翔：《“以危险方法危害公共安全罪”能否用?》，载“刑事实务”微信公号：https://mp.weixin.qq.com/s/lRsZWsdnh-fGycL-Drth-BQ，最后访问日期：2020年2月18日）。这种观点是典型的断章取义。事实上，刑法第330条第1款第4项规定的行为适用于一般社会公众，包括传染病确诊病人、疑似病人以及其他社会公众。

把握两个方面的要点：一是从事后看，该行为有无导致疫情传播、扩散的严重危险；二是应当坚持医学的科学标准来判断其行为传播、扩散疫情的危险性。

三、妨害传染病防治罪与以危险方法危害公共安全罪的关系

（一）妨害传染病防治罪与以危险方法危害公共安全罪的想象竞合

以危险方法危害公共安全罪属于重罪，妨害传染病防治罪属于轻罪；刑法第330条第1款第4项规定的妨害传染病防治罪的行为方式主要表现为不作为犯；而第114条规定的以危险方法危害公共安全罪主要表现为作为犯。新冠肺炎的确诊病人、疑似病人，如果只是单纯的拒不履行报告义务、拒不执行相关防控措施的消极不作为，引起了新冠病毒传播或者有传播严重危险的，其行为只是符合妨害传染病防治罪，并不符合以危险方法危害公共安全罪的本质特征。有观点认为，这种情况也危害了公共安全，只是属于法条竞合，按照"特别法优于一般法"的适用原则认定为妨害传染病防治罪。[①] 这种观点是错误的，因为上述行为原本就不符合以危险方法危害公共安全罪的犯罪构成，该罪的"危害公共安全"要求具有与放火、爆炸等具有相当性（相当性的具体认定规则下文详述）；更何况将以妨害传染病防治罪与以危险方法危害公共安全罪理解为法条竞合是常识性错误。实践中，也会存在既不履行报告和执行防控措施义务，同时又积极主动地向不特定多数人传播病毒的情形，同时符合妨害传染病防治罪和以危险方法危害公共安全罪，这属于想象竞合犯，应当从一重处，认定为以危险方法危害公共安全罪。还有观点认为，这种情况属于法条竞合，按照"重罪优于轻罪"的适

① 参见李文峰：《准确适用妨害传染病防治罪严惩抗拒疫情防控措施犯罪》，载《检察日报》2020年2月12日，第3版。

用原则。[①] 这不仅混淆想象竞合与法条竞合概念，也误解了法条竞合的适用原则。

首先，想象竞合与法条竞合虽然都是一行为触犯数罪名，但是触犯数罪名的原因是不同的。从形式上看，法条竞合的情况下之所以触犯数罪名不取决于案件事实，而是法条之间本来就存在天然的包容和交叉关系，比如诈骗罪与合同诈骗罪，法条之间天然存在逻辑上的包容关系；而想象竞合的情形下之所以触犯数罪名取决于案件事实，是因为具体的行为触犯两个不同的法条，这两个法条之间本身并无交叉、包容关系。比如，盗窃正在使用中的电线，同时触犯盗窃罪与破坏电力设备罪。从实质上看，法条竞合只有一个法益侵害事实，而想象竞合则有多个法益侵害事实。因此，法条竞合用其中一个法条就可以全面评价，也就是通过对其中一个犯罪构成的惩罚就已经可以完全清偿这个事件所具有的不法内容与责任内容，[②] 因此，法条竞合属于单纯的一罪；而想象竞合侵害多个法益，一个法条不足以全面评价其违法性，原本应评价为数罪，但是仅需要按照其中的重罪的法定刑量刑，所以想象竞合是观念的竞合、想象的数罪、科刑的一罪。根据上述基本理论，传染病防治罪与以危险方法危害公共安全罪之间，法条上根本没有交叉、包容关系。新冠肺炎的确诊病人、病原携带者、疑似病人是否触犯两个罪名，取决于行为是单纯拒不履行报告义务、拒不执行相关防控措施的消极不作为，还是同时又积极主动地向不特定多数人传播病毒这一行为事实，与法条本身之间的逻辑关系无关，因此不可能属于法条竞合。同时符合妨害传染病防治罪与以危险方法危害公共安全罪时，侵害的是数法益，即分别侵害传染病防治管理秩序和公共安全两个法

---

① 参见李文峰：《准确适用妨害传染病防治罪严惩抗拒疫情防控措施犯罪》，载《检察日报》2020 年 2 月 12 日，第 3 版。

② 参见［德］克劳斯·罗克辛：《德国刑法学总论（第 2 卷）——犯罪行为的特别表现形式》，王世洲等译，法律出版社 2013 年版，第 637 页。

益，属于想象竞合，从一重处。

其次，法条竞合的适用，以符合一般法条为前提，在符合一般法条的基础上，因法条之间的逻辑上错综关系，又符合特别法条，为了避免重复评价，只适用特别法条。换言之，适用特别法条是法条竞合的基本原则，只有在法律有明确规定时才适用重法条优于轻法条，而不可能随意地选择适用特殊法条或者重法条。

（二）以危险方法危害公共安全罪的实质性限制解释

如前所述，适度激活妨害传染病防治罪是为限制以危险方法危害公共安全罪创造条件，同时对以危险方法危害公共安全罪本质也要从结果无价值论的角度进行限制解释。

1．“其他危险方法”的限制解释。刑法第 114 条规定：“放火、决水、爆炸以及投放毒害性、放射性、传染病病原体等物质或者以其他危险方法危害公共安全，尚未造成严重后果的，处三年以上十年以下有期徒刑。”这里的以危险方法危害公共安全罪与放火、决水、爆炸、投放危险物质罪规定在同一条款中，“其他危险方法”应当坚持同类解释规则。同类解释是体系解释的一种具体规则，是指如果法律上列举了具体的人或物，然后将其归属于“一般性的类别”，那么，这个一般性的类别，就应当与具体列举的人或物属于同一类型。[①] 因此，“其他危险方法”应当与该条款列举的放火、决水、爆炸、投放危险物质具有相当性。但是这种相当性具体体现在哪些方面，缺乏精细化研究，导致司法实践频繁“跑偏”。

笔者认为，这里的相当性要从刑法第 114 条中的“放火、决水、爆炸、投放危险物质”的基本特征出发进行实质解释。“危险方法”的认定必须紧紧围绕该罪所保护的法益不特定公众的生命健康安全，这是结果无价值论的应有之义，而不是从行为无价值论的

① 参见王利明：《法律解释学导论：以民法为视角》，法律出版社 2009 年版，第 262 页。

角度看行为本身的样态。笔者曾经从实质解释论出发，提出这里的相当性需要从性质和程度两个方面进行限制，前者是行为本身一经实施就具备了难以控制的高度危险性，后者具有难以控制性和一定的恐怖性。[①] 笔者在上述观点基础上，进一步细化为“四性”的认定规则：（1）即时性，即行为一经实施，危害公安安全的危险或后果就产生，不需要借其他间接因素而产生。比如，污染环境也会危及、危害公共安全，生产、销售有毒有害食品也会危及、危害公共安全，但是，这种危险或后果是“慢性”的、“过程性”的，不具有即时性，不像放火、决水、爆炸、投放危险物质行为，一经实施就立即产生危害公共安全的危险或结果。（2）一次性，即行为人实施一次行为就能在短时间内导致不特定多数人的生命、健康安全受到损害、遭受危险。[②] 无论是放火还是决水、爆炸、投放危险物质，只要实施一次行为，就能产生不特定多数人的生命、身体健康和重大财产损害，这与行为人持刀在公共场所连续砍杀多人，一次行为伤亡一人或少数人是不同的。（3）不可控性，即行为一经实施就具备了难以控制的高度危险性，法益侵害危险和结果波及面广、冲击力大，难以掌控。（4）恐怖性，即行为会威胁社会公众的安全心理，导致恐慌，形成一定的恐怖社会氛围。

这“四性”是放火、决水、爆炸、投放危险物质行为的典型特征和本质属性，以此来形塑以危险方法危害公共安全罪中的“其他危险方法”，能够准确而清晰地界定其内涵和外延。只有满足“四性”的危险方法，才能认定为刑法第114条中的“其他危险方法”。我们根据“四性”来分析新型冠状病毒疫情防控中的犯罪行为：

---

① 参见李勇：《反思以危险方法危害公共安全罪的口袋效应》，载陈兴良主编：《刑事法判解》（第12卷），人民法院出版社2012年版，第129～130页；本书第九章第二节。

② 参见陆诗忠：《论“以危险方法危害公共安全”中的“危险方法”》，载《法律科学》2017年第5期。

《意见》列举了以危险方法危害公共安全罪的两种情形：一是确诊新型冠状病毒感染病人、病原携带者，拒绝隔离治疗或者隔离期未满擅自脱离隔离治疗，并进入公共场所或者公共交通工具的。作为已经确诊病毒感染者或病毒携带者，由于新型冠状病毒的高传染性，一旦实施脱离隔离并进入公共场所或公共交通工具的行为，就立即产生难以控制的病毒传播风险和后果，造成社会恐慌心理，符合上述“四性”的要求。如果没有“进入公共场所或公共交通工具”，只是造成家庭内部成员感染，就不具有恐怖性和不可控性，所以《意见》将“进入公共场所或公共交通工具”作为必备条件。二是新型冠状病毒感染肺炎疑似病人拒绝隔离治疗或者隔离期未满擅自脱离隔离治疗，并进入公共场所或者公共交通工具，造成新型冠状病毒传播的。根据《传染病防治法》第78条规定，这里的疑似传染病病人是指根据国务院卫生行政部门发布的诊断标准，经专业医疗机构诊断而确定的符合疑似传染病病人诊断标准的人。疑似病人不仅要有“进入公共场所或者公共交通工具”，而且要有“造成新型冠状病毒传播”的现实后果，这是因为疑似病人并不能确定感染病毒，其危险性处于不确定状态，只有最终确实造成了新冠病毒传播，才符合一经实施就立刻产生难以控制的危害公共安全的危险或后果，才符合“四性”。

根据“四性”要求，除《意见》列举的确诊病人、病毒携带者、疑似病人以及“进入公共场所或公共交通工具”以外，其他人的其他行为也有可能成立以危险方法危害公共安全罪。《意见》只是对涉疫情案件中常见的以危险方法危害公共安全罪表现形式进行了提示性的列举，并没有穷尽。事实上，是否构成以危险方法危害公共安全罪，必须按照刑法第114条规定的构成要件进行判断，实质地评价是否符合上述“四性”特征。例如，健康的第三人故意用确诊新型冠状病毒病人的排泄物涂抹公共场所的电梯、门把手，或者投掷到水源地等，这种行为完全符合“四性”，与投放危险物质相当，比确诊病人进入公共场所或公共交通工具危害性更大，理当构成以危险方法危害公共安全罪。

根据上述“四性”要求，下列行为不得以以危险方法危害公共安全罪定罪处罚：（1）确诊病人、疑似病人、病毒携带者、密切接触者，单纯拒不履行指定场所单独治疗、隔离观察及其他防控措施的行为，但并没有进入公共场所，或者仅造成家庭成员感染；（2）一般公众拒不配合政府依法对疫点以及相关场所进行的卫生处理、戴口罩、测体温以及其他管制措施等行为；（3）一般公众拒不遵守政府依法采取的限制或者停止集市、影剧院演出或者其他群体性活动的行为；（4）一般公众拒不遵守政府依法采取的停工、停业、停课措施的行为；（5）一般公众拒不遵守政府依法采取的封闭、封存被传染病病原体污染的水源、食品以及相关物品，禁止买卖、捕食野生动物等措施的行为；（6）一般公众拒不遵守政府依法采取的紧急封闭相关场所措施的行为；（7）一般公众不遵守政府依法采取的对出入疫情区或其他区域的人员、物资和交通工具实施卫生检疫、交通管制或封锁等措施的行为。这些行为不符合“四性”，与放火、决水、爆炸等根本不具有相当性，对于符合妨害传染病防治罪等其他罪名的，以相应罪名定罪处罚；不构成犯罪而需要给予行政处罚的，通过行政处罚予以处理。

2. “危害公共安全”的限制解释。刑法第114条“以其他方法危害公共安全”中的“危害公共安全”是具体危险犯的标志，但是，司法实践中有意无意中将该罪作为抽象危险犯来处理。抽象危险犯是指只要特定的行为方式出现，即被立法者推测为危险状态已经形成，即使少数案件没有出现这样的危险也认定，不允许反证推翻立法上的这一推测，所以抽象危险犯“霸气十足，罗织力大”；具体危险犯是指特定的行为方式引发实际的危险结果，构成要件才该当，危险状态有无不是立法上的推测，而是构成要件的一部分，

“罗织力相对微弱，比较符合个案正义”。[①] 实践中，存在这样的情况，即只要对多数人的生命、健康、重大财产造成威胁，就按照本罪定罪处罚。这显然是将本罪理解为抽象危险犯了。即便正确认识到本罪是具体危险犯，也面临着具体危险犯如何判断的问题。笔者认为，应当从实质解释论的角度，对这里的“危害公共安全”进行严格的限制解释。

首先，这里的“公共安全”应解释为“不特定＋多数”。刑法学对于公共危险的内容历来存在争议，主要有以下四种观点：一是认为对不特定的生命、身体或者财产的危险（不特定说）；二是不问特定还是不特定，是针对多数人的生命、身体和财产的危险（多数说）；三是针对不特定或者多数人的生命、身体或者财产的危险（不特定或多数说）；四是针对不特定多数人的生命、身体、财产的危险（不特定多数说，即不特定＋多数）。[②] 日本和我国占主流的是第三种观点。[③] 劳东燕教授采用“多数人说”，她认为应当放弃使用“不特定”的概念，多数才是核心，这里的“多数”并不要求一定是现实的多数，也包含潜在的或者可能的多数。[④] 我国台湾地区学者林东茂教授主张第四种观点。[⑤] 笔者认为，对刑法第 114

---

① 参见林东茂：《刑法综览》，台北，一品文化出版社 2012 年版，第 2 编第 236 页。

② 参见［日］大塚仁：《刑法概说（各论）》，冯军译，中国人民大学出版社 2003 年版，第 396 页。

③ 参见［日］西田典之：《日本刑法各论》（第三版），刘明祥、王昭武译，中国人民大学出版社 2007 年版，第 221 页；［日］山口厚：《刑法各论》（第二版），王昭武译，中国人民大学出版社 2011 年版，第 425 页；［日］大谷实：《刑法各论》，黎宏译，法律出版社 2003 年版，第 261 页；张明楷：《论以危险方法危害公共安全罪——扩大适用的成因与限制适用的规则》，载《国家检察官学院学报》2012 年第 4 期。

④ 参见劳东燕：《以危险方法危害公共安全罪的解释学研究》，载《政治与法律》2013 年第 3 期。

⑤ 参见林东茂：《刑法综览》，台北，一品文化出版社 2012 年版，第 2 编第 236 页。

条中的以危险方法危害公共安全罪中的“公共安全”应当坚持“不特定+多数人”的观点。(1) 只有“不特定+多数”才能表征出以危险方法危害公共安全罪的行为特征。“不特定”表明处于随时增加的不可控状态；而“多数”表明涉及公共、公众利益，只有两者结合才能征表出以危险方法危害公共安全罪的“四性”（即时性、一次性、不可控性、恐怖性）。“不特定+多数”与“不特定或多数”相比，前者要求行为侵害的对象不仅要是不特定的，而且还必须是多数；后者是不特定或者多数择其一就可以。“不特定或多数”的观点用来概括性地解释危害公共安全犯罪类罪名或许是可行的，但是用来解释以危险方法危害公共安全罪却是不妥当的，比如，行为人为了泄愤，在大街上随意砍了一人，此人属于不特定人，但是只能定故意杀人罪（或者是故意伤害、寻衅滋事等罪），而不可能定以危险方法危害公共安全罪；再如，行为人超速飙车，导致不特定的一人死亡，只能定交通肇事罪而难以定以危险方法危害公共安全罪。(2) 我们不应当直接套用日本刑法学的主流观点，因为日本刑法中并没有类似于我国的口袋罪“以危险方法危害公共安全罪”，也不存在需要限制该罪名适用的问题。日本学者在讨论“公共安全”内涵时，在很大程度上是在危害公共安全犯罪这一类罪名的语境下进行的。有学者认为，以“不特定+多数”的方式对公共安全进行限定，会不当地缩小了危害公共安全犯罪的处罚范围，这意味着侵害特定多数人的生命、健康或财产安全，不可能成立危害公共安全方面的犯罪。① 其实，这种担心是没有必要的，因为当“多数”达到一定程度时就具备了不特定性，特别是当多数包含潜在的多数和可能的多数时就已经具备了不特定性，因此即使按照“不特定+多数”说也不会造成放纵犯罪。反之，如果只有

① 参见劳东燕：《以危险方法危害公共安全罪的解释学研究》，载《政治与法律》2013年第3期。

“多数”，而对象是特定的，就不可能成立以危险方法危害公共安全罪，比如，新型冠状病毒确诊患者导致多名家庭成员感染，即使是多数人，但由于是特定的多数人，也不构成以危险方法危害公共安全罪。再如，新型冠状病毒确诊病人到与有矛盾的邻居家（假如家中有四口人）进行报复，就应该定故意杀人罪或故意伤害罪，而不能定以危险方法危害公共安全罪。更何况，当务之急是限制以危险方法危害公共安全罪的“口袋化”倾向，而非激活或扩大该罪的适用。

其次，采用“好险，差点就出事了”判断公式。具体危险犯的如何进行判断，“迄今为止还没有很好地得到明确”。[①] 德国联邦最高法院曾界定具体危险犯是发生损害的可能性比不发生的可能性高。但是这样的标准仍然是模糊的。后来联邦最高法院解释这个公式：不应当使用一种（在实践中无法实施的）百分比来计算（例如，在51%可能性时就认定一种具体的危险，在49%可能性时就拒绝这种具体的危险），而应当要求“不是那种遥远的、离得太远的危险”就够了。[②] 事实上，这样的标准依然是难以把握的。德国学者Cramer认为，具体危险指实害发生的可能性，抽象危险则指具体危险的可能性，但是这被阿图尔·考夫曼斥为毫无意义和逻辑，把具体危险视为实害的可能性还可以理解，但是把抽象危险视为实害可能性的可能性就不知所云了。[③] 罗克辛和许迺曼倡导规范的危险结果说，认为具体的危险存在于侵害性结果仅仅是偶然地没

① ［德］克劳斯·罗克辛：《德国刑法学总论》，王世洲译，法律出版社2005年版，第276页。

② 参见［德］克劳斯·罗克辛：《德国刑法学总论》，王世洲译，法律出版社2005年版，第276页。

③ 参见林东茂：《危险犯及经济犯罪》，台中，五南图书出版公司1996年版，第25～26页。

有发生的场合。[①]

笔者认为，从理论上来说，具体危险犯中的具体危险是指实害发生的可能性，这种实害发生的可能性必须是紧迫的、现实的、直接的。换言之，这种可能发生的实害应当具有紧迫性、现实性和直接性。这种紧迫性、现实性和直接性的判断，应当以行为当时的具体情况，站在事后第三人的立场上，结合具体个案进行判断。对于以危险方法危害公共安全罪而言，就是对不特定多数人的生命、身体健康和财产造成的紧迫的、现实的和直接的侵害。笔者提出的急迫性、现实性和直接性，与德国的“急迫危机”理论具有相同的趣旨。德国新近判决引入“危急情形”的判断方法，这种“危急情形”必须强烈地损害了具体确定的安全利益，受到威胁的法益存在高度危急，或者是一种“几乎发生的事故”。[②] 比如，德国刑法第315c条被认为是处罚“几乎要酿成大祸的行为”。[③] 就此而言，德国学者德穆特（Demuth）的“急迫危机”理论值得提倡，根据他的理论，具体危险是指“当通常的防止措施肯定能够避免这个损害的时间被错过的时候”，危机就出现了。[④] 如果用“公式化”的语言来概括具体危险判断中的紧迫性、现实性和直接性这三个特性，可以借鉴德国司法实践中“好险，差点就出事了”公式，就是从事后第三人的立场进行客观地观察能作出“好险，差点就出事了”的

---

① 参见林东茂：《危险犯及经济犯罪》，台中，五南图书出版公司1996年版，第26页；[德]克劳斯·罗克辛：《德国刑法学总论》，王世洲译，法律出版社2005年版，第277页。

② [德]克劳斯·罗克辛：《德国刑法学总论》，王世洲译，法律出版社2005年版，第276页。

③ 林东茂：《危险犯及经济犯罪》，台中，五南图书出版公司1996年版，第20页。

④ [德]克劳斯·罗克辛：《德国刑法学总论》，王世洲译，法律出版社2005年版，第277页。

评价，就可以认为存在具体危险。[①]

（1）紧迫性是指出现法益侵害的危急状态，已经非常逼近实害结果的发生。比如，新冠病毒的确诊患者，进入有不特定多数人乘坐的公共交通工具，结合新冠病毒的高度传染性进行客观判断，一旦进入公共交通工具，造成病毒传播的实害结果非常逼近了。反之，如果确诊患者没有进入公共交通工具，即便逃离隔离，在空旷的马路上行走，站在事后客观的立场看，结合新型冠状病毒传播途径主要是飞沫传播，在空旷地带空气流通的环境下，传播风险极低，就不存在紧迫的传播风险，不能认定为以危险方法危害公共安全罪。

（2）现实性是具体危险的发生具有客观性。根据结果无价值论的立场，如果从事后立场判断，根本不可能发生，类似于不能犯，就不能认为产生了现实性危险。正因如此，《意见》规定新冠肺炎的疑似患者，除了要求进入公共场所或公共交通工具，还要求实际造成新冠病毒传播。2001 年上海发生的肖永灵投寄虚假炭疽菌案，由于根本不可能造成不特定多数人的生命健康损害结果，缺乏现实性，不能认定为以危险方法危害公共安全罪。这是此案广受学界批评的重要原因。[②] 新型冠状病毒疑似病人，如果最终检测发现根本没有感染，即使进入公共交通工具等，也不构成以危险方法危害公

---

① 参见王钢：《德国判例刑法（分则）》，北京大学出版社 2016 年版，第 31 页。

② 基本案情：2001 年 10 月 18 日，肖永灵将两封装有虚假炭疽杆菌的邮件，分别投寄到上海市有关部门及新闻单位。法院审理认为，肖永灵故意制造恐怖气氛，危害社会稳定，已构成以危险方法危害公共安全罪。载人民网：http：//www. people. com. cn/GB/shehui/20011219/630751. html，最后访问日期：2020 年 3 月 4 日。关于此案的批判参见张明楷：《论以危险方法危害公共安全罪——扩大适用的成因与限制适用的规则》，载《国家检察官学院学报》2012 年第 4 期；陈兴良：《口袋罪的法教义学分析：以以危险方法危害公共安全罪为例》，载《政治与法律》2013 年第 3 期；参见周少华：《罪刑法定在刑事司法中的命运——由一则案例引出的法律思考》，载《法学研究》2003 年第 2 期。

共安全罪；同样，密切接触者如果事后证明没有感染，即使用口水涂抹电梯也不构成以危险方法危害公共安全罪，如果构成妨害传染病防治罪则以相应罪名处理。

（3）直接性是法益侵害危险的产生是直接的，从危险到实害结果的产生具有直接性，不需要经过中间因素。比如，确认新冠病毒患者单纯的拒不履行报告义务、拒不执行相关防控措施的消极不作为，没有进入公共场所等积极传播行为，其对于不特定多数人的生命健康就不具有直接的危险性。如果认为由于其不履行报告义务就可能传染给其他特定的人，而其他特定的人可能再到公共场所或乘坐公共交通工具，最终会危害不特定多数人的公共安全。这样的基本逻辑就是：先传给特定人—再由特定人传给不特定多数人—危害公共安全。但是这种经过中间因素的媒介，不符合直接性的要求，可能构成妨害传染病防治罪而不能成立以危险方法危害公共安全罪。

总之，以危险方法危害公共安全罪中的具体危险应当从紧迫性、现实性和直接性三个方面判断，从事后第三人的立场进行客观地观察能作出“好险，差点就出事了”的评价就可以认定存在具体危险。反之，对于那种当时看起来很危险，但是实际上“根本不会出事”的，就不能认定为具有该罪的具体危险。比如下面这个案例：

◎案例44　杜某某、杨某某以危险方法危害公共安全案

2020年1月23日，湖北省枣阳市人杜某某、杨某某夫妇从湖北乘车到达广东省汕头市澄海区探望其父亲杜某甲，之后一直在杜某甲务工的工厂居住。其间，杨某某出现发热、咳嗽等症状，杜某某明知杨某某出现症状，没有主动向所在镇（街道）报告，并配合做好防控工作。1月29日，杜某某、杨某某夫妇被医学隔离观察。1月31日，杨某某被确诊为新型冠状病毒感染的肺炎患者。与杨某

某有密切接触人员已经集中进行医学隔离观察。2月2日，汕头警方依法对杨某某、杜某某等人以涉嫌以危险方法危害公共安全罪予以立案侦查。[①]

本案中行为人没有主动报告疫情重点地区行程史，是典型的以消极不作为的方式"拒绝执行卫生防疫机构依照传染病防治法提出的预防、控制措施"，没有造成紧迫、现实、直接的具体危险，看起来很危险，但是由于其没有主动进入公共场所，可能会导致家庭成员感染，而不会导致不特定多数人紧迫、现实、直接的危险，认定为以危险方法危害公共安全罪是错误的，应当定性为妨害传染病防治罪。

---

① 《疫情严峻他们还刻意隐瞒，这些人被刑事立案!》，载 https：//mp. weixin. qq. com/s/FjrVst0pfFAcFy－n3mKzuQ，最后访问日期：2020年5月8日。

第十章　结果无价值论之于职务犯罪

行为无价值论与结果无价值论之争在职务犯罪方面主要体现在解释论上。关于特定关系人受贿的司法解释使用“特定关系人”这一带有强烈行为无价值论色彩的用语不具有合理性和妥当性。另外，受贿罪的“利用职务上的便利”“及时退交”的理解与认定，以及“委托人员”“委派人员”的理解认定，需要根据结果无价值论的实质解释才能得出妥当的结论。《刑法修正案（九）》对贪污贿赂犯罪定罪量刑标准作出了重要修改，采取了“数额＋情节”模式，对于这些“特殊情节”如何认定，实践中争议较多且流于字面含义，有必要坚持结果无价值论的立场，通过实质解释的方法予以纠偏。

第一节
“特定关系人”受贿问题的反思

2007 年 7 月 8 日公布的《最高人民法院、最高人民检察院关于办理受贿刑事案件适用法律若干问题的意见》（以下简称《意见》），对 10 种新类型受贿犯罪进行了解释，其中第 7 条规定了“关于由特定关系人收受贿赂问题”，即国家工作人员利用职务上的便利为请托人谋取利益，授意请托人以本意见所列形式，将有关财物给予特定关系人的，以受贿论处；第 11 条将“特定关系人”界定为“与国家工作人员有近亲属、情妇（夫）以及其他共同利益关系的人”。

此后，《刑法修正案（七）》增设了利用影响力受贿罪，将其犯罪主体限定为“国家工作人员的近亲属或者其他与该国家工作人员关系密切的人”，似乎在立法上正式承认了“特定关系人”这一术语。

一、“特定关系人”用语行为无价值色彩浓厚之批判

《意见》第11条将“特定关系人”界定为“与国家工作人员有近亲属、情妇（夫）以及其他共同利益关系的人”，但是这一用语带有浓厚的行为无价值论色彩，存在太多的漏洞而不具有妥当性。这一术语在下面这个案例中就遇到了难题。

◎案例45　李某受贿案

2009年8月至2011年10月，被告人李某在先后担任南京市建邺区人民政府某街道办事处城市管理办公室主任和城市建设科科长期间，利用职务上的便利，多次收受南京某公司法定代表人季某提供的财物。其中，2009年8月、10月，两次收受季某给予的现金及购物卡合计2万元。另外，2011年10月，被告人李某授意季某为其妻子的妹妹葵某建筑违建房80平方米。季某为此违建房支出土地使用费人民币2万元、建筑费人民币3万余元，被告人李某仅给付季某土地使用费人民币2万元，差额为人民币3万元。①

本案中，李某收受2万元的现金及购物卡，认定为受贿罪没有任何争议。对于2011年10月授意请托人为其妻子的妹妹葵某建设违建房能否认定为受贿罪存在问题。根据前述司法解释，授意请托

---

① 江苏省南京市建邺区人民法院刑事判决书（2012）建刑初二字第33号。

人将财物给特定关系人的可以构成受贿罪，而特定关系人是指与国家工作人员有近亲属、情妇（夫）以及其他共同利益关系人，而本案中被告人妻子的妹妹并非近亲属，如何处理？这充分暴露出“特定关系人”这一术语的弊端。

立法及司法解释，之所以使用了特定关系人的术语，同时又将特定关系人的范围界定为“近亲属、情妇、情妇（夫）以及其他共同利益关系人”，显然是以人情、伦理为基本界定标准的，这就自觉不自觉地陷入了行为无价值论的泥沼，存在明显缺陷。

首先，用“特定关系人”会导致处罚漏洞和处罚不公。（1）从受贿罪的本质上看，受贿罪的保护法益（客体）是国家工作人员职务行为的不可收买性与纯洁性，受贿罪的本质特征就是权钱交易。请托人有求于某国家工作人员的职务行为，而直接将财物给予该国家工作人员，从而使该财物成为职务行为的不正当对价，形成权钱交易，固然使国家工作人员的职务行为的廉洁性或不可收买性受到侵害；国家工作人员暗示或授意请托人将财物给第三人，这同样使财物成为职务行为的不正当对价，在本质上也是权钱交易，职务行为的廉洁性和不可收买性同样受到侵害。这实质上就是间接受贿，正因如此，有人将日本刑法中的由第三人受贿罪直接翻译成“间接受贿罪”①。可见，无论是直接将财物给国家工作人员，还是间接将财物给第三人，本质上都是权钱交易，都侵害了职务行为的廉洁性和不可收买性，这里的第三人不会因为是该国家工作人员的妻子、情人、兄弟、表兄弟、朋友而有所改变。（2）从受贿罪的构成要件上看。从客观要件上看，无论是利用职务上的便利直接由国家工作人员本人接受请托人提供的财物，还是授意或暗示请托人将财物给某第三人，实质上都是将财物变成权钱交易的“筹码”，都是收受贿赂，完全符合利用职务便利收受贿赂的客观要件；从主观要

① ［日］大谷实：《刑法各论》，黎宏译，法律出版社2003年版，第458页。

件上看，既然国家工作人员授意或暗示将财物给第三人，就明知行为人之所以接受其暗示或授意，原因就在于其有求于自己的职务权限，因此，必然明知自己的行为实质上是一种权钱交易，必然明知会发生侵害职务行为的廉洁性或不可收买性的结果，并对这种结果持希望和放任心理，主观上具有受贿的故意。

其次，"特定关系人"这一极具伦理色彩的词语内涵不清、外延不周。(1)"近亲属"是个法律术语，具有特定含义。根据我国刑事诉讼法第 106 条第 6 项的规定，近亲属是指"夫、妻、父、母、子、女、同胞兄弟姊妹"，那么国家工作人员授意请托人将财物交给自己的表兄弟等其他亲属的行为如何处理？其在本质上对国家工作人员职务行为的廉洁性的侵犯是一样的，怎能因血缘关系的亲疏远近而改变受贿罪的本质呢？前述案例中，被告人授意将财物给其妻妹，而妻妹不属于近亲属，因此不构成犯罪；假如本案被告人自己的妹妹，就构成犯罪，自己的妹妹与妻子的妹妹"待遇差别如此之大"，这分明就是封建时代妇女娘家亲戚要疏于夫家亲戚的遗毒，这是极端的行为无价值论的体现。(2)"情妇（夫）"是个带有强烈道德色彩的非法律术语。到底达到什么程度的男女关系才能称为"情妇（夫）"？在证据上如何证明？它与"一夜情"在证据上如何区别？如果说事实婚姻关系在证据上还勉强可以查证，那么在"情妇（夫）"关系认定上，一旦犯罪嫌疑人矢口否认，就几乎无法证实这种关系。事实上，实践中这种"情妇（夫）"关系一般都处于"地下"状态，往往都以"朋友""兄妹"等关系作为掩饰，这无疑给司法机关在取证问题上出了难题。(3)"其他共同利益关系的人"本身又是个模糊概念。"共同利益关系"如何界定？以什么为标准？如果某国家工作人员同情自己的"铁哥们"买不起房子，为了友谊，想帮他一把，利用职务便利，为请托人谋取利益，并授意请托人将财物给其"铁哥们"又怎么处理？这种友谊，是不是共同利益关系？甚至还有可能是该国家工作人员需要报答的人，更有可能是该国家工作人所在小区的门卫或其家庭保姆，等等。(4)《意见》第11条对“特定关系人”的界定不恰当地排除了法人和单位。比如，某国家工作人员妻子是公司企业的经理，该企业周转不灵，该国家工作人员授意请托人将财物交给该公司而不是直接给其妻子，这如何处理？事实上，这种行为与直接给其妻子，在侵害国家工作人员职务行为的廉洁性或不可收买性上没有任何区别，其社会危害性有过之而无不及。难道能说这是刑法的漏洞吗？其实，这并非刑法本身的漏洞，而是司法解释强加给刑法的漏洞，因为我国刑法规定的受贿罪，并不限于行为人将贿赂直接据为己有，还包括为第三人所有。其实，刑法中类似的情况还很多，比如盗窃罪中的“非法占有”，理所当然地包括“非法占为己有”和“为第三人（包括自然人和法人及单位）占有”，比如行为人为其情人偷了一个项链，不能因为不是“占为己有”而是“为情人占有”，就否定盗窃罪的成立。同样，自己所在单位缺少电脑，行为人为“单位”偷了个电脑，难道就不构成盗窃罪吗？学者张明楷教授就指出：“刑法规定的‘以非法占有为目的’应包括以第三者非法占有为目的，因而包括以单位非法占有为目的。”①

二、基于结果无价值论以“第三人”代替“特定关系人”

从结果无价值论的角度看，无论国家工作人员授意其近亲属还是情人，或者是其朋友，抑或其他法人、单位，均不影响受贿罪的成立，以“第三人”代替“特定关系人”更具合理性。

首先，用“第三人”代替“特定关系人”不存在扩大打击面问题。有人担心用“第三人”代替“特定关系人”会扩大打击面，理由：其一，直接使用“第三人”，会将一些纯粹的同事之间、朋

---

① 张明楷：《刑法分则的解释原理》，中国人民大学出版社2004年版，第187页。

友之间的帮忙行为入罪，从而不当地扩大打击面。其二，作为受贿行为，其本质是权钱交易、以权易钱，对于国家工作人员为他人谋利但将利益归之于第三人，其本人没有实际拿到好处的，一概作为受贿处理，有违情理。所以，将第三人限定为有一定利益关系的人是必要的。①

在笔者看来，其实这种担忧也是行为无价值论的体现，因为其担忧的是被告人是否获得好处，这种观点根本站不住脚。这种观点存在两个误区：其一，忽视了受贿罪的成立除了客观上接受财物外，还需要主观上有受贿的故意。“纯粹的同事之间、朋友之间的帮忙行为”，国家工作人员并没有授意请托人将财物提供给该第三人，要么是没有将国家工作人员的职务权限作为交换的条件和筹码，要么是缺乏受贿罪的主观故意，当然不构成受贿罪。这并不会因为使用“第三人”这一术语而将其入罪。反之，国家工作人员在请托人有求于自己的职务行为时，明确说：“我同学等钱用，昨天找我借，我没钱借给他，心里愧疚，这样吧，你送给他 10 万元，我保证把这件事给你办成。”如果对这种行为不定受贿罪，就不仅违背情理，更违背法律。其二，将“本人实际拿到好处”作为受贿罪的成立条件之一，违背受贿罪的本质。受贿罪并不是单纯的财产犯罪，其侵害的主要客体不是财产权，而是国家工作人员职务行为的廉洁性和不可收买性，国家工作人员有没有得到实际的财产并不能左右受贿罪的成立。而且这种观点也与《意见》本身相矛盾，因为由国家工作人员的情妇（夫）收受贿赂的情况下，该国家工作人员自己也没有得到实际的财产，为什么又构成受贿罪呢？难道仅仅是因为“养情人”在伦理道德上更应该受到谴责吗？犯罪的本质是对法益的侵害或威胁而不是对伦理的违反，刑法的目的是保护法益

---

① 参见刘为波：《关于办理受贿刑事案件适用法律若干问题的意见之解读》，载《人民法院报》2007 年 7 月 17 日，第 6 版。

而不是保护伦理道德。这种思路是典型的行为无价值论的立场，甚至陷入了伦理刑法的泥沼。

其次，从国外立法经验上看，第三人受贿问题是国外立法的通例。日本刑法第197条之二就规定了“向第三者提供贿赂罪”，该条规定“公务员或者仲裁人，就其职务上的事项，接受请托，使请托人向第三者提供贿赂，或者要求、约定向第三者提供贿赂的，处五年以下惩役”。日本学者西田典之指出，“本罪是出于禁止规避受托受贿罪的行为的目的而制定的”，“所谓第三者，不仅仅是自然人、法人，不具备法人人格的社团也包括在第三者之内”。[①] 德国刑法第331条也规定“公务员或者对公共职务特别负有义务的人员就其职务活动，为自己或者第三者要求、使被约定或者接受利益的，处三年以下自由刑或者金钱刑”，第332条对索贿的行为也有类似规定。

事实上，既然国家工作人员要求或授意请托人向第三人提供贿赂，该第三人必定与该国家工作人员具有某种密切关系，“世界上没有无缘无故的爱，也没有无缘无故的恨”，国家工作人员要么需要报答第三者或者满足第三者的需要，要么是具有亲属关系或情人关系，要么是该第三者接受财物后再转交给该国家工作人员，等等。无论是何种关系，在构成受贿的本质问题上没有区别，刑法无必要也无法对所有可能的关系进行列举。《意见》第11条对“特定关系人”的界定显然无法穷尽和预见所有类型。无论是近亲属还是情人，都属于“第三人”，用“第三人”这一规范的法律术语显然更加合理。

这里顺便提一下，《意见》第7条将由特定关系人收受贿赂的形式限定为“以本意见所列形式”也存在值得商榷的地方。其实，

---

① ［日］西田典之：《日本刑法各论》（第三版），刘明祥、王昭武译，中国人民大学出版社2007年版，第391页。

由第三人收受贿赂的形式，既包括传统的直接给财物的形式，又包括提供旅游等方式，还包括《意见》中列举的几个新类型，甚至还包括现在无法预测但将来可能出现的其他形式。《意见》将收受贿赂的形式限定为“以本意见所列形式”既不恰当地排除了传统的贿赂形式，又无法涵盖将来可能出现的其他形式，这种限定纯属多余。

三、关于第三人与国家工作人员共同犯罪问题

《意见》第 7 条第 2 款对第三人与国家工作人员的共同受贿问题作出这样的解释：“特定关系人与国家工作人员通谋，共同实施前款行为的，对特定关系人以受贿罪的共犯论处。特定关系人以外的其他人与国家工作人员通谋，由国家工作人员利用职务上的便利为请托人谋取利益，收受请托人财物后双方共同占有的，以受贿罪的共犯论处。”这一规定至少有两点违背了共同犯罪基本理论：一是将通谋作为共同犯罪的主观必备条件；二是对特定关系人与非特定关系第三人构成共同犯罪规定了不同的成立条件，即后者需以“共同占有”为条件。

首先，共同犯罪的形式从学理上可以分为事前通谋的共同犯罪与事前无通谋的共同犯罪。前者是指在着手实行犯罪之前，各共犯人已经形成共同犯罪故意，就实行犯罪进行了策划和商议的共同犯罪形式；而后者是指在刚着手或实行犯罪的过程中临时形成共同故意的共同犯罪形式。但无论何种形式，都属于共同犯罪。《意见》将第三人共同受贿仅限于事前有通谋，无疑违背了共同犯罪基本理论。另外，从共同犯罪的成立条件上分析，主体上是两人以上、主观上必须有共同故意、客观上有共同行为。共同故意的认定有两个方面：一是各共犯人都明知他们共同实施的犯罪行为的性质、危害社会的结果，并且希望或放任这种危害结果的发生；二是要求各共犯人主观上具有意思联络，都认识到自己不是在孤立地实施犯罪，

而是在和他人一起共同犯罪。第三人收受贿赂的共同犯罪问题，可能包括以下几种情况：（1）某国家工作人员甲事先告诉第三人丙，“为请托人乙帮忙，我叫乙把钱送到你这儿，到时你收下”。这属于事前有通谋，构成共同犯罪。（2）某国家工作人员甲授意请托人乙将财物给第三人丙，同时打电话告诉丙，“乙有求于我的职务权限，你把钱收下”。这种情况是已经着手实施犯罪中，才形成共同故意的，也成立共同受贿。（3）国家工作人员甲授意请托人乙将财物送给第三人丙，但甲并没有告诉丙，丙并不知道是甲让乙送来的，这种情况不成立共同犯罪，仅仅是甲成立受贿罪，丙不承担刑事责任。有人指出：“将‘通谋’作为成立条件，之所以在这里规定较一般共同犯罪更为严格的主观条件，主要是考虑到受贿行为具有为他人谋利和非法收受他人财物的复合性，强调通谋，意义在于突出为他人谋利方面的意思联络。”[①] 这一观点显然片面地理解了共同犯罪的共同故意，将前述第二种情形排除在共同犯罪之外，显然不合适。

其次，对特定关系人与非特定关系第三人构成共同犯罪规定了不同的成立条件，即需以“共同占有”为条件。这一规定在背离共同犯罪理论的道路上走得更远。比如，国家工作人员甲与其表弟乙通谋，并授意请托人向其表弟提供贿赂，事先也与其表弟通谋了，但是甲考虑到其表弟穷得几乎没饭吃，所以就想乘机利用自己的职务便利，要求请托人将财物给其表弟，并没有打算与其表弟共同分享财物的意思，难道就不是共同受贿吗？再举个简单的例子，两兄弟通谋共同实施盗窃，而后哥哥考虑到弟弟家庭经济困难，决定把偷来的钱全部给弟弟，是不是共同犯罪？我想没有人会否认是共同犯罪。既然如此，受贿罪凭什么要求各共犯人必须共同占有财物才

---

① 刘为波：《关于办理受贿刑事案件适用法律若干问题的意见之解读》，载《人民法院报》2007年7月17日，第6版。

是共同犯罪？《意见》之所以强调事后共同占有，其背后的实质理由还是行为无价值论强调的行为人获利因素。

第二节
受贿罪“利用职务上的便利”的理解与认定

根据我国刑法第385条的规定，“利用职务上的便利”是受贿罪的必备要件，但是，刑法界对其理解和认定存在争议，司法解释对此也存在矛盾和冲突，司法实践更因对“利用职务上的便利”的不同认识而直接影响到罪与非罪的认定。以行为无价值论为出发点的形式解释与以结果无价值论为出发点的实质解释，对受贿罪中的“利用职务上的便利”也会有不同的解读。下文将进行探讨。

◎案例46　田某受贿案

田某系南京市某派出所民警，李甲的弟弟李乙因涉嫌抢劫罪而被刑事拘留，李甲通过其他人找到田某，想请田某帮忙将其弟弟放出来。田某说：“我不是这个案子的承办人，我回去打听一下，像这种情况需要10万元。”李甲遂给了田某5万元。田某回去后，从同事李某处了解到该案件，得知李甲本人也是同案犯，便通知李甲逃跑。经查明，田某确不是本案的承办人。（这里暂不讨论田某构成帮助犯罪分子逃避处罚罪）

◎案例47　明某受贿案

明某系江苏省某市政管理局设施综合养护管理处监察科副科长，负责道路设施建设工程的初审工作。某房地产开发商报送工程初审材料时，明某说：“你们需不需要工程队，我这边有专业的工程队，手续办得也快，工程队负责人是时某，具体情况你可以和他谈。”该房地产公司遂将该工程承包给时某。时某为感谢明某为他介绍工程，给明某 8 万元“感谢费”。

对于上述两个案例，有观点认为，案例 46 中田某不是案件的承办人，也未接触过李乙的案件，没有职务上的便利可以利用，根据罪刑法定的原则，其行为不符合受贿罪的构成要件。案例 47 中明某的职务是负责工程的初审，因此，他只能利用职务上的便利为房地产开发公司在初审方面谋利，但是明某并没有收受房地产公司的任何财物，房地产公司也没有给予明某任何财物。明某收受的是工程队时某给予的财物，而明某的职责是负责开发商报送工程的初审，其为时某介绍工程与其初审工程的职务无关，并没有利用职务上的便利。因此，明某的行为不符合受贿罪的构成要件。也有观点认为，上述两个案例中，两名被告人的行为均构成受贿罪。

上述两个案例之所以在定性上产生争议，源于人们对受贿罪中“职务上的便利”的不同认识。

一、司法解释的态度

关于刑法第 385 条第 1 款中“利用职务上的便利”的含义，司法解释的态度存在分歧和矛盾。1999 年 9 月 16 日《最高人民检察院关于人民检察院直接受理立案侦查案件立案标准的规定（试行)》（以下简称《规定》）中规定：“‘利用职务上的便利’，是指利用本人职务范围内的权力，即自己主管、负责或者承办某项公共事务的职权及其所形成的便利条件。”

2003 年 11 月 13 日《全国法院审理经济犯罪案件工作座谈会纪要》（以下简称《纪要》，从严格意义上说，会议纪要不属于司法解释，但在实践中已然具有了司法解释的功能）规定：“刑法第三百八十五条第一款规定的‘利用职务上的便利’，既包括利用本人职务上主管、负责、承办某项公共事务的职权，也包括利用职务上有隶属、制约关系的其他国家工作人员的职权。担任单位领导职务的国家工作人员通过不属自己主管的下级部门的国家工作人员的职务为他人谋取利益的，应当认定为‘利用职务上的便利’为他人谋取利益。”

上述两个司法解释，对于“利用职务上的便利”包括利用本人主管、负责、承办某项公共事务的职权，是没有分歧的，但是，《规定》认为还包括“所形成的便利条件”，虽然没有进一步解释，但按照文理解释，除了包括职务上的隶属、制约关系外，还应包括一般的工作联系和方便条件；而《纪要》则认为仅限于职务上的隶属和制约关系。前述两个案例中行为人都不具有直接主管、负责、承办请托事项的职权，根据《规定》行为人利用了职权形成的便利条件，构成受贿罪；而根据《纪要》，案例46中田某通过同事了解案情，与同事之间没有制约和隶属关系，案例47中更不存在利用职务上有制约或隶属关系问题，似乎两案例均不构成受贿罪。

二、结果无价值论视角下的解读

如何理解受贿罪的“利用职务上的便利”，理论界一直存在争议。主要有四种观点：第一种观点认为，利用职务上的便利专指利用本人职务范围内的权力①；第二种观点认为，利用职务上的便利既包括直接利用本人职务范围内的权力，也包括利用上下级职务之间纵向制约关系所形成的便利条件②；第三种观点认为，利用职务上的便利既包括直接利用本人职务范围内的权力，也包括本人与第三人之间因纵向或横向制约关系所形成的便利条件③；第四种观点

---

① 参见孙谦：《国家工作人员职务犯罪研究》，法律出版社1998年版，第91页。

② 参见杨兴国：《贪污贿赂罪法律与司法解释应用问题解疑》，中国检察出版社2002年版，第185～189页。

③ 参见陈正云、文盛堂：《贪污贿赂犯罪认定与侦查实务》，中国检察出版社2002年版，第64页。

认为，利用职务上的便利是指利用本人的职权和地位所形成的便利条件，而所谓利用职权或地位形成的便利条件是指利用本人在职权和地位上处于控制、操纵、干预他人或者处于优势地位所形成的便利条件[①]。

上述争论仅就刑法用语“职务上的便利”的外延进行宽窄不同的形式解释，有意无意地陷入了行为无价值论的方法论之中，而没有从结果无价值论的立场出发，根据受贿罪的本质进行实质解释，从而不能把握问题的实质。基于行为无价值论的形式解释与基于结果无价值论的实质解释之争主要解决的是解释的限度问题，即解释是否只能严格遵循刑法条文的字面含义的问题。在行为无价值论看来，形式解释论主张忠诚于罪状的核心意义，有时候甚至仅仅是自己熟悉的法条的含义，注重罪刑法定的形式侧面，甚至否认实质的罪刑法定。[②] 根据这一立场，对于前述案例，很容易得出两名被告人没有职务上的便利而不构成受贿罪的结论。在结果无价值论看来，对构成要件的解释不能停留在法条的字面含义上，必须以保护法益为指导，离开刑法的法益保护目的就不可能解释构成要件。至于如何确定外延，并不能从用语本身找到答案，而需要作实质的判断。就一个行为而言，其离刑法用语核心含义的距离越远，被解释为犯罪的可能性就越小；其受处罚的必要性越高，被解释为犯罪的可能性就越大。[③] 这种观点重视罪刑法定的实质侧面。

笔者主张结果无价值论的实质解释。刑法用语是普通用语与规范用语的统一，对刑法用语的解释既要从形式意义上把握，更要注重实质解释，仅仅揭示其日常生活上的含义是不够的，还必须揭示刑法用语的规范含义，规范意义的揭示“除了应当以用语本身所具

---

① 参见钊作俊：《受贿罪的本质及其要件》，载《甘肃政法成人教育学院学报》2002 年第 12 期。

② 参见陈兴良：《形式解释论的再宣示》，载《中国法学》2011 年第 4 期。

③ 参见张明楷：《实质解释论的再提倡》，载《中国法学》2011 年第 4 期。

有的客观含义为依据外，还需要根据刑法所描述的犯罪类型的本质以及刑法规范的目的予以确定，从而使用语的规范意义与犯罪本质、规范的目的相对应”[①]。下面，笔者基于结果无价值论的立场，从受贿罪的本质出发，来探讨受贿罪中的“利用职务上的便利”。

（一）必须与职务具有关联性

首先，关于受贿罪的本质，历来存在起源于罗马法的职务行为的不可收买性说和起源于日耳曼法的职务行为的纯洁性说，当今各国刑事立法一般将二者结合起来，即以职务行为的不可收买性为基础，同时考虑职务行为的纯洁性。[②] 我国刑法理论通说认为受贿罪的客体是职务行为的廉洁性。[③] 受贿罪在实质上是一种侵犯职务行为廉洁性或不可收买性的腐败犯罪，贿赂的本质是职务行为的不正当对价（报酬），受贿行为就必须与职务有关系，否则，与职务行为毫无关系而收受财物，就不可能是职务行为的不正当对价，也不可能侵犯职务行为的廉洁性，从而在本质上不符合受贿罪。其次，从各国刑事立法上看，一般都将与职务的关联性作为受贿罪的构成要件。例如，我国刑法规定的是“利用职务上的便利”，日本刑法第 197 条规定的是“公务员关于其职务”，德国刑法第 331 条规定的是“对现在或将来职务”，奥地利刑法第 303 条规定的是“公务员关于职务”，等等。尽管各国立法在表述上有所不同，但都无一例外地将与职务的关联性作为受贿罪的必备要件。根据这一区分标准，单纯的馈赠不属于受贿。

（二）只需要具有一般的抽象意义上的职务权限就够了

职务除了针对职务行为本身之外，也包括针对与职务具有密切

---

① 张明楷：《刑法分则的解释原理》，中国人民大学出版社 2004 年版，第 351 ~ 352 页。

② 参见［日］大塚仁：《刑法概说（各论）》（第三版），中国人民大学出版社 2003 年版，第 590 页。

③ 参见马克昌：《刑法理论探索》，法律出版社 1995 年版，第 255 页。

关系的行为。对此，日本刑法界通说也认为，“关于职务”除了针对职务行为本身之外，也包括针对与职务具有密切关系的行为，不仅公务员就其法令上所掌管的职务，而且就与其职务具有密切关系的所谓的准职务行为或者事实上所管的职务行为收受贿赂的，成立刑法第197条的犯罪。[①] 公务人员的特殊地位，决定了受贿罪中的职务行为，不能仅仅局限于具体实际地担当着某项事务，而只需要具有一般抽象意义上的职务权限就够了，即使在严格意义上不属于职务行为，但是，与职务行为具有密切关系，事实上被认为是公务人员权限的行为，在其与不正当的利益相联系时，也同样侵害了职务的廉洁性。日本的判例认为，“刑法第197条所谓‘其职务’，只要属于该公务员的一职务权限即可，并不要求是本人现在具体分管的事务，即便是平常并不分管的事务，只要属于该课所负责的事项……就全体事务，具有受上司之命令而得以处理的一般职务权限，作如此理解是合适的。”例如，税务署职员受到自己分管区域之外的纳税人的请求，希望在所得税调查之时能够减免，并收受了贿赂，判例认为，只要是同一税务署管辖范围之内的纳税义务人，不管是谁，职员就有关对义务人的所得税进行课税、减免的事务均具有法令上的职务权限。[②] 日本2005年最高裁判所的判例与前述案例田某受贿案具有直接的可参照性，判例指出：“根据警察法64条等的关系法令，该厅（警视厅）警察官的有关犯罪侦查的职务权限，及于该厅的管辖区域及东京都的整个区域，能够认定，警视厅多摩中央警察署刑事课担当的检举案件的侦查，也在警视厅调布警

---

① 参见［日］西田典之：《日本刑法各论》（第三版），刘明祥、王昭武译，中国人民大学出版社2007年版，第384页。

② 参见［日］西田典之：《日本刑法各论》（第三版），刘明祥、王昭武译，中国人民大学出版社2007年版，第384页。

察署地区课下属警察官即被告人的一般职务权限的范围内。”①

抽象的职务行为具体包括：（1）具有抽象的承担某事务的职权，因内部事务分工不同而不具体担当该事务，一般人也会认为其具有该事务的职权。例如，司法机关工作人员不直接承办某一案件，而接受该案件当事人的贿赂，属于利用职务之便受贿。（2）在职时接受请托，于不在职或退休后要求、约定或收受贿赂的，即理论上的“事后受贿罪”。（3）将要担当某项职务，利用其将要担当的职务，接受请托，要求、约定或收受贿赂，即理论上的“事前受贿罪”。

将受贿罪中的“职务”界定为“一般的、抽象的职务权限”的实质理由，就在于结合受贿罪的本质、受贿罪的保护法益所进行的实质解释。因为就侵害职务行为的廉洁性或者是不可收买性而言，并不需要公务人员担当具体的职务。对此，日本结果无价值论者山口厚指出，“的确，从以对信赖的侵害作为问题点的信赖保护说的理解出发，公务员是否实际上能够担当具体职务并不重要，从社会上的观念来看，是属于公务员担任的职务就足以认定为属于一般的职务权限了。并且，根据上述见解，成为贿赂赠与与收受对象的行为甚至不需要是公务员本人所供职的部署所管辖的事务，甚至只要看上去像是所属部署管辖的事务（根据一般人的认识）就足以认定为属于一般的职务权限”。为了防止一般观念的不明确性，山口教授提出在前述理解的基础上，“基于法令等根据对事务的管辖范围进行制约与限定”是有必要的。②

综上所述，受贿罪中的“利用职务上的便利”，基本的含义是受贿行为必须与职务具有关联性，但是这种关联性既包括现实具体地担当某一职务，还包括抽象的职务权限，不仅要从单纯的事实来

---

① 参见［日］山口厚：《从新判例看刑法》（第二版），付立庆、刘隽译，中国人民大学出版社2009年版，第278页。

② 参见［日］山口厚：《从新判例看刑法》（第二版），付立庆、刘隽译，中国人民大学出版社2009年版，第278页。

认定，还要从国家工作人员职务上的地位来观察，以是否使职务行为的廉洁性和不可收买性受到侵害的价值判断上来认定。

根据上述学理分析，案例46中，田某虽然不是该案件的承办人，但是，田某作为公安机关的办案人员，其具有抽象的查处案件的职权，只是内部分工不同而已，田某以该抽象的职权索取请托人的财物，实质上就是以财物作为职权的对价，符合受贿罪的“利用职务上的便利”。案例47中争论的焦点是：明某为工程队介绍建设工程有没有利用职务上的便利？笔者的回答是肯定的。正是由于明某负责工程的初审工作，才有可能接触到开发商，也正是由于明某在工程的审批上具有职权，开发商才不得不将建设工程承包给明某所“推荐”的工程队。从整个过程看，明某是在利用职务上的便利，为工程队负责人时某“介绍”了工程，这一工程对时某来说就是利益，因此，可以说明某利用职务上的便利为时某谋取了利益，并收受了时某给予的8万元现金。这8万元现金正是明某职务的不正当对价，因此，符合受贿罪的构成要件。

第三节 受贿罪中“及时退交”的理解与认定

2007年7月8日《意见》第9条规定：“国家工作人员收受请托人财物后及时退还或者上交的，不是受贿。”在实践中，如何认定“及时退还或者上交”争议很大，有人认为应该以一个月为限[①]，还有人认为应该以三个月为限，甚至还有人认为应该以半年为限。类似这种基于行为无价值论的形式解释论的观点，不可能得出正确的结论。以下面这个案件为例。

---

① 游伟：《“两高”〈意见〉的法律适用及问题思考》，载《华东政法学院学报》2007年第5期。

◎案例 48　栾某受贿案

2006 年年初至 2009 年 3 月，被告人栾某利用担任江苏省某县粮食局局长的职务便利，为某建筑安装工程有限公司在其所属粮库的工程建设中谋取利益，多次收受该公司董事长易某给予的人民币共计 13 万元。另外，2006 年年初至 2009 年年初，被告人栾某利用担任江苏省某县粮食局局长的职务便利，为该县某玻璃经营部在其所属粮库维修等建设工程中谋取利益，多次收受该经营部负责人严某给予的人民币共计 11 万元。2009 年 1 月，被告人栾某向严某退还人民币 18 万元。同年 6 月至 8 月，被告人栾某向易某退还人民币 8 万元。2009 年 12 月 29 日，栾某被立案侦查并被监视居住。2010 年 5 月 20 日，江苏省南京市建邺区人民法院以栾某犯受贿罪判处有期徒刑 10 年，并处没收财产 5 万元。①

该案件中涉及“及时退交”问题，栾某退还给请托人的 8 万元和 18 万元的行为，距其受贿时间长的已经两三年、短的有两三个月，如果单纯以形式上的时间长短为标准，永远是个说不清道不明的问题。笔者认为，以结果无价值论为出发点，进行实质解释方能圆满解决这一问题。

一、“及时退交”的实质理解

《意见》之所以将收受请托人财物后及时退还或上交的行为排除在受贿罪之外，实质性原因是什么？这是解决“及时退交”认定问题的关键所在。笔者在这个司法解释出台后不久就已经提出，收受他人财物后及时退交，不以受贿罪论处的实质原因就在于这种行为缺乏受贿罪的犯罪故意，从而不符合受贿罪的犯罪构成（犯罪成

---

① 江苏省南京市建邺区人民法院刑事判决书（2010）建刑初字第 80 号。

立条件）。[①] 司法实践中，无受贿故意却收受请托人财物的情形是客观存在的。比如，国家工作人员并无收受他人财物的故意，也不愿接受他人提供的财物，但是在请托人送来财物的当时，由于某种原因未能成功拒绝，如请托人丢下钱物立即就走，来不及追赶；或者当时不知道请托人向自己提供的是钱物，请托人走后才发现，等等。在这些情况下，如果事后及时退还或上交，不仅表明行为人当时没有受贿的故意，而且也表明该国家工作人员事后没有受贿的故意，当然不构成受贿罪。如果已经完全符合受贿罪的犯罪构成（成立条件），国家工作人员职务行为的廉洁性和不可收买性已经受到侵害，然后再退交赃物，这只是属于事后退赃行为，只是一个酌定量刑情节，而不影响定罪。因此，司法实践中适用这一条司法解释，必须综合各种证据，从实质上把握行为人有无受贿的故意。

司法解释并不是将原本符合受贿罪犯罪构成的行为不作为犯罪处理。值得警惕的是，确实有人鼓吹这种观点，比如有人认为，“司法解释对于收受财物后及时退还或上交的行为以非犯罪化论处，当然也适用于收受请托人财物的当时就有受贿故意，其行为已经构成受贿罪的情形。因为司法解释没有区分收受财物者在当时是否具有受贿故意的情形，应当认为无论当时是否就有受贿故意，收受后只要及时退还的，就不再认为是受贿。但司法解释如此规定并非对于故意收受财物行为的肯定性评价，也不是确认这类当时就有受贿的行为不具有受贿的性质，而是以非犯罪化处置来鼓励那些受贿的人及时改正错误。这是宽严相济的刑事政策在这一问题上的具体贯彻，因为宽严相济的要点之一就是区别对待”。[②] 这种观点是极其荒唐的。首先，既然收受请托人财物时具有受贿故意，也已经构成

① 参见薛薇、李勇：《如何认定受贿案之及时退交》，载《检察日报》2007年8月23日，第3版。

② 李建明：《收受他人财物后退还或者上交对受贿罪构成的影响》，载《人民检察》2007年第16期。

了受贿罪，就没有理由因为事后的退赃而不认为是受贿。同样，刑法中任何一个犯罪都不可能在已经符合犯罪构成、构成犯罪的情况下，仅因为事后的退赃而不作为犯罪处理。这种观点缺乏最基本的刑法学理论知识的支撑，也违反最基本的刑法学原理。其次，认为这是宽严相济刑事政策的体现更是荒谬至极。无论是我国的刑事立法还是刑事司法，对待贪污贿赂犯罪都一直坚持从严处理的刑事政策。在当下贪污贿赂犯罪形势严峻，商业贿赂成为某些行业和领域的潜规则，成为某些人的生活方式的境况下，说《意见》为了体现宽严相济的刑事政策，而将原本构成受贿罪的行为进行非犯罪化处理，是极不负责任的。最后，这种观点的危害性还在于会误导司法实践，甚至为徇私枉法大开方便之门，会导致司法实践中，动辄以“及时退交”为由而放纵犯罪分子。比如，犯罪嫌疑人利用职务上的便利收受他人价值一个亿的财物，一个月后因为心里害怕，退还给被害人，按照该学者的观点，不作为受贿罪定罪处罚，这恐怕没有人能够接受。

二、“及时退交”的认定

根据上述实质标准，这里的“及时退还或上交”至少要同时符合以下三个条件。

1. 主动性

主动性即要求行为人退还或上交财物是主动的，而不是被动的，只有具有主动性才能表明其没有受贿的犯罪故意。也正因如此，《意见》第9条第2款才进一步规定：“国家工作人员受贿后，因为自身或者与其有关联的人、事被查处，为掩饰犯罪而退还或者上交的，不影响认定受贿罪。”这种情况就属于为了掩盖罪行而被动“退还或上交”。司法解释没有也不可能对所有不符合“主动性”条件的“退还或上交”情况都规定出来，这就要靠司法者根据解释的精神和法理进行判断。比如，国家工作人员收受或者索取请托人现金，一段时间后，请托人借口向该国家工作人员借钱，该国家工作人员不得已将收受的钱“借”给请托人。这种情况下，该国家工作人员在当初接受或者索取请托人财物时，受贿罪的故意就已经形成，被动将贿赂物借给请托人，缺乏主动性的条件，对受贿的故意没有影响，也改变不了受贿罪的犯罪构成，因此，仍然是受贿罪。

2. 及时性

关于“及时”的认定问题，从司法解释出台开始，就争议不断，有人认为是“一天”，有人认为是“一周”，还有人认为是“一个月”，更有人认为是“三个月”或者更长，甚至有人认为司法解释有缺陷，应该明确规定时间界限。上述争论没有任何意义，要求司法解释明确界定时间也是荒唐的，因为这些争论没有从实质上把握“及时退还或上交”之所以不构成受贿罪的本质原因在于缺乏受贿罪的故意。因此，这里的及时不应该限定具体的时间长短，只要在合理的时间段内，且能够反映出国家工作人员主观上没有受贿罪的故意，就应当认定为属于“及时退还或上交”。从这个意义上说，司法解释使用“及时”这一术语是睿智的。根据上述标准，符合及时性条件的主要有以下情形：一是收受财物后当天立即退还或上交，这说明行为人缺乏受贿罪的故意；二是收受财物后，由于出差、外出或找不到请托人等客观原因导致无法退还，待客观原因消除后立即退还或上交的，这种情况是基于客观原因导致行为人短暂地控制着财物，符合及时条件。

3. 有效性

退还或上交还必须符合有效性，即具有退还或上交的真实意图和实际行动，这也是判定行为人有无受贿罪犯罪故意的客观标准。以下情况缺乏有效性：（1）当请托人送来财物时，口头上表示拒绝或者表示要退还，但事后并没有退还的实际行动。对于这种情况，尽管有证据证明行为人当时说过拒绝和退还的话，也不能认定为及时退还。（2）只退还了一部分，剩下的部分仍然要认定为受贿的犯罪数额。（3）在请托人送来财物当时，确实不具有受贿的故意，也确实要将财物退还，但事后默然接受，再也没有退还或上交的行动，这种情况下，受贿的犯罪故意虽然是在事后形成的，但不影响受贿罪的成立。

总之，司法解释不可能将所有符合、不符合“及时退还或上交”的情况全部列举出来，不可能也无必要对“及时”作出具体的时间限定，司法实践中认定“及时退还或上交”的关键点在于把握实质解释论的立场，结合具体的案件作出合理的判断。结合前述案例来看，栾某自 2006 年至 2009 年收受请托人钱款后，在其买车、日常消费过程中均使用过，表明其已有将他人送予的财物据为己有并处分的主观故意，这是其一。其二，栾某退还受贿款的行为，距其主要受贿时间长的已经两三年、短的也有两三个月，在这期间客观上完全具备退还的条件，但一直并没有退还。因此，栾某退款的行为不属于“及时退交”，不影响受贿罪的认定。

第四节
非典型国家工作人员身份的理解与认定

由于我国处于社会转型期，经济体制改革特别是国有企业改革和社会管理体制变化，出现了很多不具有典型国家工作人员身份却行使着公务职权的人，这些人利用职权实施的腐败犯罪，如何认定成为重要的争议问题。

一、混合所有制企业人员主体身份的认定问题

国有资本与私营资本共同出资的“混合所有制企业”是我国经济体制改革中的一种特殊现象，该企业中既有国有资本控股、也有国有资本参股的，其具有管理职权的工作人员是否属于国家工作人

员，历来存在争议，而与此相关联的另一个争议问题是国有资本参股、控股的企业是否属于国有企业。

关于国有资本参股、控股的混合所有制企业中的管理人员是否属于国家工作人员，刑法界存在多种观点：第一种观点认为，国有企业只能是财产完全属于国家所有的从事生产、经营活动的经济联合体，国有控股、参股的企业不再属于国有公司，原来的国有公司、企业经过改造之后，吸收了非国有资本，改制后的公司、企业也不再属于国有公司或国有企业。因此，国有控股、参股的企业中工作人员除了受国家机关、国有企业或国有事业单位委派外，均不属于国家工作人员。[1] 该观点的主要依据是《最高人民法院关于在国有资本控股、参股的股份有限公司中从事管理工作的人员利用职务便利非法占有本公司财物如何定罪问题的批复》（以下简称《批复》），该《批复》规定："在国有资本控股、参股的股份有限公司中从事管理工作的人员，除受国家机关、国有单位委派从事公务的以外，不属于国家工作人员。对其利用职务上的便利，将本单位财物非法占为己有，数额较大的，以职务侵占罪定罪处罚。"第二种观点认为，国有资本处于控股地位的企业，属于国有企业。相应地，其从事管理工作的人员也就属于国家工作人员，至于国有资产占据资产总额的比例达到多少才算控股，则又存在诸多见解。有人认为50%，也有人认为60%，还有人认为90%，不一而足。第三种观点认为，只要公司中有国有资本，而不管其占据资产总额的比例是否处于控股地位，该公司就是国有企业，在该企业中从事管理工作的人员就是国家工作人员。甚至有观点认为这是我国现有经济

---

① 参见陈立：《经济犯罪理论与实务》，厦门大学出版社2006年版，第289页。

体制导致刑法无法自圆其说的缺陷、漏洞。[①]

笔者认为，上述争议观点以企业性质为根据来界定其有关工作人员是否属于国家工作人员，这种解释的进路实际上是一个误区。这种观点以企业的所有性质来判断其工作人员是否属于国家工作人员，其基本的判断标准仍然是“出身论”“血统论”，而“出身论”“血统论”是典型的行为无价值论的表现。

首先，公司的所有制性质是属于国有还是非国有，与其工作人员的身份是否属于国家工作人员没有直接关系。判断是否属于国家工作人员的标准只有两个：一是法律标准，即刑法第93条规定的“国家工作人员，是指国家机关中从事公务的人员。国有公司、企业、事业单位、人民团体中从事公务的人员和国家机关、国有公司、企业、事业单位委派到非国有公司、企业、事业单位、社会团体中从事公务的人员，以及其他依照法律从事公务的人员，以国家工作人员论”。二是实质标准，实质标准就在于是否从事公务。[②]这是结果无价值论对国家工作人员身份进行实质解释的根本标准。从实质解释的角度来说，从事公务是指从事国家机关、公共机构或者其他法定的公共团体的事务。公务的特点是，关系到多数人或者不特定人的利益，具有裁量、判断、决定性质，由国家机关或者其他法定的公共机构或者公共团体组织或者安排。[③]《纪要》则更加明确地指出，从事公务，是指代表国家机关、国有公司、企业、事业单位、人民团体等履行组织、领导、监督、管理等职责，主要表现为与职权相联系的公共事务以及监督、管理国有财产的职务活

---

① 参见鲜铁可等：《国有公司改制后原委派人员收受贿赂应如何处理》，载《人民检察》2006年第11期（下）；《改制后，国家工作人员的身份是否变了》，载《检察日报》2007年12月2日，实务版。

② 在新刑法实施的初期，对于国家工作人员的身份认定存在“身份说”与“职能说”之争，目前的通说均采取职能说。

③ 参见张明楷：《刑法学》，法律出版社2003年版，第908页。

动。以是否从事公务作为判断国家工作人员的实质标准，这也是国外刑法的通说。如日本刑法理论通说认为，所谓公务员，是指国家或者地方公共团体的职员，以及其他依照法律从事公务的议员、委员和其他职员，公务员必须是从事公务的人。所谓公务就是指国家或地方公共团体的事务。[①] 因此，前述观点以行为人所在单位的所有制性质为标准来判断行为人是否属于国家工作人员，这种行为无价值论的思路既不符合实定法的规定，也不符合通行的刑法理论。

其次，前述观点还错误地解读了《批复》的精神。《批复》规定“在国有资本控股、参股的股份有限公司中从事管理工作的人员，除受国家机关、国有公司、企业、事业单位委派从事公务的以外，不属于国家工作人员”，解释的是主体问题而并非公司的所有制性质问题。公司性质是国有还是非国有，要根据公司的产权界定才能解决，公司性质的确定实质上就是界定公司的产权问题，即主要界定投资者的财产所有权以及与之相关的经营权，至于这些公司中人员的身份，则是由其是否从事公务所决定的。如果行为人从事的是公务，那么不管其是在国有控股公司中工作、还是在国有参股的公司中工作，其身份就是国家工作人员。下面的案例能很好地说明这个问题。

◎案例 49　曹军受贿案

被告人曹军原系中国农业银行南通分行（系国有银行，以下简称南通农行）工作人员，南通农行投资成立了南通兴隆房地产开发公司（以下简称兴隆公司），南通农行筹集国有资金 900 万元，南通农行工会筹集集体资金 100 万元。1996 年兴隆公司改制为股份有限责任公司，被告人曹军经南通农行推荐被选举为法人代表、执行

① 参见［日］大谷实：《刑法各论》，黎宏译，法律出版社 2003 年版，第 402～403 页。

董事，公司管理层人员也由南通农行聘任，在此期间曹军受贿100万余元。南通市中级人民法院一审判决认为曹军不具有国家工作人员身份，构成公司、企业人员受贿罪；江苏省高级人民法院二审判决认为曹军具有国家工作人员身份，改为受贿罪。[①]

笔者认为，本案中曹军系受国有企业南通农行的委派并在实际上行使了国有资产管理职责的人员，属于从事公务，这与企业本身的产权性质无关。一审判决认为兴隆公司改制为股份有限公司后不再属于国有企业，曹军也不再属于国家工作人员，恰恰是一种形式主义身份论、血统论的观点，这是错误的。反之，如果行为人从事的是驾驶员、勤杂等劳务工作，即使是在全资国有企业中，也不是国家工作人员，本质原因在于其不从事公务。所以，《批复》中说“在国有资本控股、参股的股份有限公司中从事管理工作的人员，不属于国家工作人员”的根本原因在于其不是从事公务的人员（仅仅是从事管理工作的人员），而不在于国有控股、参股的公司的性质是国有公司还是非国有公司；《批复》之所以特别强调“除受国家机关、国有公司、企业、事业单位委派从事公务的以外”，正是因为委派的人员是代表国家从事公务，所以这类人员尽管是在国有控股、参股的混合型经济体中，也仍然属于国家工作人员。这才是对《批复》的真正解读，也才是《批复》的真正用意所在。

二、“委派人员”主体身份的认定问题

根据刑法第93条第2款的规定，国家机关、国有公司、企业、事业单位委派到非国有公司、企业、事业单位、社会团体从事公务的人员，以国家工作人员论（以下简称“委派人员”）；《全国法院

---

① 参见中华人民共和国最高人民法院刑事审判第一、二、三、四、五庭主办：《刑事审判参考》（总第42集），法律出版社2007年版，第379～382页。

审理经济犯罪案件座谈会纪要》进一步指出，“所谓委派，即委任、派遣，其形式多种多样。不论被委派的人身份如何，只要是接受国有单位委派，代表国有单位在非国有单位中从事组织、领导、监督、管理等工作，都可以认定为受委派从事公务的人员。”但是这并没有清晰地描述它的准确内涵和外延，所列举的委派的几种形式，也没有穷尽司法实践中可能出现的情况。因此，我们在司法实践中不能完全依赖于司法解释，而应当学会运用刑法基本理论来解释刑法，事实上，每一个司法者的司法过程都是一个解释法律的过程。理论上有观点主张从委派的主体、形式、职权、后果、目的5个方面进行界定，即委派的主体包括国家机关、国有公司、企业、事业单位，且须以单位名义；委派的形式须由上述国有单位出面明确表示委派的意思；委派的内容没有超出委派方的职权范围，如果委派方没有委派的职权，纵使存在形式上的“委派”，也是无效委派；委派的后果形成了一种行政上的隶属关系，受委派人要接受委派人的领导、管理、监督，两者之间是领导与被领导、服从与被服从、管理与被管理的行政隶属关系；委派的目的是使被委派者到被委派单位代表委派的国有单位从事公务活动，即从事领导、监督、管理活动，而不是直接从事生产、劳动、服务等活动。[①] 也有观点从委派的主体、委派的形式（常见委派的形式有任命、指派、批准等）、委派的内容（监督管理）等方面进行界定。[②]

笔者认为，上述观点都具有积极意义，但是强调“须以单位名义、须由上述国有单位出面”却未必合理，要求委派的后果必须形成行政隶属关系也未必妥当。事实上，“委派”的界定标准首先要

---

① 参见陈正云：《认定国家工作人员职务犯罪若干问题研究》，载《政法论坛》1999年第4期；史小峰：《贪污贿赂犯罪中受委派从事公务人员的认定》，载《人民法院报》2007年4月17日。

② 参见《改制后，国家工作人员的身份是否变了》，载《检察日报》2007年12月2日，实务版。

把握实质标准，根据结果无价值论的立场进行实质解释。"委派"实质上须代表国家机关、国有公司、企业、事业单位在非国有公司、企业、事业单位和社会团体中从事公务（实际上包含了委派的主体、内容等）。至于"委派"的形式，则可以不拘一格，如任命、指派、提名、推荐、认可、同意、批准等均无不可，无法也无必要全面详尽地列举。具体可以从以下两个方面进行把握。

一是认定是否代表国有单位应该作为一个事实来考量，而不是只看有无委派手续。国有企业改制后没有办理任何任命或委派手续，而在改制后的企业里担任原职的管理人员能否认定为受委派从事公务的人员？从形式上来看，在改制后的企业中担任原职的管理人员，在非国有企业中从事相关工作，没有履行相关委派手续，似乎又不能认定为受委派从事公务的人员。但是，从实质上看，这些人员所从事的工作正是与原来一样的监督管理国有资产的工作，可以认定为受委派从事公务的人员。以下面的例子进行说明。

◎案例 50　顾荣忠贪污案

被告人顾荣忠原是国有公司江苏省铁路实业公司（以下简称铁路实业公司）投资管理科科长，后企业改制为由江苏省铁路实业公司参股的混合所有制企业江苏铁成投资管理公司（以下简称铁成投资公司）。被告人顾荣忠经铁路实业公司董事长提名，由铁成投资公司董事会聘任为铁成投资公司总经理，在此期间贪污 104 万余元。南京市中级人民法院一审判决、江苏省高级人民法院二审判决均认定张某具有国家工作人员身份，以贪污罪判处顾荣忠无期徒刑。[①]

---

① 参见中华人民共和国最高人民法院刑事审判第一、二、三、四、五庭主办：《刑事审判参考》（总第 56 集），法律出版社 2007 年版，第 51 ~ 54 页。

此案中，没有书面的委派或任命文件，只有两名证人证言和铁成投资公司的董事会决议，证实顾荣忠担任总经理是经国有公司铁路实业公司董事长提名的，在事实上履行着监管国有资产的职责，属于受国有公司铁路实业公司的委派。此案中，之所以认定顾荣忠是国家工作人员，就在于实质上他从事的工作正是与原来一样的监督管理国有资产的工作，因此，尽管没有书面的委派或任命文件，仍然可以认定为受委派从事公务的人员。

二是对于实质标准的把握，要从受委派人员的任务和职能进行实质判断。比如，司法实践中的“双重身份”问题，即国有公司委派到非国有公司担任董事的人员，同时被非国有公司董事会聘任为总经理，具有双重身份情况下，利用总经理职权侵吞公司财物，定贪污罪还是定职务侵占罪？有观点认为按照公司法的规定，公司总经理是由公司董事会聘任并对公司负责，代表整个公司的利益，不能由某一个股东包括国有单位来任命或者委派，因此，不应当认定为受委派从事公务的人员。这种观点没有从实质上把握受委派人员的实际职能。比如下面这个案例。

◎案例 51　赵某贪污案

赵某是某县磷肥厂（纯国有企业）原厂长，1998 年磷肥厂改制为国有资产参股的有限责任公司，国有股份占 18.5%，某县工业局党委拟定公司董事会和监事会成员人选，经股东大会选举和董事会推选，赵某为该公司董事长兼总经理，某县工业局党委对赵某的任职进行了批复确认。2000 年磷肥厂第二次改制期间，赵某采用隐匿国有资产的方式，非法占有国有资产 100 万余元。

此案中赵某是典型的双重身份，赵某的选举资格是工业局拟定的，赵某的任职又经工业局的批复确认，这在实际上赋予了赵某监管国有资产的职责，系国有单位的委派人员，因此属于国家工作人员。

另外，司法实践中还存在“二次委派”（或称“转委派”）问题，即被国有单位委派到改制后企业中从事监管国有资产的人员，后又被该非国有单位再次委派到其所投资的单位中去从事一定的工作，或者被国有单位委派到改制后企业中从事公务的人员又委派其他人到改制后的企业中从事一定的工作。笔者认为，这种转委派或二次委派实际上已经不是受原国有单位的委派，而是改制后单位的委派，已经丧失了从事公务的前提。因为从实质上看，该人所从事的工作已经不是代表国有资产行使监管职责，而是代表了非国有单位的利益，这里再次凸显了国家工作人员并不能从出生或者从来源的角度来认定，而只能按照其实际从事的工作是否具有监督管理国有资产的职责这一实质标准来把握。以下面的案例来说明。

◎案例52　蒋建平受贿案

杭州神龙铁道工程公司（以下简称神龙公司）是杭州铁路分局下属纯国有企业。2003年8月，其资产作为杭州铁路分局经营总公司（以下简称经营总公司）的出资，加上其他5家公司共同出资成立浙江铁道工程有限公司（以下简称铁道公司），国有资本占92.4%的股份。蒋建平经铁道公司党政联席会议讨论决定（党政联席会议的成员均由经营总公司委派），聘任为铁道工程有限公司线桥分公司副经理，全面负责该分公司工作，受贿6.8万元。一审判决认定为受贿罪，二审认为蒋建平不具有国家工作人员身份，改为公司、企业人员受贿罪。①

笔者认为，二审判决是正确的。铁道公司党政联席会议的成员

① 沈建坤、程亭亭：《国企改制后非“委派”人员是否为国家工作人员》，载《人民法院报》2008年1月4日，第6版。

是由经营总公司委派的，而神龙公司作为纯国有企业将其资产作为经营总公司的出资入股，从这个意义上讲，铁道公司党政联席会议成员属于“委派人员”。而蒋建平属于铁道公司党政联席会议决定任命的铁道公司下属分公司的副总经理，是“二次委派”人员，他是受铁道公司的指派从事铁道公司的日常业务管理工作，并不负有监管国有资产的职责。尽管这一任命是经过铁道公司党政联席会议讨论决定的，党政联席会议的职责也包含监管国有资产，但是这种受委派的职责不能顺延到其所讨论和决定的事项的性质上；否则，就会导致党政联席会议决定聘用10名驾驶员，结果10名驾驶员也具有国家工作人员的身份了，这显然是不合适的。

三、“委托人员”主体身份的认定

刑法第382条第2款规定：受国家机关、国有公司、企业、事业单位、人民团体委托管理、经营国有财产的人员（以下简称“委托人员”），利用职务上的便利，侵吞、窃取、骗取或者以其他手段非法占有国有财物的，以贪污论。这里的“委托人员”的主体身份如何认定，与前述“委派人员”存在怎样的关系，在理论和实践上均需要研究。

（一）行为无价值论的解释路径

对于上述问题，一种观点认为这是法律的特殊性的例外规定，是法律拟制，并不表明他们本身就是国家工作人员，换言之，这些受委托管理、经营国有财产的人员只具有对受托的国有财产具有管理、经营的职权，并不能像国家工作人员一般具有全方位的职权，所以，他们并不能成为受贿罪、挪用公款罪的主体。这种观点的典型代表是2000年2月13日发布的《最高人民法院关于对受委托管理、经营国有财产人员挪用国有资金行为如何定罪问题的批复》（以下简称《挪用资金批复》），该批复认为，对于受国家机关、国有公司、企业、事业单位、人民团体委托，管理、经营国有财产的非国家工作人员，挪用国有财产不构成挪用公款罪而构成挪用资金罪，也就是说，其不以国家工作人员论。刑法第 382 条第 2 款只规定了“委托人员”可以构成贪污罪，但并没有明确“委托人员”是否属于国家工作人员，能否成为受贿、挪用公款等罪的主体？一种观点认为，虽然行为人本来不是国家工作人员，但是，既然以委托方式将国有资产交其管理、经营，并且赋予其一定的职权，为什么其只能成为贪污罪的主体而不能成为挪用公款罪的主体呢？其立法理由存在疑问。[①]

《挪用资金批复》采用了过时的“身份说”的立场，这种立场带有行为无价值论的色彩。按照该批复的说法，受委托管理、经营国有财产的“非国家工作人员”挪用国有财产不构成挪用公款罪，言下之意，受委托管理、经营国有财产的“国家工作人员”挪用国有财产可能构成挪用公款罪。如此一来，受委托管理、经营国有财产的人员似乎可以分为两类：一是受委托管理、经营国有财产的国家工作人员，其原本具有国家工作人员身份；二是受委托管理、经营国有财产的非国家工作人员，其原本不具有国家工作人员身份。这样，是否国家工作人员，与其是否受委托管理、经营国有财产就没有关系了，而取决于原来是否具有国家工作人员的身份，这就又回到了行为无价值论的“血统论”的老路上去了。

（二）结果无价值论的解释进路

笔者以结果无价值论为立场，从实质解释的角度主张刑法第 382 条第 2 款属于注意规定，刑法第 382 条第 2 款规定的委托人员其原本就是属于国家工作人员，这里只是提示性规定，提醒司法者注意。理由如下：

首先，从法益保护的实质看，贪污罪和挪用公款罪保护的都是国

---

① 参见王作富：《刑法分则实务研究（下）》（第三版），中国方正出版社 2007 年版，第 1753 页。

有财产，刑法没有理由厚此薄彼，将“委托人员”侵吞国有财产的行为规定为贪污罪，而将挪用国有财产的行为不规定为挪用公款罪。

其次，从实定法上看，相关立法、司法解释均将“委托人员”作为国家工作人员或国家机关工作人员。刑法第93条第2款规定，国有单位委派到非国有单位中从事公务的人员，以国家工作人员论。这里强调区分是否国家工作人员的标准关键在于是否从事公务。基于我国目前的体制，有关的立法和司法解释对国家工作人员和国家机关工作人员的认定进行了扩大解释，但是这种扩大解释并没有超出刑法用语的界限和国民的预测可能性，符合当前的社会现实。例如，《全国人民代表大会常务委员会关于〈中华人民共和国刑法〉第九章渎职罪主体适用问题的解释》规定，在受国家机关委托代表国家行政管理机关行使职权的组织中从事公务的人员，属于国家机关工作人员；《最高人民检察院关于工人等非监管机关在编监管人员私放在押人员行为和失职致使在押人员脱逃罪行为适用法律问题的解释》及《最高人民法院关于未被公安机关正式录用的人员、狱医能否构成失职致使在押人员脱逃罪主体问题的批复》等，均将受委托从事公务人员列为国家机关工作人员。同样，管理、经营国有资产，原本属于国家工作人员的事务，当行为人受委托行使该管理、经营职权时，便属于从事公务的国家工作人员，因此，刑法第282条第2款规定的委托人员就当然属于国家工作人员。

再次，“委托”与“委派”无须也无法区分。《挪用资金批复》使用的是与刑法第382条中一样的“委托”一词，而没有使用刑法第93条中的“委派”，试图以区分“委托”“委派”，并以此为标准来区分是否国家工作人员，实际上这是没有任何意义的。因为认定国家工作人员的实质标准在于是否从事公务，是委托还是委派并不重要，更何况委托、委派的含义在刑法上几乎无法区分。实践中也不乏有人认为“委派”是上级向下级派遣人员，“委托”是平级之间或下级向上级委托办理事项。对此，张明楷教授指出，试图区分“委派”与“委托”，进而区分是否国家工作人员，并不可取，在现行体制下，难以甚至不可能对“被委派”与“受委托”作出区分。[①] 例如下面这个案例。

◎案例 53　马平华挪用公款案

江苏省南通市土地综合开发公司（以下简称土综公司）原系全民所有制事业单位，于 2003 年 7 月第一次改制，出让 40% 的国有股权，改制后被告人马平华受控股方南通市众和控股公司的委托（以下简称众和公司），出任国有股的代表，并担任改制后的公司董事长。其间，被告人马平华挪用该公司 2000 万元。江苏省南通市崇川区人民法院以挪用公款罪判处马平华有期徒刑九年。[②]

此案中，第一次改制后的土综公司的国有股份是委托众和控股公司经营管理的，而马平华由众和公司委托出任国有股代表。那么，马平华到底是“委托人员”还是“委派人员”呢？这显然是无法区分的，既可以说马平华是“委派人员”，也可以说是“委托人员”，这对于其是国家工作人员的身份没有影响。笔者注意到，关于马平华的身份，该判决书在事实部分引用检察机关指控事实时的表述“马平华受众和公司委托出任……”；在叙写经审理查明事实时表述为“众和公司推荐马平华为董事长”；而在判决书结论部分又表述为“马平华身为国有公司委派在国有控股公司从事公务的人员”。可见，判决书也是在“委托”与“委派”、“推荐”间徘徊，其实都是在表达一个意思，那就是马平华具有监管国有资产的职责，是在从事公务，具有国家工作人员身份。

最后，从立法技术上看，刑法第 382 条第 2 款之所以作了个看似

---

① 参见张明楷：《刑法分则的解释原理》，中国人民大学出版社 2004 年版，第 275 页。

② 江苏省南通市崇川区人民法院刑事判决书（2006）崇刑初字第 113 号。

多余的注意规定，其实是立法技术的体现。因为1979年刑法第155条规定的贪污罪，其中第3款规定“受国家机关、企业、事业单位、人民团体委托从事公务的人员犯第一款罪的，依照前两款的规定处罚”，1979年刑法之所以这样规定，是因为刑法总则第83条对国家工作人员概念的界定并没有像新刑法一样还规定了“委派人员”，而是仅仅规定“本法所说的国家工作人员是指一切国家机关、企业、事业单位和其他依照法律从事公务的人员”。修改后的刑法总则第93条除了界定“国家工作人员是指国家机关中从事公务的人员”外，还用第2款规定了“委派人员”以国家工作人员论。按理说，既然新刑法有了第93条第2款“委派人员”的规定，就已经能包含1979年刑法第155条第3款的规定，但如果立法上不再保留这个条款，那么司法人员可能会误以为“既然新刑法把这一款删除了，说明这类人员不构成贪污罪了”。因此，为了保持立法上的延续性，防止司法人员误解，新刑法就保留了1979年刑法第155条第3款的规定，将其作为新刑法第382条第2款，所以才出现了这样的注意规定。

总之，“委托人员”与“委派人员”一样，同属于刑法第93条第2款规定的“以国家工作人员论”的准国家工作人员。是否属于国家工作人员不取决于形式上是“被委派”还是“受委托”，而是取决于实质上是否从事公务。即使形式上具有“委托关系”，但如果不从事公务，同样不能成为职务犯罪的主体。例如，国有单位某县粮管所与一个体运输户签订运输委托合同，要其将一批玉米运往粮库，张某多次在运送过程中将一部分玉米盗卖，累计获赃款8000余元。[①] 此案中，尽管粮管所与张某存在形式上的委托关系，但是张某所从事的是劳务性的运输工作，只是为粮管所提供劳务，并没有经营、管理和监督国有财产的职务，这与该粮管所保洁员所

① 参见王作富：《刑法分则实务研究（下）》（第三版），中国方正出版社2007年版，第1754页。

从事的保洁工作没有实质差别。因此，张某不具有国家工作人员身份，也不构成贪污罪，仅构成侵占罪。

第五节
行受贿犯罪中“特殊情节”的理解与认定

《刑法修正案（九）》对贪污贿赂犯罪定罪量刑标准作出了重要修改，具体来说，包括以下内容：（1）数额较大或者有其他较重情节的，处3年以下有期徒刑或者拘役，并处罚金。（2）数额巨大或者有其他严重情节的，处3年以上10年以下有期徒刑，并处罚金或者没收财产。（3）数额特别巨大或者有其他特别严重情节的，处10年以上有期徒刑或者无期徒刑，并处罚金或者没收财产；数额特别巨大，并使国家和人民利益遭受特别重大损失的，处无期徒刑或者死刑，并处没收财产。将过去以数额作为定罪量刑唯一标准，改为数额与情节相结合的“数额+情节”模式。2016年4月18日最高人民法院、最高人民检察院联合发布的《关于办理贪污贿赂刑事案件适用法律若干问题的解释》（以下简称《解释》）对上述数额和情节进一步解释。数额作为一种明确的数字，在司法实践中认定并无争议，但是情节的认定面临诸多争议。对于这些情节的认定，司法实践中普遍存在一种就文字的字面含义机械司法的倾向，有必要坚持结果无价值论的立场，通过实质解释的方法予以纠偏。结果无价值论主张违法的本质在于法益侵害而非规范违反，对罪名构成要件的解释必须以法条的保护法益为指导，而不能仅停留在法条的字面含义上。应该在形式合理分析的基础上，探求刑法规范性表述所具有的真理性的资质，以最终实现刑法的实质正义。[①]

---

① 参见刘艳红：《走向实质的刑法解释》，北京大学出版社2009年版，“前言”第2页。

一、受贿罪、行贿罪中“特殊情节”的教义学内涵

关于贪污贿赂犯罪的定罪量刑标准，《刑法修正案（九）》和《解释》采取“数额＋情节”的模式，这涉及我国刑法学中的一个特殊的教义学概念“情节犯”。情节犯与数额犯都是我国刑法立法中采取“定性＋定量”相结合的模式而产生的具有中国特色的刑法学概念，刑法分则中有大量的罪名以“情节严重”“数额较大”“情节恶劣”等作为成立条件，属于犯罪的定量因素或罪量因素。[①]关于情节犯与数额犯的关系，一种观点认为，情节犯是指我国刑法分则中明确规定以“情节严重”或“情节恶劣”作为犯罪成立要件的犯罪类型。在这种观点看来，情节犯不包括数额犯，言下之意，数额犯与情节犯是两个不同的概念。[②]另一种观点认为，情节犯是以一定的概括性定罪情节作为犯罪构成必备要件的犯罪，其在立法上的规定形式并不限于条文中明确规定有“情节”的字样，也包括没有“情节”二字的其他概括性定罪情节，如数额较大、造成严重后果等规定。但情节犯仅仅涉及定罪，不涉及量刑，换言之，因情节和数额而导致法定性升格的不属于情节犯的范畴。[③]

根据结果无价值论的立场，违法性的本质在于法益侵害，法益侵害是质和量的统一，在质的意义上，是指法益侵害的有无，在量上指法益侵害的程度大小；只有当某种行为的法益侵害性达到应受刑罚惩罚程度时，刑法才将其规定为犯罪。笔者认为，法益侵害性是由构成要件综合反映的，情节犯中的情节是法益侵害性在量上的体现和反映，因此，情节犯中的“情节”是一种“综合性”要件。

---

① 参见陈兴良：《作为犯罪构成要件的罪量要素：立足于中国刑法的探讨》，载《环球法律评论》2003年第3期；储槐植、汪永乐：《再论我国刑法中犯罪概念的定量因素》，载《法学研究》2000年第2期。

② 参见李翔：《刑事政策视野中的情节犯研究》，载《中国刑事法杂志》2005年第6期。

③ 参见刘艳红：《情节犯新论》，载《现代法学》2002年第5期。

从这个意义上来说，无论是情节严重、情节恶劣，还是数额较大，都属于行为的法益侵害性在量上的综合性反映。德国学者 Kruepelmann 尝试发展出一条犯罪量化评价的方法，从行为不法、结果不法以及罪责三个角度对犯罪行为事实进行量的评估。他认为犯罪的量的判断是一个综合的评价过程，行为不法与结果不法共同决定着不法含量。某些行为本身并不严重，其行为不法程度较轻，但是却造成了严重的后果，即结果不法程度较重，例如大量的交通过失案例即是如此。[1] 情节犯作为一种综合性要件，既包括立法上以“情节严重”“情节恶劣”为构成要件的犯罪类型，也包括立法上以“数额较大”作为犯罪成立条件的犯罪，甚至还包括以造成“重大损失”等为成立条件的犯罪。司法解释采取“情节 + 数额”的模式，也反映出对于行贿罪而言，数额和情节在征表不法性质和程度上具有等价性。从这个意义上，数额犯也是情节犯。如果一定要区分二者，可以将狭义的情节犯界定为在立法上仅以“情节严重”“情节恶劣”作为犯罪成立条件的犯罪，如刑法第 399 条第 2 款规定的民事行政枉法裁判罪；狭义的数额犯是以数额作为起点标准的犯罪。[2]

笔者认为，对于贪污贿赂犯罪而言，不存在狭义的情节犯。根据《解释》第 1 条第 3 款的规定，受贿数额在 1 万元以上不满 3 万元，具有前款第 2 项至第 6 项规定的情形之一，或者具有下列情形之一的，应当认定为刑法第 383 条第 1 款规定的“其他较重情节”，依法判处 3 年以下有期徒刑或者拘役，并处罚金：（1）多次索贿的；（2）为他人谋取不正当利益，致使公共财产、国家和人民利益遭受损失的；（3）为他人谋取职务提拔、调整的。而“前款第二项

---

① 参见王莹：《情节犯之情节的犯罪论体系性定位》，载《法学研究》2012 年第 3 期。

② 参见李勇：《情节犯之立案标准与加重标准应一并出台》，载《检察日报》2009 年 6 月 8 日，第 3 版。

至第六项规定的情形”是指，（1）曾因贪污、受贿、挪用公款受过党纪、行政处分的；（2）曾因故意犯罪受过刑事追究的；（3）赃款赃物用于非法活动的；（4）拒不交代赃款赃物去向或者拒不配合追缴工作，致使无法追缴的；（5）造成恶劣影响或者其他严重后果的。这样，受贿罪的特殊情节包括八种情形：（1）多次索贿的；（2）为他人谋取不正当利益，致使公共财产、国家和人民利益遭受损失的；（3）为他人谋取职务提拔、调整的；（4）曾因贪污、受贿、挪用公款受过党纪、行政处分的；（5）曾因故意犯罪受过刑事追究的；（6）赃款赃物用于非法活动的；（7）拒不交待赃款赃物去向或者拒不配合追缴工作，致使无法追缴的；（8）造成恶劣影响或者其他严重后果的。其中，前三种是受贿罪所独有的特殊情节，后五种是贪污、受贿罪共有的特殊情节。按照《解释》的规定，受贿罪的通常定罪数额标准是 3 万元，这可谓狭义的数额犯。受贿数额在 1 万元以上不满 3 万元的，同时只要具有上述八种特殊情形之一的，就应当认定为“其他较重情节”予以定罪。同时，《解释》还规定，受贿数额在 10 万元以上不满 20 万元，前述情形之一的，应当认定为刑法第 383 条第 1 款规定的“其他严重情节”，依法判处 3 年以上 10 年以下有期徒刑，并处罚金或者没收财产。

这种情况既包括数额也包括情节，是广义上的情节犯。这里不存在单纯的情节，也不存在单纯的数额，而是数额与情节互相补充，八种特殊情节是依附于数额的，也就是说，这八种特殊情节是建立数额 1 万元以上不满 3 万元的基础之上的。正如陈兴良教授所指出的，“在以上数额与情节的双重标准中，数额还是基本的标准，而情节只是起到补充性的标准。”① 这里并非如很多学者所设想的那般是严格意义上的“数额 + 情节”的模式，也并非有些学者所称

① 陈兴良：《〈关于办理贪污贿赂刑事案件适用法律若干问题的解释〉总置评》，载《浙江社会科学》2016 年第 8 期。

的情节与数额并重的二元标准，如赵秉志教授认为，“应当提升情节在贪污受贿犯罪定罪量刑标准中的地位，确立数额与情节并重的二元标准，将数额和情节都作为衡量贪贿行为社会危害程度的基本依据，使之在贪污受贿犯罪的定罪量刑中都发挥决定性的作用”。①可见，根据《解释》的规定，受贿罪中不存在狭义的情节犯。

关于行贿罪，我国刑法第390条并没有规定数额与情节，而只是规定：“对犯行贿罪的，处5年以下有期徒刑或者拘役，并处罚金；因行贿谋取不正当利益，情节严重的，或者使国家利益遭受重大损失的，处5年以上10年以下有期徒刑，并处罚金；情节特别严重的，或者使国家利益遭受特别重大损失的，处10年以上有期徒刑或者无期徒刑，并处罚金或者没收财产。”严格按照文义解释，行贿罪是行为犯，没有数额和情节的限制。但是，这样显然是不公平的。因为，作为行贿罪的对向犯，受贿罪的社会危害性应该大于行贿罪，这从两个罪名的法定刑设置上也可见一斑，受贿罪的法定最高刑是死刑，而行贿罪的法定最高刑只是无期徒刑。既然如此，受贿罪在入罪标准上尚且需要情节、数额的限制，而行贿罪却不作任何限制，显然有失均衡。应该说，这是立法上的一个缺陷，《解释》对行贿罪规定了数额和情节，通过“补正解释”的方法弥补了这样的缺陷，具有积极意义。《解释》第3条第1款规定：“为谋取不正当利益，向国家工作人员行贿，数额在三万元以上的，应当依照刑法第三百九十条的规定以行贿罪追究刑事责任。”这一规定将行贿罪的入罪数额提高到3万元，与受贿罪的入罪数额保持一致。《解释》对行贿罪在规定了一般情况下3万元的入罪数额的同时，也规定了特殊情况下的数额与情节相互融合和补充的模式。根据《解释》的规定，行贿数额在1万元以上不满3万元，具有下列

① 赵秉志：《贪污受贿犯罪定罪量刑标准问题研究》，载《中国法学》2015年第1期。

情形之一的，应当以行贿罪追究刑事责任：（1）向 3 人以上行贿的；（2）将违法所得用于行贿的；（3）通过行贿谋取职务提拔、调整的；（4）向负有食品、药品、安全生产、环境保护等监督管理职责的国家工作人员行贿，实施非法活动的；（5）向司法工作人员行贿，影响司法公正的；（6）造成经济损失数额在 50 万元以上不满 100 万元的。因此，根据《解释》的规定，行贿罪也是情节犯。

无论是数额，还是情节，并非其本身的无价值，这些情节中尽管有些是行为方式，如向特定行业的人员行贿，也并非行为无价值才导致刑罚处罚，而是都可以还原为侵害国家工作人员职务行为不可收买性、廉洁性的结果无价值。例如，行贿 1 万元以上不满 3 万元，其法益侵害尚未达到动用刑法的程度，但是向 3 人以上行贿导致法益侵害的程度上升达到了动用刑罚处罚的程度。这就决定了我们在解释和适用这些情节时，不能单纯地、形式地、机械地看行为方式本身，而必须从法益侵害这一结果无价值的角度实质地理解，才能准确适用。

二、关于受贿罪中“特殊情节”的司法认定

如前所述，《解释》第 1 条第 3 款对受贿罪规定了八种特殊情节，在具备这些特殊情节之一的前提下，入罪门槛由 3 万元降低为数额在 1 万元以上不满 3 万元；当受贿数额在 10 万元以上不满 20 万元，同时具有这八种特殊情节之一的，法定刑升格为 3 年以上 10 年以下有期徒刑。这些特殊情节不仅成为定罪与否的关键，也是法定刑升格的关键，如何认定这些特殊情节是司法实践中的难题。

（一）只有部分数额属于“特殊情节”，能否认定全案具备“特殊情节”

如前所述，受贿罪既不单纯是狭义上的情节犯也不是狭义的数额犯，这些“特殊情节”也不是纯粹的以情节为判断标准，而是以一定的数额为基础，这样必然会形成数额与情节的混合。这样的规

定带来的首要问题就是一个受贿案件中，部分数额具有这些“特殊情节”，能否认定全案具备《解释》所规定的特殊情节呢？例如，根据《解释》规定，受贿数额在10万元以上不满20万元，同时具有多次索贿情节的，法定刑升格为3年以上10年以下，假如行为人受贿数额共计为12万元，其中索贿3次且每次1万元，能否按照《解释》的规定，认定全案为“其他严重情节”，法定刑升格为3年以上10年以下有期徒刑呢？再如，行为人受贿2万元，在没有特殊情节的情况下是不构成犯罪的，但是其中有2000元是为他人谋取职务提拔的，只占受贿总额的1/10，能否认定全案具有《解释》规定的“为他人谋取职务提拔、调整的”这一特殊情节，从而降低入罪标准认定为受贿罪呢？

对于上述问题，有人认为只要具备特殊情节，不问所占比例，全案认定为具备特殊情节；有观点认为应当考虑所占比例，至于比例设定多少，则不一而足，有人认为是要达到50%，有人认为要占20%，有人认为要占30%；还有观点认为，要具体案件具体分析。

笔者认为，从结果无价值论之实质解释的角度来说，原则上只要具有这些特殊情节，即可全案认定具备该情节，至于具备这些特殊情节的数额所占受贿总数额过低的，可以参照刑法第13条关于情节显著轻微的规定而不予认定。理由如下：

其一，从理论上来说，之所以规定这些特殊情节，就是因为这些情节导致法益侵害的程度加重，结果无价值更大，比如“为职务提拔、调整”而行受贿，属于典型的买官卖官，对职权行为不可收买性和廉洁性的侵害，比一般的行受贿犯罪更为严重。因此，具有这些特殊情节，原则上就应该予以严厉处罚。至于具备这些特殊情节的数额所占受贿总数额过低的，对法益侵害程度加重可以忽略不计的，则不予认定全案具备该情节。

其二，从《解释》的目的上看，设定这些特殊情节，就是要体现从严打击，最高人民法院相关负责人也指出，之所以将“职务提拔、调整”作为特殊情况列举，就是要整治官场，体现从严治吏，坚决打击买官卖官之风。①

其三，从文义上解释，司法解释用语是“有下列情形之一”，既然如此，只要有这些情形即可降格入罪或升格法定刑，至于多和少以及所占比重，并没有特别要求。

其四，从体系解释的角度说，刑法中的其他罪名及其他司法解释，对于情节犯，均是规定只要具有这种情形即可升格。而且，《解释》中规定的“为他人谋取不正当利益，致使公共财产国家和人民利益遭受损失的”的特殊情节，显然具有一次就够了。比如，行为人10次受贿中有1次导致人员伤亡或者安全事故的重大损失后果，则显然就可以将全案认定为“为他人谋取不正当利益，致使公共财产国家和人民利益遭受损失的”，而不可能要求其他9次受贿都导致重大人员伤亡或财产损失的重大损失后果才法定刑升格。

其五，从实践操作的角度来说，如果要求这些特殊情节必须占一定的数额，则必然无法操作，是采用30%、50%、60%还是70%？无论采取哪一种比例都不具有合理性。

（二）“多次索贿”中的“多次”如何理解

“多次索贿”是受贿罪中八种特殊情节之一，这里的“多次”根据体系解释的原理，一般是指3次及3次以上。这里有两个疑问：其一，多次索贿之间有无时间限制？其二，多次索贿是针对同一个行贿人还是针对不同的多个行贿人？

1. 多次索贿之间有无时间限制？对此，周光权教授认为，这里的多次索贿，司法解释没有作时间上的限制，体现了司法上从严惩

---

① 参见《最高人民法院、最高人民检察院关于办理贪污贿赂刑事案件适用法律若干问题的解释》新闻发布会，载 http://www.chinacourt.org/article/subjectdetail/id/MzAwNEhLNYABAA%3D%3D.shtml，最后访问日期：2016年4月18日。

治受贿犯罪的意图，这和多次抢劫没有时间间隔的限制是相同的道理。[①] 最高人民法院相关负责人也表达了类似观点，认为这里的多次“没有时间限定，不论时间长短。凡是基于具体职务行为索要贿赂的均应一并纳入犯罪处理”。[②]

笔者认为，上述观点过于武断，认为不要求时间限定的理由是严厉惩治腐败不能令人信服，因为降低贪贿犯罪数额或者取消次数限制岂不是更加符合严厉惩治腐败的初衷吗？司法解释为什么不直接规定“具有索贿情节”而规定为“多次索贿”呢？这显然不是严厉惩治腐败所能解释的。周光权教授并没有从刑法教义学上论证为什么要采取和抢劫罪“相同的道理”，而不是采取和盗窃罪“相同的道理”。

根据刑法中的罪数理论，数行为中有本来一罪与实质数罪之分。同样，刑法中的“多次”，有的在性质上属于本来一罪的多次，有的在性质上属于实质数罪的多次。

首先，来看本来一罪的多次。比如多次盗窃，单次盗窃数额没有达到数额较大的标准，但是两年内有三次的，就可以评价为盗窃罪。因此，“多次盗窃”是指每次并不独立构成犯罪，所以这里的“多次”属于本来一罪的多次。《最高人民法院、最高人民检察院关于办理盗窃刑事案件适用法律若干问题的解释》第 3 条规定，2 年内盗窃 3 次以上的，应当认定为“多次盗窃”。容留他人吸毒罪同样属于本来的一罪，一次容留一人吸食毒品不成立容留他人吸毒罪，达到多次时才构成容留他人吸毒罪，所以《最高人民法院关于审理毒品犯罪案件适用法律若干问题的解释》第 12 条关于多次容留他人吸毒中，限定 2 年内多次容留他人吸食、注射毒品的构成容

---

① 参见周光权：《论受贿罪的情节——基于最新司法解释的分析》，载《政治与法律》2016 年第 8 期。

② 参见裴显鼎等：《〈关于办理贪污贿赂刑事案件适用法律若干问题的解释〉的理解与适用》，载《人民司法·应用》2016 年第 19 期。

留他人吸毒罪。

其次，再来看实质数罪的多次。例如“多次抢劫”，其中每一次抢劫都独立构成抢劫的基本罪，并不要求额外的情节或数额才构成抢劫的基本罪，只是在具有“多次”的情节下，加重法定刑，所以《最高人民法院关于审理抢劫、抢夺刑事案件适用法律若干问题的意见》中规定，“刑法第二百六十三条第（四）项中的‘多次抢劫’是指抢劫三次以上”。这里并没有作时间上的限定。同样，多次贩卖毒品中的“多次”也是实质数罪，因为贩卖毒品无论数量或次数多少，都构成贩卖毒品罪，刑法第347条第1款规定，走私、贩卖、运输、制造毒品，无论数量多少，都应当追究刑事责任。所以，《最高人民法院关于审理毒品犯罪案件适用法律若干问题的解释》对多次走私、贩卖、运输、制造毒品并没有规定时间限制，其中第4条规定，多次走私、贩卖、运输、制造毒品的应当认定为刑法第347条第4款规定的“情节严重”。

我们可以据此得出结论：（1）属于本来一罪的多次，一般都需要一个时间限制；而属于实质数罪的多次，不需要时间限制。这是因为，本来的一罪，因为单个行为对法益的侵害尚且难以达到刑事处罚的程度，因此添加多次使其达到需要刑罚处罚的程度。为了防止将本该由行政处罚的行为也作为刑事处罚来对待，所以立法或司法解释上设定一定的时间限制。这体现了结果无价值论通过法益侵害保持刑法克制和谦抑的立场。正如黎宏教授所言，“司法解释多次犯的扩张，此起彼伏的行刑交叉问题研究涉入刑法领域，是基于犯罪预防的需要，多次犯的探究，尤其是在经济犯罪情形多发的环境下，将‘多次’行为纳入刑法惩治，正基于在某种程度上其已然突破行政法律法规管控的边界”。① （2）实质的数罪因为每次行为都独立构成犯罪，单次行为对法益侵害的程度已经达到动用刑罚处

---

① 黎宏：《论盗窃罪中的多次盗窃》，载《人民检察》2010年第1期。

罚的程度，自然不需要多次行为之间的时间限定，而只是受追诉时效的限制。

因此，《解释》中的“多次索贿”是将单次受贿数额较小不能独立构成受贿罪的情形，同时具有“多次”情节的，才作为犯罪处理。对于没有达到“多次”的，则给予党纪政纪处罚。这属于典型本来一罪的多次，理应有时间上的限制，可以考虑两年之内或三年之内的时间限制。

2. 多次索贿中的“多次”如何认定？最高人民法院相关负责人指出，这里的多次，实践中要注意结合行为的主观目的，索贿事由、对象等进行具体认定。[①] 陈兴良教授认为，如果对一个人索贿，分多次交付，这仍然属于一次索贿而非多次索贿，同时也认为这并不是说对同一个人就不存在多次索贿。如果基于不同的事由，在不同的时间，分数次向同一个人索贿的，还是可以认定为多次索贿。[②] 周光权教授认为，针对同一人或同一请托事项的多次索贿能否认定为“一次”索贿，要根据案件情况具体分析：在同一天或者间隔很短的时间内，向同一人索贿的，可以考虑认定为“一次索贿”，即行为人一次索贿，对方分多次提供贿赂物；虽然是向同一人索贿，但多次索贿之间的时间间隔很长的，可以认定为多次索贿；针对同一个为他人谋取利益的事实，事前、事后多次向他人索贿，且间隔时间不长的，原则上不应当评价为多次索贿。这样的处理思路，和认定多次抢劫的法理相同：在前后紧密关联的时间、同一空间对多人实施多次抢劫行为的，认定为一次抢劫。[③]

---

① 参见裴显鼎等：《〈关于办理贪污贿赂刑事案件适用法律若干问题的解释〉的理解与适用》，载《人民司法·应用》2016 年第 19 期。

② 参见陈兴良：《贪污贿赂犯罪司法解释：刑法教义学的阐释》，载《法学》2016 年第 5 期。

③ 参见周光权：《论受贿罪的情节——基于最新司法解释的分析》，载《政治与法律》2016 年第 8 期。

笔者认为，“多次索贿”中的“多次”的认定还是要回到实质解释上来。如前所述，“多次索贿”的“多次”属于本来一罪的“多次”，与盗窃罪的“多次”性质相同，可以参照盗窃罪的“多次”的理解，而不宜参照抢劫罪中的“多次”来理解。因为“多次抢劫”中的“多次”属于实质数罪的“多次”。“多次盗窃”和“多次抢劫”中的“多次”所要表达的意思是不同的，作为加重处罚情节的“多次抢劫”中的“多次”，是指存在多次抢劫行为，每一次均单独成罪的情况。在刑法上是评价为一罪还是数罪是一个复杂的理论问题。所以，最高人民法院在有关“多次抢劫”的解释中规定，“对于多次的认定，应以行为人实施的每一次抢劫行为均构成犯罪为前提，综合考虑犯罪故意的产生、犯罪行为实施的时间、地点等因素，客观分析、认定”。但是，刑法第 264 条所规定的“多次盗窃”，并不以行为人实施的每一次盗窃行为均构成犯罪为前提，而是恰好相反，要求行为人实施的每一次盗窃行为都不能构成盗窃罪。否则，就不会有“多次盗窃”才构成犯罪的规定。由于多次盗窃中的“多次”不要求每一次都独立成罪，因此，就没有必要将数个行为概括性地理解为一个行为。因此，“多次索贿”的“多次”从自然意义上理解即可，既可以是针对同一人也可以是不同的人。针对同一个包工头三天两头索贿，与针对三个包工头每人索要一次，在数额相同的情况下，哪一种行为的法益侵害性更严重？至少二者不相上下。从某种意义上说，针对同一人屡次索要，贪得无厌，对职务不可收买性、廉洁性的法益侵害更严重，结果无价值更大。需要说明的是，包括“多次索贿”在内的刑法中的“多次犯”不同于连续犯，既可能是连续犯，也可能不是连续犯，[①] 所以根据所谓的犯意的同一性、行为的连续性之连续犯的理论来认定这里的“多次”也是不正确的。

---

① 参见张明楷：《刑法学》（第五版），法律出版社 2016 年版，第 479 页。

（三）关于重复评价问题

受贿罪八种特殊情节中，可能涉及重复评价的有以下几种情况：（1）为他人谋取不正当利益，致使公共财产、国家和人民利益遭受损失的；（2）曾因故意犯罪受过刑事追究的。

1. “为他人谋取不正当利益，致使公共财产、国家和人民利益遭受损失的”与渎职罪是否重复评价问题？《解释》将“为他人谋取不正当利益致使公共财产、国家和人民利益遭受损失的”作为八种特殊情节，《解释》第 17 条又规定既受贿又渎职的实行数罪并罚。那么“为他人谋取不正当利益致使公共财产、国家和人民利益遭受损失的”同时还构成渎职罪的，能否既加重量刑又数罪并罚？有人认为这里的“致使公共财产、国家和人民利益遭受损失”，与滥用职权、玩忽职守罪的危害后果的表述相同，但在具体内容上应该有所差别：受贿罪的致使公共财产、国家和人民利益遭受损失与行为人收受财物有关联，刑法惩罚的重点是其收受财物的行为，而致使公共财产、国家和人民利益遭受损失不是问题的关键，只是作为情节之一予以考虑，因此，受贿罪的致使公共财产、国家和人民利益遭受损失应当仅有损害事实的要求，而不应有具体损害数额上的要求，没有必须致使公共财产、国家和人民利益遭受较大、重大或特别重大损失的区分问题；而渎职犯罪的成立则要求行为致使公共财产、国家和人民利益受“重大损失”，其定罪数额起点是 30 万元，且在法定刑升格时，对数额标准提出了更高要求。① 最高人民法院负责司法解释起草的相关人员认为，同时评价和择一重处理两种意见均有一定道理，实践中可以根据个案情况具体掌握。加重量刑情节能否作为一般量刑情节再次评价？如前科情节构成累犯时在提档量刑后是否还要从重处罚，以及入罪情节与 2012 年“两高”

① 参见周光权：《论受贿罪的情节——基于最新司法解释的分析》，载《政治与法律》2016 年第 8 期。

《关于办理职务犯罪案件严格适用缓刑、免予刑事处罚若干问题的意见》规定的不得适用缓刑情节重合时能否适用缓刑等？结论是，可以再次评价。[①] 还有学者认为，对于定罪上的重复评价问题，针对受贿罪而言，如果“为他人谋取不正当利益，致使公共财产、国家和人民利益遭受损失的”已经作为受贿犯罪的入罪条件被评价，那么，即便其行为同样可以构成渎职类的犯罪，也只能按照想象竞合犯择一重处，而不能进行数罪并罚。[②]

笔者认为，上述观点均有失偏颇。禁止重复评价又称评价过剩，重复评价包括定罪上的重复评价和量刑上的重复评价，是刑法适用中必须遵循的一个原则。这个原则不会因某一个罪或某一类罪需要严厉打击就可以肆意违反。关于“为他人谋取不正当利益，致使公共财产、国家和人民利益遭受损失的”应当作如下理解：

首先，这里用的是“损失”一词，而没有使用玩忽职守罪和滥用职权罪中的“重大损失”。两字之差，说明受贿罪这里的损失后果，不要求像玩忽职守、滥用职权罪一样到达造成30万元以上的“重大”损失后果。

其次，从结果无价值论、实质解释的角度来说，受贿罪侵害的法益是公职人员职务行为的不可收买性和廉洁性，其打击的重点是权钱交易，在权钱交易过程中附带性地导致公共财产、国家和人民利益遭受损失作为情节予以考虑。而玩忽职守罪和滥用职权罪侵害的法益是职务行为的正当性，打击的是慵懒、不作为和乱作为而导致严重后果的行为。这种本质上的差异，决定了受贿罪中的“致使公共财产、国家和人民利益遭受损失”不包含30万元以上而构成相关渎职罪的情况。如果因受贿行为同时导致30万元以上的损失

---

① 参见裴显鼎等：《〈关于办理贪污贿赂刑事案件适用法律若干问题的解释〉的理解与适用》，载《人民司法·应用》2016年第19期。

② 参见蔡道通：《论受贿罪加重情节的地位及其解释立场》，载《法律适用》2018年第19期。

后果，则超过受贿罪的构成要件所涵盖的范围，“溢出”受贿罪的构成要件，而单独构成相关渎职罪。此时，应当以普通的受贿罪与相应的渎职罪数罪并罚。换言之，应该定渎职罪与受贿罪数罪并罚，但是对受贿罪不认定“其他较重情节”。这样一方面避免了重复评价，另一方面也维护了罪数的基本理论。

2. “曾因故意犯罪受过刑事追究”是否存在重复评价问题？这里的“故意犯罪”并不要求与国家工作人员职务行为相关，也不要求利用职务便利，更不要求是职务犯罪。笔者认为，这个规定确实存在重复评价的问题，将一个已经被刑事追究的前行为再次作为后罪的入罪条件或法定刑升格条件，显然是将前行为评价了两次，在构成累犯的情况下甚至被评价了三次。

首先，从结果无价值论的角度来说，受贿罪的保护法益是职务行为的不可收买性和廉洁性，如果一个国家工作人员曾经的故意犯罪与职务没有关联性，那么这个前科就不会对受贿罪的法益侵害产生影响。换言之，与职务行为无关的曾经故意犯罪，不会升高后面的受贿行为的法益侵害性，因此不宜作为入罪条件或法定刑升格条件。例如，一个国家工作人员如果曾经因醉酒驾驶而被追究了危险驾驶罪的责任，这个前科对于后来的受贿罪法益侵害性有影响吗？回答应该是否定。如果一定要寻找理由，从行为无价值论的角度来说，如果基于伦理规范的违反，可能会说这个人品行不端、酒品太差；如果基于行为规范的违反，可能会说这个人规范意识太差，这些可以成为我们谴责他的理由，但是却难以成为刑事犯罪的入罪条件或法定刑升格条件。

其次，如果前罪是与其职务行为不相干的犯罪行为，作为受贿罪的入罪或法定刑升格条件，与以往同类司法解释也存在冲突。2013 年 4 月 2 日最高人民法院、最高人民检察院发布的《关于办理盗窃案件适用法律若干问题的解释》中规定，行为人曾因盗窃受过刑事处罚的，盗窃数额较大的标准可以按照通常标准的 50% 确定。

盗窃罪的这个解释强调行为人前后所实施的行为都必须是盗窃，才可以“减半”计算数额标准。也许有人会说，那是因为受贿罪的主体是国家工作人员，如果前罪是同类性质的受贿罪，就会被开除公职，不可能再次犯受贿罪，既然如此，这条规定就没有意义，因为国家工作人员只要故意犯罪被追究刑事责任，都是要被开除公职的。最高人民法院的法官解释说，这条主要针对的是国有企业和事业单位的人员，可能存在即使故意犯罪也没有被开除公职，又犯受贿罪的情况是客观存在的。[①] 周光权教授也认为，在实务中，存在有的国家工作人员（尤其是国有事业单位、国有企业工作人员）因为故意犯罪被判处缓刑后仍然在原单位工作的情形，有故意犯罪前科受过刑事追诉后再贪污受贿的情形是存在的；还有的公务员被判处免予刑事处罚后，并未被开除公职，因而还有机会贪污受贿。《解释》中所明确的是曾因故意犯罪受过“刑事追究”而不是曾因故意犯罪受过“刑事处罚”，被判处免予刑事处罚的人虽没有受过刑事处罚，但其行为被定罪，行为人受过刑事追究，其之后再犯贪污受贿罪的，都应该依法严肃处理。因此，司法解释将“曾因故意犯罪受过刑事追究”的前科事实规定为受贿犯罪情节。但是如果一个国有企业人员因危险驾驶被判处了拘役一个月缓刑，然后再犯受贿罪，就要降低入罪门槛或者升格法定刑。这在情理上是说不通的。

三、行贿罪中特殊情节的司法认定

对于行贿罪，《解释》规定了普通情节行贿，数额在 3 万元以上才构成犯罪。但是具有六种特殊情节的，数额只要求 1 万元以上 3 万元以下，这六种情节分别是：（1）向 3 人以上行贿的；（2）将违法

---

① 参见裴显鼎等：《〈关于办理贪污贿赂刑事案件适用法律若干问题的解释〉的理解与适用》，载《人民司法·应用》2016 年第 19 期。

所得用于行贿的；（3）通过行贿谋取职务提拔、调整的；（4）向负有食品、药品、安全生产、环境保护等监督管理职责的国家工作人员行贿，实施非法活动的；（5）向司法工作人员行贿，影响司法公正的；（6）造成经济损失数额在50万元以上不满100万元的。这些情节中有些问题值得研究。这些情节中也存在很多认定上的困惑，需要实质解释。

（一）“通过行贿谋取职务提拔、调整的”的认定问题

《解释》将“通过行贿谋取职务提拔、调整的”作为特殊情节进行了规定。这里的“谋取职务提拔”，属于谋取竞争优势，违反人事干部任用管理法规和组织程序，升高了对受贿罪保护法益的侵害程度，这作为特殊情节规定具有合理性，在司法认定上也较为容易。但是“调整”的问题就复杂了，因为调整既有从差的地区和差的岗位调整到好的地区和好的岗位，也有正常的平行调动、调整，还有因为身体不好自愿调整到不好但清闲的部门，还有要求提前退休甚至辞职的，这里面有的属于“正向”调整，有的属于“平行”调整，有的属于“负向”调整。对于“正向”调整一般可以参照提拔，认定为属于谋取竞争优势。但是对于“平行”调整甚至“负向”调整则如何认定就成为问题；有的还难以评价为“正向”调整还是“负向”调整。比如，某检察官身居要职，要辞职，但是检察长不准他辞职，该检察官向检察长行贿，这属于“通过行贿谋取职务调整”吗？这是“正向”调整还是“负向”调整呢？外人可能觉得是“负向”调整，但是对于他自己来说辞职后有更好的去处或更大的发展，就可能是“正向”调整。

笔者认为，这里的“谋取职务调整”的理解不能局限于“正向”“平行”还是“负向”上，也不能单纯从形式上去区分，而必须从结果无价值论的角度进行实质解释。司法解释将“谋取职务提拔、调整的”作为特殊情节进行规定，实质上是因为“谋取职务提拔、调整的”属于为他人谋取违反法律、法规、规章、政策规定的

不正当利益，谋取竞争优势，升高了受贿罪的法益侵害性。因此，对这里的“调整”的理解必须从这一实质内涵出发。不管“调整”的表现形式如何千变万化，只要从实质上考量，并没有升高法益侵害性，那么就不应当认定为这里的“谋取职务提拔、调整的”；反之，即使是“平行”调整，但升高法益侵害性，就属于这里的“谋取职务提拔、调整的”。例如，同样是处长，不同岗位的处长权力、职责不同，即使是“平行”调整，也可能升高法益侵害性，就可能被认定为“谋取职务调整”。有的“平行”调整，即使是从经济社会发展落后的地区调整到经济发展先进的地区，只要根据社会一般观念，没有导致法益侵害性程度升高，就可以不认定为“谋取职务调整”，比如因解决夫妻两地分居问题，从一个经济社会发展落后的地区调到另一个经济社会发展先进的地区，即使向领导行贿，因为这本身不属于“谋取不正当利益”，没有升高法益侵害性，就不属于这里的“通过行贿谋取职务调整的”。同样，因身体原因自愿到更差的岗位或部门、为了提前退休或辞职等正当合理诉求而给予国家工作人员以财物的，由于不具有谋取不正当利益，没有升高法益侵害性，就不属于这里的“通过行贿谋取职务提拔、调整的”。

（二）“向负有食品、药品、安全生产、环境保护等监督管理职责的国家工作人员行贿，实施非法活动”的认定问题

《解释》中规定的“向负有食品、药品、安全生产、环境保护等监督管理职责的国家工作人员行贿，实施非法活动的”中的“等”如何理解？“实施非法活动”如何理解？

1. “等”如何理解。笔者认为，这里的“等”不得随意扩大解释，而必须是属于涉及重大民生的监督管理职责的国家工作人员。

首先，根据结果无价值论的立场，负有食品、药品、安全生产、环境保护等部门都是涉及重大民生的要害部门，一旦行为人向其行贿导致其不正确履职，将可能危及广大人民群众的健康、生命

安全的危害后果，并且会迅速成为社会关注的热点和焦点，这些领域发生事故，其后果具有广泛性、不可控性、直接涉及生命和健康安全性、敏感性“四性”特点。这样就显著升高受贿罪的法益侵害性。因此，“等”的理解，不能任意扩大，必须严格限定为涉及广大人民群众的健康、生命安全的监管部门，一旦发生事故就具有上述“四性”特点，从而显著升高受贿罪法益侵害性。

其次，根据同类解释规则，这里“等”必须与前面列举的负有食品、药品、安全生产、环境保护监督管理职责具有同质性和相当性。从前面列举的食品、药品、安全生产、环境内容看，都是涉及重大民生问题的，不能擅自扩大解释到税务、工商、城管、民政等部门。

2. “实施非法活动”如何理解。“实施非法活动”本身较容易把握，因为是否“非法”可以依照法律规定来认定。问题是“实施非法活动”与“向负有食品、药品、安全生产、环境保护等监督管理职责的国家工作人员行贿”之间的关系。实践中，有人认为行贿行为本身就是非法活动，所以“向负有食品、药品、安全生产、环境保护等监督管理职责的国家工作人员行贿”与“实施非法活动”之间是同位语关系。这种观点是错误的。笔者认为，“实施非法活动”必须要与“行贿”之间具有手段和目的关系，也就是行贿的目的是要实施非法活动，如某企业为了非法排污，而给环保局人员送礼。只有这样，才会显著升高法益侵害性，这是结果无价值论的应有之义。

（三）“向三人以上行贿”的认定问题

这里的“向三人以上”是指向不同的三人以上，还是也包括向同一人三次以上行贿呢？笔者认为，针对三个以上不同的人。

首先，从结果无价值论的立场看，向三个以上不同的国家工作人员行贿，把三个以上的官员“拉下水”，其法益侵害性升高，所以即使数额没有达到 3 万元也要以行贿罪进行严厉打击，这也符合司法解释的初衷和目的。

其次，司法解释文本用的是“三人”而非“三人次”或“三次”，因此文本上就已经排除了针对同一个人三次以上行贿的情况，否则就应该用“三次”或“三人次”。

最后，从体系解释的角度，毒品等其他罪名的司法解释中，既有“多次”，也有“多人”，还有“多人次”，这说明这个几个术语的含义是固定的，不容混淆。

第十一章　结果无价值论之于经济犯罪

经济犯罪有两个基本的特征：一是经济犯罪的保护法益大多直接表现为“秩序”等集体或抽象法益。二是构成要件以空白罪状为主，很多经济犯罪的罪名没有具体描述其罪状，而是要参照相关行政法律法规，所以经济犯罪以行政犯居多。这两个特征在实践中带出两个问题：一是如果把秩序违反作为经济犯罪违法性的本质，不将秩序背后的个人法益、具体法益还原出来，可能会失守刑法的最后手段性。过于关注秩序违反、规范违反的行为无价值论在经济犯罪领域的缺陷更加明显。二是如果形式化地理解和解释经济犯罪的构成要件，很容易混淆经济犯罪和经济违法行为，会不当扩大打击面。近年来，实践中出现的一系列“奇葩”案例已经把上述问题暴露无遗。因此，在这种背景下，特别有必要在经济犯罪领域倡导结果无价值论，提倡实质解释论。

第一节
经济犯罪“形式化”“口袋化”反思与解决路径

一般认为，我国经济犯罪中的典型“口袋罪”是非法经营罪，一直广受诟病。近年来，非法吸收公众存款罪也有“口袋化”趋势。[①] 事实上，“口袋罪”最容易在经济犯罪中形成，其背后的原因主要有两个方面：一是经济犯罪的保护法益多为“秩序”，而“秩序”本身是抽象的，难以捉摸，如果想认定某种行为侵害了“秩序”是比较容易的。二是经济犯罪的构成要件以空白罪状为主，其成立犯罪的条件需要参照相关行政法律法规，如果形式地将行政法规与刑法条文对照，那么看任何一种行政违法行为都像是犯罪。上述两个方面是相互交织的一体两面关系。因为过于看重秩序违反，所以会形式化地看待空白罪状；形式化地解释空白罪状又是以秩序违反理念为指导的，这背后又反映出行为无价值论的缺陷。在经济犯罪领域倡导结果无价值论和实质刑法观，有助于准确把握经济犯罪的罪与非罪、经济犯罪与行政违法之间的边界。

一、经济犯罪“秩序论”之反思

经济犯罪侵害的法益是什么？这一经济刑法的教义学基础问题聚讼纷争。经济刑法学者一般认为经济犯罪侵犯的是超个人法益，经济犯罪侵害的是经济活动的社会性，被保护的主要不是经济者个体的个人利益，而是国家的整体经济秩序，以及经济的有序过程。[②]我国刑法理论通说也认为，经济犯罪所侵犯的法益是市场经济秩序。如前所述，早期的行为无价值论，无论是一元论还是二元论，都强调违法性的本质在于违反伦理规范。经济犯罪大多数属于法定犯，伦理性不明显。但新近的二元行为无价值论将违法性基础主要求诸与伦理无关的行为规范的违反。经济犯罪违反了国家经济秩序规范，对整体经济秩序的侵害，也是对经济行为规范的违反，这符合行为无价值论的逻辑。但是按照结果无价值论的立场，则是存在

① 参见李勇：《互联网金融乱象刑事优先治理政策之反思》，载《西南政法大学学报》2019 年第 6 期。

② 参见［德］克劳斯·梯德曼：《德国经济刑法导论》，周遵友译，载《刑法论丛》（2013 年第 2 卷），法律出版社 2013 年版。

疑问的。按照结果无价值论的立场，违法性的本质是侵害法益。法益的功能一方面在于刑法排除单纯的违反道德行为，即单纯违反道德而不侵害具体法益的行为不作为犯罪处罚；另一方面排除违反秩序的行为，即刑法应当保护预先规定的法益（典型不依赖于国家的个人权利），对于违反仅仅用于支持维护公共秩序和福利任务的法规，应当作为道德上无色彩的不服从行为，也就是单纯的违反秩序行为，仅仅使用非刑事处罚的手段加以制裁。[①] 当然，也有观点将这种整体上经济秩序本身也界定为法益，属于超个人法益或集体法益，但是这种带有整体主义倾向的超个人法益立场也受到强烈质疑。德国以法兰克福学派为代表的学者完全否认超个人法益（法益一元论），他们认为超个人法益主要存在以下问题：（1）导致刑法不断扩张；（2）面对新风险不断创设超个人法益和抽象危险犯，而超个人法益模糊且广泛，导致个人自由锐减；（3）导致面对新问题时倾向于马上祭出刑法，违反刑法的最后手段性，反而变成优先手段或唯一手段；（4）大量入罪导致案件激增，加剧刑法的象征功能；（5）成本巨大，牺牲法治国原则，换取大众的安全感。[②] 所以有“经济刑法之父”之称的德国刑法学家梯德曼也不得不承认法益一元论的批评有一定的合理之处。[③]

笔者认为，行为无价值论将秩序违反、经济行为规范违反作为违法性的本质是值得批判的，这样会导致经济犯罪的“形式化”和“口袋化”，混淆行政违法与犯罪之间的界限，也与刑法保护目的和任务不符。

---

① 参见［德］克劳斯·罗克辛：《德国刑法学总论》（第1卷），王世洲译，法律出版社2005年版，第12～13页。

② 参见钟宏彬：《法益理论的宪法基础》，台北，元照出版有限公司2012年版，第173～174页。

③ 参见［德］克劳斯·梯德曼：《德国经济刑法导论》，周遵友译，载《刑法论丛》（2013年第2卷），法律出版社2013年版。

1. 经济犯罪“形式化”问题。将“秩序”作为经济犯罪的违法性本质，最容易导致经济犯罪司法认定的形式化。“秩序”与“规范违反”是一体两面的关系，从形式上看，违反了经济犯罪空白罪状中的行政法规，就是违反规范，进而侵害秩序，很容易被入罪。例如，著名的陆勇案。

◎案例 54　陆勇案

湖南省沅江市公安局以陆勇涉嫌妨害信用卡管理罪、销售假药罪进行侦查，于 2014 年 4 月 15 日向检察院移送审查起诉。同年 7 月 22 日，沅江市人民检察院对陆勇以妨害信用卡管理罪、销售假药罪向沅江市人民法院提起公诉。2015 年 1 月 27 日撤回起诉，2015 年 2 月 26 日作出不起诉决定。

基本案情如下：2002 年，陆勇被查出患有慢粒性白血病，需要长期服用抗癌药品。我国国内对症治疗白血病的正规抗癌药品“格列卫”系列系瑞士进口，每盒需人民币 23，500 元，陆勇曾服用该药品。为了同病患者之间的交流，相互传递寻医问药信息，通过增加购同一药品的人数降低药品价格，陆勇从 2004 年 4 月开始建立了白血病患者病友网络 QQ 群。2004 年 9 月，陆勇通过他人从日本购买由印度生产的同类药品，价格每盒约为人民币 4000 元，服用效果与瑞士进口的“格列卫”相同。之后，陆勇使用药品说明书中提供的联系方式，直接联系到了印度抗癌药物的经销商印度赛诺公司，并开始直接从印度赛诺公司购买抗癌药物。陆勇自己服月一段时间后，觉得印度同类药物疗效好、价格便宜，遂通过网络 QQ 群等方式向病友推荐。网络 QQ 群的病友也加入向印度赛诺公司购买该药品的行列。陆勇及病友首先是通过西联汇款等国际汇款方式向印度赛诺公司支付购药款。在此过程中，陆勇还利用其懂英文的特长免费为白血病等癌症患者翻译与印度赛诺公司的往来电子邮件等资料。随着病友间的传播，从印度赛诺公司购买该抗癌药品的国内白血病患者逐渐增多，药品价格逐渐降低，直至每盒为人民币200余元。由于前述支付购药款方式，既要先把人民币换成美元，又要使用英文，程序烦琐，操作难度大。求药的患者向印度赛诺公司提出了在中国开设账号便于付款的要求。2013年3月，经印度赛诺公司与最早在该公司购药的陆勇商谈，由陆勇在中国国内设立银行账户，接收患者的购药款，并定期将购药款转账到印度赛诺公司指定的户名为张某某的中国国内银行账户，在陆勇统计好各病友具体购药数量、告知印度赛诺公司后，再由印度赛诺公司直接将药品邮寄给患者。印度赛诺公司承诺对提供账号的病友将免费供应药品。陆勇在QQ病友群里发布了印度赛诺公司的想法，云南籍白血病患者罗某某即与陆勇联系，愿意提供本人及其妻子杨某某的银行账号，以换取免费药品。陆勇通过网银U盾使用管理罗某某提供的账号，在病友向该账号支付购药款后，将购药款转至张某某账户，通知印度赛诺公司向病友寄送药品，免除了购药的病友换汇、翻译等以往的一些烦琐劳动。在使用罗某某、杨某某账号支付购药款一段时间后，罗某某听说银行卡的交易额太大，有可能导致被怀疑为洗钱，遂不愿再提供使用了。2013年8月，陆勇通过淘宝网从郭某某处以500元每套的价格购买了3张用他人身份信息开设的银行借记卡，在准备使用中发现有2张因密码无法激活而不能用，仅使用了1张户名为夏某某的借记卡。陆勇同样通过网银U盾使用管理该账号，将病友购药款转账到印度赛诺公司指定的张某某账户。被查证属实的共有21名白血病等癌症患者通过陆勇先后提供并管理的罗某某、杨某某、夏某某3个银行账户向印度赛诺公司购买了价值约120，000元的10余种抗癌药品。陆勇为病友们提供的帮助全是无偿的。对所购买的10余种抗癌药品，有“VEENAT100”“IMATINIB400”“IMATINIB100”3种药品经益阳市食品药品监督管理局出具的相关鉴定，系未经我国批准进口的药品。①

刑法第141条规定了生产、销售假药罪，其中第2款规定，本条所称假药是指依照《药品管理法》的规定属于假药和按假药处理的药品、非药品②。按照修订之前的《药品管理法》（2019年8月26日发布的新《药品管理法》对此进行了修改），此案涉及的药物属于假药。陆勇的行为确实违反了药品管理法，但是否构成销售假药罪呢？如果从形式上看，陆勇的行为先买进再卖出，属于销售；如果从秩序违反、规范违反的角度看，陆勇通过这样的方式将未经批准的进口药大量进入国内，必然侵害我国药品管理市场秩序，这也是此案当初被错误地以销售假药罪起诉的根本原因。事实上，刑法中生产、销售假药罪，生产、销售有毒有害食品罪都可能面临上述类似的问题，有些药品不一定“假”，有些食品也不一定“毒”，如曾经的“毒豆芽”案件后来表明并不“毒”。③

2. 经济犯罪的“口袋化”问题。经济犯罪中有些罪名容易“口袋化”，最典型的就是非法经营罪。根据刑法第225条的规定：

---

① 参见《湖南检方公布对陆勇不起诉决定书》，载https：//cj.sina.cn/articles/view/1663612603/p6328b6bb02700aq5j，最后访问日期：2020年1月7日。

② 2020年7月9日公布的《刑法修正案（十一）草案》将该款修改为：违反国家规定，未取得批准证明文件生产药品或者明知是上述药品而销售的，依照前款的规定处罚。

③ 2013年至2014年间，媒体报道称使用“无根剂”6－苄基腺嘌呤和4－氯苯氧乙酸钠生产的豆芽为“毒豆芽”，大量生产者、销售者被以生产、销售有毒、有害食品罪定罪处罚。2013年1月1日至2014年8月22日间，裁判文书网公开的相关案例709起，918人以生产、销售有毒、有害食品罪获刑。2015年3月17日《澎湃新闻网》刊登了中国法学会王伟国等人的调研报告，得出几乎无可反驳的结论：“毒豆芽”不属于有毒有害食品。研究表明使用“无根剂”6－苄基腺嘌呤和4－氯苯氧乙酸钠生产的豆芽，既无毒也无害，使用这种无根剂生产豆芽既是国际通例，也不为我国法律所明令禁止。2015年6月16日，辽宁省葫芦岛市连山区人民法院作出首例“毒豆芽”案无罪判决。此后全国各地紧急叫停此类案件的办理，已经办理的案件作相应的不起诉、撤回起诉等无罪化处理。

“违反国家规定，有下列非法经营行为之一，扰乱市场秩序，情节严重的，处五年以下有期徒刑或者拘役，并处或者单处违法所得一倍以上五倍以下罚金；情节特别严重的，处五年以上有期徒刑，并处违法所得一倍以上五倍以下罚金或者没收财产：（一）未经许可经营法律、行政法规规定的专营、专卖物品或者其他限制买卖的物品的；（二）买卖进出口许可证、进出口原产地证明以及其他法律、行政法规规定的经营许可证或者批准文件的；（三）未经国家有关主管部门批准非法经营证券、期货、保险业务的，或者非法从事资金支付结算业务的；（四）其他严重扰乱市场秩序的非法经营行为。”通说认为，非法经营罪保护的是特定行业的市场秩序，从形式上看，未经批准而非法从事特定行业的经营活动，就属于非法经营，很容易导致入罪。比如著名的王力军收购玉米案。

◎案例 55　王力军收购玉米案

被告人王力军未办理粮食收购许可证，未经工商行政管理机关核准登记并颁发营业执照，擅自在临河区白脑包镇附近村组无证照违法收购玉米，将所收购的玉米卖给巴彦淖尔市粮油公司，非法经营数额218，288.6 元，非法获利 6000 元。原审法院以被告人王力军犯非法经营罪判处有期徒刑一年，缓刑二年，并处罚金人民币 2 万元。[①]

一审判决的主要理由是没有办理粮食经营许可证和工商营业执照而进行粮食收购活动，违反《粮食流通管理条例》相关规定。[②]

---

① 参见《内蒙古农民王力军收购玉米被判非法经营罪一案进入再审程序》，载 http：//www.legaldaily.com.cn/index/content/2017－01/09/content＿6948203.htm?node＝20908，最后访问日期：2020 年 1 月 7 日。

② 参见《内蒙古农民王力军收购玉米被判非法经营罪一案进入再审程序》，载 http：//www.legaldaily.com.cn/index/content/2017－01/09/content＿6948203.htm?node＝20908，最后访问日期：2020 年 1 月 7 日。

但是违反行政法的规定，并不能直接推导出构成刑法中的非法经营罪。这显然是对刑法中非法经营罪的形式化理解，认为“非法经营”就是“不法经营”，只要未经依法批准就是刑法意义上的“非法经营”。从表面上看，王力军的行为违反了《粮食流通管理条例》的规定，行政机关可以认定为“非法经营”，但这仅仅是行政法意义上的“非法经营”，不能据此认为王力军的行为构成刑法中的非法经营罪。

二、结果无价值论在经济犯罪中的运用

为解决经济犯罪中的“形式化”“口袋化”问题，有必要在经济犯罪的立法和司法中倡导结果无价值论的立场。结果无价值论认为，违法性的本质在于法益侵害，没有法益侵害以及没有达到值得动用刑法程度的法益侵害，不应以犯罪论处，规范违反本身不是违法性的基点，而必须探究规范背后所保护的利益。这种利益应当是可以还原为个体利益、具体法益。经济犯罪具有特殊性，典型侵害个人法益的经济犯罪并不常见，往往体现为集体法益、超个人法益。固守刑法保护法益只能是个人法益的立场在经济犯罪领域也是不妥当的。法律最终都是为个人服务的，制度保障、社会秩序、经济秩序、环境秩序对于当今社会生活的重要性不言而喻，是个人生存、发展的必要条件，能够还原或具体化为个人利益，应当成为刑法的保护对象。但问题是，如何判断某种超个人法益可以具化或还原为个人法益？特别是制度保护在刑法释义学上面临难题，因为制度本身不具有现实性，制度的损害难以客观验证。德国学者 Roland Hefendehl 和 Ioanna Anastasopoulou 分别于 2002 年和 2005 年发表《刑法中的集体法益》《用于保护集体法益的犯罪行为类型》，二人得出的共同见解是：对于集体法益而言，单是寻找保护法益，于事无补，必须加强探索个罪构成要件行为与保护法益之间的关系，根本路径在于从每一个构成要件的分析出发，逐一审查“价值面与存

在面的正当性”。[①] 笔者认为，对于经济犯罪的保护法益，应当结合具体个罪的犯罪构成要件，进行实质解释，以判断能否还原为个人法益、具体法益，能够还原为个人法益、具体法益的集体法益才具有正当性。例如，我国刑法第 114 条规定的生产、销售假药罪，表面上看保护的是药品管理秩序，但是这个秩序应当还原为保护人民用药安全和身体健康、生命安全，也就是通过管理药品秩序，防止假药流入个人的治疗中。结合陆勇案看，陆勇的行为有利于癌症患者的治疗，不仅没有侵害人们的身体健康，反而是有利于人们的身体健康。这种为自己购买药物同时帮他人代购的行为，不能解释为刑法中“销售假药”行为，脱离了个人法益的单纯违反秩序的行为应当予以出罪而非入罪。事实上，刑法中的生产、销售假药罪，生产、销售有毒有害食品罪，都需要从实质上判断这个药物到底“假不假”、这个食品到底“毒不毒”，因为这些罪名所保护的药品、食品市场管理秩序，必须能够被还原为侵害人民群众的身体健康、生命安全等具体法益。

我国刑法第 225 条规定的非法经营罪保护的是国家专营专卖物品经营秩序，实际上是保护国家对特定物品的垄断，这些之所以需要被国家垄断是因为涉及公众利益和安全。换言之，这里的经营秩序应当可以还原为个人利益。例如，关系到公众人身安全的药品、汽油等，如果被随意经营，就会严重侵害公众的人身安全，故需要刑法规制；股票期货是高风险金融行业，需要经营者具有高度专业化的团队和雄厚的资金实力、强大的抵御金融风险能力，涉及广大投资者的利益，故需要刑法规制。反之，如果某种物品个人经营不会影响公众利益，甚至是还有利于公众利益，那么就没有入罪的理由。王力军收购玉米案，必须实质地考虑其行为是否侵害了值得刑法保护的法

① 钟宏彬：《法益理论的宪法基础》，台北，元照出版有限公司 2012 年版，第 190 ~ 191 页。

益这一结果无价值。王力军的收购行为实质上有利于粮食流通，有利于农民利益，没有将这种单纯行政未经审批的行为作为犯罪定罪处罚的必要。有些情况下，即使是专卖物品，即使未经许可而经营的，也不会对公众的具体法益造成任何威胁，只要按照行政法的规定，责令停止经营或罚款就足以达到行政法的目的，也无须动用刑法。

近年来，非法吸收公众存款罪有“口袋化”趋势。非法吸收公众存款罪与集资诈骗、贷款诈骗等欺诈型金融犯罪不同。集资诈骗罪、贷款诈骗等欺诈型犯罪，从个罪的构成要件来看，侵害个人或企业的具体财产或财产性利益是毋庸置疑的，并不存在正当性疑问。正如梯德曼所言，在当今的经济秩序中，金融交易和资本市场的有效运作秩序、信息披露和资讯的准确性是一种正当的超个人利益，这里大约可被笼统地称为“诈骗前场”也就是涉及对于个人财产的侵害。① 内幕交易、操作证券期货等犯罪，会直接损害股民个人的财产利益，也不存在正当性疑问，都可以还原或具体化为个人法益。但是非法吸收公众存款罪则不同，吸收公众存款本质就是民间筹集资金、民间借贷，只不过传统借贷是熟人之间、人数较少的借贷，而利用互联网借贷会导致人数和对象扩散，其法益侵害性似乎只能是金融垄断主义。如果将这种垄断秩序作为刑法的保护法益是存在疑问的。也许有人会说，很多民间借贷是编造理财项目等理由欺骗投资人，有的拉人头入会，有的以推销产品为由搞“金字塔骗局”，这些行为完全可以集资诈骗罪（也可能是诈骗罪、合同诈骗罪）、组织领导传销罪进行处罚。至于借贷、集资用于实体生产经营，即使因市场风险、经营不善等原因无法偿还，也属于民事纠纷，自有民事法律解决；即使集资过程中有不规范甚至违法之处，只要实质上资金主要用于实际经营生产，行政处罚足以治理。毕竟

---

① 参见［德］克劳斯·梯德曼：《德国经济刑法导论》，周遵友译，载《刑法论丛》（2013 年第 2 卷），法律出版社 2013 年版。

“企业家的冒险— 商业性风险—可以也应当在原则上不受刑事司法的制约，只要该行为的发生对于第三人不构成明显的欺骗或者强制”。[①] 从司法实践看，非法吸收公众存款罪正在被“口袋化”甚至被错误适用。一方面，大量的本应该以集资诈骗罪定罪处罚却被以非法吸收公众存款罪论处；另一方面，也有一些属于民间借贷被错误地以非法吸收公众存款罪定罪处罚。因此，非法吸收公众存款罪的保护法益存在疑问，这也是其在司法实践中被异化适用的根本原因。取消非法吸收公众存款罪并不会导致处罚漏洞，相关行为有的属于民事借贷纠纷，有的属于行政违法，有的属于集资诈骗罪（或者诈骗罪、合同诈骗罪），有的属于组织领导传销活动罪。

总之，对于经济犯罪的保护法益，应当结合具体个罪的犯罪构成要件进行实质解释，以判断能否还原为个人法益、具体法益，能够还原为个人法益、具体法益的集体法益才具有正当性。否则，不能轻易入罪。制度等抽象的法律利益，需要对侵害对象的实质性内容进行验证。也就是说，有必要对该制度在现实社会中涉及怎样的利益保护问题进行实质性的讨论，只有其内容为具体利益时才能被认定为侵害对象的法益。因此，作为刑罚的正当化依据，仅仅是违反行政上所赋予的义务是不够的，必须明示实质性的法益侵害、危险化。[②] 对于非法经营罪，需要实质地判断经营秩序背后的个体法益有无受到实质侵害；对于生产、销售有毒有害食品罪，需要实质地判断食品“毒不毒”“害不害”；生产、销售假药罪，需要实质地判断药品“假不假”；虚开增值税发票罪，需要实质地判断虚开是否以骗取税款为目的以及是否实际上骗取税款，如为虚增业绩相互对开不以骗取退税为目的的不以犯罪论处；再如，骗取贷款罪，

---

① ［德］克劳斯·梯德曼：《德国经济刑法导论》，周遵友译，载《刑法论丛》（2013 年第 2 卷），法律出版社 2013 年版。

② 参见［日］嘉門優：《行為原理と法益論》，载《立命館法学》2009 年 5 ~ 6 号（327 ~ 328 号），第 215 页。

不能仅看有无欺骗行为，还需要实质地判断有无造成金融机构损失或者贷款风险，如果仅仅是一种违反贷款准则的一般违规行为，行政处罚即可，不应评价为犯罪。

第二节
行政犯的内涵及其认定方法

如前所述，经济犯罪的保护客体具有特殊性，审查认定时，在进行违法性判断时，应当坚持结果无价值论的立场，结合具体个罪的犯罪构成要件进行实质判断能否还原为具体法益、个人法益。经济犯罪还有一个特殊性，就是经济犯罪大多以行政犯、法定犯的面目出现，在进行司法认定时需要合理把握行政违法、行政处罚与刑事违法、刑事处罚之间的界限。

一、行政犯与法定犯的概念厘清

人们习惯于混同使用“行政犯”与“法定犯”，其实二者并非等同。行政犯是什么？行政犯与法定犯是什么关系？刑法学界很少去细究这些问题。事实上，行政犯与刑事犯相对应，法定犯与自然犯相对应。有必要对这两组不同概念进行区分。

自然犯与法定犯的区分来源于意大利犯罪学家加罗法洛，加罗法洛在《犯罪学》中正式提出了自然犯与法定犯的概念。他对自然犯是这样解读的：“在一个行为被公众认为是犯罪前所必需的不道德因素是对道德的伤害，而这种伤害又绝对表现为对怜悯和正直这两种基本利他情感的伤害。我们可以确切地把伤害以上两种情感之一的行为称为‘自然犯罪’。”[①] 与此相对，法定犯即不证明他们缺

---

① ［意］加罗法洛：《犯罪学》，耿伟、王新译，中国大百科全书出版社1996年版，第44页。

少社会进化几乎普遍为人们提供的道德感。被排除的犯罪常常仅是侵害了偏见或违反了习惯，或只是违背了特定社会的法律。[①] 因此，自然犯与法定犯的区分来自于犯罪学上的分类，自然犯是侵害了普遍的道德情感，除自然犯之外的侵害了特定的法律的属于法定犯。

行政犯与刑事犯的区分来自德国的“警察犯”概念。行政犯与行政刑法属于同一个范畴。一般认为，1794 年普鲁士法律大典中就有了把犯罪刑法与警察刑法（或者行政刑法）加以区分的做法。在 1813 年 5 月 6 日颁布的由费尔巴哈主持制定的巴伐利亚刑法典中，也采纳了这种把轻微违法（违法秩序罚）与刑事法区别开来的做法。该法第 2 条第 4 款规定：“违反秩序的处罚，作为惩罚，应当对威胁或者损害了公共安宁和秩序，但还没涉及国家和公民权利的作为与不作为判处。”早期的德国刑法理论，并没有明确区分秩序罚与刑事犯的界限。在 1813 年巴伐利亚刑法典之后，在 1869 年的德国统一关税法中才提出一个含糊而不成体系的区分界限。1871 年德国刑法典也没有进行区分，而是设立了“轻微犯罪”专章。从 1911 年开始，德国刑法改革草案提出把轻微犯罪从犯罪刑法中清除出去，轻微违法行为不符合真正的应受刑法惩罚的特征。“二战”后，德国立法者认真考虑制定一部与犯罪刑法划清界限的违反秩序法的要求，先是通过 1949 年《经济刑法典》（立法上采取混合模式，根据行为事实内容，构成犯罪的科以刑事制裁，仅系行政违法的科以行政罚），接着是 1952 年《违反秩序法典》，将违反秩序的行为从犯罪刑法中分离出来。[②] 长期以来，违反秩序法被视为广义

---

① 参见［意］加罗法洛：《犯罪学》，耿伟、王新译，中国大百科全书出版社 1996 年版，第 44 页。

② 参见王世洲：《德国经济犯罪与经济刑法研究》，北京大学出版社 1999 年版，第 67 ~ 71 页。

上的刑法的一部分。[①]

第二次世界大战前，德国立法者并没有给秩序罚与犯罪罚划出清晰的界限，秩序罚因实施了违反行政措施而由行政机构判处，后来被纳粹集团所利用。“二战”后，德国立法者重建法治的一个重要任务就是纠正秩序罚发展过程中的错误倾向，明确违反秩序行为与犯罪行为的界限。被称为行政刑法之父的戈尔德施密特指出，行政犯仅侵犯了公共秩序，这种公共秩序并非法益。因此，行政违法并没有侵犯法条所表达出来的意思表示，而只是侵犯了其执行。行政刑法应该独立于司法刑法，从刑法典中分离出来，并在程序上归行政法院管辖。行政犯系通过行政程序解决的犯罪，具体包括邮政犯、金融犯和警察犯。至于如何区分行政犯与刑事犯，德国一直存在质的区别说与量的区别说之争。前者认为刑事犯是指对具有特定法益侵害性的行为；行政犯是指对于行政作用秩序的维持，侵害行政利益。量的区别说以违法内容情节的轻重作为区别标准，行政犯的违法内容较刑事犯更轻微。后来量的区别说成为通说。[②]

从上述自然犯与法定犯、行政犯与刑事犯的发生、发展历史脉络可以看出，二者是完全不同的两组概念，前者是从是否侵害人类自然形成的道德情感角度，按照犯罪学意义进行划分的；后者是从违反行政秩序以及侵害程度的角度进行划分的。

德国行政犯与刑事犯发展历史中诞生了行政刑法概念。狭义的行政刑法，仅指构成犯罪应受刑法制裁的部分；广义的行政刑法则兼指构成行政秩序之违反，应受行政罚锾之情形在内。[③] 这种广义

---

① 参见［德］汉斯·海因里希·耶赛克、托马斯·魏根特：《德国刑法教科书》，中国法制出版社 2001 年版，第 75 页。

② 参见郑昆山：《环境刑法之基础理论》，五南图书出版公司 1999 年版，第 138～139 页。

③ 参见郑昆山：《环境刑法之基础理论》，五南图书出版公司 1999 年版，第 137 页。

的行政刑法有误导之嫌，容易导致行政处罚与刑事处罚的混淆。例如，德国的经济刑法典其实是行政处罚与刑事处罚混合模式。我国台湾地区学者林东茂教授认为，“德国的经济刑法的命名，是一个错误”，“因为，这个法律主要是秩序罚的规定，而不是刑事罚”。[①]

时至今日，在德国，违反秩序的行为“无论从何种角度考虑，都不是犯罪行为”。[②] 而在法国、意大利、日本等国，在行政法中对违反行政规范，危害严重，应当作为犯罪处罚的行为直接规定了法定刑。但这种混合立法模式未必是最优的。在日本，尽管规制经济活动的行政法规都设有刑罚罚则，并且曾经是唯一的制裁手段，且没有替代的行政处罚措施，导致实践中真正适用刑罚的情况“几乎不存在”，2005 年日本《反垄断法》引入课征金这一行政处罚措施。行政制裁金的适用，如果以抑止违法行为为目的，与科处杀一儆百式的刑罚相比，可以认为对于违法行为，即使小额也是必然科处某种制裁更有效。对经济犯罪的制裁不是单纯依存刑罚，而是适用像课征金那样的财产性行政制裁更好。[③] 对于经济犯罪以外的其他行政犯也是如此。与之不同，我国行政法并没有对违反行政法的行为直接规定法定刑。我国将一些违反行政法且危害性严重构成犯罪的行为统一规定在刑法典之中。换言之，通过设置加重要素，使行政违法行为的法益侵害程度达到值得科处刑罚的程度，才在刑法典中规定为犯罪行为。[④] 对于我国而言，不存在广义的行政刑法，1997 年刑法的制定，形成了统一的刑法典，并不存在类似于德国的经济刑法、环境刑法、税收刑法。

---

① 参见林东茂：《危险犯与经济刑法》，台中，五南图书出版公司 1999 年版，第 94 页。

② ［德］汉斯·海因里希·耶赛克、托马斯·魏根特：《德国刑法教科书（总论）》，徐久生译，中国法制出版社 2001 年版，第 72 页、第 76 页。

③ 参见［日］神山敏雄等：《新经济刑法入门》，成文堂 2008 年版，第 90 ~ 98 页。

④ 参见张明楷：《行政违反加重犯初探》，载《中国法学》2007 年第 6 期。

因此，在我国的语境下，讨论行政犯只能是狭义的，即违反行政法规，应受刑罚处罚的犯罪行为。其基本特点是：（1）以违反行政法为前提；（2）危害严重，行政法规及行政处罚不足以惩治；（3）应当承担刑事责任，给予刑罚处罚；（4）其范围显然要小于法定犯，主要集中在经济犯罪、环境犯罪等领域。大量的罪名虽然违背自然道德情感不明显的法定犯或者是侵害集体法益的法定犯，因为并不以违反行政法为前提，而排除在行政犯概念之外。可以肯定的是，行政犯都属于法定犯，但是法定犯未必属于行政犯。法定犯与自然犯的区别是动态转化的，很多原本不具有违反伦理性的犯罪，经过一段时间之后，社会观念的转变和发展，就具有了伦理性。比如污染环境，可以说是法定犯，但是当人们深受环境污染之害时，就具有了伦理性，所以法定犯的概念本身就个似是而非的概念，就司法而言，法定犯与自然犯的区别意义不大。行政犯的范围要比法定犯狭窄，行政犯必须限定为以违反行政法规为前置性条件的犯罪类型，这是由我国刑法一元化的特征所决定的。

行政犯概念在我国被混同于法定犯，这种混同产生三大严重后果：一是冲击行政犯的行政从属性，导致司法认定的混乱。因为把法定犯等同于行政犯，所以理论上有观点认为侵害集体法益的犯罪都是行政犯（法定犯），进而导致司法认定中无论是法定犯还是行政犯都不考虑行政违法的前置性判断，导致把没有违反行政法前置性规定的行为直接作为刑事犯罪处罚。二是立法上，因为混淆行政犯与法定犯进而忽略行政犯的行政违法前置条件，盲目将行政法规制尚属空白或者行政执法不到位的行政违法行为直接入刑。三是导致违法性认识判断的误差。如果说“不知法者不免责”在自然犯、法定犯中尚具有一定的合理性，但是盲目将这一古老规则机械运用于行政犯，则是值得怀疑的，将导致处罚不公平。

二、经济犯罪之行政犯双层属性及其认定方法

关于行政犯，历来存在从属性与独立性之争。行政犯的从属性是指行政犯成立及违法性的判断依附于行政法的规定，又称行政从属性。在立法上的直接体现是空白刑法，罪状的判断有赖于行政法规之补充。按照功能划分，可以分为构成要件之行政从属性和违法阻却事由的从属性，前者是刑法构成要件的判断需要依照行政法的规定，后者指因行政机关的核准、允许而阻却违法；按照从属的规范可以分为行政法规范的从属性和行政处分的行政从属性，前者指刑法构成要件需要依赖于行政法规来补充，后者指行政犯的成立以受过行政处分为前提，[①] 如我国刑法中的拒不支付劳动报酬罪以行政机关责令支付拒不支付为条件。“行政法的制裁规定中若以刑罚为法律效果的罚则条款，即属附属刑法，而与主刑法同样适用本法总则的规定”……“这些附属刑法若以空白刑法的立法方式而为规定者，则有待行政命令或规章或行政机关的行政处分等的补充，才能具体运作，故使这些规定与行政法中的附属刑法，具有行政从属性”。[②] 独立性说认为犯罪行为是刑法的特有现象，行政违法行为及行政处罚与刑法意义上的犯罪本质不同。按照戈尔德施密特的观点，行政刑法应当独立于司法和刑法，行政犯仅侵害公共秩序。行政法，只是认定犯罪的线索，是否构成犯罪须根据刑法的基本原则、刑法条文的具体规定与目的，进行独立判断，包括构成要件的独立性、事实认定的独立性和处理结论判断的独立性。[③]

笔者认为，行政犯的从属性与独立性并非不能兼容，也不是非此即彼的关系，二者是阶层递进关系。

---

① 参见郑昆山：《环境刑法之基础理论》，五南图书出版公司 1999 年版，第 184 ~ 189 页。

② 林山田：《刑法通论》（上），北京大学出版社 2012 年版，第 29 ~ 30 页。

③ 参见张明楷：《避免将行政违法认定为刑事犯罪：理念、方法与路径》，载《中国法学》2017 年第 4 期。

首先，行政从属性是指构成要件的从属性。根据前述行政犯概念的界定，行政犯为以违反行政法规为前提，且危害严重，需要动用刑罚处罚的犯罪类型。因为其以违反行政法为前置条件，这决定了其构成要件符合性的判断要依赖行政法的规定，从这个意义上来说，行政犯对行政法具有从属性。这种从属性与刑法的最后手段性、补充性是相吻合的。只有当某种行为用行政法中处罚措施不足以保护法益的时候，才能动用刑法。反过来，判断某种行为是否构成相应的行政犯，也必须以违反前置的行政法为必要条件。也许有人会说，一方面，我国刑法中没有把全部的严重行政违法行为作为行政犯来规定；另一方面，我国行政法体系不完善，很多违法行为在行政法中尚没有规定，这样会不会导致处罚漏洞？其实，这样的担忧并无必要，因为刑法本身就具有不完整性，治理社会越轨行为时，“绝不可唯刑法是赖，而应采全面性的反犯罪政策，除了刑法手段之外，必须另行配合其他社会控制手段”。[①] 坚持这种从属性，有利于抑制司法上过于犯罪化的冲动。

其次，行政犯的独立性是指违法性的独立性。根据结果无价值论的立场，刑事违法性的本质是严重的法益侵害性，行政违法性是侵害行政治理的合目的性，二者具有本质的区别。行政法与刑法是相对独立的，本质上属于不同的部门法。行政处分的本质是排除违法的状态，面向未来，采取预防措施，防止将来可能发生的违法行为，达到行政目的；刑罚的本质是作为惩罚，对过去的犯罪行为追究责任，即使考虑到改善目的、抑制犯罪的功能目的，也不能否定刑罚是清算过去犯下的罪刑，具有赎罪的性质。[②] 如前所述，德国把违反行政法行为的制裁措施统称为广义的行政罚，行政罚又进一

① 林山田：《刑法通论》（上），北京大学出版社 2012 年版，第 24 页。

② 参见［日］神山敏雄：《经济犯罪及其法律对策》，载［日］西原春夫主编：《日本刑事法的重要问题》，金光旭等译，法律出版社、成文堂联合出版 2000 年版，第 17 页。

步分为行政刑罚与行政秩序罚。[1]但是，我国并不存在行政处罚与刑事处罚混合的立法模式，刑法中的行政犯与行政法中行政处罚完全是两回事，行政刑罚在本质上仍应归于刑法所规定的刑罚范畴，而不能与“行政处罚与行政处分”相混同。[2] 承认这种违法性的独立性，在立法上具有抑制入罪冲动的作用，不能将单纯的行政不服从规定为刑法罪名，也不能仅仅为了行政管理的合目的性就把某种行为入刑，而必须是违反行政法的同时侵害某种值得刑法保护的法益时才能入刑；在执法和司法上，不能认为只要具有行政违法性，并在刑法上有相应的罪名，就可以定罪处罚，而是要在此前提下对该行为是否达到刑法意义上的实质违法进行独立判断。

最后，从属性与独立性之间具有阶层递进关系。从属性是指构成要件的从属性；独立性是指违法性的独立性。根据刑法中犯罪成立条件的阶层论，构成要件符合性与违法性之间具有阶层递进关系，这就是行政犯的双层属性。运用在行政犯中，就是先进行构成要件从属性考量，再进行违法性的独立性判断。具体表现在立法上，先进行第一步从属性考量，如果某种行为在行政法上属于空白，那么就不得入刑，因为一旦入刑，从属性就被架空，如果某种越轨行为在行政法上尚且没有相应的处罚措施，就不能说该种行为行政法已经不足以抑制而需要动用刑法；在具备从属性的前提下，即该种行为在行政法上有处罚规定，接下来还要进行第二步的独立性判断，是否达到了需要动用刑法的法益侵害程度。司法上，先进行第一步的从属性判断，行政犯是否成立犯罪以有无违反行政法为前提，如果连违反的行政法都没有找到，就不得入罪，比如大量的非法经营行为，如果连行政法都没有禁止该种行为，就不能以非法

---

① 参见［日］盐野宏：《行政法》，杨建顺译，法律出版社1999年版，第176页。

② 参见周佑勇、刘艳红：《行政刑法性质的科学定位》（下），载《法学评论》2002年第4期。

经营罪定罪处罚；如果具有行政从属性，也即违反了行政法的前置性规定，然后进行第二步的独立性判断有无法益侵害的实质违法性，这里的违法性的独立判断，应当坚持结果无价值论的立场，进行实质解释，即结合具体个罪的犯罪构成要件进行实质判断能否还原为具体法益、个人法益，能够还原为个人、具体法益的集体法益才具有正当性。如果按照行为无价值论从规范违反或秩序违反的角度，就难以与行政违法进行区分。

第三节
互联网金融犯罪“穿透式”审查

一、互联网金融犯罪的态势

互联网金融是传统金融机构与互联网企业利用互联网技术和信息通信技术实现资金融通、支付、投资和信息中介服务的新型金融业务模式，主要包括互联网支付、网络借贷（主要为P2P网络借贷）、股权众筹、互联网基金、互联网保险、互联网信托和互联网金融消费。近年来，我国互联网金融发展取得积极成效的同时，也出现了很多问题。这些问题可以概括为两个基本特点：一是短期内野蛮式生长与持续“爆雷”并存；二是背离金融规律与背离金融创新本质并存。金融的本质是融通资金，属于现代经济学中生产、消费、分配和交换四大范畴中的分配范畴。[①] 金融不是单纯的“钱生钱”游戏，金融并非“为了赚钱而赚钱”，金融的存在是为了帮助实现其他的目标，即社会的目标。[②] 金融创新，是指通过各种要素的重新组合和创造性变革所创造或引起的新事物。金融创新本质属

① 参见强力：《金融法》，法律出版社1997年版，第3页。

② ［美］罗伯特·希勒：《金融与好的社会》，束宇译，中信出版社2012年版，第10页。

性在于提高资金配置效率，是为了满足实体经济的融资需求以及大众投资理财的需求。互联网金融是采用新技术和方法，改变原有金融体系基本要素的搭配和组合而提供新的金融功能。它不是金融与互联网的简单相加。[①] 我国互联网金融创新产生的背景，一是传统的金融垄断主义难以满足民营企业特别是小微企业的资金需求。传统的熟人之间的借款、民间借贷借助互联网这一工具，突破了熟人社会的时空限制，这些创新金融形式打破了传统的金融垄断主义。二是旺盛的民间投融资需求。公民个人投资渠道狭窄，民间闲置资金大量涌向这些创新金融模式中。金融创新就是要改变金融垄断主义，由单一的间接金融发展到间接金融与直接金融多元化并存，改变传统金融体系的要素结构。但是，近年来，很多互联网金融创新既背离了金融的本质，也背离了金融创新的本质。一些所谓的互联网金融创新就是“玩资金”“圈钱”，属于“圈地运动”式运作，既没有技术上的创新，也没有要素组合上的创新。很多民间小额担保公司、小贷公司甚至是讨债公司，换个“马甲”就玩起了互联网金融创新，其目标不是提高资金配置效率，更不是满足实体经济、创新创业的资金需求，而是指望赚“息差”“钱生钱”，甚至还有很多人“浑水摸鱼”“空手套白狼”进行集资诈骗。我国当前互联网金融创新的三大模式——P2P 网络借贷、股权众筹和互联网基金，其中相当一部分其实就是“民间借贷 + 互联网”，其中最为典型的是 P2P 网络借贷，比如著名的 e 租宝案件。

◎案例 56　e 租宝案

广东省肇庆市端州区人民检察院 2015 年 12 月底批准逮捕涉嫌利用“e 租宝”平台非法吸收公众存款罪的林某飞、郭某影等 9 名

---

① 参见李爱君:《互联网金融的本质与监管》，载《中国政法大学学报》2016 年第 2 期。

犯罪嫌疑人。经查，林某飞自2015年8月开始筹办并成立深圳钰诚财富管理有限公司肇庆第一分公司，并任该公司负责人，之后同叶某文、梁某福、冯某庭、何某红、胡某芬、李某鸿、彭某贤等人，利用网络“e租宝”平台，承诺年收益率为9%至14.6%不等，期限分为3个月、6个月和12个月。以高利息、高回报等手段为引诱，通过电视、互联网、印发宣传单张等向社会公众推介，介绍客户投资该平台的理财产品。网贷之家的数据显示，截至2015年12月8日，“e租宝”总成交量745.68亿元，总投资人数90.95万人，待收总额703.97亿元。2015年12月16日，“e租宝”总公司相关责任人涉嫌犯罪被立案侦查。① 通过“e租宝”互联网金融平台发布虚假的融资租赁债权项目及个人债权项目，包装成若干理财产品进行销售，并以承诺还本付息为诱饵对社会公开宣传，向社会公众非法吸纳巨额资金。其中，大部分集资款被用于返还集资本息、收购线下销售公司等平台运营支出，或用于违法犯罪活动被挥霍，造成大部分集资款损失。由此，遍布全国各地的“e租宝”各分支机构相继被查处。2017年4月26日、27日，北京市第一中级人民法院对被告单位安徽钰诚控股集团、钰诚国际控股集团有限公司以及被告人丁某等10人涉嫌集资诈骗罪，被告人王某焕等16人涉嫌非法吸收公众存款罪一案依法公开开庭审理，丁某等2人被判处无期徒刑，并处罚金1亿元，其余24人被判处有期徒刑15年至30年。②

进入20世纪90年代，发达国家企业融资的重点由以银行融资

---

① 参见《广东肇庆9人涉嫌利用“e租宝”非法吸收公众存款被批捕》，载http://www.gov.cn/xinwen/2016-01/13/content_5032452.htm，最后访问日期：2018年5月24日。

② 参见《轰动一时的e租宝案终于判了，投资者的钱还能拿回来吗?》，载http://www.sohu.com/a/193368239_115589，最后访问日期：2018年5月24日。

为中心的间接金融转为直接金融，而互联网金融的典型特征是“去中介化”，互联网金融本质上是直接融资，资金供求信息在网络上形成“充分交易可能性集合”，双方资金供求匹配成功后即可直接交易，在没有金融中介参与的情况下高效解决资金融通问题。[①] 互联网金融是世界金融发展的趋势，我国鼓励金融创新的初衷也是为了改变金融垄断主义的单一模式，实现资金融通的多层次性，发挥直接金融、民间金融满足小微企业和“大众创业、万众创新”的需要，满足民间投资需求。2012 年国务院批准实施《浙江省温州市金融综合改革试验区总体方案》，鼓励和支持民间资金参与地方金融机构改革，规范民间融资，通过鼓励和政策引导希望形成“鲶鱼效应”。但是由于行政监管和法律规范滞后，一方面在互联网金融创新过程中确实出现了大量“浑水摸鱼”“空手套白狼”的骗局；另一方面受全球经济下行等大环境的影响，也出现了一些互联网金融企业在经营过程中出现兑付困难甚至资金链断裂的情况。对于前者以集资诈骗罪等刑事手段打击是必要的，但是对于后者过于依赖于刑事优先对策，可能会误伤大量真正的互联网金融创新的企业，也可能挫伤金融创新的积极性，从而形成“寒蝉效应”，最终不利于金融创新的整体发展。[②] 特别是有一些互联网金融企业即使筹集资金有不规范甚至违法之处，如果只是暂时出现资金困难，债务危机，此时在信访压力之下进行刑事打击，其后果只能是迫使该企业关闭，对经济、就业等造成的负面影响不可估量。反之，如果通过行政规制引导其合规经营，帮助其渡过难关，就可能“救活”这个企业。如何把握合法经营以“互联网 +”的创新模式与以创新之名

---

① 参见新华社《金融世界》、中国互联网协会：《中国互联网金融报告（2014）》，第 2 页，载 http://www.cac.gov.cn/2014-11/03/c_1113087512.htm，最后访问日期：2019 年 2 月 19 日。

② 参见李勇：《互联网金融乱象刑事优先治理政策之反思》，载《西南政法大学学报》2019 年第 6 期。

进行刑事犯罪之间的界限？这是值得认真研究的。

二、结果无价值论视野下的“穿透式”审查

（一）金融领域的“穿透式”监管

“穿透式”监管理论来自功能监管理论和行为监管理论。功能监管理论由哈佛大学商学院默顿教授于1993年提出，主要针对分业监管体制下机构监管存在监管真空和监管套利的缺陷，按照金融产品的功能和金融业务的性质，对于任何跨行业、跨市场金融产品和业务，都可以明确划分监管主体和确定监管规则，对不同类型金融机构的相同或类似业务实行统一的或相对统一的监管标准，避免监管重叠和监管真空，消除监管套利。行为监管理论由英国经济学家泰勒于1995年提出，主要针对金融机构审慎性风险和机会主义行为。“穿透式”监管就是透过金融产品的表面形态，看清金融业务和行为的实质，将资金来源、中间环节与最终投向穿透连接起来，按照“实质重于形式”的原则甄别金融业务和行为的性质，根据产品功能、业务性质和法律属性明确监管主体和适用规则，对金融机构的业务和行为实施全流程监管。“穿透式”监管分为对投资者的“穿透”和对产品的“穿透”两大类。[①]“穿透”的核心功能在于“事实发现”，而非基于所发现的事实施加新的监管。“穿透式”监管是监管者发现市场参与者的真实身份，识别隐藏在形式背后的实质交易，再借助恰当的法律规范和监管手段，实现对金融交易关系的深度和有效调整。据此，“穿透式”监管的核心原则是实质重于形式。[②] 2016年10月13日国务院办公厅印发的《互联网金融风险专项整治工作实施方案》（国办发〔2016〕21号）提出采取“穿透式”监管方法，综合资金来源、中间环节与最终投向等全流

---

① 参见苟文均：《穿透式监管与资产管理》，载《中国金融》2017年第8期。

② 参见叶林、吴烨：《金融市场的“穿透式”监管论纲》，载《法学》2017年第12期。

程信息，透过表面判定业务本质属性、监管职责和应遵循的行为规则与监管要求，限制嵌套。至此，“穿透式”监管正式进入官方规范性文件。国务院此次专项整治的重点在贯彻“穿透原则，限制嵌套”。一是清查是否通过同业业务和理财业务或拆分为小额贷款等方式，向房地产和“两高一剩”等行业领域提供融资。二是理财穿透主要限于非标比例认定以及是否符合国家产业政策（主要是房地产融资政策和地方政府融资平台政策）。三是穿透要看资金的最终投向，而最终投向的判断标准在于资金的投向主体是否承担最终的偿付责任。四是多层嵌套的产品是否识别底层资产足额计提拨备。五是开展跨业、跨市场金融业务，要按照减少嵌套、缩短链条的原则，穿透监测资金流向，全面掌握底层基础资产信息，真实投向符合国家政策的实体经济领域。六是新开展同业业务不得进行多层嵌套。①

（二）“穿透式”监管理论在金融犯罪案件司法认定中运用

“穿透式”监管的核心原则是实质重于形式，透过表面判定业务本质属性，防止监管真空和监管套利。“穿透式”监管在金融监管领域的必要性，一方面行政部门多头监管，各自为政，画地为牢，留下监管套利空间；另一方面一些金融产品特别是资产管理产品，层层嵌套，资金来源、底层资产无从监管。对于互联网金融犯罪案件的司法认定来说，各种各样“宝”产品，名目繁多的众筹、私募基金产品，在审查是否构成相应犯罪时都要透过这些所谓的“金融产品”的表面形态，结合其资金来源、去向、实际生产经营状况等，看其实质上是否背离了金融创新的实质定位，是否实质上符合刑法相关罪名的犯罪构成。这样就找到了“穿透式”审查与实质解释论之间的连接点。

---

① 参见杨荇：《以“穿透式”监管强化金融“去杠杆”》，载《上海证券报》2017 年 6 月 1 日。

结果无价值论认为，违法性的本质在于法益侵害，没有法益侵害以及没有达到值得动用刑罚程度的法益侵害，不应以犯罪论处，规范违反本身不是违法性的基点，而必须实质地探究规范背后所保护的利益。实质解释论的基本观点：（1）对构成要件的解释必须以法条的保护法益为指导，而不能仅停留在法条的字面含义上。（2）犯罪的实体是违法与责任。对违法构成要件的解释，必须使行为的违法性达到值得科处刑罚的程度；对责任构成要件的解释，必须使行为的有责性达到值得科处刑罚的程度。易言之，必须将字面上符合构成要件、实质上不具有可罚性的行为排除于构成要件之外。（3）当某种行为并不处于刑法用语的核心含义之内，但具有处罚的必要性与合理性时，在符合罪刑法定原则的前提下，可以对刑法用语作扩大解释。① 从这个意义上来说，监管和刑事边界的判断具有相同之处。因此，实质解释的判断方法，与当前流行的“穿透式监管”金融治理模式具有异曲同工之处，二者都着眼于从资金来源、流向等角度实质上判断其性质和属性。以 P2P 案件为例，从监管的角度来说，需要透过表象看本质；从是否构成刑事犯罪的角度来说，同样需要透过表象看本质，将 P2P 平台推出的信贷产品是否符合中介服务机构这一本质定位作为优先的实质判断标准。e 租宝推出的“融资租赁债权项目”理财产品，透过这些所谓的“金融产品”的表面形态，结合其资金来源、去向、管理等，其实质上已经背离了中介服务机构这一实质定位，一方面背离了“信息中介”的发展方向，由平台直接经手资金，更严重的是将集资款直接用于投资经营，甚至转化为私人财产进行挥霍；另一方面上述的集资行为并未经过相关部门依法批准，把自己当成金融机构擅自吸收公众资金，在实质上背离了中介服务机构的性质，进而侵害到个人的财产法益。司法实践中，不能形式化、机械化地理解非法吸收公众存款罪、集资诈骗

① 参见张明楷：《实质解释论的再提倡》，载《中国法学》2010 年第 4 期。

罪的“四性”（非法性、公开性、利诱性、社会性）。对于确实从事实体经济生产经营、资金流向确实主要用于生产经营的，尽管因经营不善、市场风险或客观原因导致债务危机、资金链断裂，尽管筹集资金过程中有些不规范甚至违法之处，尽管表面上符合“四性”，也不能轻易以非法吸收公众存款罪、集资诈骗罪定罪处罚。

参 考 文 献

一、著作类

[1] 高铭暄主编：《新编中国刑法学》，中国人民大学出版社 1998 年版。

[2] 高铭暄主编：《刑法专论》，高等教育出版社 2002 年版。

[3] 高铭暄、马克昌主编：《刑法学》，中国法制出版社 1999 年版。

[4] 马克昌主编：《犯罪通论》，武汉大学出版社 1999 年版。

[5] 马克昌：《比较刑法原理》，武汉大学出版社 2002 年版。

[6] 王作富：《刑法分则实务研究》（第三版），中国方正出版社 2007 年版。

[7] 陈兴良：《规范刑法学》，中国人民大学出版社 2008 年版。

[8] 陈兴良：《判例刑法学》，中国人民大学出版社 2009 年版。

[9] 张明楷：《刑法学》，法律出版社 2003 年版、2011 年版、2016 年版。

[10] 张明楷：《刑法的基本立场》，中国法制出版社 2002 年版。

[11] 张明楷：《法益初论》，中国政法大学出版社 2003 年版。

[12] 张明楷：《刑法分则的解释原理》，中国人民大学出版社 2004 年版。

[13] 张明楷：《行为无价值论与结果无价值论》，北京大学出版社 2012 年版。

[14] 周光权：《行为无价值论的中国展开》，法律出版社 2015 年版。

[15] 赵秉志主编：《新刑法教程》，中国人民大学出版社 1997 年版。
[16] 刘艳红：《实质刑法观》，中国人民大学出版社 2009 年版、2019 年版。
[17] 邓子滨：《中国实质刑法观批判》，法律出版社 2009 年版。
[18] 于志刚：《刑法总则的扩张解释》，中国法制出版社 2009 年版。
[19] 李海东主编：《日本刑事法学者》（上），法律出版社、成文堂联合出版 1995 年版。
[20] 李海东：《刑法原理入门——犯罪论基础》，法律出版社 1998 年版。
[21] 王安异：《刑法中的行为无价值与结果无价值》，中国人民公安大学出版社 2005 年版。
[22] 王钢：《德国判例刑法（分则）》，北京大学出版社 2016 年版。
[23] 陈朴生：《刑法专题研究》，台北，三民书局 1989 年版。
[24] 林山田：《刑法通论》（增订十版），北京大学出版社 2012 年版。
[25] 林山田：《刑法各罪论》（修订五版），北京大学出版社 2012 年版。
[26] 林东茂：《刑法综览》（第七版），台北，一品文化出版社 2012 年版。
[27] 许玉秀、陈志辉编：《不移不惑献身法与正义——许迺曼刑事法论文辑》，台北，新学林出版股份有限公司 2006 年版。
[28] 许玉秀：《主观与客观之间——主观理论与客观归责》，法律出版社 2008 年版。
[29] 许玉秀：《当代刑法思潮》，中国民主法制出版社 2005 年版。
[30] 陈子平：《刑法总论》，中国人民大学出版社 2009 年版。

[31] 黄荣坚：《刑罚的极限》，台北，元照出版有限公司 1999 年版。

[32] 黄荣坚：《基础刑法学》，中国人民大学出版社 2009 年版。

[33] 张丽卿：《新刑法探索》，台北，元照出版有限公司 2006 年版。

[34] 林钰雄：《刑法与刑诉之交错适用》，中国人民大学出版社 2009 年版。

[35] 柯耀程：《变动中的刑法思想》，中国政法大学出版社 2003 年版。

[36] 郑昆山：《环境刑法之基础理论》，台中，五南图书出版公司 1999 年版。

[37] 钟宏彬：《法益理论的宪法基础》，台北，元照出版有限公司 2012 年版。

[38] [德] 汉斯·海因里希·耶赛克、托马斯·魏根特：《德国刑法教科书（总论）》，徐久生译，中国法制出版社 2001 年版。

[39] [德] 克劳斯·罗克辛：《德国刑法学总论》，王世洲译，法律出版社 2005 年版。

[40] [德] 约翰内斯·韦塞尔斯：《德国刑法总论》，李昌珂译，法律出版社 2008 年版。

[41] [德] 雅科布斯：《行为　责任　刑法——机能性描述》，冯军译，中国政法大学出版社 1997 年版。

[42] [德] 乌尔斯·金德霍伊泽尔：《刑法总论教科书》，蔡桂生译，北京大学出版社 2015 年版。

[43] [日] 西原春夫主编：《日本刑事法的形成与特色》，李海东等译，法律出版社、成文堂联合出版 1997 年版。

[44] [日] 西原春夫：《刑法的根基与哲学》，顾肖荣等译，法律出版社 2004 年版。

[45] [日] 曾根威彦：《刑法学基础》，黎宏译，法律出版社 2005

年版。

［46］［日］大塚仁：《刑法概说（总论）》（第三版），冯军译，中国人民大学出版社 2003 年版。

［47］［日］大塚仁：《刑法概说（各论）》（第三版），冯军译，中国人民大学出版社 2003 年版。

［48］［日］大塚仁：《犯罪论的基本问题》，冯军译，中国政法大学出版社 1993 年版。

［49］［日］西田典之：《日本刑法总论》（第三版），刘明祥、王昭武译，中国人民大学出版社 2007 年版。

［50］［日］西田典之：《日本刑法各论》（第三版），刘明祥、王昭武译，中国人民大学出版社 2007 年版。

［51］［日］山口厚：《刑法总论》（第二版），付立庆译，中国人民大学出版社 2011 年版。

［52］［日］山口厚：《从新判例看刑法》（第二版），付立庆、刘隽译，中国人民大学出版社 2009 年版。

［53］［日］大谷实：《刑法总论》，黎宏译，法律出版社 2003 年版。

［54］［日］大谷实：《刑法各论》，黎宏译，法律出版社 2003 年版。

［55］［日］野村稔：《刑法总论》，全理其等译，法律出版社 2001 年版。

［56］［日］川端博：《刑法总论二十五讲》，甘添贵等译，中国政法大学出版社 2003 年版。

［57］［日］前田雅英：《刑法总论讲义》（第 6 版），曾文科译，北京大学出版社 2017 年版。

［58］［日］高桥则夫：《共犯体系和共犯理论》，冯军、毛乃纯译，中国人民大学出版社 2010 年版。

二、论文类

[1] 陈兴良：《形式解释论的再宣示》，载《中国法学》2011 年第 4 期。
[2] 陈兴良：《从归因到归责：客观归责理论研究》，载《法学研究》2006 年第 2 期。
[3] 张明楷：《实质解释论的再提倡》，载《中国法学》2011 年第 4 期。
[4] 张明楷：《行为功利主义刑法观》，载《中国法学》2011 年第 5 期。
[5] 张明楷：《行为无价值论的疑问——兼与周光权教授商榷》，载《中国社会科学》2009 年第 1 期。
[6] 张明楷：《结果无价值论的法益观——与周光权教授商榷》，载《中外法学》2012 年第 1 期。
[7] 张明楷：《论偶然防卫》，载《清华法学》2012 年第 1 期。
[8] 周光权：《论刑法的公众认同》，载《中国法学》2003 年第 1 期。
[9] 周光权：《新行为无价值论的中国展开》，载《中国法学》2012 年第 1 期。
[10] 周光权：《违法性判断的基准与行为无价值论》，载《中国社会科学》2008 年第 4 期。
[11] 周光权：《行为无价值论之提倡》，载《比较法研究》2003 年第 5 期。
[12] 周光权：《行为无价值与结果无价值的关系》，载《政治与法律》2015 年第 1 期。
[13] 刘艳红：《刑法理论因应时代发展需处理好五种关系》，载《东方法学》2020 年第 2 期。
[14] 黎宏：《结果无价值论之展开》，载《法学研究》2008 年第 5 期。

[15] 陈璇:《德国刑法学中结果无价值与行为无价值的流变、现状与趋势》,载《中外法学》2011 年第 2 期。

[16] 陈璇:《结果无价值与二元论之争的共识、误区与发展方向》,载《中外法学》2016 年第 3 期。

[17] 李海东:《社会危害性与危险性:中、德、日刑法学的一个比较——以法益实害未发生时的可罚根据为切入点》,载陈兴良主编:《刑事法评论》(第 4 卷),中国政法大学出版社 1999 年版。

[18] [德] 雅科布斯:《刑法保护什么:法益还是规范效力?》,王世洲译,载中国法制出版社主编:《刑法论文选萃》,中国法制出版社 2004 年版。

[19] [德] 乌尔斯·金德霍伊泽尔:《安全刑法:风险社会的刑法危险》,刘国良译,载《马克思主义与现实》2005 年第 3 期。

[20] [日] 西原春夫:《构成要件的价值性特征》,丁相顺译,载于志刚主编:《刑法的问题与争鸣》(第 7 集),中国方正出版社 2003 年版。

[21] [日] 西原春夫:《日本与德意志刑法和刑法学——现状与未来的展望》,林亚刚译,载《法学评论》2001 年第 1 期。

[22] [日] 山口厚:《日本刑法学中的行为无价值论与结果无价值论》,金光旭译,载《中外法学》2008 年第 4 期。

[23] [日] 松宫孝明:《"结果无价值论"与"行为无价值论"的意义对比》,张晓宁译,载《法律科学》2012 年第 3 期。

[24] [日] 井田良:《刑法上行为非价与结果非价之未解争议》,薛智仁译,载《月旦法学杂志》2018 年第 6 期。

三、外文类

[1] 前田雅英:《現代社会と実質的犯罪論》,东京大学出版会 1992 年。

[2] 前田雅英:《刑法総論講義》(第 3 版),東京大学出版会

1999 年。

[3] 嘉門優：《行為原理と法益論》，载《立命館法学》2009 年5 - 6 号（327 - 328 号）。

[4] 川田泰之：《賭博罪の保護法益》，载《早稲田大学高等学院研究年誌》2017 年 3 月。

[5] 山本和輝：《正当防衛の正当化根拠について（1）》，载《立命館法学》2016 年 1 号（365 号）。

[6] 島岡まな：《性犯罪の保護法益》，载《慶應法学》2017 年第 37 号。

[7] Kenneth W. Simon, *Self - defense: reasonable beliefs or reasonable self - control?* New Criminal Law Review, Vol. 11, Number 1 (2008).

[8] Kimberly Kessler Ferzan, *Justifying Self - Defense*, Law and Philosophy, Vol. 24, No. 6 (2005).

[9] George P. Fletcher, *Punishment and Self - Defense*, Law and Philosophy, Vol. 8, No. 2 (1989).

案例索引

后 记

学生时代的我，曾誓言“献身法治，无憾于生”，还把这句话写在每本书上，现在看来这种做法多少有些幼稚，但回想当年的雄心壮志，也颇有心潮澎湃之感；工作以后，我将这个誓言替换为更为成熟和稳健的“法律人的使命在于用正义之剑激浊扬清，法律学人的良心是追求正义的良心”。学生时代的我，常常陶醉于刑法思想之理性抽象，迷惘于刑法理论之高深莫测，惊叹于刑法体系之精致完美。如今已过而立之年，对刑法理论的陶醉与痴迷不减当年，但更多了一份忧虑。看厌了“空对空”的刑法学著作，往往心生批判；听腻了同事们对难以买到实践性和理论性俱佳的书，常常无言以对；偶尔看见实务界一些同人写出的没有理论深度的泛泛之作，顿感自己责任重大。正是在这种背景下，从2006年参加工作至今，发表了大小文章70余篇。这些文章的产生直接来源于我本人对司法实践的亲身体验，司法实践给了我思考的动力和源泉，因此，司法实践是成就这本书的因素之一。

当然，成就这本书的除了司法实践的体验，还要感谢我的父母、妻儿和传道授业的师长。我的刑法学知识的学习和学术训练主要是在读刑法学研究生期间完成的，特别要感谢我的两位导师鲁嵩岳教授、钊作俊教授。张明楷教授与我仅一面之缘，但我在遇到疑难案件时常向张老师求教（包括本书中的有些案例），张老师总是很快就回复解答，如拨云见日。张老师的谦逊、儒雅、大家风范让我感佩不已。因我发表的一篇书评，经尊敬的陈兴良和车浩两位老师的牵线，与海峡对岸的著名刑法学者林东茂教授结识，林教授在书信中关于为学做人的教诲以及赠与我《刑法综览》(第七版)(更让我感动的是，在该书前言中提到我)，使我受益匪浅，借此机会对林东茂、陈兴良、车浩三位老师表达崇敬和感谢。

这本书从构思到完稿，历时近三年。上班时间忙于办理案件、处理公务，案件质量的压力、考核的压力，都是我要面对的；下班时间要照顾孩子，能静下心来写作的时间就只有夜深人静时。我深知，一个基层办案一线的检察官圆一个学术梦是何其辛苦。但辛苦却不痛苦，不为名更不为利，只为兴趣和心中的那份理想。为兴趣和理想而付出辛苦，就不觉其累、不觉其痛，只觉乐在其中！

非常感谢南京市人民检察院葛晓燕检察长在百忙之中为本书赐序。南京市建邺区人民检察院葛冰检察长、詹静副检察长对此书的出版给予了很多的关注、鼓励和支持，建邺区人民检察院的很多同事给予了无私的帮助，这本书是属于我的，也是属于建邺区人民检察院的。特别要感谢庞从容女士、唐仲江先生，若没有仲江先生的支持和鼓励，这本书还要压在箱底很多年。

李　勇

2012 年 12 月 15 日改定于南京

图书在版编目(CIP)数据

结果无价值论的实践性展开 / 李勇著. -- 2版. --
北京 : 法律出版社, 2020
ISBN 978-7-5197-4930-9

Ⅰ. ①结… Ⅱ. ①李… Ⅲ. ①刑法-研究 Ⅳ.
①D914.04

中国版本图书馆CIP数据核字(2020)第176997号

结果无价值论的实践性展开(第二版)
JIEGUO WUJIAZHILUN DE SHIJIANXING ZHANKAI
(DI-ER BAN)

李 勇 著

责任编辑 许 睿
装帧设计 汪奇峰

出版 法律出版社
总发行 中国法律图书有限公司
经销 新华书店
印刷 中煤(北京)印务有限公司
责任印制 胡晓雅

编辑统筹 司法实务出版分社
开本 A5
印张 13.5
字数 362千
版本 2020年12月第2版
印次 2020年12月第1次印刷

法律出版社/北京市丰台区莲花池西里7号(100073)
网址/www.lawpress.com.cn
投稿邮箱/info@lawpress.com.cn
举报维权邮箱/jbwq@lawpress.com.cn
销售热线/400-660-8393
咨询电话/010-63939796

中国法律图书有限公司/北京市丰台区莲花池西里7号(100073)
全国各地中法图分、子公司销售电话:
统一销售客服/400-660-8393/6393
第一法律书店/010-83938432/8433 西安分公司/029-85330678 重庆分公司/023-67453036
上海分公司/021-62071639/1636 深圳分公司/0755-83072995

书号:ISBN 978-7-5197-4930-9 **定价:**69.00元